Margherita Zander
Laut gegen Armut – leise für Resilienz

Margherita Zander

Laut gegen Armut – leise für Resilienz

Was gegen Kinderarmut hilft

Redaktionelle Bearbeitung: Martin Roemer

BELTZ JUVENTA

Bibliografische Information der Deutschen Nationalbibliothek
Die Deutsche Nationalbibliothek verzeichnet diese Publikation in der Deutschen Nationalbibliografie; detaillierte bibliografische Daten sind im Internet über http://dnb.d-nb.de abrufbar.

FSC
www.fsc.org
MIX
Papier aus verantwortungsvollen Quellen
FSC® C089473

www.beltz.de · www.juventa.de
Herstellung und Satz: Ulrike Poppel
Druck und Bindung: Beltz Bad Langensalza GmbH, Bad Langensalza
Printed in Germany

ISBN 978-3-7799-2981-9

Inhalt

Meiner Ziehmutter,
die meine Kindheit gerettet hat.

Allen Kindern scheint der Mond

Eins nippt noch rasch vom Strahl am Strand,
nascht Glitzernacht im Urlaubsland –
eins träumt sich leere Tassen voll
vom Silbersee im Milchatoll.

Dem Mond ist's gleich, er sucht das Bett,
ob's daunenweich, bloß Dielenbrett –
nimmt Fahrgeld nie, trägt ärgsten Traum,
kratzt mit der Sichel Schmutz vom Flaum.

Dem einen bleicht er bittren Ruß,
und badet andren bloß den Fuß –
längst müde, schäumt er blutig bunt,
als riss' er sich an Zäunen wund.

Brenn Grenzen weg, die bös erdacht,
denn Welt ist rund und gleich gemacht –
ein Strahl, zwei Hälften gleicht das Meer:
doch teilst es nicht, gibst allen mehr.

Martin Roemer

Die Wissenschaftlerin und dieses Buch

Eine Vorbemerkung

C. Wolfgang Müller

Ich habe Margherita Zander kennengelernt, als sie ihre eigenen Schlussfolgerungen aus den Ergebnissen der inzwischen berühmt gewordenen Langzeitstudie von Emmy Werner und Ruth Smith vorstellte. Diese beiden nordamerikanischen Sozialisationsforscherinnen hatten auf der Hawaii-Insel Kauai eine ganze Kohorte von 698 Kindern, die 1955 geboren worden waren, über 40 Jahre in bestimmten Abständen auf ihre körperliche, geistige, emotionale und soziale Entwicklung untersucht. Mehr als die Hälfte dieser Kinder war in chronischer Familienarmut aufgewachsen. Am Ende stellte sich heraus, dass jedes Fünfte der in Armut aufwachsenden Kinder im Laufe seines Lebens mit der chronischen Armut der Familie zurechtgekommen war und eine Reihe von vorgegebenen Anforderungen erfolgreich bewältigt hatte. Von den Kindern, die mehrfachen Entwicklungsrisiken ausgesetzt waren – wozu unter anderem die Armut zählte – und die daher als sogenannte „Hoch-Risiko-Kinder“ galten, erwies sich immerhin ein Drittel (genau: 35,8 %) als resistent im Sinne von Resilienz.

Mich haben die Ergebnisse dieser Panel-Studie damals elektrisiert. Als ausgebildeter und jahrzehntelang praktizierender Sozialpädagoge hatte ich gelernt, die Klienten der Sozialarbeit im engeren Sinne als Opfer gesellschaftlicher Umstände zu sehen und zu behandeln und sie auf diese Weise von sozialpädagogischen Hilfen und sozialpolitischen Transferleistungen abhängig zu machen. Hier zeigt sich nun die (sicherlich zunächst vage) Möglichkeit einer auf die Eigenkräfte von Betroffenen vertrauenden neuen Form der alten Formel von der „Hilfe zur Selbsthilfe“.

Damals habe ich Margherita Zander als „empirische Wissenschaftlerin“ kennen gelernt, als eine Frau, die ihr Handwerk verstand, die empirische Massendaten kritisch lesen und auf die Lebensumstände und die Zeitläufe der untersuchten Kohorten beziehen konnte – um sich auf diese Weise frei von vorschnellen Verallgemeinerungen zu machen.

Erst später habe ich Stück für Stück erfahren können, dass sie nicht eine von den vielen distanzierten Auftragsforschern war, die sich inzwischen mit dem Epochenthema der Kinderarmut befassen, sondern dass dieses Thema in direkter und enger Beziehung zu ihrer eigenen Lebensgeschichte stand und ihr offensichtlich unter die Haut gegangen war.

Margherita Zander wurde in einem Südtiroler Dorf nach der Rückkehr des Vaters aus Kriegsgefangenschaft geboren. Er stammte aus einer Kleinbauernfamilie mit neun Kindern. Auch die Mutter, Tochter eines kleinen Angestellten bei der Eisenbahn, hatte nur bescheidene Mittel, um die Familie zu erhalten und zu ernähren, und gab Margherita bald nach der Geburt bei einer Frau im Dorf in Pflege. Diese Frau, die auch noch andere Kinder in Pflege genommen hatte, spielte im Leben der Autorin eine entscheidende Rolle. Als sie zwei Jahre alt war, kam Margherita zu ihren Eltern zurück. Die Familie lebte inzwischen in einer heruntergekommenen Hütte am Stadtrand von Meran. Die Küche war ein verrußtes Loch, das Schlafzimmer teilten sie sich zu dritt, und der strohgedeckte Stall für die letzte Kuh brannte bald darauf ab. Das kleine Mädchen war sich selbst überlassen. An Spielkameraden war nicht zu denken, und die Schwester, die bald darauf geboren wurde, kam sofort zu einer Pflegemutter. Die Autorin erinnert sich: „Heute würde das Jugendamt sagen: ‚Das Kind ist vernachlässigt, es muss aus der elterlichen Obhut herausgenommen werden.'" Weil die Mutter an offener TB erkrankte und nie wieder richtig gesund wurde, kam das Mädchen wieder zu ihrer alten Pflegemutter, die selber uneheliches Kind einer Bauernmagd war, keinen Beruf erlernt hatte und sich neben der Sorge für ihre Pflegekinder als Zugehfrau in fremden Haushalten und mit Zeitarbeit in einer nahe gelegenen Fabrik ihr mehr als bescheidenes Einkommen verdiente. Sie lebte getreu ihrem Prinzip „Hauptsache ehrlich sein und niemandem etwas schuldig bleiben". Dabei war sie in ihrer Not überaus erfinderisch, was das Wohl ihrer Pflegekinder anging. Sie sorgte dafür, dass sie auf einem nahen Landgut kostenlos zu Mittag essen konnten, dass sie dort im Sommer ihre Ferien verbrachten, wo es robuste Kost und gesunde Milch gab, die sich sonst niemand hätte leisten können. Und dann ging es weiter wie in dem Bildungsroman von Ulla Hahn (Das verborgene Wort): Die Ziehmutter ließ sich überzeugen, dass die Höhere Schule für Margherita das Richtige wäre, verständnisvolle Lehrerinnen förderten sie und spornten sie zu überdurchschnittlichen Leistungen an. Sie bekam ein Stipendium und schaffte es schließlich zum Universitätsstudium in Bonn. Wenn sie in den Semesterferien wieder in ihr Dorf bei Meran kam, schüttelte man dort verständnislos den Kopf über das arme Bauernmädchen, das so hoch hinaus wollte. Aber ihre Ziehmutter, die selber im Dorf geblieben war, gab ihr wohl heimlich ihren Segen.

Unübersehbar spielen hier also biografische Momente eine Rolle für ein zum Lebensthema gemachtes Forschungsgebiet. Nicht verschwiegen werden soll aber auch die andere Quelle, die das langjährige Engagement der Autorin für die Themen „Kinderarmut“ und „Resilienz“ ebenfalls genährt hat. Diese Quelle speist sich aus den Erfahrungen, die sie vor ihrer Forschungs- und Lehrtätigkeit im sozialpolitischen Bereich als wissenschaftliche Mitarbeiterin in der grünen Bundestagsfraktion und im Wiesbadener Landesministerium für Jugend, Familie und Gesundheit gemacht hat. Zur Glaubwürdigkeit ihrer Plädoyers als Wissenschaftlerin kann ihr kritischer Blick auf die Möglichkeiten und Unmöglichkeiten des politischen Betriebs aus eigener Erfahrung sicherlich auch beitragen.

Es hat bei der deutschen Rezeption der inzwischen weltweit beachteten Resilienzforschung eine Dosis von sozialkritischen Bedenken im Hinblick auf die möglichen und unerwünschten Konsequenzen dieser Forschung und ihrer Ergebnisse gegeben. Wenn alles darauf ankomme, dass Kinder und Jugendliche sich selber und individuell aus ihrer Armutslage befreien und aus dem Sumpf ziehen könnten wie Münchhausen, dann könne man doch achselzuckend die neoliberale Klassenspaltung abnicken und auf die sozialpolitische Re-Regulierung der immer noch modischen De-Regulierung von Kinderschutz, Arbeitsschutz und sozialpolitisch legitimierten Transfereinkommen für von Kinderarmut bedrohte Eltern leichten Herzens verzichten.

Ich halte solche Schlussfolgerungen für verständlich, aber gleichzeitig für zynisch. Sie verkennen, dass kindliche und jugendliche „Resilienz“ gegen kaputtmachende Wirkungen eines Aufwachsens in Armut, Entbehrung und Frustration nur einen kleinen Teil der von der gesellschaftlichen Ausgliederung betroffenen Lebensläufe betrifft. Der Verdacht, mithilfe des Resilienz-Konzeptes werde die Demontage sozialstaatlicher Einrichtungen und Maßnahmen betrieben, weil sich „die Betroffenen doch viel besser helfen könnten“, besteht in der Tat bisweilen zu Recht. Im Eifer des Gefechts wird jedoch übersehen, dass hinter dem beinharten Pochen auf sozialstaatliche Fremdhilfe ein Menschenbild stehen könnte, das jedem von uns die Möglichkeit abspricht, aus eigener Kraft unser Leben zu gestalten und unseren Nachbarn zu helfen, es uns gleich zu tun.

Aber ich denke, die Vorkehrungen der Sozialpädagogik, der Sozialarbeit, der Schule und der Sozialpolitik, welche die Autorin in den letzten Kapiteln dieses Sammelbandes vorschlägt und mit Gründen verteidigt, vertragen keine Polarisierung in ein Entweder-oder, sondern sind Ausdruck der Hoffnung auf ein mögliches gesellschaftliches Zusammenleben, das sich für jede und jeden von uns lohnt.

Diese Hoffnung erscheint mir auch deshalb sinnvoll, glaubwürdig und umsetzbar, weil Margherita Zander als Person und als Forscherin drei Voraussetzungen ihres professionellen Lebenswerkes vorweisen kann, die nicht jedem von uns gegeben sind: Sie hat nicht jedem von uns zugängliche Lebenslagen *erlebt*, sie hat sie *erforscht* und sie hat zwischen Leben und Forschen jene *reflektierende* Arbeit geschoben, die notwendig ist, um genügend Distanz zu schaffen, damit die Er-Fahrung zur Er-Kenntnis führen kann.

Berlin, im April 2014

Kapitel 1
Kinderarmut als gesellschaftliches Problem

Einleitung

Der erste Beitrag in diesem Sammelband stammt aus dem Jahre 1997, der letzte von 2014 – und wie steht es mit der Bilanz? Was hat sich in all den Jahren auf dem Gebiet der Kinderarmutsforschung getan, was ist real in Politik und Gesellschaft für Kinder geschehen, die bei uns in Armut leben? Diese Publikation von Vorträgen und Beiträgen ist so konzipiert, dass die genannte Zeitspanne in den einzelnen Kapiteln immer wieder neu unter einer bestimmten Fragestellung durchleuchtet wird. Der Einführung in die kapitelweise thematisierten Problemkreise dient jeweils eine kurze Einleitung, die zugleich den aktuellen Stand der Diskussion berücksichtigt.

Beginnen wir also mit der ersten Fragestellung: *Was sind Ursachen, Erscheinungsformen und Folgen von Kinderarmut?* Mitte der 1990er Jahre wurde *Kinderarmut als eigenständiges Problem* gerade erst und viel zu spät entdeckt. Bis dahin galt die Armutsbetroffenheit von Kindern als Teilaspekt von Familienarmut, Kinder wurden allenfalls als Ursache für die materielle Not von Familien gesehen. So referiert Sabine Walper eine damals noch landläufige Sichtweise: „Kinder sind in Deutschland nach wie vor ein ‚Armutsrisiko' für ihre Eltern, insbesondere für die Mütter, die die Sorgearbeit übernehmen" (Walper 1995, S. 182). Dabei hätte ein aufmerksamer Blick in die Datenreihen des Statistischen Bundesamtes genügt, um festzustellen, dass schon damals die Sozialhilfequoten von Kindern seit den 1970er Jahren kontinuierlich angestiegen waren und Kinder mittlerweile die zahlenmäßig am häufigsten betroffene Altersgruppe bildeten. Nicht die Kinder waren also das Problem, sondern die Verhältnisse, in die sie hineingeboren wurden. Erst mit der Einführung einer altersgruppenspezifischen Armutsberichterstattung in den 1990er Jahren, die Kinder als eigenständige soziale Gruppe in den Blick nahm, wurde das eigentliche Problem zuerst in seiner quantitativen Dimension und später allmählich auch in seiner vollen Brisanz erkannt. Aufhorchen ließ da sicherlich auch der schockierende Begriff von der „Infantilisierung der Armut", den der Armutsforscher Richard Hauser (1997) in den Ring der poltischen Debatten geworfen hat; Hauser war neben Werner Hübinger Koautor der aufrüttelnden Caritas-Studie „Arme unter uns" (Hauser/Hübinger 1993).

Zu diesem Zeitpunkt gab es in Deutschland noch so gut wie keine empirischen Studien zu den Auswirkungen von familiären Armutslagen auf die Entwicklung und Sozialisation von Kindern. Schon gar nicht stellte man sich die Frage, in welcher Weise das Erleben von Armut das kindliche Wohlbefinden in einem umfassenderen Sinne beeinträchtigt. Es lagen allenfalls Befunde der Sozialisationsforschung vor, die in den 1970er/1980er Jahren im Zuge der Bildungsreform zu Sprach- und Schulproblemen von sozial benachteiligten Kindern erhoben worden waren. Daneben kursierten erste besorgniserregende Berichte, die Armutsfolgen bei Kindern in einzelnen Lebensbereichen thematisierten wie: „Die vergessenen Kinder. Armut und Vernachlässigung" (Kürner/Nafroth 1994), „Armut und Gesundheit" (Klocke/Hurrelmann 1995), „Die armen Kinder. Armut und Unterversorgung" (Andreas Bieligk 1996) oder erste Sammelbände zu „Aufwachsen in Armut" (Otto 1997) und „Armut und soziale Ungleichheit bei Kindern" (Mansel/Neubauer 1998). Man kann aber mit Fug und Recht behaupten: In Deutschland steckte die Forschung zur Kinderarmut in den 1990er Jahren noch in den Kinderschuhen. Die ersten Anstöße dazu kamen dann vorwiegend aus der Praxis, so etwa der Bericht „Von der Not im Wohlstand arm zu sein. Eine Erkundung in Saarbrücken Malstatt" (Stadtteilbüro Saarbrücken 1993) oder der von Gerd Iben herausgegebene Sammelband zu „Kindheit und Armut", unter anderem mit Analysen und Berichten zu Projekten mit „armen" Kindern und Jugendlichen (Iben 1998). Darin konstatiert Karl August Chassé, dass trotz eines gewissen Booms von Veröffentlichungen zum Thema der Forschungsstand weiterhin lückenhaft geblieben sei, wobei er insbesondere die fast durchweg ausgeklammerte Sicht der Kinder moniert: „Die zahlreichen Untersuchungen zum Gegenstand Kinderarmut stützen sich in erster Linie auf die Außenperspektive von Experten und Eltern, während die Wahrnehmung und Perspektive des Kindes in diesem Zusammenhang weitgehend unbelichtet bleibt" (Chassé 1998, S. 33).

Die immer lauter werdenden besorgten Stimmen aus der sozialen Praxis waren also nicht mehr zu überhören. Das war dann zugleich der Einstieg in die öffentliche Diskussion über Kinderarmut als eigenständiges Thema, an der sich Wohlfahrtsverbände, Kirchen, Kinderschutzbund, Nationale Armutskonferenz – 1991 gegründet – und engagierte Fachkräfte beteiligten. Auch die Forderung nach expliziter Berücksichtigung der Lebenslage von Kindern in der sich nach und nach auf Bundes-, Landes- und kommunaler Ebene etablierenden Sozial- und Armutsberichtserstattung (Joos 1997) trug wesentlich dazu bei, das Problem sichtbar zu machen. Für einigen Wirbel in der Politik – und damit ungewollt für eine breitere Öffentlichkeit – sorgte zudem die damalige Bundesregierung aus CDU und FDP, als sie die Veröffentlichung des 10. Kinder- und Jugendberichtes (Bundesregierung 1998) hinauszögerte, weil sie sich weigerte, die darin von der Sachverständigenkommission getroffenen Aussagen zu Ausmaß und Reichweite von Kinderarmut in der Bundesrepublik zu akzeptieren. Den Verfassern dieses Berichts hatte erstmals eine ausführliche Expertise vorgelegen, die von Sabine Walper (1999, DJI) erstellt worden war. Walper hat darin alles zusammengetragen, „was bislang über die Auswirkungen von Armut und ökonomischer Deprivation auf die körperliche, psychische, soziale und intellektuelle Entwicklung von Kindern bekannt" war (Walper 1999, S. 295). Dabei bemängelte sie unzureichende sozialwissenschaftliche Erkenntnisse und das Fehlen großangelegter Surveys zur materiellen und psychosozialen Lage von Kindern, wie sie zu dieser Zeit in den USA oder in Großbritannien bereits zugänglich oder gar Usus waren.

Wenn wir uns heute fragen, was sich seitdem getan hat, dann fällt die Bilanz sehr ungleichgewichtig aus: Im Bereich von Forschung und Berichterstattung ist einiges passiert; das wird auch in den einzelnen Beiträgen dieses Sammelbandes nachgezeichnet. So erscheinen seit 2001 wiederholt vergleichende UNICEF-Reporte zur Kinderarmut in entwickelten Wohlfahrtsstaaten (UNICEF 2001, 2005, 2007, 2012) und seit Neuerem auch die von Hans Bertram daraus abgeleiteten speziellen Berichte zur „Lage der Kinder in Deutschland" (2006, 2008, 2010 und 2012). Mittlerweile haben wir auch schon die dritte World Vision Kinderstudie von Sabine Andresen und Klaus Hurrelmann (2013) zur Hand, die sich spezifisch an „Wohlbefinden, Armut und Gerechtigkeit aus Sicht der Kinder" orientiert. Uns liegen die Auswertungen des DJI Kinderpanels (2002–2008) vor, das sich ebenfalls mit der Armutsproblematik befasst und detaillierte Kenntnisse dazu geliefert hat (Alt 2005), sowie eine Expertise im Auftrag eben dieses Kinder- und Jugendinstituts (DJI) zu „Kinderarmut in Deutschland" (Hübenthal 2009). Wie Kapitel 2 zeigen wird, verfügen wir inzwischen über eine Reihe von qualitativen Querschnittstudien und eine erste quantitativ und qualitativ angelegte Längsschnittstudie (ISS-Studie), die sich nicht nur mit den Folgen, sondern auch mit der kindlichen Bewältigung von Armut auseinandersetzen.

Das grundsätzliche Problem kann von der Politik nicht mehr ignoriert werden. Dennoch wird der Armutsbekämpfung und Armutsprävention bei Kindern die ihr gebührende politische Priorität nicht eingeräumt. Wen wundert es da, wenn 20 Jahre nach Veröffentlichung des ersten „Nationalen Armutsberichts" des Deutschen Paritätischen Wohlfahrtsverbandes mit dem bezeichnenden Titel „…wessen wir uns schämen müssen in einem reichen Land" (1989) dieser Verband auf einer Fachtagung die bittere Bilanz zieht:

„Armut ist kein Tabu mehr, aber Armut haben wir immer noch" (Blätter der Wohlfahrtspflege 1–2/2010, S.46). Und zwar nicht weniger, sondern mehr! Konkret mit Blick auf Kinderarmut stellte Ulrich Schneider, Hauptgeschäftsführer dieses Verbandes, im Februar 2012 eine aktuelle Studie mit den Worten vor: „Es gibt keinen Anlass zum Jubel. Wir haben in Deutschland nach wie vor eine skandalös hohe Kinderarmut ...".[1] Mit Einführung von Hartz IV 2004 sei das Problem sprunghaft angestiegen und verharre seitdem fast durchgehend auf gleichbleibend hohem Niveau: Jedes siebte Kind lebe von Hartz IV-Leistungen, in Ostdeutschland sogar jedes vierte. Wie war das noch 1997? Da sprach man davon, dass die Sozialhilfequote von Kindern und Jugendlichen (bis 18-Jährige) von 1980 bis 1997 um 2,1 % auf 7,2 % gestiegen, ja geradezu explodiert sei und nunmehr jedes 14. Kind davon betroffen sei (Stickdorn/Rabeneck o.J.)!

Darüber hinaus zeichnen sich heute zwei alarmierende Trends ab: Zum einen haben wir es mit steigender Langzeitarmut und somit mit einer Verfestigung von Armutsphänomenen bei Kindern und in Familien zu tun. Zum anderen haben nicht nur die regionalen Differenzen zwischen Ost und West, Nord und Süd weiter zugenommen, sondern bilden sich kleinräumig regelrechte „Armutsinseln" heraus. So ballt sich Armut beispielsweise im Ruhrgebiet mit einer Quote von 25,6 % und dort noch krasser mit 34,3 % in der Stadt Gelsenkirchen, so der Armutsatlas 2009. Auf städtischer Ebene haben wir dann noch einmal eine gefährliche Konzentration in bestimmten Stadtquartieren.

Im ersten Kapitel wird zunächst die Frage aufgeworfen, was man sich unter menschlichen Lebensbedingungen für Kinder und Familien vorzustellen habe. Die beiden nächsten Beiträge zeigen eine Bestandsaufnahme der Kinderarmutsproblematik zu zwei unterschiedlichen Zeitpunkten: Ursachen, Ausmaß und Reichweite, ihre vielfältigen Erscheinungsformen und ihre materiellen wie immateriellen Folgewirkungen. Dabei wird deutlich, dass die gesellschaftlichen Ursachen von Kinderarmut über all die Jahre hinweg dieselben geblieben sind.

---

1 Pressemitteilung des Paritätischen Gesamtverbandes vom 29.2.2012.

Was sind menschliche Lebensbedingungen für Kinder und Familien in unserem Land?[2] (1997)

Kinderarmut als gesellschaftliches Problem

Erstens

Ich möchte mit einem Zitat der Kindheitsforscherin Helga Zeiher beginnen. Auf dem 27. Soziologentag in Halle konstatierte sie:

> „Zwei Tatsachen alarmieren gegenwärtig:
> Die Tatsache, dass Kinder auch in Deutschland das höchste Risiko haben, unter der Armutsgrenze zu leben, sowie die geringen Geburtenraten.
> Wenn in einem reichen Land das Geld für Kinder knapp ist und wenn potentielle Eltern zögern, sich für Kinder zu entscheiden, zeigt das, dass etwas Grundlegendes in Bezug auf Kinder falsch eingerichtet ist." (Zeiher 1996, S. 799)

Zweitens

Wer nach den Lebensbedingungen von Kindern fragt, wird sich zwangsläufig damit auseinandersetzen müssen, welche Rahmenbedingungen unsere Gesellschaft für ein Leben mit Kindern vorgibt. Damit rückt die Lebensform Familie als zentraler Sozialisationsort für die aufwachsende Generation in den Blickpunkt. Allerdings besteht die Gefahr, dass die Lebenslage von Kindern dabei der vorrangigen Aufmerksamkeit für die Institution Familie untergeordnet wird, sodass Kinder nur als abhängige Variable betrachtet werden.

Erst in den letzten Jahren hat mit der Thematisierung von Kinderrechten ein Perspektivenwechsel in der öffentlichen Wahrnehmung von Kindern stattgefunden.

Es gilt daher eine zweifache Perspektive einzunehmen: die Perspektive der Kinder neben derjenigen von Erwachsenen, die mit Kindern leben und für sie Sorge tragen.

2 Vortrag auf dem 27. Evangelischen Kirchentag in Leipzig: „Auf dem Weg der Gerechtigkeit ist Leben" am 20.6.1997.

Drittens

Aus der Perspektive der Kinder sehen wir,

- dass noch nie so viele Kinder in Wohlstand aufgewachsen sind wie heute;
- dass bei uns gleichzeitig die Zahl der von Armut betroffenen Kinder stetig wächst;
- dass Mädchen und Jungen unterschiedliche Bedürfnisse haben und wir nicht immer nur geschlechtsneutral an ein fiktives Kind denken dürfen;
- dass hierzulande neben deutschen auch nicht-deutsche Kinder leben;
- dass es Kinder gibt, die aus ihrer Heimat zu uns geflohen sind;
- dass nicht alle Mädchen und Jungen in Familien aufwachsen;
- dass es sogar Kinder gibt, die auf der Straße leben;
- dass Familien Kindern nicht immer jenen Schutzraum bieten, den sie bräuchten.

Viertens

Sie werden auf einem Kirchentag daher nicht überrascht sein, dass ich zunächst die aktuell anwachsende Kinder- und Familienarmut in den Mittelpunkt rücke.

Armut von Kindern und Familien wird in der sozialwissenschaftlichen Forschung wie in der Praxis Sozialer Arbeit seit einigen Jahren als zunehmendes Problem wahrgenommen. Der politischen Öffentlichkeit mangelt es jedoch noch weitgehend am entsprechenden Bewusstsein.

Mittlerweile ist davon auszugehen, dass 2,2 Millionen Kinder in Deutschland in Armutsverhältnissen heranwachsen. Jede(r) dritte Sozialhilfeempfänger(in) ist laut der Stuttgarter Familienkonferenz von 1994 jünger als 15 Jahre. Insbesondere Familien mit kleinen Kindern bis zum Alter von sieben Jahren, aber auch Familien mit Schulkindern und Jugendlichen sind überproportional häufig auf Sozialhilfe angewiesen. Im Übrigen leben Kinder oft in Familienformen, die überdurchschnittlich von Langzeitarmut betroffen sind.

Fünftens

Die *Armut der Kinder* wird selbstverständlich durch die *Armut der Erwachsenen* bedingt, die für sie sorgen. Als vorrangige Risikofaktoren von Familien erweisen sich dabei sowohl die Lebensform des Alleinerziehens – insbesondere nach Trennung oder Scheidung – als auch eine hohe Kinderzahl in der Familie. Letztlich ist Armut jedoch auf Einkommensverlust infolge von Erwerbslosigkeit oder auf zu geringes Erwerbseinkommen zurückzuführen.

Kinderarmut ist daher als Folge von Erwerbslosigkeit zu sehen, aber auch im Kontext der viel zitierten Pluralisierung von Lebensformen.

Die bundesrepublikanische Familien- und Sozialpolitik orientiert sich nämlich nach wie vor am traditionellen Leitbild der auf Ehe basierenden Vater-Mutter-Kind-Familie. Andere Lebensformen mit Kindern werden nicht gleichrangig gefördert.

Sechstens

Wie Armut insgesamt ist auch Kinderarmut als Phänomen sozialer Ungleichheit zu betrachten. Die Lebenssituation von Kindern in der Bundesrepublik hängt davon ab, wohin Janus gerade blickt: Noch nie hat es eine Kindergeneration gegeben, in der ein so hoher Anteil in konsumorientiertem Wohlstand aufgewachsen ist. Gleichzeitig steigt jedoch weiter die Zahl derjenigen Kinder, die in relativer Armut leben müssen.

In welcher Weise sich Einkommensarmut, Erwerbslosigkeit der Eltern, beengte Wohnverhältnisse, Bildungsbenachteiligung, soziale Marginalisierung und Stigmatisierung auf die Lebensbedingungen und Entwicklungsperspektiven von Kindern auswirken, ist erst neuerdings zu einem Thema der Armutsforschung geworden.

Siebtens

Vor allem folgende Aspekte sind für eine Kindheit in Armut prägend:

- wie lange die Familie in Armutsverhältnissen verharrt,
- wie umfassend Armut erfahren wird,
- welche Lebensbereiche von Einschränkungen und Unterversorgung betroffen sind,
- wie die Armutssituation in der Familie bewältigt wird.

Armut bedeutet für Kinder risikobehaftete Sozialisationsbedingungen, da beeinträchtigende Auswirkungen auf die elterliche Erziehungskompetenz, die Eltern-Kind-Beziehung sowie die Selbst- und Fremdwahrnehmung der betroffenen Kinder nicht auszuschließen sind.

Die Erfahrung von Armut und Marginalisierung kann auch Folgen für die Persönlichkeitsstruktur der Erwachsenen und die Familiendynamik haben, weil die Angst vor sozialer Ausgrenzung Menschen verändert. Sind die

Belastungen im Familienalltag kaum noch zu bewältigen, kommt es leicht zu familiären Spannungen. Sogar Kindesvernachlässigung mag aus elterlicher Überlastung in materiellen Notsituationen resultieren.

Achtens

Betrachtet man Verarmung als Prozess, so haben empirische Untersuchungen ergeben, dass verringertes Einkommen sich über eine längere Zeitspanne in einer bestimmten Abfolge von Einschränkungen bei der Haushaltsführung bemerkbar macht. Zunächst werden Anschaffungen von Gegenständen des täglichen Gebrauchs zurückgestellt und Einsparungen vorgenommen, die in erster Linie die Erwachsenen treffen (Walper 1993). Aber schon die nächsten Einschnitte treffen die Kinder, denn sehr bald folgen Kürzungen bei Ernährung, Kleidung sowie Freizeitaktivitäten, die auch für sie spürbar werden.

Kinder leiden dabei nicht nur unter den negativen Folgen für die Gesundheit. Sie leiden vor allem wegen der ausgrenzenden und stigmatisierenden psychosozialen Wirkung von materieller Not, wie etwa Ausschluss vom Schulausflug, von Geburtstagsfeiern oder sozialen Erlebnissen, wie beispielsweise einem Kinobesuch.

Neuntens

Ein Aspekt ist mir in diesem Kontext noch wichtig: *Die Armut der Familie ist die Armut der Frauen.* Darauf hat speziell die Frauenforschung immer wieder hingewiesen.

Die Mehrzahl der Kinder, die von Armut betroffen sind, lebt in Familienformen mit einem weiblichen Familienvorstand. Aber auch in Zwei-Eltern-Familien sind es in erster Linie die Frauen, die die materielle Not durch kreative Haushaltsführung oder anderweitige Kompensationsstrategien tagtäglich zu bewältigen und auszugleichen haben.

Zehntens

Ausgehend von einem Vergleich zwischen zwölf EU-Ländern kam Christiane Dienel zu dem Ergebnis, dass die Bundesrepublik – zusammen mit den Niederlanden, Irland und Großbritannien – zu jener Ländergruppe gehört, in der Familien- und damit Kinderarmut in Relation zu anderen Bevölkerungsgruppen besonders krass ausgeprägt ist (Dienel et al. 1993).

Ohne auf die komplexe Frage der internationalen Vergleichbarkeit einzugehen, können wir dies als Indiz dafür werten, dass die bundesrepublikanische Politik der Armutsbekämpfung ebenso wie generell ihre Familien- und Kinderpolitik defizitär bleibt. Die Bundesrepublik gibt zwar erhebliche Beträge für den Familienlastenausgleich aus, ohne dass diese Mittel aber zielgenau der Armutsbekämpfung zugutekommen.

Menschliche Lebensbedingungen für Kinder und Familien

Erstens: Kinder haben Rechte!

Die Bundesrepublik hat 1992 die UN-Konvention zu Kinderrechten ratifiziert. Ausgehend von einzelnen Artikeln dieser Konvention wurde in einem „Kinderreport" (Ernst/Stampfel 1991) die Lebenssituation von Kindern in der Bundesrepublik analysiert.

In diesem auf Interviews mit Kindern basierenden Bericht verweisen die beiden Autorinnen vor allem auf Defizite, so auf unzureichende öffentliche Kinderbetreuung, auf den Mangel an Raum und Zeit für Kinder, auf Kindesmisshandlung, Vernachlässigung, sexuelle Ausbeutung, auf Chancenungleichheit, materielle Armut und soziale Ausgrenzung.

Viel müsste also geschehen, um die gesellschaftlichen Rahmenbedingungen soweit zu verbessern, dass aus dem papierenen Text im kindlichen Alltag gelebte Realität wird.

Zweitens: Ausgrenzung von Familien vermeiden, Zukunft der Kinder sichern!

Artikel 27 der UN-Kinderrechts-Konvention formuliert das Recht des Kindes auf einen Lebensstandard, der seiner körperlichen, geistigen, seelischen, sittlichen und sozialen Entwicklung angemessen ist. Bei Bedürftigkeit des familiären Umfeldes sind entsprechende materielle Hilfs- und Unterstützungsprogramme vorzusehen. Dieses Recht gilt es – übertragen auf die bundesrepublikanischen Verhältnisse – umzusetzen.

Wenn wir schon über menschliche Lebensbedingungen für Kinder und Familien sprechen, dann hat für mich eine Politik der materiellen Existenzsicherung und Armutsvermeidung allererste Priorität. In einem Land, das zweifellos die nötigen Ressourcen dazu hätte, Armut zu vermeiden, ist mir die Tatsache realer Not unerträglich!

Drittens: Die Realität von Familien zur Kenntnis nehmen, heißt Vielfalt fördern!

Über die Zukunft der Familie wurde in den letzten Jahren viel geschrieben und diskutiert; dabei ist vor allem die neue Vielfalt der Lebens- und Familienformen in den Blick geraten.

In den Sozialwissenschaften gibt es einen breiten Konsens, unter „Familie" jede Form des Zusammenlebens von Erwachsenen mit Kindern zu begreifen: also die auf Ehe basierende Familienform ebenso wie nichteheliche Lebensgemeinschaften mit Kindern, Ein-Eltern-Familien, Stief- und Pflegefamilien und was es noch gibt.

Familienpolitische Maßnahmen und öffentliche Unterstützungskonzepte sollten sich daher an den gewandelten Realitäten und gesellschaftlichen Entwicklungstrends orientieren. Angesichts der heutigen Pluralität von Lebensformen, in denen Kinder aufwachsen, kann es nicht Aufgabe des Staates sein, eine bestimmte Lebensform zum gesellschaftlich verbindlichen Leitbild zu deklarieren und in besonderer Weise zu fördern, wie bisher beispielsweise die Ehe oder die aus der Ehe hervorgegangene Familie.

Viertens: Kinder brauchen Väter und Mütter, weibliche und männliche Bezugspersonen!

Im Zuge des sozialen Wandels haben sich nicht nur Zusammensetzung und Formen von Familie verändert. Gewandelt haben sich teilweise auch die Vorstellungen von der familieninternen Arbeitsteilung zwischen den Geschlechtern.

Familienarbeit, will heißen: Erziehungs-, Sorge- und Pflegearbeit, wird erst dann aufgewertet werden und die ihr gebührende Anerkennung finden, wenn sich auch Männer zunehmend daran beteiligen. Das gilt ebenso für die außerfamiliäre Betreuungsarbeit.

Nicht nur Mütter, sondern auch Väter – nicht nur weibliche, eben auch männliche Bezugspersonen – sollen gesellschaftliche Unterstützung und Förderung erhalten, um sich der Erziehung und Betreuung von Kindern im erforderlichen Maße widmen zu können.

Fünftens: Eine kinder- und familienfreundliche Lebensumwelt – Orte für Kinder schaffen!

Über die „Unwirtlichkeit der Städte" wird nicht erst seit dem Erscheinen von Alexander Mitscherlichs gleichlautendem Essay (1965) geklagt. Stadtentwicklung darf nicht nur unter dem Aspekt wirtschaftlicher Rationalität betrieben werden. Es ist an der Zeit, unsere Städte endlich als Lebensorte für Kinder und Erwachsene zu konzipieren, konsequent dafür zu sorgen, dass die Bedürfnisse von Kindern in der Stadtentwicklungsplanung und Quartiersgestaltung viel stärker zur Geltung kommen, also „Orte für Kinder“ zu schaffen.

Kindgerechte Gestaltungsaspekte sollten bei Flächennutzungskonzepten und Bebauungsplanung stärker berücksichtigt werden, ebenso in der öffentlichen Verkehrs- und sozialen Infrastrukturpolitik für die einzelnen Stadtteile. Sie müssten aber auch in den Wohnungsbau und die Wohnraumgestaltung mit einfließen.

Bei der Wohnraumgestaltung wird noch häufig von veralteten Familienleitbildern ausgegangen, obwohl die traditionelle Vater-Mutter-zwei-Kinder-Familie längst nicht mehr Alleinvertretungsanspruch hat. Dabei käme es gerade hier darauf an, die Vielfalt der Bedürfnisse zu bedenken, wie sie sich aus der Differenzierung familiärer Lebensformen ergibt, etwa durch flexiblen Zuschnitt des Wohnraums.

Kinder haben auch ein Recht auf eine gesunde Umwelt. Diese gesellschaftliche Herausforderung scheint nach zaghaften ökologischen Aufbrüchen wieder zunehmend verdrängt zu werden.

Sechstens: Der sozialen Polarisierung in den Städten entgegenwirken!

Wir erleben derzeit in vielen Städten eine sich verschärfende räumliche Polarisierung von Lebenslagen, bei der sich ein dichtes Nebeneinander sozialer Gegensätze abzeichnet.

Armut droht sich lokal zu verfestigen, was eine Problemkumulation in einzelnen Stadtteilen zur Folge hat. Hier gilt es kommunal gegenzusteuern.

Wir wissen, dass öffentlich geförderte soziale Infrastruktur angesichts sozialer Ungleichheit eher ausgleichend oder eben negativ verstärkend wirken kann. Entscheidend ist, inwieweit es gelingt, mittels sozialer Infrastruktur soziale Bezüge und Netzwerke im Stadtteil zu fördern und Platz für die Spiel- und Erlebnisbedürfnisse von Kindern zu schaffen.

Siebtens: Eltern brauchen eine familienfreundliche Arbeitswelt – Zeit für Kinder!

Die bundesrepublikanische Arbeitswelt ist nicht darauf eingestellt, dass beide Elternteile familiäre Verpflichtungen wahrnehmen. Die viel zitierte Vereinbarkeit wird wenn, dann nur mit Blick auf die Mütter diskutiert, so etwa deren Freistellung bei Krankheit oder für die Erziehungsarbeit in den ersten Lebensjahren des Kindes.

Dass für eine familienfreundliche Arbeitsweltgestaltung deutlich mehr getan werden könnte, zeigen Beispiele aus dem US-amerikanischen Unternehmensbereich. Dort wurden mit der Idee eines *Family-Friendly-Index* (FFI) Kriterien entwickelt, anhand derer die Familienfreundlichkeit von Unternehmen, was Arbeitsorganisation und Arbeitszeiten betrifft, geprüft werden kann. Geachtet wird dabei auf folgende Aspekte:

- Gibt es einen Betriebskindergarten?
- Existiert ein Frauenförderplan?
- Ist Teilzeitarbeit auch für Führungskräfte vorgesehen?
- Nutzen auch Männer flexible Arbeitszeiten?
- Hat sich die Fluktuation der Mitarbeiterschaft verringert?

Da die Kinder- und Familienfreundlichkeit der Arbeitswelt nun einmal wesentlich zur positiven Lebensqualität von Familien beiträgt, sollten diese Kriterien zu einem wesentlichen Wettbewerbsfaktor avancieren. So stelle ich mir vor, dass Gesellschaften auch damit für sich werben könnten, ein guter „Kinderstandort" zu sein.

Achtens: Eltern gesellschaftliche Solidarität und Unterstützung zusichern!

Daraus erwachsen auch Anforderungen an die Politik: Die Frage ist, inwieweit eine Gesellschaft bereit ist, familienfreundliche Arbeitszeitmodelle und Freistellungsmöglichkeiten für Eltern finanziell im Sinne eines solidarischen Ausgleichs zu fördern. Allerdings: Nur wenn Freistellungsmöglichkeiten auch für Männer attraktiv sind, wird es zukünftig zu einer gleichmäßigeren Verteilung der Familienpflichten zwischen den Geschlechtern kommen.

Nicht nur Mütter, sondern eben auch Väter sollten sich in größerer Freiheit der gesellschaftlich notwendigen Aufgabe der Kindererziehung widmen können.

Neuntens: Um politische Gestaltungskraft zu entwickeln, bedarf es positiver Visionen!

> „Politik zu machen, heißt, eine Vision davon zu haben, wie unsere Gesellschaft in Zukunft aussehen soll. Eine Politik ohne Visionen, die sich stillschweigend dem Diktat des Sachzwangs beugt, gibt damit ihren ureigensten Anspruch auf, gestaltend auf soziale Entwicklungen einzuwirken." (ISA o.J., S. 8)

Woran es heute in der öffentlichen Diskussion um die soziale Gestaltung von Zukunft mangelt, sind vor allem positive Visionen. Das aktuelle Klima der öffentlichen Debatten in Politik und Gesellschaft lädt nicht gerade zur Orientierung an langfristigen Perspektiven und konkreten Utopien ein.

Gerade dies erscheint mir als das eigentliche Dilemma: Gesellschaftliche Krisensituationen können nur positiv bewältigt werden, wenn Alternativen gedacht und Langfristperspektiven entwickelt werden. Lasst uns von den Kindern wieder das Träumen lernen!

Zehntens: Wer Kinder zeugt, setzt Visionen in die Welt!

Kinder sind das Zukunftspotenzial einer Gesellschaft. In ihnen lebt sie fort und entwickelt sich weiter. Wer langfristig denkt und für den Fortbestand des Gemeinwesens Vorsorge treffen will, tut gut daran, viel in kindgerechte Lebensbedingungen zu investieren.

Was unsere Gesellschaft für die schwächsten Glieder tut, ist Gradmesser ihrer wirklichen Stärke. Unsere Kinder werden uns daran messen. Und vor ihrem Urteil sollten wir bestehen können.

Arme Kinder – reiches Land?[1] (2001)

Ursachen und gesellschaftliche Deutungsmuster

Wollen wir uns einem gesellschaftlichen Problem sachgemäß nähern, müssen wir seine Ursachen kennen. Zahlenmäßig hat Armut in den 1980er und 1990er Jahren kontinuierlich zugenommen. Parallel dazu ist auch die Betroffenheit von Kindern und Jugendlichen immer weiter gestiegen. Wie ist es dazu gekommen?

Armut von Kindern und Jugendlichen hängt unmittelbar von der Lebenslage ihrer Familien ab und der Einkommenssituation der für ihre Versorgung zuständigen Erwachsenen. Folgende Gruppen sind in besonderem Maße vom Armutsrisiko betroffen:

- Kinder von Alleinerziehenden,
- Kinder aus Familien mit mehreren Geschwistern,
- Kinder aus Erwerbslosenfamilien,
- Kinder aus Migrantenfamilien, besonders Flüchtlingsfamilien.
- Dabei sind folgende Ursachen auszumachen:
- die Schwierigkeit, Erwerbstätigkeit und Kindererziehung miteinander zu verbinden, vor allem für Alleinerziehende ein großes Problem,
- zu geringe Erwerbseinkommen, vor allem bei Teilzeitarbeit und ungesicherten Beschäftigungsverhältnissen,
- aber auch Erwerbslosigkeit mit entsprechenden Einkommenseinbußen,
- nicht ausreichende sozialpolitische Förderung von Familien,
- eine restriktive Ausländergesetzgebung, die gerade in der Vergangenheit Asylsuchenden den Zugang zum Arbeitsmarkt versperrt oder erschwert hat.

Von Armut betroffen sind also nicht mehr nur sogenannte Randgruppen, sondern das Armutsrisiko kann – im Falle von Erwerbslosigkeit oder von Trennung und Scheidung – selbst Familien aus der sogenannten Mittel-

1 Vortrag „Kinder- und Jugendarmut in der Wohlfahrtsgesellschaft“, gehalten im Rahmen einer Fortbildungsveranstaltung für Erzieherinnen an der Akademie „Die Wolfsburg“ am 31.10.2001.

schicht treffen. Entscheidend ist dabei, ob und wie schnell ein Weg gefunden wird, der aus der materiellen Notlage herausführt. Deshalb spricht man in Fachkreisen häufig von sogenannter *neuer Armut*, die im Vergleich zur *verfestigten* oder *sozial vererbten Armut* von kürzerer Dauer ist und auch sonst andere Ausprägungen hat; vor allem besteht hier noch Hoffnung auf einen baldigen Ausstieg.

Die oben angeführten Ursachen müssen wir vor Augen haben, wenn wir über Deutungs- und Erklärungsmuster sprechen. Armut hat demnach vorwiegend gesellschaftliche Ursachen. Nicht selten jedoch wird in der öffentlichen Diskussion das Erklärungsmuster von der *selbstverschuldeten Armut* vertreten. Dabei werden offensichtlich die gesellschaftlichen Bedingungen, die zur Armut führen, verkannt. Eine ähnliche Verkennung der eigentlichen Problematik verbirgt sich auch hinter dem Missbrauchsargument. Es mag Einzelfälle geben, in denen Sozialleistungen oder Sozialhilfe zu Unrecht bezogen werden: Tatsache ist jedoch – und das wissen wir aus unterschiedlichen empirischen Studien –, dass im Gegenteil Sozialhilfe in vielen Fällen gar nicht in Anspruch genommen wird, obwohl die Berechtigung dazu vorliegen würde. Hier spricht man von einer *Dunkelziffer der Armut.* Meist sind hierfür Motive wie Scham oder Angst vor Stigmatisierung ausschlaggebend.

Die Schuldzuweisung an die Betroffenen und die Tatsache, dass arm zu sein in unserer leistungs- und konsumorientierten Gesellschaft als persönlicher Makel gilt, trägt nicht selten dazu bei, dass soziale Rechte und notwendige Unterstützung nicht in Anspruch genommen werden. Das kann vor allem für die Kinder, die in solchen Familien leben, gravierende Folgen haben.

Gesellschaftlicher Umgang mit der Armutsproblematik

In der Bundesrepublik wurde die Existenz einer Armutsproblematik von politischer Seite lange Zeit geleugnet, so etwa durch die frühere CDU/FDP-geführte Bundesregierung unter Helmut Kohl. Das Problem wurde schlicht wegdefiniert, indem man offiziell davon ausging, dass Sozialhilfeempfängerinnen und -empfänger nicht arm seien. Vertritt man die Auffassung, dass mit dem Sozialhilfebezug Armut bekämpft sei, reduziert sich das Problem in der Tat auf die sogenannte *verschämte Armut,* also auf diejenigen Menschen, die soziale Unterstützung und ihnen zustehende Rechte nicht einfordern.

Mit dem Regierungswechsel von 1998 scheint sich auf Bundesebene ein Einstellungswechsel anzubahnen. Jedenfalls hat die rot-grüne Bundesregierung einen Ersten Armuts- und Reichtumsbericht (ARB 2001) erstellen lassen, der in diesem Jahr veröffentlicht worden ist. Das ist zumindest ein erster Schritt, denn man kann ein Problem nur lösen, wenn man es zur Kenntnis nimmt. Entscheidend bleibt jedoch, ob die Politik – über die Berichterstellung hinaus – tatsächlich dazu bereit ist, nach Lösungen zu suchen und sie auch gegen eventuelle Widerstände durchzusetzen.

Armut aus Kindersicht

In verschiedenen Forschungsprojekten, an denen ich beteiligt war, haben wir Kinder im Grundschulalter (von sieben bis zehn Jahren) danach gefragt, welche Vorstellungen sie von Armut haben. Diese Frage ging zum einen an von Armut betroffene Kinder selbst, zum anderen wurden in einer Unterrichtsreihe alle Kinder einer dritten Grundschulklasse damit konfrontiert.[2]

Wollten wir wissen, woran man Armut erkennen kann, haben die Kinder der Grundschulklasse zunächst äußerlich sichtbare und relativ negativ besetzte Merkmale angeführt: Sie haben mit Armut Attribute wie hässlich, schmutzig, alte Kleider assoziiert, allerdings auch Eigenschaften wie traurig, müde, krank. Erst im Laufe der Unterrichtsreihe wurde von den Kindern die *Mehrdimensionalität* von Armut herausgearbeitet, Armut also in ihren sichtbaren wie unsichtbaren, materiellen wie immateriellen Formen erkannt. Armut wurde auch als soziale Ausgrenzung gedeutet, und sie dachten sogar über Gegenkonzepte von Gemeinschaft und Solidarität nach. Dieses Beispiel zeigt, dass man Themen wie Armut, die im alltäglichen Miteinander von Kindern ja tatsächlich eine Rolle spielen, sehr wohl aufgreifen und mit ihnen bearbeiten kann.

Im Rahmen unserer Kinderbefragung, bei der selbstbetroffene Mädchen und Jungen aus Sozialhilfefamilien zu Wort kamen, erhielten wir Antworten, die Armut einerseits möglichst weit weg von sich angesiedelt sahen, so bei Kindern in Afrika, Tschernobyl oder im Kosovo; andererseits aber auch solche, die ein auf eigener Anschauung basierendes, ziemlich differenziertes Verständnis erkennen ließen, wie zum Beispiel:[3]

---

2 Die Unterrichtsreihe wurde im Rahmen des Münsteraner Forschungsprojektes „Soziale Bewältigungsstrategien von Kindern in benachteiligten Lebenslagen. Eine Untersuchung im städtischen und ländlichen Raum“ (2000–2002) durchgeführt. Leitung: Prof. Margherita Zander, Mitarbeit: Barbara Imholz, Gisela Wuttke.

3 Im Folgenden beziehe ich mich weitgehend auf die zu diesem Zeitpunkt noch nicht veröffentlichten Ergebnisse des Jenaer Forschungsprojektes „Benachteiligung in den Lebenslagen von Kindern“, durchgeführt von Prof. Karl August Chassé und mir unter Mitarbeit von Dr. Konstanze Rasch. Das Projekt wurde vom Thüringer Landesministerium für Kultur, Wissenschaft und Forschung gefördert (Laufzeit: 1997–2000). Später wurden die Resultate veröffentlicht in: Chassé/Zander/Rasch (2003): Meine Familie ist arm. Wie Kinder

> „Unter arm versteh ich, der keine angemessene Wohnung ... nicht so viel Geld oder gar kein Geld hat oder ... nich mal hier ... was zum Einkleiden hat, und der nichts, nich mal was hat, womit er sich ... seine Familie ernähren kann" (Nathalie, sieben Jahre).

Melanie, acht Jahre, antwortete auf die Frage, wer arm ist: *„Meine Mutti"* und auf die nächste: Woran merkst du das? *„indem sie kein Geld hat"* und vor allem daran, dass *„der Kühlschrank leer is"*.

Eine ganze Reihe der von uns interviewten Mädchen und Jungen aus Sozialhilfehaushalten hat die eigene *Familie als „arm"* eingeschätzt. Obwohl die Eltern, insbesondere die Mütter, in vielen Fällen der Meinung waren, ihre Kinder bekämen die materielle Notlage der Familie nicht mit, haben die Kleinen selbst meist zu erkennen gegeben, dass sie die Geldsorgen der Eltern durchaus wahrnehmen. Allerdings schien es den Kindern leichter zu fallen, ihre eigene Familie als arm einzustufen, als von sich selbst zu sagen: *„Ich bin arm"* – das fällt schwer, denn es tut weh.

Kindliche Wahrnehmung der eigenen Betroffenheit

Wir haben diese Mädchen und Jungen im Grundschulalter ausführlich danach befragt, wie sie die *familiäre* und vor allem auch *die eigene Situation* wahrnehmen. Selbstredend muss man dabei behutsam vorgehen, um die Kinder nicht mit stigmatisierenden Fragen zu konfrontieren. Anhaltspunkt war für uns ein Verständnis von Armut, das sich am wissenschaftlichen Konzept der Lebenslage orientiert. In dieser Sicht wird die Lebenslage eines erwachsenen Menschen, aber auch eines Kindes durch die jeweilige Ausgestaltung verschiedener Lebensbereiche und Spielräume (Handlungsspielräume) geprägt. Nach Gerhard Weiser und Ingeborg Nahnsen (1970) unterscheidet man dabei folgende Spielräume:

- Einkommens- und Versorgungsspielraum,
- Lern- und Erfahrungsspielraum,
- Kontakt- und Kooperationsspielraum,
- Muße- und Regenerationsspielraum,
- Entscheidungs- und Gestaltungsspielraum.

---

im Grundschulalter Armut erleben und bewältigen, Opladen.

Wenn wir diese teils materiellen, teils immateriellen Spielräume eines Menschen zunächst einzeln betrachten und dann in ihrer Wechselwirkung bewerten, können wir recht konkrete Aussagen zur Gesamtlebenslage der Person machen. Eine solche Einschätzung haben wir für die von uns interviewten Kinder vorgenommen. Im Folgenden möchte ich dies exemplarisch am *Einkommens- und Versorgungsspielraum* veranschaulichen und greife dabei auf erste Erkenntnisse aus unserer Auswertung zurück.

Für die alltägliche Versorgung ist das familiäre Einkommen die zentrale Ressource. In dieser Hinsicht ist die materielle Situation der Kinder durch die Einkommenslage der Familie bedingt. Allerdings ist hierfür nicht allein die finanzielle Lage ausschlaggebend, vielmehr kann das Haushaltsmanagement der Eltern, in der Regel der Mütter, einiges abfedern. Auf die dabei verfolgte Ressourcenverteilung und Prioritätensetzung haben Kinder meist wenig Einfluss. Worauf wird von den Erwachsenen in erster Linie geachtet? Ernährung? Kleidung? Gesundheit? Freizeit? Kindliche Bedürfnisse? Oder stehen eher die Wünsche der Erwachsenen im Vordergrund? Woran und wie wird also im Zweifelsfall gespart? Ausschlaggebend ist also nicht nur, welche Ressourcen gesamtfamiliär vorhanden und zugänglich sind, sondern wie die erwachsenen Familienmitglieder mit ihnen umgehen und sie innerfamiliär zuteilen.

Die *Lebenslage einer Familie* können wir daher *nicht einfach als homogen* betrachten, denn sie kann sich für die einzelnen Familienmitglieder sehr unterschiedlich darstellen, und zwar infolge der Ressourcenzuteilung durch die Erwachsenen ebenso wie beeinflusst von subjektiven Gestaltungspotenzialen und Bewältigungsmustern der einzelnen Mitglieder. Hierbei wirkt sich unter anderem das hierarchische Gefälle zwischen den Generationen aus. Gleichzeitig wird sich in den familiären Umgangsformen aber auch das Maß an elterlicher Fürsorglichkeit für die Kinder spiegeln.

Eine wichtige Rolle bei der häuslichen Versorgung spielen *die elterlichen Kompensationsstrategien*, auf welche Weise also gegebenenfalls Ersatz geschaffen wird. Dabei ist an die Nutzung sogenannter „kleiner Ressourcen" zu denken, wie Tauschbörsen, Flohmärkte, Second-Hand-Shops, Kleiderkammern und ähnliche Gelegenheiten mehr. Oder ein anderes Beispiel, das geradezu untypisch erscheinen mag: Eine Mutter hilft umsonst auf einem Reiterhof aus – dafür kann die Tochter umsonst reiten.

Von großer Bedeutung ist auch, ob es soziale Netzwerke gibt, die unterstützend wirken – so etwa Nachbarschaft, Freunde und Bekannte, besonders aber verwandtschaftliche Netzwerke. Vor allem die Großeltern springen häufig ein, wenn Schmalhans Küchenmeister ist:

- indem sie für die Kinder Kleidung kaufen oder ihnen andere Wünsche erfüllen,
- die Kinder in den Ferien zu sich oder mit in den Urlaub nehmen,
- den Kindern Erfahrungen ermöglichen, die ihnen sonst verwehrt blieben,
- ihnen beispielsweise den Musikunterricht oder den Vereinsbeitrag für einen Sportclub bezahlen.

Das setzt allerdings voraus, dass die Großeltern in einer besseren sozialen Lage sind. Nun ist das jedoch nicht immer der Fall – gerade wenn wir an sogenannte *vererbte Armut* denken, wo die soziale Benachteiligung von Generation zu Generation weitergegeben wird.

Wir haben im Rahmen dieses Spielraumes folgende *Aspekte aus der Perspektive der Kinder* betrachtet: Ernährung, Kleidung, Wohnung, Spielzeug, Einschätzung der familiären Einkommenssituation sowie kindlicher Umgang mit Geld anhand der Taschengeldfrage. Hier nun ausgewählte Ergebnisse:

Ernährung

Gibt es Frühstück, eine warme Mahlzeit pro Tag, Essensgeld? Patrick etwa geht morgens ohne Frühstück zur Schule, *„weil er und seine Mutter früh los müssen"* – wie er es darstellt. Er nimmt auch kein Pausenbrot mit, weil er es *„vergisst oder manchmal keinen Hunger hat."* Das hört sich nach Schutzbehauptung an! Einige Eltern können das Essensgeld für die Schule oder den Hort schlicht nicht aufbringen. Die Kinder räumen das fehlende Mittagessen dann nur ungern ein oder versuchen es mit mangelnder Qualität des außerhäuslichen Essens zu begründen: *„schmeckt mir nicht"* – oder mit fehlendem Appetit. Das Thema ist ihnen peinlich. In manchen Fällen werden Engpässe bei der Ernährung durch verwandtschaftliche Netze ausgeglichen: Wenn nichts zum Essen im Haus ist, springt bei Melanie und ihren Geschwistern die Oma ein, die nebenan wohnt. Selten – aber es kommt wohl vor – werden öffentliche Angebote genutzt: So berichtet Patrick, dass er ab und zu *„mit dem Opa zur Jenaer Tafel"* geht. Patrick: *„weil wir haben nicht so viel Geld wie die anderen und find ich eben blöd, weil wir das ganze Geld für das Essen ausgeben müssen und für Wohnen (die Hausrenovierung) und dann haben wir nichts mehr zum Essen. Und das find ich blöd."*

Und Detlevs Eltern – eine Familie mit sieben Kindern – geben an, dass sie beim Essen das Billigste vom Billigsten kaufen.

Kleidung

Ist sie der Jahreszeit und Witterung angepasst? Funktional wie zum Beispiel Turnschuhe oder ein Schwimmanzug beim Sport- und Schwimmunterricht? Reicht es für modische Kleidung oder spielt das gar keine Rolle?
Bei der Kleidung wird häufig gespart, auch indem auf gebrauchte Stücke etwa aus der Kleidersammlung zurückgegriffen wird – die Eltern haben dazu in der Regel eine andere Sicht als ihre Kinder: *„Hauptsache sauber, und er läuft nicht rum wie ein Lumpensack"*, so Olivers Mutter. Die meisten der von uns befragten Kinder gaben an, dass sie *„gerne auch so coole Klamotten wie die anderen"* hätten. Auch Oliver (sieben Jahre) sagt das, obwohl seine Mutter glaubt, er wisse nicht einmal, was Markenklamotten sind.

Die meisten der Sieben- bis Zehnjährigen äußern spezifische Kleidungswünsche, die ihre Eltern ihnen aber nicht erfüllen können. So möchte Angelique gerne Schlaghosen, Plateauschuhe und modische Pullis – die Mutter nutzt aber das Kleiderangebot des Selbsthilfevereins, den sie mit gegründet hat. Oder Kevin: Er hat sich zum Geburtstag einen Fußballanzug gewünscht, den er leider nicht bekommen hat, und tröstet sich damit: *„wenn die Mutter wieder Geld hat"*.

Wohnung

Wie ist die Ausstattung der Wohnung? Ist die Größe ausreichend? Ist ein eigenes Kinderzimmer vorhanden? Sind Besuchsmöglichkeiten gegeben? Ist das Wohnumfeld kindgemäß? Im Bereich Wohnen äußern die Kinder am häufigsten Defizite: Die Mehrzahl der von uns interviewten Kinder hat *kein eigenes Zimmer*. Sie müssen sich also das Kinderzimmer mit einem Geschwisterkind oder gar mit mehreren teilen; das führt häufig zu Streit und Reibereien, wenn es Unstimmigkeiten wegen der Zimmereinrichtung oder der Zimmernutzung gibt.

Viele wünschen sich eine größere Wohnung, mehr Platz zum Spielen oder in einem Fall auch ein eigenes Zimmer für die Mutter – damit sie den Streitigkeiten mit dem Vater aus dem Weg gehen kann, meint Angelique.

Freunde oder Freundinnen mit nach Hause zu bringen, ist bei vielen nicht drin: zum einen wegen der Enge der Wohnung und zum anderen, weil die Eltern – aus welchen Gründen auch immer – Kinderbesuch ablehnen, häufig weil sie die beengten Wohnverhältnisse nicht nach außen zeigen wollen.

Gesundheit

Achtet die Familie auf gesundes Essen? Ist die Wohnung warm genug? Haben die Kinder passende Kleidung und genügend Bewegungsmöglichkeiten?

Sowohl Defizite in der Ernährung als auch in der Wohnsituation – wenn etwa im Winter nicht ausreichend geheizt werden kann – und nicht witterungsgemäße Kleidung haben zur Folge, dass arme Kinder öfter krank sind. Darüber hinaus treten bei ihnen häufiger als etwa bei Mittelschichtkindern psychosomatische Symptome auf: Nervosität, Gereiztheit, geringe Konzentration, Kopfschmerzen, Bauchschmerzen oder Bettnässen.

Hier wäre genauer zu untersuchen, inwiefern Kinder derartige Symptome als armutsbedingt wahrnehmen; unsere Antworten deuten eher nicht darauf hin. In jedem Fall aber beeinträchtigen solche Leiden das physische und psychische Wohlbefinden.

Spielzeug

Dieser Bereich lässt sich nur schwer allgemeingültig einschätzen, vielmehr bedarf es hier in besonderem Maße der fallweisen Betrachtung. Ist altersgemäßes Spielzeug vorhanden? Bekommt das Kind genügend Anregungen?

Oft werden hier – um nach außen die familiäre Geldknappheit zu verdecken – sogar „Prestigeobjekte" gekauft, damit die Kinder mit Gleichaltrigen mithalten können.

Dennoch: Auch beim Spielzeug bleiben so manche Wünsche der Kinder unerfüllt. Obwohl die meisten Kinderzimmer recht ordentlich ausgestattet waren, lag in Einzelfällen doch eine eindeutige Unterversorgung vor.

Taschengeld

Bekommt das Kind Taschengeld? Regelmäßig oder unregelmäßig? Wie steht es mit Geldgeschenken von Verwandten?

Taschengeld ist für Mädchen und Jungen ab dem Schulalter aus zwei Gründen von Bedeutung: einmal, um sich gegenüber Gleichaltrigen nicht zurückgesetzt zu fühlen, und zum anderen, um den Umgang mit Geld zu erlernen.

Nur wenige der von uns interviewten Kinder bekommen regelmäßiges Taschengeld – ab und zu gibt es Geldgeschenke von den Eltern als Belohnung oder von Verwandten.

Interessanterweise überspielen aber auch hier die Kinder die Mangelsituation: Die Frage, ob ihnen das Taschengeld reiche, bejahen teilweise auch diejenigen Kinder, die an anderer Stelle angegeben haben, dass sie keines bekämen.

Patrick zum Beispiel sagt, dass er kein eigenes Geld bekomme, weil er es nicht annehme: *„Nur, weil meine Mutti nicht so viel hat. Da will sie mir immer was anbieten, da sag ich, nee behalt das Geld für dich."*

Auch Jessica zeigt Verständnis dafür, dass es nicht regelmäßig Taschengeld gibt, und bei Melanie wandert das Taschengeld direkt in die Sparbüchse für irgendwelche Sonderausgaben.

Als wichtiges Ergebnis unserer Befragung erschien uns die offensichtlich fehlende Übereinstimmung in der Wahrnehmung von Eltern und Kindern. Während in einer Reihe von Fällen die Mütter/Eltern davon ausgingen, dass die Kinder unter den materiellen Einschränkungen nicht zu leiden hätten, nahmen die meisten Kinder wahr, dass ihre Eltern Geldsorgen hatten, und äußerten eindeutige Defiziterfahrungen. In dieser Hinsicht erweist sich die innerfamiliäre Kommunikation, das miteinander Reden über die Situation, eher als entlastend für die Kinder, zumal wenn die Eltern ihnen dabei hilfreiche Hinweise zur Bewältigung geben können.

Nun noch kurz zu den anderen Spielräumen, die ich zumindest kursorisch auf mögliche Armutsfolgen hin beleuchten möchte. Es wird sich auch hier zeigen, wie sehr – bedingt durch die Armutslage der Familie – die Lebensbereiche der Kinder und ihre Lebenswelt eingeschränkt sein können. Die folgende Auflistung soll anregen, im beruflichen Alltag genauer hinzusehen.

Erhält das Mädchen oder der Junge mit Blick auf den *Lern- und Erfahrungsspielraum* zu wenig altersgemäße Förderung und Anregung durch die Eltern? Bekommt das Kind – wenn nötig – Hilfe bei den Hausaufgaben? Fühlt es sich in der Kita oder Schule wohl? Ist es dort sozial integriert? Wie sehen seine Freizeitmöglichkeiten aus?

Vor allem bei Freizeitangeboten zeigt sich, dass Kinder, die in armutsgeprägten Haushalten leben, seltener ihren spezifischen Interessen und Fähigkeiten nachgehen können. Kosten solche Angebote Geld, wie das bei vielen außerschulischen sportlichen, musischen und sonstigen kulturellen Aktivitäten der Fall ist, sind sie für diese Kinder in der Regel nicht erschwinglich. Wünschenswert wäre natürlich, dass Familien in der Freizeit gemeinsam etwas unternehmen; oft fehlt es dazu aber nicht nur am Geld, sondern auch an Initiative und Bildungshintergrund, gerade wenn es sich um verfestigte Armutsverhältnisse handelt. Hinzu kommt, dass diese Mädchen und Jungen auch eine größere Hemmschwelle haben, öffentliche Angebote wie Bibliotheken oder Museen zu nutzen, weil sie dazu von Haus aus nicht angehalten werden. Noch weitere Aspekte spielen für den kindlichen Entwicklungsprozess eine Rolle: Wie groß ist der räumliche Aktionsradius des Kindes? Was bietet ihm das Wohnumfeld – einen Spielplatz, Garten, Hof oder Sportplatz? Kommt es überhaupt über seinen Stadtteil hinaus?

Wichtig sind für Kinder im Schulalter *soziale Kontakte* zu Gleichaltrigen, aber auch zu Erwachsenen außerhalb der Familie: Wie steht es um ihre sozialen Kontakte, in der Kita, in der Schule, im Hort oder im Wohnumfeld? Fehlen Spielkameraden, Freunde und Freundinnen? Ist das Kind sozial integriert oder eher ausgegrenzt? Wird es von anderen nicht zum Geburtstag eingeladen? Kann es an der Klassenfahrt nicht teilnehmen?

Auch in dieser Hinsicht wird man eindeutige Merkmale armutsbedingter Benachteiligung feststellen: Mädchen und Jungen, die in Armutsverhältnissen aufwachsen, haben es schwerer, gute Kontakte zu Gleichaltrigen zu pflegen, da sie nicht wie andere Kinder an vielfältigen außerschulischen Aktivitäten teilnehmen können. Meist sind sie hierfür allein auf die Schule oder den Hort angewiesen.

Ähnliches gilt für *Muße und Erholung*: Kinder brauchen Rückzugsmöglichkeiten und Erholung vom Schulalltag, vor allem aber Bewegungsspielraum. Wichtig ist für Schulkinder auch ein geregelter, verlässlicher Alltag, wie er sich bei Essensritualen und geregelten Schlafenszeiten zeigt. Gerade hier hapert es manchmal in diesen Familien, weil die Eltern selbst verlernt haben, einen strukturierten Alltag aufrechtzuerhalten. Für Muße und Erholung wären eine entspannte häusliche Atmosphäre und ein offenes Familienklima hilfreich, wo die Kleinen ein offenes Ohr für ihre Nöte und Sorgen finden. Und nicht zu vergessen, zur Erholung gehören in unserer Gesellschaft auch zumindest kleinere Urlaube, aber Familienurlaube sind in solchen Familien so gut wie gar nicht drin.

Ziehen wir die bereits angedeuteten armutsbedingten Einschränkungen in Betracht, so liegt nahe, dass für diese Kinder auch der *Entscheidungs- und Dispositionsspielraum* durch die familiäre Lage beschnitten ist. Hier geht es darum: Was kann ein Kind selbst entscheiden? Wie groß sind seine Handlungsspielräume? Welche Einflussmöglichkeiten hat es auf sein Alltagsleben? Ist seine Meinung gefragt?

Solche Fragen stellen sich für jedes Kind und müssen jeweils altersgemäß beantwortet werden. Hierfür spielt der elterliche Erziehungsstil eine entscheidende Rolle. Bei armen Kindern geht es zusätzlich darum, inwieweit sie – allein aufgrund der materiellen Zwänge – wesentlich weniger Alternativen und damit einen geringeren Entscheidungsspielraum haben. Nur ein Beispiel: Sind die Wohnverhältnisse derart beengt, dass das Kind dort keinen Kinderbesuch haben kann? Dann braucht es sich erst gar nicht zu überlegen, welches Kind es zu sich nach Hause einladen möchte.

Vielleicht stellt sich nun die Frage, ob man das überhaupt alles gleichzeitig im Blick haben kann, zumal sich die verschiedenen Lebensbereiche der Kinder ja auch gegenseitig bedingen. In der Tat ist es so, dass wir bei denjenigen Kindern, die durch die Armutssituation besonders belastet sind, in fast allen diesen Bereichen mehr oder weniger starke Einschränkungen festgestellt haben. In vielen Fällen kommen noch zusätzliche Probleme hinzu, weil die Eltern durch die anhaltende Notlage überfordert und selbst überlastet sind. Die ständige Geldknappheit wird oft überlagert von chronischer Erkrankung oder Sucht, Schulden, Trennungs- und Scheidungsfolgen, umso mehr, wenn die Ausstiegsperspektive schwindet. Die Liste ließe sich fortsetzen.

Wir haben aber auch wahrgenommen, dass bestimmte Umstände – wie etwa ein förderliches soziales Netzwerk, freundliche Umweltbedingungen, Wohlfühlen in der Schule, Anerkennung und Förderung durch die Eltern – den Kindern die Bewältigung von Armutsfolgen erleichtern, also entlastend wirken. Die Entlastung kann sogar so weit gehen, dass manche Kinder kaum oder fast gar nicht durch die materielle Situation beeinträchtigt erscheinen.

Entscheidend dafür ist zunächst der *Umgang der Eltern mit der Situation.* Wie erläutern die Eltern die familiäre Lage den Kindern? Welche Unterstützung bieten sie ihnen bei der Bewältigung? Gibt es andere Personen – etwa im verwandtschaftlichen Umfeld oder in Kita, Schule, Hort –, die das Kind unterstützen? Das ist umso wichtiger, als sich die aufgezählten Einschränkungen auch negativ auf das Selbstbewusstsein und die eigenständigen Gestaltungsmöglichkeiten der Kinder auswirken können. Ich sage bewusst „können", weil wir festgestellt haben, dass es individuelle, familiäre und soziale Faktoren gibt, die ausgleichend wirken. Je mehr förderliche Umstände zusammen kommen, desto besser. Natürlich hat ein Kind mit guter seelischer und körperlicher Konstitution, einem liebevollen Elternhaus und einem funktionierenden sozialen Netzwerk bessere Chancen, die Armutsfolgen unbeschadet zu bewältigen, als ein Kind, dem dies alles fehlt. Aber gerade in diesem Fall ist die „Feuerwehr" gefragt, den Brandherd zu löschen, nämlich außerfamiliäre Unterstützung zu organisieren und dem Kind Ressourcen in seinem weiteren Umfeld zu erschließen.

Bewältigungsformen der Kinder

Wie wir gesehen haben, nehmen die Mädchen und Jungen im Grundschulalter armutsbedingte Einschränkungen auf ihre spezielle Weise wahr und bewerten sie mit Blick auf ihre eigene Erfahrung teilweise auch anders als die Erwachsenen. So rückt aus der Perspektive der Kinder die kinderkulturelle Symbolik von Kleidung und Spielzeug in den Vordergrund, ist der Besitz von bestimmten Dingen vor allem deshalb wichtig, um mithalten zu können. Für die meisten Kinder verbinden sich mit den erlebten Einschränkungen nämlich *Differenzerfahrungen* – Kleidung gewinnt hier einen sozialen Stellenwert! Diese Mädchen und Jungen machen ständig die Erfahrung, dass andere etwas haben, was sie sich auch wünschen würden, aber nicht leisten können. Wer möchte sich schon wegen seiner „Klamotten“ in der Schule von anderen ausgegrenzt fühlen oder tatsächlich ausgegrenzt werden?

Uns als Forscherteam war es nun wichtig, die Kinder nach ihren Gefühlen und ihrer aktuellen Befindlichkeit zu fragen – ein Aspekt, der bisher in der Armutsdiskussion nicht sonderlich beachtet worden ist. Uns erschien das aber mindestens so wichtig, wie die möglichen Auswirkungen auf die Entwicklungsperspektiven dieser Kinder und ihre zukünftigen Lebenschancen zu erkunden. Die ferne Zukunft vermögen Kinder im Alter von sieben bis etwa elf Jahren noch gar nicht einzuschätzen, wohl aber können sie Auskunft über ihr aktuelles Lebensgefühl geben.

Nun zur entscheidenden Frage: Wie gehen die Kinder mit familiärer Armut um? Wie die Eltern, so verfolgen auch die Kinder bei der Bewältigung unterschiedliche Strategien. In Anlehnung an eine erst kürzlich veröffentlichte psychologische Studie (Richter 2000) lassen sich dabei im Wesentlichen zwei differierende Muster erkennen: problemvermeidende und problemverarbeitende.

Problemvermeidende Bewältigungsmuster

Manche Kinder versuchen das Problem „mit sich selbst auszumachen“ – sie bemühen sich, ihre Situation zu verheimlichen, zu verdecken, sich zurückzuziehen, peinlichen Situationen aus dem Weg zu gehen, sich innerlich gleichgültig zu machen, oder sie suchen nach Ersatz und flüchten sich in Wunschdenken.

Problemverarbeitende Bewältigungsmuster

Andere Kinder sind in der Lage, sich mit ihrem Problem nach außen zu wenden: Sie teilen sich mit, suchen sich in ihrem Umfeld emotionale und sonstige Unterstützung. Oder aber sie geben ihr Problem an die Umwelt weiter, reagieren impulsiv, grenzen sich ab und werden gar verhaltensauffällig.

Umgang von pädagogischen Fachkräften mit der Problematik

Im Rahmen unseres Forschungsprojektes haben wir auch Erzieherinnen, sozialpädagogische Fachkräfte, Lehrerinnen und Lehrer, also professionelle Pädagogen in Kindertagesstätten, Horten und Schulen interviewt. Wir wollten wissen, ob und wie sie Kinderarmut in ihrem beruflichen Umfeld, im direkten Kontakt mit den Kindern wahrnehmen. Wir haben diese Befragung in städtischen Einrichtungen (Jena und Münster), aber auch in ländlicher Umgebung (Saale-Holzland-Kreis und Westmünsterland) durchgeführt.[4] Diese Gespräche waren sehr aufschlussreich, weil sie wichtige Hinweise gaben, wie Erscheinungsformen von Kinderarmut im pädagogischen Alltag gesehen oder übersehen werden. Es wurde auch klar, wie wichtig es ist, pädagogische Fachkräfte stärker für die Armutsproblematik zu sensibilisieren.

Unsere Gesprächspartner unterschieden dabei zwischen Erscheinungsformen von Armut, die für sie auf den ersten Blick erkennbar waren, und solchen, die eher unsichtbar blieben, bei denen man genau hinsehen musste, um sie wahrzunehmen. Da Kinder spüren, dass Armut vielfach als persönlicher Makel angesehen wird, entwickeln sie nämlich entsprechende *Vertuschungsstrategien.* Häufig übernehmen sie solche Strategien von ihren Eltern, die ihrerseits darauf bedacht sind, nach außen hin möglichst nichts durchblicken zu lassen. Bisweilen werden die Kinder von ihren Eltern sogar dazu angehalten. Oft gehen die Kinder noch einen Schritt weiter: Sie versuchen ihre „armen Eltern“, die nicht so gut wie andere für ihre Kinder sorgen können, gewissermaßen in Schutz zu nehmen. Sie erfinden deshalb phantasievolle Ausreden, weshalb sie zum Beispiel das Geld für das Lernmaterial schon wieder nicht dabei haben, oder suchen nach ihnen plausibel erscheinenden Gründen, mit denen sie sonstige Defizite zu verdecken und zu überspielen versuchen. Daraus können sich für Kinder sehr belastende Situationen ergeben, weil sie nicht nur eine Not spüren, sondern sie überdies verdecken müssen.

Kommen wir zum Ergebnis der Befragung: Auf den ersten Blick wurde von den pädagogischen Fachkräften eine Reihe von Merkmalen wahrgenommen, die sie unmittelbar mit materieller Notlage und Einschränkungen in den Familien in Verbindung brachten:

---

4 Im Anschluss an das Forschungsprojekt in Jena habe ich – zusammen mit den beiden Mitarbeiterinnen Barbara Imholz und Gisela Wuttke – von 2000 bis Ende 2002 ein ähnliches dreijähriges Projekt in Münster und im Westmünsterland durchgeführt, das vom NRW-Wissenschaftsministerium gefördert wurde. Die hier vorgetragene Auswertung bezieht sich auf dieses Projekt.

- Sie nannten das auffällige äußere Erscheinungsbild von Kindern, wie zu enge oder zu große Schuhe, nicht witterungsgerechte oder jahreszeitgemäße Kleidung, besonders im Winter, wenn etwa Pullover feucht sind, keine oder zu dünne Strümpfe, zu leichte Kleider getragen werden.
- Sie nahmen einen auffällig schlechten Gesundheitszustand wahr: Kinder, die immerzu erkältet, ständig krank waren.
- Sie erwähnten unzureichende Ausstattung für die Schule, wenn statt Ranzen oder Rucksack nur eine Tragetasche für die Schulsachen mitgebracht wurde; oft fehlten den Kindern auch Stifte, Papier, Hefte oder andere Lernmittel; oder sie hatten keine Turnbekleidung und keinen Badeanzug.

Auf den zweiten Blick offenbarten sich den pädagogischen Fachkräften aber auch Verhaltensweisen, die sie mittelbar auf familiäre Mangelsituationen zurückführten und die auf unzureichende häusliche Versorgung, teilweise sogar auf Vernachlässigung der Kinder hinwiesen:

- Kinder kamen ohne Frühstück zur Schule, hatten kein Pausenbrot, auch kein Geld für einen Becher Kakao.
- Wenn es im Hort oder in der Kita einen Mittagstisch gab, fielen diese Kinder durch besondere Gier nach allem Essbaren auf und schienen ständig von der Furcht geplagt zu werden, es könnte nicht reichen.
- Manche Kinder kannten offenbar keine gemeinsame Einnahme von Mahlzeiten als Ritual, waren also mit so grundlegenden Kulturtechniken wie Essen mit Messer und Gabel nicht vertraut.
- Häufig lag auch Fehlernährung vor, weil es zu Hause zu häufig Fast Food, Chips, Cola und Süßigkeiten gab und weniger Obst und Gemüse.

Dies nur einige – allerdings sehr markante – Feststellungen von Fachkräften aus sozialen und pädagogischen Einrichtungen. Sie bestätigen, was auch andernorts beobachtet wird.

Ausblick: Was kann getan werden?

Für die betroffenen Kinder kann es sehr entlastend und hilfreich sein, wenn sie im Kindergarten, in der Schule, in der Kindertagesstätte oder im Hort auf Erwachsene treffen, die ihre Situation einfühlsam wahrnehmen und sie bei deren Bewältigung unterstützen. Dabei ist auf unterschiedlichen Ebenen anzusetzen:

Auf der materiellen Ebene

Alle pädagogischen Einrichtungen sollten die Tatsache zur Kenntnis nehmen, dass sich Kinder aus armen Familien bestimmte Dinge nicht leisten können. Solche Kinder sind darauf angewiesen, dass es für sie kompensatorische Regelungen gibt, die nicht stigmatisierend wirken, sie also nicht bloßstellen. Das lässt sich bewerkstelligen, wenn beispielsweise Lernmittel und Bastelmaterialien für alle kostenfrei zur Verfügung stehen, Kleidung zum Wechseln aus Kleiderkammern oder Kleiderspendung bereitgehalten wird oder man gebrauchte Fahrräder vorhält.

Auf der konzeptionellen Ebene

Pädagogische Einrichtungen sollten darauf achten, dass Kinder infolge ihrer materiellen Situation nicht ausgegrenzt oder zu Außenseitern gemacht werden. Soziale Ungleichheit und Armut sollten als gesellschaftliches Problem – nicht als individueller Makel – thematisiert und daraus mit den Kindern eine solidarische Sichtweise entwickelt werden. Vor allem aber geht es darum, die von Armut betroffenen Kinder zu stärken, ihr Selbstbewusstsein zu fördern, ihre Stärken und Fähigkeiten herauszustellen. Aber auch die Eltern müssen entlastet und nach Möglichkeit unterstützt werden, etwa durch Elternarbeit und Elterngespräche – auch wenn sich das manchmal als schwierig erweisen kann, weil solche Eltern manchmal eine gewisse Scheu vor Institutionen haben.

Die Anforderung an die Fachkräfte lautet hier, sowohl den Kindern als auch den Eltern mit Verständnis für ihre Probleme und ihr Problemverhalten zu begegnen. Das fällt Erzieherinnen manchmal nicht leicht, vor allem wenn sie die prekäre Situation der Kinder parteiisch in den Blick nehmen und Eltern entgegen pädagogischen Gepflogenheiten dazu Vorhaltungen machen.

Auf der personellen Ebene

Wie andere soziale Probleme auch erfordert der Umgang mit Erscheinungsformen von Armut eine entsprechende Sensibilisierung der pädagogischen Berufe sowie konzeptionelle Überlegungen. Strukturell entsteht an Schulen beispielsweise erweiterter personeller Bedarf, um sozialpädagogische Zusatzkräfte in Form von Schulsozialarbeit einzusetzen. Jedenfalls ist es – in Anbetracht des geschilderten Ausmaßes von Kinderarmut – an der Zeit, dass sich pädagogische Einrichtungen und deren Mitarbeiterschaft konzeptionell für das Problem öffnen und sich in ihrer Alltagspraxis darauf einstellen. Ein solcher Auftrag ergibt sich allein schon daraus, dass die Institutionen des öffentlichen Bildungswesens im Falle von Kinderarmut eigentlich *Sekundärprävention* leisten müssten.

Sekundärprävention zielt darauf ab, die negativen Auswirkungen von Armut bei den betroffenen Kindern aufzufangen oder zumindest zu mildern. Da die Ursachen von Kinderarmut grundsätzlich gesellschaftlicher Natur sind, kann der Armut als solcher nur durch *politische Maßnahmen* und entschiedene gesellschaftliche Solidarität begegnet werden. Aber auch pädagogische Kräfte können in ihrer alltäglichen Arbeit mit Kindern einen wichtigen Beitrag dazu leisten, dass sich die Spielräume benachteiligter Kinder erweitern. Wie man dort die kindliche Lebenswelt gestaltet, trägt wesentlich dazu bei, soziale Ungleichheit abzumildern und Chancengerechtigkeit zu erhöhen. Selbst scheinbare Kleinigkeiten können für Kinder, die so viel entbehren müssen, Symbolcharakter gewinnen und ihnen so manchen Stein aus dem Weg räumen. Aus einem beengten Handlungsfeld wird dann im wahrsten Sinne des Wortes ein kindlicher „Spielraum“.

Wiederholte Klassen – Armutszeugnis Kinderarmut[1] (2008)

Am 19. September 2007 – dem Weltkindertag – hat der Deutsche Kinderschutzbund (DKSB) eine spektakuläre öffentliche Aktion durchgeführt. Es sollten bundesweit in allen Kommunen an einem öffentlichen Platz so viele Fähnchen aufgestellt werden, wie vor Ort Kinder in Armut leben.[2] Damit wollte er mit Nachdruck auf diese Problematik in Deutschland aufmerksam machen, Kinderarmut vor aller Augen sichtbar werden lassen! In Münster wurden so auf der Wiese am Aa-See 7.700 Fähnchen aufgepflanzt, die für ebenso viele Kinder in Armut vor Ort standen. Der Deutsche Kinderschutzbund geht davon aus, dass derzeit in Deutschland 2,6 Millionen Kinder in Armut leben.

Ich habe den Fahnenwald als Einstieg gewählt, weil sich an Hand dieser Aktion verschiedene *Aspekte der aktuellen öffentlichen Auseinandersetzung mit Kinderarmut* aufzeigen lassen:

- Dass die Aktion am Weltkindertag stattfand, signalisierte die internationale Sicht der Problematik: Spätestens seit den UNICEF-Reporten von 2005 und 2007 wird „Kinderarmut in industrialisierten Ländern" weltweit als ernsthaftes Problem diskutiert.
- Dies dürfte nicht ohne Rückwirkung auf die nationale Wahrnehmung bleiben. Eine Gesellschaft, die per se wettbewerbsorientiert ist, kann durch internationales Ranking durchaus unter Druck gesetzt werden. Und so gilt es zur Kenntnis zu nehmen: Die UNICEF-Reporte zur Kinderarmut haben bisher der bundesrepublikanischen Sozial- und Familienpolitik eine nur mittelmäßige Effektivität bei ihrer Bekämpfung bescheinigt.
- Die Kampagne des DKSB setzte auf die Aussagekraft der Zahlen: Quantitative Trends, die ein weiteres Anwachsen der Armutsproblematik anzeigen, erzielen wohl am ehesten eine skandalisierende öffentliche Wirkung. Dabei besteht allerdings die Gefahr, dass die Betonung von Quantität die qualitativen Dimensionen verdeckt.

---

1 Vortrag anlässlich der Tagung „Armutszeugnis – Kinderarmut" in der Akademie Franz-Hitze-Haus in Münster am 14.2.2008.

2 Vgl. Presseerklärung des DKBS vom 19.09.2007: „Armut – (k)eine Kinderkrankheit".

Ausmaß von Kinderarmut – ein Verwirrspiel mit Zahlen

Kurz etwas zu den quantitativen Trends: Der Deutsche Kinderschutzbund geht – wie zitiert – von 2,6 Millionen in Armut lebenden Kindern in Deutschland aus. Ähnlich hoch schätzt der vom Deutschen Kinderhilfswerk e.V. herausgegebene Kinderreport 2007 die Zahl jener Kinder ein, die seit der Einführung von Hartz IV auf Sozialgeld oder Sozialhilfe angewiesen sind. Diesem Report zufolge hat sich die so definierte Kinderarmut mit der Kürzung des Arbeitslosengeldes (ALG I) und der Zusammenlegung von Arbeitslosen- und Sozialhilfe schlagartig von zuvor ca. 1 Million auf 2,5 Millionen mehr als verdoppelt (Kinderreport Deutschland 2007).

Demgegenüber hat das Statistische Bundesamt vor kurzem die Auffassung vertreten, dass sich das Armutsrisiko in Folge der Einschnitte bei der Arbeitslosenunterstützung nicht vergrößert habe. Als Beleg wird auf eine EU-Studie mit dem Titel „Leben in Europa 2006“ verwiesen, nach der für das Jahr 2005 im Vergleich zu 2004 – dem Jahr der Einführung von Hartz IV – kein Anstieg des Armutsrisikos in der Bundesrepublik festzustellen sei. Nun fragt man sich zu Recht, warum sich das Bundesamt für Statistik auf eine internationale Studie beruft, um Aussagen zur Armutsentwicklung in Deutschland zu machen. Und wie kommt es, dass gerade diese Zahlen – vielen gegenteiligen Meldungen zum Trotz – dann auch passend zu belegen scheinen, dass das *Armutsrisiko* in Deutschland durch die Hartz IV-Reform nicht gestiegen sei?

Die Erklärung liegt schlicht im unterschiedlichen Gebrauch von Begrifflichkeiten: In den Medien – und im Prinzip trifft dies leider ähnlich auch für wissenschaftliche Publikationen zu – finden wir eine sehr verwirrende Vielfalt von Armutsbegriffen. Beinahe jede Informationsquelle definiert „Armut“ oder die „Armutsschwelle“ anders. Daher sind die kursierenden Zahlen zur Armutsentwicklung meist nicht vergleichbar – es können sogar gegensätzliche Trends damit nachgewiesen werden. In unserem Fall beruft sich das Statistische Bundesamt auf Zahlen, die das *Armutsrisiko* in der Bevölkerung einschätzen. Dafür wird auf EU-Ebene eine höhere Einkommensschwelle – nämlich die Unterschreitung von 60 % des durchschnittlichen, gewichteten Nettoeinkommens – zugrunde gelegt. Demgegenüber wird in der EU als „arm“ eingestuft, wer weniger als 50 % dieses Einkommensniveaus zur Verfügung hat. Das *Sozialgeld- und Sozialhilfeniveau* – auf welches sich amtliche Zahlen zur Armut in der Bundesrepublik in der Regel beziehen – liegt schätzungsweise noch etwas darunter.

Allein bezogen auf das Armutsrisiko kann die Aussage des Statistischen Bundesamtes also durchaus korrekt sein. Sie stiftet aber Konfusion und hat in den Medien die irreführende Schlagzeile produziert: „Armut in Deutschland ist durch Hartz IV nicht gewachsen“ [3], als ob nicht die Rede vom Armutsrisiko, sondern von tatsächlichen Armutszahlen gewesen sei. Es bedarf allerdings einer entsprechenden Detailkenntnis, um diese Information entschlüsseln und einordnen zu können! In der Tat mag der prozentuale Anteil derer, die 2004 und 2005 vom Armutsrisiko bedroht waren, unverändert bei 13 % geblieben sein. Daraus lässt sich jedoch nicht ableiten, wie viele Menschen nach der Einführung von Hartz IV tatsächlich von Sozialgeld (ALG II nach SGB II) oder Sozialhilfe (SGB XII) lebten. Nimmt man aber dieses Niveau als Messlatte, dann ist der Anteil der in Armut lebenden Kinder und Familien sehr wohl und sogar sprunghaft in die Höhe geschnellt. Im Einzelnen hat das eine Expertise des Paritätischen Wohlfahrtsverbandes (2005) nachgewiesen, die von einem traurigen Rekord der Kinderarmut in Deutschland spricht. Innerhalb eines Jahres sei bei Kindern im Alter bis zu 15 Jahren ein ca. 50-prozentiger Anstieg von 965.000 (2004) auf 1,5 Millionen (2005) festgestellt worden. Rechnet man die geschätzte Dunkelziffer dazu, also die Zahl derjenigen Kinder, die in Familien lebten, welche zwar aufgrund ihres niedrigen Einkommens Anspruch auf Aufstockung durch Hartz IV- oder Sozialhilfeleistungen hätten, diese aber nicht beantragen, erhöhe sich die Zahl auf insgesamt ca. 1,7 Millionen. Diese Familien müssen dann mit noch weniger als dem gesetzlich zuerkannten Existenzminimum auskommen.

Selbst ein Blick auf die aktuellen Angaben der Bundesagentur für Arbeit bestätigt, dass sich dieser traurige „Aufwärtstrend“ weiter fortgesetzt hat: So sind es mittlerweile (2008) etwa 1,9 Millionen Kinder bis zu 15 Jahren, die in Familien mit Sozialgeldbezug leben; hinzukommt – wie eine Studie von Irene Becker (2007) im Auftrag der Hans-Böckler-Stiftung zeigt – ein weiterer Anstieg der *Dunkelziffer*.

Ich habe dieses Beispiel ausgeführt, um zu verdeutlichen, wie leicht unterschiedliche Lesarten von quantitativen Trends Verwirrung stiften oder, sagen wir ruhig: wie damit auch Meinungen manipuliert werden können. Dazu eignen sich übrigens auch andere Stellschrauben wie etwa die Altersgrenzen, ob man Kinder im Alter bis zu 15 oder 18 Jahren im Blick hat oder ob man bei Vergleichen differierende Bezugsjahre nimmt. Wir können dessen ungeachtet folgendes Resümee zur Ausgangslage ziehen:

Es ist unumstritten, dass Kinderarmut in Deutschland in den letzten zwei Jahrzehnten kontinuierlich zugenommen hat, unabhängig von der Armutsschwelle, die dabei zugrunde gelegt wird, und trotz gleichzeitiger Anhebung des Kindergeldes. Dabei ist zu beachten, dass das Kindergeld auf Hartz-IV-Leistungen (= Grundsicherungsleistungen) und Sozialhilfe angerechnet wird,

3 Vgl. „Welt-online“, 22.1.2008.

sodass diese Bevölkerungsgruppe also von einer Erhöhung des Kindergeldes gar nicht profitiert. Allenfalls kann eine Erhöhung des Kindergeldes – wie auch die Einführung des Kindergeldzuschlages für Familien mit zu niedrigem Erwerbseinkommen – dazu beitragen, dass weniger Kinder und Familien auf Hartz-IV-Leistungen (= Sozialgeld) oder Sozialhilfe angewiesen sind.

Wenn wir von den Regelsätzen der Sozialhilfe, des Sozialgeldes bzw. des ALG II (= Grundsicherung für Erwerbslose) ausgehen, steht Kindern bis zu 15 Jahren momentan (2008) ein Regelsatz von 208 Euro pro Monat zu. Dabei wird berechnet, dass für Ernährung pro Tag ca. 3 Euro ausgegeben werden dürfen. Dass dieses Sümmchen nicht reicht, um ein Kind gesund zu ernähren, hat die Bundesarbeitsgemeinschaft der Erwerbslosen- und Sozialhilfeinitiativen e.V. (BAG-SHI 2007) in einem Positionspapier anschaulich vorgerechnet. Aber auch von Wohlfahrtsverbänden wird in öffentlichen Stellungnahmen mit Nachdruck darauf hingewiesen.[4] Selbst die Sozialministerkonferenz der Länder hat diese Problematik aufgegriffen, weil zu befürchten sei, dass solche Familien das Geld für das Mittagsessen in Ganztagsschulen und Kindergärten nicht aufbringen könnten oder sich Sonderausgaben für die Schule, so etwa für Schulveranstaltungen wie Ausflüge oder Theaterbesuche, davon nicht bestreiten ließen.[5]

Es zeichnen sich zudem neue sozialstrukturelle Trends ab, die auf eine *Verfestigung von Armutslagen* hinweisen. Zu diesem Ergebnis kommt ein Bericht des Deutschen Instituts für Wirtschaftsforschung (DIW, Berlin): „Bezieht man die Dauer von individuellen Armutsphasen und die unterschiedlichen Lebensbereiche, in denen Notsituationen auftreten, in die Analyse ein, so zeigt sich eine Zunahme verfestigter Armut. Hauptbetroffene verfestigter Armut sind nach wie vor Arbeiter, vor allem Arbeiterfamilien mit Migrationshintergrund oder mehreren Kindern." (Groh-Samberg 2007, S. 177f.)

Ich schlussfolgere daraus: Unabhängig von der Darstellung der zahlenmäßigen Entwicklung ist es ein Politikum hohen Ranges, dass sich ein reiches Land wie Deutschland Kinderarmut in einem derart beängstigenden Ausmaß leistet. Aus meiner Sicht stellt diese Tatsache einen deutlichen *Verstoß gegen die UN-Kinderrechtskonvention* dar. Können Sie sich vorstellen, wie enervierend und traurig es eigentlich ist, bei jedem Vortrag erst einmal aufs

---

4 Vgl. Pressemitteilung des Paritätischen vom 15.10.2007: „Paritätischer hält Anhebung des Kinder-Regelsatzes um 10 Euro für völlig unzureichend". Er fordert eine Anhebung des Kinder-Regelsatzes um mindestens 20 % sowie Berücksichtigung besonderer Bedarfe für die Schule.

5 Siehe ddp-Mitteilung vom 16.11.2007: „Sozialminister fordern eigenen Kinderregelsatz bei Hartz IV".

Neue das Verwirrspiel mit den Zahlen aufzuschlüsseln und immer wieder feststellen zu müssen, dass sich das Problem eigentlich nur weiter vergrößert und verschärft hat?!

Wer trägt das Risiko, arm zu sein?

Was sind nun die Ursachen für die festgestellte besorgniserregende Entwicklung von Kinderarmut? In der politischen Auseinandersetzung stehen sich unterschiedliche Positionen gegenüber: Die einen sehen die Ursachen eher in der hohen Arbeitslosigkeit, in Vereinbarkeitsproblemen oder in der Zunahme von unsicheren Jobs und Niedrigeinkommen; die anderen stellen stärker auf die unzureichende Ausgestaltung sozialpolitischer Leistungen für Kinder und Familien ab – und man sollte jetzt noch hinzufügen, dass auch sozialpolitische Reformen, wie die Hartz-IV-Gesetze, zu einer deutlichen Verschärfung des Problems beigetragen haben.

Klar ist, dass Kinder finanziell von ihren Familien abhängig sind, dass die Einkommenslage der Eltern für die Lebenslage der Kinder ausschlaggebend ist. Gleichwohl könnte diese Dependenz durch Sozialleistungen stärker abgefedert werden. Wie weitgehend und durch welche Maßnahmen das erfolgen soll, ist eben die politische Streitfrage. Die Antwort darauf ist logischerweise damit verknüpft, welche verursachenden Faktoren jeweils für die Kinder- und Familienarmut verantwortlich gemacht werden.

Wir finden darauf schnell eine Antwort, wenn wir uns anschauen, welche Kindergruppen besonders vom Armutsrisiko und auch tatsächlich von Armut betroffen sind: Es sind Kinder von Alleinerziehenden, aus Familien, in denen das Einkommen wegen Erwerbslosigkeit reduziert ist, aus Familien mit Niedrigeinkommen trotz Erwerbstätigkeit, solchen mit großer Kinderzahl und Kinder aus Migrantenfamilien. Auffällig ist, dass die Armutsrate bei Kleinkindern und Kindern im Vorschulalter höher ist als bei Grundschulkindern und älteren, wohl das Resultat unzureichender öffentlicher Kinderbetreuung und mangelnder Vereinbarkeit von Kindererziehung und Beruf. Die Armutsquote liegt bei Kindern von Alleinerziehenden höher als bei Paar-Familien, ebenso bei Kindern aus Migrantenfamilien im Vergleich zu deutschen Familien. Wir haben im Osten Deutschlands wesentlich höhere Kinderarmutsquoten als im Westen, die Zahlen der nördlichen Bundesländer, insbesondere der Stadtstaaten, übertreffen wesentlich diejenigen im Süden.

Es lässt sich also eine Vielfalt von Ursachen erkennen, die auch eine entsprechend mehrdimensionale Herangehensweise auf politischer Ebene erfordert. Armut ist in erster Linie ein gesellschaftlich verursachtes Problem – Ursachenbekämpfung ist daher Aufgabe von Politik und Gesellschaft. Eine *existenzsichernde Grundsicherung für Kinder* wäre hier – systematisch betrachtet – sicher ein ebenso entscheidender Schritt wie der bedarfsgerechte Ausbau von öffentlicher Kinderbetreuung für Kleinkinder, also für unter Dreijährige, sowie der Ganztagsschulen mit garantiertem kostenlosen Mittagstisch.

Alte Armut, neue Armut, Migrationsarmut – immer Armut?

Bei der bisherigen Betrachtung von Kinder- und Familienarmut habe ich mich in erster Linie auf die Einkommensdimension bezogen. Dass sich Armut aber nicht darauf reduzieren lässt, findet mittlerweile einen breiten Konsens in Wissenschaft, sozialer Praxis und Politik. Armut ist zwar kein neues Phänomen, jedoch haben wir es in der Bundesrepublik mit einem bisher ungekannten quantitativen Ausmaß bei gleichzeitig neuartiger Ausdifferenzierung ihrer Erscheinungsformen zu tun. Kennzeichnend ist das Nebeneinander von sogenannten „verfestigten" oder „alten" und von „neuen Armutsformen". Hinzu tritt „Migrationsarmut", deren spezifische Ursachen und Ausprägungen man gesondert im Blick haben sollte. Dieses Nebeneinander von Armutsformen erfordert nicht nur von der Politik, sondern von allen, die in ihrem beruflichen Alltag mit Kindern aus dermaßen verschiedenartigen Familien befasst sind, entsprechend differenzierte Antworten, Konzepte und Arbeitsweisen.

In den 1970er und 1980er Jahren richtete sich die Aufmerksamkeit in der kommunalen Jugendhilfe und wohl auch in Schulen, Kindertagesstätten und Horten vorwiegend auf Folgeerscheinungen der sogenannten *alten Armut*. Ich denke dabei an Formen von Langzeitarmut und Leben in dauerhaft prekären sozialen Verhältnissen, wie wir sie vor allem in sozial benachteiligten Stadtteilen vorfinden. Dabei bedingen sich nicht selten materielle und immaterielle Erscheinungsformen von Armut gegenseitig; vielfach geht in diesen Familien Armut von einer Generation auf die nächste über. Verschärfend kommt hinzu, dass – jedenfalls für die erwachsenen Familienangehörigen – kaum Ausstiegsperspektiven in Sicht sind, was die Gesamtsituation noch bedrückender macht. Prägnante Merkmale für diese Armutsform bleiben der häufige Wechsel zwischen prekärem Erwerb und Sozialleistungsbezug sowie geringe schulische und berufliche Qualifikation der Eltern. Infolge der unzureichenden kulturellen Ressourcen können Fähigkeiten und Neigungen der Kinder kaum gefördert werden. Solche Kinder erfahren bei der Bewältigung ihrer schwierigen Ausgangslage häufig wenig elterliche Unterstützung.

Diese Erscheinungsform von Armut ist den sozialarbeiterischen und pädagogischen Fachkräften aus der Praxis zur Genüge vertraut. Meist ist sie im

Alltag auch nicht zu übersehen, weil sie Spuren im äußeren Erscheinungsbild und in den Verhaltensweisen der Kinder hinterlässt und in der Regel mit nicht zu verbergenden Multiproblemlagen einhergeht, wie etwa einer Konstellation, bei der zur Erwerbslosigkeit des Vaters noch eine psychische Erkrankung der Mutter hinzutritt und sich die Familie überdies von einer Räumungsklage bedroht sieht.

Ich bin mir der Problematik dieser Charakterisierung sehr wohl bewusst, weil sie fast ausschließlich von der Defizitperspektive ausgeht. Damit werden wir diesen Familien nicht gerecht, vielmehr besteht Gefahr, sie weiter zu stigmatisieren. Sucht man nach Handlungsansätzen und Möglichkeiten, solche Familien und besonders die dort lebenden Kinder zu unterstützen, wird man darauf bedacht sein müssen, bei jedem Einzelfall auch nach den stärkenden Potenzialen und Ressourcen der Familien zu fragen.

Mein Anliegen ist es jedoch, auf die schwierige Ausgangslage von Kindern hinzuweisen, die in solchen verfestigten Armutsformen leben, weil sie ein besonders hohes Maß an Risiken zu bewältigen haben. Sie brauchen daher auch ein höheres Maß an externen Schutzfaktoren sowie gezielte Förderung der in ihnen schlummernden Widerstandskräfte, also ihrer Resilienz. Dies gilt umso mehr, als die Eltern häufig durch eine Kumulation von Problemlagen schon in ihrem eigenen Bewältigungspotenzial beeinträchtigt sind.

Demgegenüber haben wir in der Bundesrepublik seit den späten 1980er Jahren eine steigende *neue Armutsproblematik*, die andersartige Merkmale aufweist und auch auf andere Ursachen zurückzuführen ist: auf plötzlich eintretende Erwerbslosigkeit, auf Trennungen und Scheidungen – Stichwort: Alleinerziehen –, auf zu geringe Einkommen durch Billigjobs und prekäre Beschäftigung, auf einen rechtlichen Status, der etwa im Falle von Flüchtlingen nur zu den niedrigsten Sozialeinkommen berechtigt. Hervorstechende Merkmale dieser „neuen Armutsformen“ sind:

- dass es hier eher um Kurzzeitbezug von Sozialhilfe, Sozialgeld oder Grundsicherungsleistungen geht, und zwar zur Überbrückung von schwierigen Phasen im Lebensverlauf;
- dass es sich um Verarmungsprozesse handelt, die einen mehr oder weniger plötzlichen Einbruch im Familienleben darstellen;
- dass im Gegensatz zur sogenannten „alten Armut“ häufig durchaus noch immaterielle Ressourcen vorhanden sind, Bildungsvorteile etwa oder soziale Netze, die genutzt werden können, sich aber mit der Zeit auch verbrauchen;
- dass zunächst von einer raschen Ausstiegsperspektive ausgegangen wird, soziale Abstiegsprozesse im Zeitverlauf jedoch nicht auszuschließen sind;

- dass diese Familien eher bestrebt sind, die armutsbedingten Folgeerscheinungen und den Statusverlust nach außen hin möglichst zu verdecken;
- und dass wir es daher mit weniger sichtbaren, sozialstrukturell breit gestreuten und räumlich nicht so leicht zu lokalisierenden Armutsformen zu tun haben.

Auf diese Armutsformen, die heute schon erhebliches Ausmaß angenommen haben, in Zukunft aber zahlenmäßig noch stärker dominieren werden, sind pädagogische und sozialarbeiterische Fachkräfte ebenso wie die Institutionen des Bildungswesens nicht oder nicht ausreichend vorbereitet. Der Umgang damit erfordert genaueres Hinsehen und anders gestrickte Konzepte.

Migrantenkinder schließlich leben – wie schon betont – häufiger als andere in materieller Armut. Das hat vor allem zwei Ursachen: höhere Arbeitslosigkeit und rechtlicher Status. Die Erwerbslosenquote liegt bei der Migrantenpopulation fast doppelt so hoch wie bei der sogenannten Mehrheitsbevölkerung. Das trifft sowohl für Familien von Arbeitsmigranten als auch für Aussiedler zu. Diese Form von Armut könnte man daher eigentlich auch unter die „neue Armut" subsumieren, wobei man sich allerdings fragen kann, welche Ausstiegsperspektiven sich für diese Gruppe ergeben. Das gilt umso mehr für die Lebenssituation von Flüchtlingsfamilien,[6] denn diese Personengruppe hat infolge ihres rechtlichen Status kaum eine Chance, ihre materielle Lage zu verbessern. Flüchtlingsfamilien leben zudem unter verschärften Armutsbedingungen, wenn man berücksichtigt, dass dieser Personenkreis kaum Zugang zum Arbeitsmarkt hat, zeitweise in Sammelunterkünften untergebracht ist und dadurch sozial marginalisiert wird. Flüchtlingskinder (und Kinderflüchtlinge) haben zudem als Quereinsteiger spezifische Schulprobleme und als Jugendliche kaum Ausbildungsperspektiven.

All diese Armutsformen sind Ausdruck eines gesellschaftlichen Polarisierungsprozesses, der längst zu neuen Formen von sozialer Ausgrenzung und Marginalisierung geführt hat. Dabei sind es nicht mehr in erster Linie die materiellen Folgewirkungen von Armut, die das eigentliche Problem darstellen. Damit will ich keineswegs bei Seite schieben, dass auch materielle Not zunehmend auf breiterer Ebene sichtbar wird, etwa durch das Aufsuchen von

6 Hier wäre zu differenzieren zwischen Asylbewerber/innen, Asylberechtigten, Kontingentflüchtlingen und Flüchtlingen mit Duldung, da die mit dem jeweiligen Aufenthaltsstatus verbundenen Perspektiven die Lebenslage der Kinder, ihre materielle Ausstattung, ihre soziale Integration und ihre Bildungsmöglichkeiten entscheidend mit prägen.

Suppenküchen, durch Nutzung von Kleiderkammern und anderen kostenlosen Angeboten, ebenso durch Anzeichen von Fehlernährung und gesundheitlicher Beeinträchtigung von Kindern. Auf die Diskussion um die niedrigen Kinderregelsätze habe ich bereits hingewiesen. Noch wichtiger ist mir, dass vor allem die langfristig wirkenden psychosozialen Benachteiligungen und Belastungen individuell wie gesellschaftlich ins Gewicht fallen, etwa der Ausschluss von Bildungsmöglichkeiten, soziale Ausgrenzungserfahrungen und gesundheitliche Schäden. Solche Verarmungsprozesse greifen häufig bis in die Mittelschichten hinein. Der damit verbundene soziale Abstieg führt in den betroffenen Familien nicht nur zu materiellen Einschränkungen, sondern löst zusätzlich psychodynamische Folgewirkungen aus, von denen die einzelnen Familienmitglieder in ganz unterschiedlicher Weise betroffen sein können, sogar bis hin zu einem Gefühl ständiger existentieller Bedrohung.[7]

Auswirkungen von Armut – aus Sicht der Kinder

Armut hat viele Gesichter – mittlerweile ein geflügeltes Wort –, aber woran erkennt man ihre Gesichter? Das fällt auch Erzieherinnen und pädagogischen Fachkräften nicht immer leicht, weil Armut in unserer Wohlstands- und Leistungsgesellschaft die Tendenz hat, sich zu verbergen. Dieses Bestreben kann von den Erwachsenen ausgehen, weil die Familie nach außen möglichst „Normalität“ wahren möchte. Ein solches Versteckspiel kann aber auch von den Kindern als Schutzmechanismus entwickelt werden, um Stigmatisierungs- und Ausgrenzungserfahrungen zu vermeiden.

Orientieren wir uns an dem von der Armutsforschung entwickelten *Konzept der Spielräume* (Nahnsen 1970) – gemeint sind Handlungsspielräume von Kindern –, wird von einer Armutslage dann ausgegangen, wenn mindestens in zwei oder mehreren Lebensbereichen eine Mangelausstattung vorliegt. Für Kinder zählen dazu folgende Lebensbereiche: materielle Grundversorgung, Lern- und Erfahrungshorizonte, soziale Kontakte, Erholung und Freizeitgestaltung sowie ein gewisses Maß an Wahl- und Entscheidungsmöglichkeiten. Ausschlaggebend ist, ob und inwieweit durch armutsbedingte

---

7 Armutsphänomene und Armutsbewältigung sind jeweils im historisch-gesellschaftlich-kulturellen Kontext zu sehen. In Großbritannien ist eine Publikation von Ingrid Schoon mit dem Titel „Risk and Resilience. Adaptations in Changing Times“ (2006) erschienen, die die Auswirkungen von „ökonomischer Deprivation“ auf zwei unterschiedliche Geburtskohorten – also Jahrgangsgruppen – im Lebensverlauf analysiert und vergleicht.

Einschränkungen die Handlungs- und Entwicklungsspielräume der betroffenen Mädchen und Jungen eingeengt werden. Ein 2007 veröffentlichter Bericht mit dem Titel „Deutschlands vergessene Kinder" von Bernd Siggelkow und Wolfgang Büscher, den Betreibern der „ARCHE" in Berlin, berichtet darüber aus alltäglicher Anschauung:

> „Oft bekommen diese Kinder keinerlei individuelle Förderung. Die Familien können es sich nicht leisten, ihre Kinder in Sportvereine zu schicken, sie kennen keine Nachhilfe, denn die kostet Geld. Musikunterricht – daran dürfen die Kinder nicht einmal denken. Reisen – das ist für sie ein Fremdwort. Viele kennen noch nicht einmal ihre Stadt, denn auch das Geld für den öffentlichen Nahverkehr ist nicht da. Die meisten schaffen mit Ach und Krach den Hauptschulabschluss oder gehen auf sogenannte Lernbehindertenschulen." (Siggelkow/Büscher 2007, S. 16 f.)

Freilich nehmen Kinder den armutsbedingten Mangel anders wahr als Erwachsene: So legen Kinder nicht unbedingt Wert auf gesunde Ernährung oder funktionale Kleidung. Sie leiden aber darunter, wenn sie vom sozialen Geschehen durch Gleichaltrige ausgeschlossen werden – oder sich selbst ausschließen, weil sie nicht „mithalten" können. Wenn wir uns mit der kindlichen Bewältigung von Armut auseinandersetzen, sollten wir daher von der Wahrnehmung der Kinder ausgehen, um ihre subjektive Erlebensweise nachzuvollziehen.

Eigenen Forschungsergebnissen zufolge, die auf direkter Befragung von betroffenen Mädchen und Jungen im Grundschulalter basieren, lassen sich grundsätzlich folgende Feststellungen treffen (Chassé/Zander/Rasch 2003):

- Aufwachsen in Armut kann sich sowohl auf ihr aktuelles Wohlbefinden als auch auf ihre physische, kognitive, emotionale und soziale Entwicklung beeinträchtigend auswirken.
- Die damit verbundenen sozialen, gesundheitlichen und bildungsmäßigen Einschränkungen erschweren zusammen mit der emotionalen Belastung die Bewältigung von Armut erheblich.
- Dabei sind die Auswirkungen je nach Alters- und Entwicklungsstufe des Kindes differenziert zu betrachten. Neben der Dauer der familiären Armutslage fällt hier auch ihre jeweils spezifische Ausprägung ins Gewicht, so etwa ob es zu einer Kumulation von Problemlagen kommt.
- Mädchen und Jungen entwickeln teilweise unterschiedliche Bewältigungsformen, zumal die geschlechtsspezifische Sozialisation ihr Bewältigungsverhalten beeinflusst.

Bewältigung von Armut als individuelle Herausforderung

Sicher, unser öffentlicher Protest gilt dem gesellschaftlichen Missstand von Armut in einem reichen Land. Wir sollten uns aber auch in die subjektive Lage solcher Familien hineinversetzen: Was heißt das eigentlich: Armut bewältigen? Wie verkraften Kinder verschiedener Altersstufen solch eine Belastung?

Niemanden wird überraschen, dass das Spektrum von Bewältigungsformen fast so weit gefächert ist, wie sich Armutssituationen in den Familien jeweils unterschiedlich ausprägen. Jedes Kind bringt infolge seiner psychophysischen Konstitution individuelle Voraussetzungen mit. Zudem kann das soziale Umfeld förderliche oder erschwerende Bedingungen aufweisen. Entscheidend für die Kinder ist, wie ihre Eltern mit der Lage umgehen, weil Eltern dank ihrer Vorbildfunktion unterstützend wirken können oder ihre Kinder noch zusätzlich belasten. Aus psychologischer Sicht ist zwischen Kindern, die ein eher *problemmeidendes Verhalten* zeigen, und solchen, die eher *problemlösende Strategien* verfolgen, unterschieden worden (Richter 2000). Eigene Studien haben aus sozialpädagogischer Perspektive gezeigt, dass Kinder selbst bei vergleichbaren materiellen Ausgangslagen differierende Bewältigungsformen und Umgangsweisen entwickeln (Chassé/Zander/Rasch 2003). Diese Unterschiede im Umgang mit Armut lassen sich aus einem komplexen Zusammenspiel von äußeren Rahmenbedingungen und subjektiven Bewältigungsmustern erklären.

Wir haben es dabei mit einem breiten Spektrum zu tun, das sich zwischen zwei gegensätzlichen Polen bewegt. Einerseits begegnen wir Kindern, die als *mehrfach benachteiligt und teilweise vernachlässigt* einzuschätzen sind. Bei diesen Kindern fehlen ganz auffällig förderliche oder Schutzfaktoren im familiären und weiteren sozialen Umfeld. Andererseits haben wir aber etliche Kinder, die bei ähnlich schwierigen materiellen Bedingungen *relativ unbeeinträchtigt* ihre Entwicklungsaufgaben in Familie, Schule, Kita sowie im Umgang mit Gleichaltrigen positiv bewältigen. Die Widerstandsfähigkeit dieser Gruppe lässt sich offensichtlich auf schützende Faktoren in der Person wie im Umfeld zurückführen. Wir können davon ausgehen, dass solche Kinder eher ein problemlösendes aktives Bewältigungsverhalten beherrschen, während Kinder, die mit der Situation ohnehin nicht zurechtkommen, eher problemmeidend reagieren werden.

Diese Erkenntnisse haben mich in der Folge dazu bewogen, der Frage tiefer nachzugehen, ob die Idee der Resilienzförderung – immerhin bei anderen sozialen Problemen schon erfolgreich erprobt – nicht auch bei Kindern in Armutslagen ein sinnvoller sozialpädagogischer Ansatz wäre (Zander 2008). Bei Resilienz geht es in erster Linie darum, die seelische Widerstandskraft der

Kinder selbst zu fördern, etwa durch Stärkung ihres Selbstvertrauens, und gleichzeitig Schutzfaktoren in ihrem unmittelbaren oder weiteren sozialen Umfeld zu etablieren, so etwa, falls nicht vorhanden, eine sichere Bindung in der Familie oder zu einer Ersatzperson herzustellen. Kurz: Diese Kinder in Kindergarten, Schule oder Kita gerade auch mit Blick auf ihre Potenziale ganz individuell zu fördern.

Ausgehend von einer *Analyse der Risiko- und Schutzfaktoren* dieser Kinder wird der jeweilige Handlungsbedarf auf mehreren Ebenen und in ihren unterschiedlichen Sozialisations- und Lebenswelten deutlich. Allen sozialen und pädagogischen Fachkräften, die mit solchen Kindern und Familien in Kontakt kommen, erwächst hieraus eine besondere Aufgabe. Das gilt für die kommunale Kinder- und Jugendhilfe, selbstredend auch für das pädagogische Personal in Kita und Schule, um nur die wichtigsten Instanzen zu nennen.

Armutsprävention – verschiedene Stufen

Die Notwendigkeit von präventiven Maßnahmen und Programmen, die die Armutsfolgen zumindest begrenzen, steht mittlerweile – angeschoben durch entsprechende politische Berichterstattung wie Kinder- und Jugend- oder Armutsberichte – bundesweit, ja sogar international (UNICEF) auf der politischen Agenda.[8] Allerdings wird der Begriff der Prävention in diesem Kontext oft missverständlich oder missbräuchlich eingesetzt. Zumindest müsste man zwischen verschiedenen Stufen von Armutsprävention unterscheiden: also zwischen primärer, sekundärer und tertiärer Prävention.

Primäre Armutsprävention würde bedeuten, dass Armut mit politischen Mitteln vermieden wird, etwa durch Erweiterung des Zugangs zu Ressourcen, die für die Lebenslage bestimmend sind, wie Einkommen, Arbeit, Bildung, Gesundheit, Wohnen und soziale wie kulturelle Teilhabe. Dazu zählt für mich auf kommunaler Ebene auch eine entsprechende soziale Infrastruktur im Stadtteil; hier müssten die nötigen Mittel bereitgestellt werden, um im Rahmen von sozialen Diensten und öffentlichen Angeboten (sozial-)pädagogische Präventionsarbeit leisten zu können.

Die nächste Stufe meint *sekundäre Armutsprävention*: Hier sehe ich pädagogische und sozialpädagogische Handlungskonzepte angesiedelt, welche

8 Vgl. Zweiter Armuts- und Reichtumsbericht der Bundesregierung, Bonn 2005, Kinderreport BRD 2007, UNICEF Kinderarmutsreport 2005, Nationale Aktionspläne auf EU-Ebene.

das Ziel verfolgen, die mit Armut einhergehenden gegenwärtigen und zukünftigen Gefährdungen bei den betroffenen Kindern zu vermeiden oder wenigstens zu minimieren.

Wenn man von *tertiärer Armutsprävention* spricht, so ist dabei an die Vermeidung des wiederholten Eintretens eines Risikos gedacht. In dieser Perspektive würde nach meinem Verständnis besondere Aufmerksamkeit auf zeitlich „verstetigte Armutsformen" gelegt, wie sie sich vor allem in größeren Städten sozialräumlich verdichten; man denke nur an die sozialen Brennpunkte. Allerdings zeichnen sich neben dieser längst verfestigten *alten Armut auch bei der neuen Armut Verstetigungstendenzen* ab, weil auch sie zunehmend in Langzeiterwerbslosigkeit übergeht. In beiden Fällen lautet die zentrale Frage: Wie kann der sogenannte „Teufelskreis der Armut" durchbrochen werden? Welche Möglichkeiten gibt es, dass Kinder aus solchen verstetigten Armutsverhältnissen einen Ausweg finden?

Als Beispiele für sekundäre und gleichzeitig tertiäre Armutsprävention möchte ich abschließend zwei Modellprojekte zur „Bekämpfung von Armutsfolgen" vorstellen, an denen ich als wissenschaftliche Begleiterin beteiligt war.

Ein Beispiel: Saarbrücker „Modellprojekte zur Bekämpfung der Auswirkungen von Armut"[9]

Die beiden Modellprojekte sind in zwei verschiedenen Saarbrücker Stadtteilen, in Malstatt und Alt-Saarbrücken, angesiedelt und in enger Kooperation von zwei Trägern – Diakonie und Paritätischer Wohlfahrtsverband – durchgeführt worden. Beide wurden zunächst für einen Zeitraum von drei Jahren von Stadt und Land öffentlich gefördert. Nach Ablauf der Projektlaufzeit (2006) wurde dann sogar eine Verlängerung genehmigt. Im Anschluss erfolgte, in modifizierter Form, eine Übernahme durch die Kommune, was für den außergewöhnlichen Erfolg der Projekte spricht.

Gemeinsamkeiten der beiden Projekte

In ihrer konkreten Ausgestaltung zeichnen sich die beiden Projekte sowohl durch Gemeinsamkeiten als auch durch spezifische Schwerpunktsetzungen aus. Sie gehen dabei von folgenden, in der Fachdiskussion fundierten Prämissen aus: Beide Projekte basieren auf einem mehrdimensionalen Armutsverständnis, das sich am Lebenslagenkonzept orientiert. Armutsfolgen werden in ihren möglichen Auswirkungen auf die aktuelle Befindlichkeit, die Handlungsspielräume der Kinder und ihre Entwicklungsperspektiven analysiert.

---

9 Vgl. iSPO (Hrsg.): Abschlussbericht der beiden Modellprojekte zur Bekämpfung der Auswirkungen von Kinderarmut, Saarbrücken 2006.

Ein solches Verständnis hat die gesellschaftlichen und strukturellen Bedingtheiten von Armut ebenso im Blick wie die sich subjektiv ausdifferenzierenden Bewältigungsformen. Armutsprävention erfolgt daher sowohl strukturell auf die Lebenswelt der Kinder, also den Stadtteil, bezogen als auch individuell und gruppenspezifisch durch besondere Förderung der betroffenen Kinder.
Beide Modellprojekte sind in benachteiligten Stadtteilen angesiedelt, in der sogenannte alte Armutsformen überwiegen. Die damit gewählte Fokussierung ist sinnvoll, weil es nach wie vor eine vorrangige Herausforderung von Präventionsarbeit darstellt, den Teufelskreis der Armut zu durchbrechen.
Beide Projekte sind in eine lange Tradition von Gemeinwesenarbeit (GWA) im Stadtteil eingebettet, können also an funktionierende Strukturen stadtteilorientierter Sozialer Arbeit anknüpfen. Hier bietet sich den beiden Projekten eine strukturelle Ressource, die auf Grund der örtlichen Tradition von Gemeinwesenarbeit sicherlich als regionales Spezifikum zu werten ist. Faktisch erschließt sich den Mitarbeiterteams der Projekte wegen dieser Besonderheit eine Vielzahl von Synergieeffekten für ihre Arbeit.

Unterschiedliche Schwerpunktsetzungen der beiden Projekte
Beide Projekte sind in ihrer konzeptionellen Ausrichtung von einer differenzierten Analyse der in den Stadtteilen vorherrschenden Problemlagen und Erfordernisse sowie von den dort vorfindlichen Ressourcen ausgegangen. So erklärt sich auch ihre divergierende Ausrichtung hinsichtlich ihrer Kernzielgruppen, ihre andersartige Anbindung an die bestehenden Strukturen von Stadtteilarbeit sowie ihre Differenzierung in den Angebotsformen und Arbeitsweisen:

a) *Altersmäßige Differenzierung der Kernzielgruppen*
   Malstatt: Grundschulkinder
   Altsaarbrücken: Kinder im Übergang von der Grundschule in weiterführende Schulen.
b) *Differierende Anbindung an GWA-Strukturen und Arbeitsweisen*
   Malstatt: Anbindung an einen offenen Kindertreff
   Altsaarbrücken: Anbindung des Kinder-Streetworks an einen Bürgertreff.
c) *Unterschiedliche Angebotsformen*
   Malstatt: Kindertreff als niedrigschwellige Anlaufstelle, Mittagstisch mit Einbezug der Kinder in die Essenszubereitung, Einübung in Alltagsrituale sowie Hausaufgabenhilfe und Kreativangebote;
   Alt-Saarbrücken: erlebnis- und naturpädagogische Gruppen- und Freizeitaktivitäten als niedrigschwellige Bildungsangebote.

Bei aller hier deutlich gewordenen Differenzierung setzen aber beide Projekte gemeinsam auf drei Ebenen an: bei der individuellen und gruppenbezogenen Förderung der Kinder; bei der gezielten Einbeziehung der Eltern durch Elternberatung und Elterntrainings im Rahmen von gemeinwesenorientierter Arbeit; bei der professionellen Vernetzungsarbeit im Stadtteil, wozu auch die Bildung von lokalen Arbeitsgruppen und die Organisation von Fachtagen gehören.

Im Ineinandergreifen verschiedener Ebenen und in der stadtteilbezogenen Vernetzung, also in der Zusammenarbeit zwischen sozialpädagogischen Angeboten und Bildungseinrichtungen, sehe ich die besondere Effektivität solcher Initiativen. Dass eine solche konkret auf die Armutsproblematik bezogene Zusammenarbeit auf Stadtteilebene zu erkennbaren Erfolgen führt, kann man unter anderem im Abschlussbericht der Modellprojekte nachlesen. Ihm zufolge lässt sich kurz dieses Resümee ziehen: Stadtteilbezogene Projekte, die mit entsprechenden materiellen und personellen Ressourcen ausgestattet sind, können für die Kinder einen wichtigen Beitrag zur Bekämpfung von Armutsfolgen leisten. Insofern wäre eine flächendeckende Etablierung solcher Projekte ohne Zweifel begrüßenswert. Ihre Reichweite bleibt jedoch letztlich begrenzt, weil wir es mittlerweile mit vielfältigen Erscheinungsformen von Armut zu tun haben, die sich nicht mehr auf einzelne Stadtteile beschränken und sich daher nur schwer lokalisieren lassen.
Aber selbst eine flächendeckende Realisierung solcher Projekte entließe die Politik nicht aus ihrer Verantwortung, durch eine gerechtere Gestaltung der Gesellschaft Armut von vornherein zu vermeiden!

Kommen wir zurück zum Anfang, zur Initiative des Kinderschutzbundes: Armutszeugnis Kinderarmut! Zählen Sie ruhig mit, wie viel Fähnchen in Ihrer Gemeinde winken: So viel bleibt noch zu tun!

„Kinder widerstandsfähig machen“[1] (2006)

Interview mit dem französisch-deutschen Fernsehsender Arte

Arte: *Nach der von der EU verwendeten Armutsdefinition gilt als arm, wer weniger als 50 % des durchschnittlichen Einkommens zur Verfügung hat. Ist Armut Ihrer Meinung nach mit der materiellen Definition ausreichend und richtig definiert?*

Margherita Zander: Natürlich existiert eine materielle Armutsgrenze: Wer von Sozialhilfe oder Sozialgeld leben muss, kann als arm bezeichnet werden. Für eine tiefer gehende Analyse der individuellen Situation müssen aber auf jeden Fall zusätzliche Kriterien hinzugefügt werden. Das sogenannte „Lebenslagenkonzept“ beinhaltet einen weitergehenden Armutsbegriff, der mittlerweile auch in offiziellen Berichten wie zum Beispiel bei der Armuts- und Reichtumsberichterstattung verwendet wird. Armut als Lebenslage berücksichtigt neben der finanziellen Armut auch Bereiche wie Arbeit, Bildung, Wohnen oder die gesundheitliche Situation, Spielräume bei der Freizeitgestaltung sowie Möglichkeiten der Teilhabe am kulturellen und gesellschaftlichen Leben. Gerade aus der Perspektive von Kindern haben immaterielle Aspekte häufig sehr gravierende Folgen. Je nachdem, welche Form von Armut in der jeweiligen Familie vorherrscht und welche Faktoren die Kinder besonders belasten und benachteiligen, muss auch bei unterstützenden Maßnahmen anders angesetzt werden, um Armutsfolgen vorzubeugen oder zu begrenzen.

Arte: *Welche Formen von Armut treffen wir in reichen Gesellschaften an?*

M. Z.: Nach wie vor gibt es, konzentriert in bestimmten Stadtteilen, sogenannte *alte Armut*: Armut, die in der Familie von Generation zu Generation regelrecht „vererbt“ wird. Bei dieser Personengruppe gilt es, den sogenannten Teufelskreis zu durchbrechen. Auf der anderen Seite gibt es die *neue Armut*, die sich in den letzten zehn bis 15 Jahren verstärkt hat. Sie ist Folge steigender Arbeitslosigkeit, nicht ausreichender Erwerbseinkommen bei Niedriglöhnen und Teilzeitstellen – vor allem, wenn mehrere Kinder zu versorgen sind –, von Trennungen und Scheidungen sowie der steigenden Zahl von

---

1 Dieses Interview wurde von Arte am 6. Januar 2006 geführt.

Alleinerziehenden. Als dritte Gruppe möchte ich, gerade weil es meist vergessen wird, *Migrationsarmut* benennen. Dabei denke ich vorwiegend an Flüchtlingsfamilien, die durch ihren erschwerten und vom Staat gar nicht gewünschten Zugang zum Arbeitsmarkt besonders häufig von Armut betroffen sind.

Arte: *In Ländern der Dritten Welt ist bereits die Grundversorgung nicht gesichert. Welche konkreten Erscheinungsformen hat Armut in reichen Ländern?*

M. Z.: Die Situation ist natürlich nicht vergleichbar. Das Armutsproblem muss hier vollkommen anders gesehen werden als etwa in Afrika. Die eigentliche Grundversorgung ist hierzulande nur selten so stark beeinträchtigt, dass Familien hungern müssen. Aber wenn ein Kind nicht regelmäßig zur Schule kommt, weil es nicht geweckt wird, kein Geld für das Schulessen in der Kantine hat oder nicht an einem Schulausflug teilnehmen kann, dann ist es in unserer Gesellschaft bereits deutlich benachteiligt.

Wenn die Grundversorgung nicht gewährleistet ist, kann das übrigens auch aus Problemen des Haushaltsmanagements beim Umgang mit der Mangelsituation resultieren, also aus der konkreten Entscheidung über die immer zu knappen Ressourcen. Ein Leben in ständiger materieller Knappheit kann in einer Konsumgesellschaft erhebliche psychische Belastungen auslösen.

Arte: *Wie erleben Kinder Armut?*

M. Z.: Wie stark die Kinder von der materiellen Notlage betroffen sind, hängt eng mit elterlichen Erziehungsstilen, Kommunikationsformen und dem Haushaltsmanagement der Familie zusammen. Materielle Armut hat für Kinder, die einen familiären Hintergrund mit geringem Bildungsniveau haben, in der Regel viel größere Nachteile als für Kinder, die zu Hause unterstützt und gefördert werden und denen die Eltern „positive Bewältigungsmuster“ vorleben. Wenn die Kinder zum Beispiel einen engen Familienzusammenhalt erleben, ihre Eltern ihnen zugewandt sind und sie bei der Bewältigung von schwierigen Situationen Hilfe erfahren, können sie relativ unbeeinträchtigt oder sogar gestärkt aus dieser Situation hervorgehen.

Auf der anderen Seite sind Kinder, die mit der Verarbeitung der Situation allein gelassen werden, häufig in allen Bereichen benachteiligt: Sie kommen in der Schule nicht zurecht, haben wenige Beziehungen zu Gleichaltrigen und Schwierigkeiten, die familiäre Situation zu meistern.

Arte: *Wie bewusst ist Kindern Armut?*

M. Z.: Das ist eine Frage des Alters. Im Rahmen zweier Forschungsprojekte in Münster und in Jena haben wir Kinder im Grundschulalter befragt. In diesem Alter ist den Kindern bereits bewusst, wie die anderen um sie herum leben. Es geht ihnen nicht in erster Linie darum, dass die anderen etwas haben, was sie sich vergeblich wünschen. Trotz aller Differenzerfahrung dominiert nicht Neid, sondern das Gefühl, dass ihnen einfach etwas fehlt. Sie sehen ihre eigene Situation, ihre Möglichkeiten und Grenzen häufig sehr realistisch. Die Wahrnehmung der eigenen Lage hängt natürlich sehr stark vom familiären Hintergrund ab. Die meisten Eltern sind bemüht zu verhindern, dass die Kinder in bestimmten Bereichen Mangel und Not erleben. In einigen Familien wird die Situation den Kindern gegenüber thematisiert und diskutiert, wie man mit der materiellen Knappheit umgehen kann. In anderen Familien dagegen verheimlicht man sie sowohl nach außen als auch vor den Kindern. Tatsache ist, dass die meisten Kinder die materiellen Engpässe in der Familie kennen, wobei Kinder nicht so schnell nach außen zugeben: *„Meine Familie ist arm“*. Vor allem in Westdeutschland wussten die meisten Kinder nicht einmal, dass die Familie von der Sozialhilfe lebt. Wenn wir gefragt haben, ob sie mitbekämen, dass die Eltern sich wegen des Geldes Sorgen machten, dann wurde das aber bejaht.

Arte: *Unter welchen Einschränkungen leiden Kinder am meisten?*

M. Z.: Auch das ist sehr unterschiedlich. Es gibt Kinder, bei denen es die Kleidung ist. Auch am Essen sparen sicher viele Familien. Beide Bereiche ließen sich eigentlich ganz gut abfedern, etwa durch Second-Hand-Läden und Flohmärkte, und dadurch, dass man selbst kocht und auf Fast Food verzichtet, wenn das die teurere Variante wäre. Das ist aber nicht immer der Fall. Natürlich sehen Schulkameraden auch, dass das Kind keine teuren Markenklamotten trägt. Für die meisten Kinder wird die Armut jedoch am stärksten spürbar, wenn es um Freizeitgestaltung geht. Hier können die Auswirkungen materieller Limits in der Regel nur schwer aufgefangen werden. Wenn dann die Eltern nicht die Möglichkeit und Kompetenz haben, in der Freizeit etwas gemeinsam mit ihren Kindern zu unternehmen, sind die Kids häufig sich selbst und ihrem mehr oder weniger anregenden Wohnumfeld überlassen. Andere Einschränkungen bestehen im kulturellen Bereich, beim Theater- oder Kinobesuch, bei der schulischen Unterstützung und bei der Reichweite von sozialen Netzen, die ja eine wertvolle Ressource für die Bewältigung der Alltagssituation darstellen könnten. Stiftungen oder gemeinnütziges Engagement mögen so etwas an manchen Schulen auffangen, ersetzen aber keine generelle staatliche Leistung.

Arte: *Inwieweit kann die Schule den betroffenen Kindern helfen, ihre Situation selbstbewusster zu bewältigen?*

M. Z.: Schule ist natürlich ein wichtiger Ort, an dem Kinder unterstützt und gefördert werden könnten; Schule verstärkt aber leider allzu häufig auch die sozialen Unterschiede und wirkt dadurch „kontraproduktiv". Schulen in Stadtteilen mit einem hohen Anteil an sozial benachteiligten Familien gehen schon seit Jahren konstruktiv mit Armut um, denken sich Strategien aus, um die materiellen Probleme von Schülerinnen und Schülern aufzufangen. Andere Schulen wiederum neigen dazu, das meist allzu Offensichtliche zu negieren. Aber spätestens seit PISA gibt es oder müsste es auch ein Umdenken in Schulen geben.

Neben der Schule und der Unterstützung durch die Eltern sind vor allem Freundschaften mit Gleichaltrigen und förderliche Kontakte zu Erwachsenen, wie Lehrerinnen und Lehrern oder Betreuungspersonen in Horten und Kitas, für diese Mädchen und Jungen sehr wichtig. Der Umgang mit Gleichaltrigen kann natürlich ambivalent sein: Neben Kindern, die einfach stigmatisieren und ausgrenzen, stehen andere, deren Freundschaft sogar hilft, materielle Probleme aufzufangen. Gerade Kinder, die aufgrund ihrer familiären Situation belastet erscheinen, sind leider häufig am wenigsten in der Lage, von sich aus Kontakte zu schließen. Nicht selten hängt das mit der beengten Wohnsituation zusammen, auch damit, dass die Eltern keinen Besuch zu Hause wünschen, um ihre materielle Situation nicht durchscheinen zu lassen.

Arte: *Sie betreuen zwei Modell-Projekte in Saarbrücken. Wie können konkret Armutsfolgen abgedämpft werden?*

M. Z.: Armut ist ein gesellschaftliches Problem und kann als solches nicht in erster Linie sozialpädagogisch bekämpft werden. Trotzdem müssen wir die Kinder erst einmal stärken und ihre Familien entlasten.

Die beiden Modell-Projekte in Saarbrücken – das „Kinderhaus" in Malstatt und der „Kinderstreetwork" in Altsaarbrücken, beides benachteiligte Stadtteile – verfolgen dieses Ziel auf verschiedenen Ebenen: Sie bieten den Kindern eine Anlaufstelle im Stadtteil, sie bereiten mit ihnen eine Mahlzeit zu, unterstützen sie in schulischen Belangen wie zum Beispiel bei Hausarbeiten. Sie gestalten mit ihnen Freizeit. Sie suchen aber auch den Kontakt mit den Eltern, beraten sie in Fragen der Alltagsbewältigung und Erziehung und bieten neuerdings auch Elternkurse an. Dabei lehnen sie sich an das Konzept *Starke Eltern – starke Kinder* des Kinderschutzbundes an, wobei dieses eher mittelschichtbezogene Konzept an die Möglichkeiten dieser Eltern erst angepasst werden musste.

Die Frage, was man machen kann, um Kinder zu stärken, wird in der Armutsforschung zurzeit heftig diskutiert. Erkenntnisse aus der Resilienzforschung könnten hier möglicherweise recht aufschlussreich sein. Die Resilienz von Kindern zu fördern, meint, in diesem Zusammenhang ihre seelische Widerstandsfähigkeit in besonderen Risikokonstellationen zu stärken. Die entscheidende Botschaft lautet: Die Fähigkeit zur Resilienz kann gefördert, nämlich durch Unterstützung geweckt, gesteigert und ausgebildet werden.

Diese Widerstandsfähigkeit variiert von Kind zu Kind; sie wird auch durch das soziale Umfeld, also Familie, Schule und soziale Netze beeinflusst. Manche Kinder sind so stark, dass sie es alleine schaffen, sogar ohne Unterstützung durch die Eltern. Trotzdem ist es effektiver, wenn man auch die Eltern mit ins Boot bekommt.

Arte: *In Deutschland ist die Kinderarmut seit 1990 stärker gestiegen als in den meisten anderen Industrienationen. Jedes zehnte Kind lebt hier in relativer Armut. Was machen andere Länder besser?*

M. Z.: Die Bundesrepublik ist nicht unbedingt das Schlusslicht, was die Ausgaben für Kinder und Familien angeht. Die entscheidende Frage ist jedoch, ob das Geld auch zielgerecht und effektiv eingesetzt wird, um wirklich Armut zu vermeiden. Es gibt viele finanzielle Leistungen für Familien, die nicht so darauf angewiesen wären. Dieses Geld fehlt dann bei der Armutsbekämpfung, die meines Erachtens Priorität haben müsste. Angesichts der steigenden Zahl von Alleinerziehenden stellt sich zudem die Frage, ob nicht mehr Mittel in entsprechende Betreuungseinrichtungen und Dienstleistungen fließen sollten, die die Erwerbstätigkeit von Müttern erleichtern würden.

Arte: *Auch in der Bildungspolitik ist Deutschland im internationalen Vergleich nicht gerade gut aufgestellt. Sehen Sie da einen Zusammenhang?*

M. Z.: Ein Zusammenhang ist in jedem Fall dadurch gegeben, dass das deutsche Schulsystem bereits sehr früh stark selektierend wirkt. Diese Tatsache verstärkt Armutsfolgen. Darauf hat PISA hingewiesen – und auch der Armuts- und Reichtumsbericht der Bundesregierung bestätigt, dass Bildungschancen in der Bundesrepublik *sozial vererbt* werden. Trotz Bildungsexpansion ist der Schulerfolg von Kindern hierzulande immer noch eng mit der sozialen Lage der Familie und dem Bildungsstatus der Eltern verknüpft. Zu viele Kinder aus Familien, die in Armut leben, sind für Förderschulen vorgesehen, obwohl mehr in ihnen steckt. Kinder aus Armutsverhältnissen haben wesentlich geringere Chancen, einen höheren Schulabschluss zu erlangen. Sie erhalten seltener eine Empfehlung für die Realschule oder das Gymnasium, wie neuere Studien zeigen. Armut – vor allem lang andauernde Armut – schränkt die Entwicklungsmöglichkeiten von Kindern ein und hat dadurch auch langfristig ausgrenzende Wirkung. Steigende Kinderarmut ist damit auch ein Indiz für zunehmende Bildungsarmut.

Arte: *Welche Auswirkungen hat die hohe Kinderarmut für eine Gesellschaft?*

M. Z.: Ich denke, dass unsere Gesellschaft es sich wirklich nicht leisten kann, die Potenziale vieler Kinder unbeachtet zu lassen. Hier sind alle Bildungseinrichtungen, angefangen bei Schule und Hort, gefordert, ausgleichend zu wirken und arme Kinder gezielt zu fördern. Leider geht die aktuelle Diskussion um die Ganztagsschulen in diesen Fragen noch nicht weit genug. Wir dürfen bei aller Optimierung von Bildung den sozialen Ausgleich nicht vernachlässigen. Vor allem kommen wir in eine völlige Schieflage, wenn wir uns selbst und die nachwachsenden Generationen an dieses mittlerweile extreme Maß an Ungleichheit gewöhnen. Unsere Gesellschaft verrät zunehmend ihre eigenen Prinzipien und sozialen Leitbilder und wird dadurch unglaubwürdig – gerade in den Augen der Kinder.

Kapitel 2
Subjektive Auswirkungen und Bewältigung von Armut

Einleitung

Das „Jahrhundert des Kindes“ (Ellen Key 1900 und 1902) war soeben abgelaufen. Wenig verwunderlich ist also, dass es um das Jahr 2000 herum vielen an der Zeit erschien, eine erste Bilanz zu ziehen.[1] Sicher, man konnte darauf verweisen, dass am Ende dieses Jahrhunderts – gewissermaßen als greifbares Dokument sozialen und kulturellen Fortschritts – die UN-Kinderrechtskonvention (1989) als ein weiteres epochemachendes Manifest für Kinder stand. Aber wie weit war man damit über eine reine Absichtserklärung hinausgekommen? Wie war es tatsächlich, 100 Jahre nach Erscheinen von Ellen Keys Schrift, um eine handfeste Bilanz aus Kindersicht bestellt?

Zweifellos wäre es verwegen, hier in ein paar Sätzen eine umfassende und abwägende Einschätzung zu geben. Das soll gar nicht erst versucht werden. Wohl aber sei mit vollem Gewicht das Besorgnis erregende Problem wachsender Kinderarmut, gerade auch in Deutschland, mit in die Waagschale geworfen. Diese Tendenz im Blick, kommt 1999 beispielsweise der Augsburger Pädagoge Ulrich Klemm zu einem recht bitteren Resümee: Zwar habe dieses Jahrhundert zu einem neuen gesellschaftlichen Verständnis von Kindheit geführt, das Kind sei zu einem anerkannten Rechtssubjekt avanciert, dem besonderer Schutz zugebilligt werde. Nach wie vor seien aber die Lebensbedingungen von Kindern weltweit keineswegs „kinderleicht“, sondern im Gegenteil mit einer Vielzahl von Risiken behaftet: „Sowohl in den Industriestaaten als auch in den Staaten des Südens ist das Kindsein nach wie vor – und am Ende unseres Jahrhunderts vielleicht auch wieder zunehmend mehr – ein zentraler Risikofaktor“ (Klemm, in: ZEP 1999, S. 2). Für Deutschland

1 Vgl. stellvertretend für eine Reihe von Publikationen die „Zeitschrift für internationale Bildungsforschung und Entwicklungspädagogik“, (ZEP), H. 4, 1999, mit dem Themenschwerpunkt „Das Jahrhundert des Kindes – eine Bilanz“.

sieht er ein solches Risikopotenzial vor allem in der um sich greifenden Verarmung von Kindern.

Was bedeutet es für ein Mädchen oder einen Jungen, in einer Wohlstandsgesellschaft arm zu sein? Mit der Verabschiedung der UN-Kinderrechtskonvention (1989) und der Entdeckung der Kinderperspektive in Wissenschaft und Politik wurde diese Frage immer lauter gestellt und fand auch sukzessiv Eingang in die Kinderarmutsforschung. Um das Jahr 2000 herum erschienen dann erste, vorwiegend qualitativ angelegte empirische Untersuchungen zum Thema, die über die bisherigen Beschreibungen von Folgewirkungen in einzelnen Bereichen deutlich hinausgingen. Das eigentliche Erkenntnisinteresse war nun darauf gerichtet, die gesamte Lebenslage von benachteiligten Kindern zu erfassen und der zentralen Frage nachzugehen, die auch Thema des hier folgenden Kapitels sein wird: *Wie bewältigen Kinder, die in familiärer Armut aufwachsen, die damit verbundenen Belastungen und Einschränkungen?*

Wollen wir diesen Mädchen und Jungen helfen, mit ihrer schwierigen Situation besser zurande zu kommen, müssen wir nämlich einen Schritt weitergehen. Es reicht nicht, danach zu fragen, in welcher Weise diese Kinder von der familiären Armutslage betroffen sind, „was bei ihnen ankommt" – so zunächst eine gängige Forschungsfrage (ISS 2000). Vielmehr müssen wir uns auch damit auseinandersetzen, welche Bewältigungsmuster und -strategien diesen Kindern – jeweils ganz individuell – zugänglich sind. Das heißt nicht, die objektiv gegebenen benachteiligenden Strukturen von Armutslagen aus den Augen zu verlieren. Bewältigung von Armut stellt sowohl eine gesellschaftliche Aufgabe wie auch eine individuelle Bürde dar. Daher muss auf beiden Ebenen reagiert werden. Gehen wir vom Einzelfall aus, ist es unerlässlich, gerade auch die subjektive Seite kindlicher Bewältigung im Blick zu haben.

In Kapitel 2 dieses Bandes werden Erkenntnisse aus eigener empirischer Forschung präsentiert, in der ich mich vorwiegend mit dieser Fragestellung auseinandergesetzt habe. Dabei handelt es sich insbesondere um zwei dreijährige Projekte, die jeweils in Zusammenarbeit mit unterschiedlichen Teams durchgeführt wurden, auf die ich auch namentlich hinweisen werde; die vorgestellten Ergebnisse sind folglich als gemeinsames geistiges Gut zu betrachten. Die dabei erarbeiteten Typisierungen von Bewältigungsmustern, seien es die von Kindern oder Erwachsenen, haben heute noch im Vergleich mit Erkenntnissen aus anderen, teilweise neueren Studien Bestand. Ebenfalls dürften die daraus abgeleiteten Ideen für einen sozialpädagogischen Umgang mit Kinderarmut heute noch genauso brauchbare Anregungen für Präventionskonzepte liefern (Kapitel 3), wie sie letztlich sogar mit der neuerdings viel beachteten Resilienzförderung kompatibel sind (Kapitel 4). Abgerundet wird dieses zweite Kapitel durch einen Beitrag, in dem zu einem interdisziplinären Dialog zwischen Kindheitssoziologie, Kinderarmuts- und Resilienzforschung aufgerufen wird. Nur durch Bündelung der Wissensbestände lassen sich befriedigende Antworten zu allen Aspekten von Kinderarmut finden.

An dieser Stelle will ich nun kurz die eigene Forschung in den bundesrepublikanischen Kontext einordnen, wobei ich selbstredend selektiv vorgehen muss, weil hier nur ein knapper kursorischer Überblick gegeben werden kann. Auf die Expertise von Sabine Walper (1999) für den Zehnten Kinder- und Jugendbericht habe ich bereits in der Einleitung zu Kapitel 1 hingewiesen. Walper konnte dabei auf eine eigene Studie aus den 1980er Jahren zurückgreifen, in der sie die „Familiäre(n) Konsequenzen ökonomischer Deprivation“ (Walper 1988) untersucht hatte. Ihr Verdienst ist es, in der Expertise zunächst die Befunde aus der US-amerikanischen Kinderarmutsforschung aufgegriffen zu haben, da es zu diesem Zeitpunkt in Deutschland noch so gut wie keine relevanten Studien zu Armut als mehrfachem Entwicklungsrisiko für Kinder gab. Gleichzeitig hat Walper auch ein eigenes Rahmenmodell vorgestellt, aus dem sie armutsbedingte Konsequenzen für die kindliche Entwicklung ableitet. Für Walper steht die Familie als System und vermittelnde Instanz im Fokus; sie berücksichtigt in ihrem Modell aber auch außerfamiliale Kontexte, die für die Kinder relevant sind. Interessanterweise tauchen bei ihr bereits Begrifflichkeiten auf wie „Ressourcen“ und „Vulnerabilitätsfaktoren“, die heute für die Erörterung von Bewältigungsstrategien bedeutsam sind: „Gemeint sind individuelle, familiale und außerfamiliale Faktoren, die es den Kindern in unterschiedlichem Maße erleichtern oder erschweren, mit den jeweiligen armutsbedingten Belastungen und Anforderungen umzugehen“ (Walper 1999, S. 296). Im Prinzip ist hier schon ein erster Hinweis für Präventionskonzepte geliefert, der seitdem in anderen Studien weiter verfolgt wird.

Lag bei Walper der Fokus der Betrachtung noch stärker auf Familie als System und auf Kindern als Bestandteil dieses Systems, so hat sich der Blickwinkel der Forschung bereits in zeitgleich angelaufenen Studien verschoben. Ein Jahr später erschien die qualitative Studie von Antje Richter (2000) mit dem bezeichnenden Titel „Wie erleben und bewältigen Kinder Armut?“ und wurde auch unser erster Abschlussbericht zur „Benachteiligung in den Lebenslagen von Kindern“ (Chassé/Zander/Rasch 2000) vorgelegt. Ebenso war seit 1998 bereits das Forschungsprojekt des Instituts für Sozialarbeit und Sozialpädagogik in Frankfurt (kurz ISS) zur Kinderarmut angelaufen und präsentierte seine ersten Ergebnisse über Auswirkungen von Kinderarmt im Vorschulalter, wobei der Aspekt von: „Frühe(n) Folgen – langfristige(n) Konsequenzen“ im Zentrum der Aufmerksamkeit stand (Hoch/Holz/Wüstendörfer 2000).

Bahnbrechend für den öffentlichen Fachdiskurs über kindliche Bewältigung von Armut war sicherlich die schon erwähnte psychologische Studie von Antje Richter (2000). Auf sie nehme ich auch in den Beiträgen des folgenden Kapitels immer wieder Bezug, weil Richter erstmals psychische Mechanismen kindlicher Armutsbewältigung aufgedeckt hat. Ihre Studie gehört übrigens zu den wenigen Untersuchungen, die explizit auf unterschiedliche Bewältigungsmuster von Mädchen und Jungen eingegangen sind.

Die als „ISS-Studien" bekannt gewordenen Forschungen des gleichnamigen Instituts, gefördert vom Bundesverband der AWO, nehmen mittlerweile einen besonderen Status in der bundesrepublikanischen Kinderarmutsforschung ein, weil sie als einzige auf eine Langzeitbetrachtung ihres Samples verweisen können. Sie haben Mädchen und Jungen vom Vorschulalter bis mittlerweile ins frühe Jugendalter forschend begleitet und konnten so deren Entwicklung über anderthalb Jahrzehnte verfolgen.

Es handelt sich dabei im Übrigen immer noch um die mir einzig bekannte Studie zur Kinderarmut im *Vorschulalter.* Dank der engen Kooperation von ISS und AWO konnte das Forschungsteam bundesweit auf die unterstützende Teilnahme der Kindertageseinrichtungen dieses Trägers bauen. Natürlich ist im Alter von drei bis sechs Jahren eine direkte Befragung der Kinder nur sehr eingeschränkt oder gar nicht möglich, ist also die Forschung auf eigene Beobachtung oder Informationen von Eltern und Betreuungspersonal angewiesen. Deshalb auch wird bei Mädchen und Jungen dieser Altersstufe weniger die Frage nach kindlicher Armutsbewältigung gestellt, als vielmehr die spezifische Armutsbetroffenheit dieser Kinder herausgearbeitet. Dennoch lassen sich so – wie die Studie zeigt – relevante Erkenntnisse zur Lebenslage und Befindlichkeit von Vorschulkindern, die in Armut leben, zusammentragen. Vor allem hat die ISS-Studie erste hilfreiche Hinweise zu Möglichkeiten von Armutsprävention in Kindertagesstätten gegeben (Hock/Holz/Wüstendörfer 2000).

Da wir mit der ISS-Studie bisher in der Bundesrepublik die einzige Langzeitbetrachtung vorliegen haben, lohnt es sich, hier kurz auf die markantesten Ergebnisse des zuletzt erschienenen Forschungsberichts einzugehen, der die ehemaligen Vorschulkinder nun am Ende der Sekundarstufe I in den Blick nimmt (Laubenstein/Holz/Dittmann/Sthamer 2012). Diese Studie trägt den programmatischen Titel: „Von alleine wächst sich nichts aus …" und deutet damit an, dass Armut in vielen Familien keineswegs eine periphere Erscheinung ist. Bei den mittlerweile 16- bis 17-jährigen Mädchen und Jungen sind nämlich immer noch die ursprünglich in der Vorschulphase „armen" Kinder schlechter dran: Jede/r zweite erleidet Einschränkungen bei der Grundversorgung und gesellschaftlichen Teilhabe (bei den ursprünglich Nicht-Armen sind es 19 %), also Einschränkungen bei der Wohnsituation, der Kleidung, beim Essen, aber auch bei Teilhabeaspekten wie Zugang zu PC und Internet, bei Hobbys sowie der Möglichkeit zum vorsorgenden Sparen (Laubenstein et al. 2012, S. I). Die *kulturelle Lage* wird bei mehr als der Hälfte dieser Jugendlichen als eingeschränkt eingestuft, während das bei den ehemals nicht-armen Kindern laut Einschätzung des Forscherteams nur bei 26% der Fall ist. Das bedeutet, dass diese Jugendlichen – an einer entscheidenden Weichenstellung für ihre zukünftige berufliche Entwicklung angelangt – auch deshalb erheblichen Benachteiligungen ausgesetzt sind, weil sie sich familiär nicht auf entsprechende Bildungsressourcen stützen konnten. Das entscheidende Resümee lautet jedoch – und damit illustriert diese Langzeitstudie eine Feststellung, die wir auch in quantitativen Querschnitterhebungen bestätigt finden (etwa bei Andresen/Hurrelmann 2013) –: „Je länger ein junger Mensch mit Armut aufwächst, desto geringer wird die Chance für ein Wohlergehen und desto größer sind die Risiken der multiplen Deprivation" und weiter: „Jedes zweite Kind [von den armen Kindern, M.Z.] lebte seit 1999 in Dauerarmut (51%). Umgekehrt haben drei von vier 1999 nicht armen Kindern auch danach keine Armut erlebt (78%)" (Laubenstein et al. 2012, S. III).

Wenn wir über Kinder- und Jugendarmut sprechen, sollten wir uns also immer vor Augen halten, dass wir es – bei allem Jonglieren mit Zahlen – mit einem sich weiterhin verfestigenden Kern von Armut zu tun haben und dass damit auch die Frage nach der kindlichen Bewältigung von Armut eine wesentlich heftigere Brisanz bekommt. Mehr als sträflich erscheint mir jedoch, dass das Thema Jugendarmut immer noch zu wenig Aufmerksamkeit in der Öffentlichkeit erhält. Es gibt zwar ein Monitoring zur Jugendarmut, das seit 2010 zum zweiten Mal die Lebenslage von jungen Menschen (14- bis 27-Jährigen) erkundet und alarmierende Zahlen dazu veröffentlicht hat (www.jugendarmut.info); mir scheint aber, dass man hier erst bei der Bestandsaufnahme angekommen ist (Ploetz 2013). Ich verbinde das mit einer Feststellung: Soweit mir ersichtlich, sind in den letzten Jahren kaum noch neue Studien zur Armutsbewältigung von Kindern erschienen. Offensichtlich war man der Meinung, die vorliegenden Erkenntnisse würden reichen, um daraus alle nötigen Schlussfolgerungen für Präventionsmaßnahmen und Politik abzuleiten. Das mag sogar zutreffen. Nötig wären aber sicherlich vergleichbare Studien zur Lebenssituation und Armutsbewältigung von Jugendlichen![2]

2 Derzeit ist eine aktualisierte Neuauflage von Ronald Lutz und Veronika Hammer (Hrsg.): Wege aus der Kinderarmut, Weinheim/Basel 2010, in Vorbereitung. In der Neuauflage soll nicht nur Kinder-, sondern auch Jugendarmut berücksichtigt werden.

Thesenanschlag: Kinderarmut im Wohlfahrtsstaat[1] (2000)

1. Kinderarmut ist Familienarmut. Gemeinsame Ursache ist die Herzensarmut unserer Gesellschaft.

In einem Wohlfahrtsstaat gilt es, Kinderarmut in Verbindung mit Familienarmut zu diskutieren, da Kinder hier eigene Armut und Benachteiligung als Folge der Notlage ihrer Familie erleben.

Kinderarmut wird also wie Familienarmut ausgelöst durch:

- reduziertes Familieneinkommen infolge von Erwerbslosigkeit eines oder beider Elternteile,
- die spezifische Lebenslage von Alleinerziehenden,
- zu niedriges Familieneinkommen bei mehreren Kindern im Haushalt,
- die prekäre Einkommens- und Erwerbssituation von Migrantenfamilien.

2. Mitten im Wohlstand fehlt es Armen an Gütern.

Armut als Lebenslage wirkt sich mehrdimensional aus. Dabei treten Unterversorgungs- und Benachteiligungsphänomene bei Kindern wie auch bei Erwachsenen in unterschiedlichen Lebensbereichen auf:

- als Geldknappheit,
- als unzureichende oder ungesunde Ernährung,
- als mangelhafte Ausstattung mit Kleidung,
- als gesundheitliche Belastung,
- als erschwerter Zugang und Erwerb von (Schul-)Bildung,
- als schlechte Wohnqualität mit vielfachen Beschränkungen,
- als ungünstiges, womöglich stigmatisierendes Wohnumfeld,
- als Einschränkung bei der Freizeitgestaltung,
- als Beeinträchtigung in der kulturellen Teilhabe sowie
- als Hemmnis beim Aufbau sozialer Beziehungen und Netzwerke.

1 Thesenpapier zur Fachtagung „Armut in der Reichtumsgesellschaft" der Diakonie des Saarlandes in Saarbrücken 2000.

3. Weh tut am meisten, was keiner sieht.

Armut hat nicht nur eine materielle, sondern auch eine immaterielle Seite, denn sie ist ein permanenter psychischer Belastungsfaktor. Daher beschränken sich die Auswirkungen nicht auf die aufgeführten Lebensbereiche, sondern es ist vielmehr davon auszugehen, dass Folge- oder Wechselwirkungen auch auf der immateriellen Ebene auftreten:

- Beschädigung des Selbstwertgefühls,
- Beeinträchtigung des psychosozialen Wohlbefindens,
- Angst vor Ausgrenzung und Stigmatisierung,
- psychosoziale Störungen,
- gesundheitliche Schäden und Entwicklungsstörungen,
- schulische Leistungsprobleme,
- Abbruch sozialer Kontakte, Rückzug und Selbstverleugnung,
- Ausschluss von Aktivitäten mit Gleichaltrigen,
- geringere Spielräume für Freundschaften,
- negative Auswirkungen auf das Familienklima,
- soziale Auffälligkeit bis hin zur Kleindelinquenz.

4. Armut lässt wenig Spielraum zu.

Armut kann man nur begreifen, wenn man das Phänomen in seiner Mehrdimensionalität betrachtet. Mit dem Konzept der Lebenslage haben wir ein geeignetes Hilfskonstrukt an der Hand, um eine solche Sichtweise einzunehmen. Damit erfassen wir zum einen die objektiven Aspekte, also die strukturellen Rahmenbedingungen, die ein Leben in Armut und Benachteiligung charakterisieren. Zum anderen gilt es jedoch, wenn wir die Auswirkungen im Einzelfall analysieren wollen, die subjektive Wahrnehmung und Deutung der eigenen Lebenslage durch die Betroffenen selbst zu berücksichtigen. Armut als Lebenslage – gleich ob von Kindern oder Erwachsenen – hat in jedem Fall eine Beeinträchtigung ihrer Handlungs- und Entwicklungsspielräume zur Folge, und das müssen wir aus der Perspektive der Betroffenen selbst nachvollziehen.

Kinderarmut ist erst seit einigen Jahren zum Gegenstand sozialwissenschaftlicher Forschung geworden. Daher wissen wir zurzeit noch relativ wenig über die Wahrnehmungs- und Deutungsmuster, die Handlungs- und Bewältigungsstrategien dieser Kinder. Erst seit Neuerem gibt es Untersuchungen, die nicht nur die Eltern sowie Fachleute, die in ihrer beruflichen Praxis unmittel- oder mittelbar mit benachteiligten Kindern befasst sind, in Befragungen einbeziehen, sondern auch die betroffenen Kinder selbst zu

Worte kommen lassen (Hock/Holz/Wüstendörfer 2000; Chassé/Zander/Rasch/Böhm 2000; Stadtteilbüro Malstatt 1993)[2].

5. Auf die Familie kommt es an.

Sabine Walper (1995) hat sich in ihrer Forschung mit der Mediatorenrolle von Eltern oder sorgeberechtigten Erwachsenen in armutsbetroffenen Familien auseinandergesetzt. Dabei hat sie vor allem jene familiären Folgewirkungen von ökonomischer Deprivation im Blick, die unweigerlich auch Auswirkungen auf die betroffenen Kinder haben:

- Umgestaltung der Haushaltsführung,
- psychosoziale Belastungen der Eltern bis hin zu Ehekonflikten,
- negative Veränderungen in der Interaktion zwischen Eltern und Kindern,
- Beeinträchtigung des Erziehungsverhaltens,
- Belastungen für die psychosoziale Entwicklung der Kinder,
- vornehmlich auf Bewältigung der Lebenssituation ausgerichtetes Reaktionsverhalten der Kinder.

Walper betont aber zugleich, dass Kinder auch im positiven Sinne durch den familiären Umgang mit der Situation beeinflusst werden können, so etwa, wenn Eltern den Kindern aktive Bewältigungsmuster vorleben.

6. Wer arm ist, muss alles aufbieten, was er hat.

Bei der Entwicklung von kindlichen Bewältigungsmustern spielen verschiedene Arten von Ressourcen eine wichtige Rolle:

- **individuelle Ressourcen:** physische und psychische Eigenschaften sowie Charaktermerkmale von Eltern und Kindern,
- **familiäre Ressourcen:** Qualität der Eltern-Kind-Beziehung, elterliche Bildungsressourcen, das Familiensystem als Spiegel für den Umgang mit Belastungen,

2 Hier möchte ich explizit auf eine frühe empirische Erkundung hinweisen, die im Rahmen der Gemeinwesenarbeit des Stadtteilbüros Malstatt erstellt worden ist: „Von der Not im Wohlstand arm zu sein". Diese 1993 veröffentlichte Stadtteil-Studie basierte bereits in Teilen auf einer Kinderbefragung. Damit wurde in gewisser Weise Pionierarbeit geleistet.

- **soziale Ressourcen:** informelles soziales Netz der Eltern und Kinder, positive/negative Effekte von Cliquenzugehörigkeit oder Ausschluss von Gruppen, soziale Infrastruktur des Wohnumfelds, formelle Betreuungseinrichtungen.

7. Wie auch immer – Kinder arbeiten sich an Armut ab.

In der eigenen Forschungspraxis mit Grundschulkindern aus Sozialhilfehaushalten haben wir sowohl deren Selbstdeutung und Wahrnehmung als auch deren Bewältigungsmuster untersucht und dabei eine systematische Typisierung vorgenommen (Chassé/Zander/Rasch/Böhm 2000).[3]

Wir haben dabei Mädchen und Jungen angetroffen,

- die ihre eigene Situation als „arm" wahrnahmen, und andere, die dies verneinten;
- die wir – trotz objektiv gegebener Armut und Benachteiligung – als „fit", selbstbewusst und aktiv bewältigend erlebt haben, neben anderen, die durch die familiäre Lage „stark beeinträchtigt" wirkten;
- die man als sozial isoliert bezeichnen könnte, und solche, die bei Gleichaltrigen dennoch sehr beliebt waren, sowohl aus der Sicht der Kinder selbst als auch in unserer Wahrnehmung;
- die vernachlässigt erschienen, neben solchen, die keine Spuren von Vernachlässigung zeigten;
- die ähnliche Bewältigungsmuster wie ihre Eltern aufwiesen, aber auch solche, die sich davon abgrenzten;
- die auf Kompensationen unterschiedlichster Art zurückgreifen konnten, also auf soziale Netze, Angebote von Institutionen, andere wiederum, bei denen Kompensationsmöglichkeiten ganz fehlten;
- deren schulische Situation sich problematisch gestaltete, neben solchen, die dort keine Probleme hatten.

3 Die hier vorgenommene Typisierung und auch die folgenden Aussagen zu Umgangsweisen mit und Bewältigung von Armut basieren auf den Ergebnissen eines dreijährigen Forschungsprojektes, das an der FH Jena unter der Leitung von Karl August Chassé und Margherita Zander von Konstanze Rasch und Holger Böhm (Mitarbeit) durchgeführt wurde und dessen Ergebnisse seit Ende 2000 vorliegen. Titel des Projektes: „Benachteiligung in den Lebenslagen von Kindern – unter spezifischer Berücksichtigung der sozialen Entwicklung in Thüringen" (1997–2000).

8. Jedes Kind nimmt es anders.

Ebenso vielfältig wie die vorgenommenen Typisierungen erwiesen sich die bei den Kindern festgestellten Bewältigungsmuster. Hier einige Beispiele:

- Vielfach traten Fluchttendenzen auf, entweder nach innen in abgeschottete Phantasiewelten oder nach außen, was dann oft in bloßem Herumstreunen endete.
- Kinder nutzten Angebote der sozialen Infrastruktur oder andere externe Hilfen oder fanden keinen Zugang dazu.
- Etliche akzeptierten professionelle Hilfe, andere forderten sie ein, manche lehnten sie aber auch ab.
- Entsprechend war ein Teil der Kinder in der Lage, solidarische Hilfe und Unterstützung zu suchen und selbst weiterzugeben, andere hingegen konnten sie nicht annehmen oder wiesen sie gar zurück.
- Neben dem bewussten Umgang mit der prekären Notlage trafen wir deren Umdeutung oder Verleugnung an.
- Ansprüche und Wünsche schraubte man entweder zurück, schob sie für eine ferne Zukunft auf oder tat sie ganz ab, um Enttäuschung vorzubeugen.
- Konträr dazu zeigte sich ein aktives Reaktionsschema, bei dem die Suche nach kreativen Wegen im Vordergrund stand, um eigene Wünsche doch noch zu realisieren, wobei gelegentlich Übersteigerungen ins Phantastische vorkamen.
- Manche waren in der Lage, aktive Selbsthilfe zu praktizieren, und entwickelten beträchtliche Eigeninitiative, während bei anderen nichts davon zu spüren war.

Für die weitere Forschung zur Armut von Kindern stellt sich daher die Aufgabe, die Zusammenhänge zwischen typischen Verhaltensweisen und möglichen Bewältigungsmustern zu ermitteln. Nur dann wird sie der pädagogisch-sozialarbeiterischen Praxis brauchbare Deutungsmuster an die Hand geben können und Hinweise dazu, wie Soziale Arbeit solche Kinder wirkungsvoll unterstützen kann.

9. Die Soziale Arbeit soll es richten.

Soziale Arbeit braucht ein eigenes Verständnis von Armut; dabei muss sie berücksichtigen, dass es unterschiedliche Formen von Armut gibt – so etwa alte und neue Armutsformen –, und darauf bezogen ein Handlungskonzept entwickeln, das auf unterschiedlichen Ebenen ansetzt:

- *am Einzelfall durch Familienarbeit*
  Beispiel: Sozialpädagogische Familienhilfe (SPFH) – Wichtig ist, dass sie im Einzelfall die ganz unterschiedlichen objektiven Armutsfolgen erfasst und gleichzeitig die subjektive Wahrnehmung sowie die individuellen Bewältigungsmuster im Blick hat;
- *an sozialräumlicher Armut durch Stadtteilarbeit*
  Beispiel: Gemeinwesenarbeit (GWA)[4] – Hier geht es darum, mit kleinräumlichen Handlungskonzepten auf sichtbare Armutsfolgen im Stadtteil zu reagieren, so etwa durch Aktivierung von Ressourcen vor Ort und Empowerment;
- *auf der politischen Ebene durch anwaltschaftliche Interessenvertretung*
  Beispiel: politische Mitwirkung auf kommunaler Ebene durch Medien- und Öffentlichkeitsarbeit; durch Beteiligung in entsprechenden Gremien wie Kinder- und Jugendhilfeausschuss, Sozialausschuss; durch konkrete Forderungen an die Politik, die über die öffentliche Präsenz von Berufs- und Wohlfahrtsverbänden lanciert werden; durch Unterstützung von Betroffenen-Initiativen.

Soziale Arbeit sollte also nicht nur professionell, sondern auch politisch auf die vielfältigen Erscheinungsformen von Armut reagieren. Generelles Ziel ist dabei, individuelle, familiäre, soziale und sozialräumliche Ressourcen zur Bewältigung und Bekämpfung von Armut zu aktivieren. Die präventiven Möglichkeiten der Sozialen Arbeit sind jedoch begrenzt: Die Ursachen von Armut können nur gesellschaftlich und politisch angegangen werden.

10. Armut im Reichtum ist ein Widersinn.

Armut im Reichtum ist ein gesellschaftliches Problem; das gilt auch für die spezifische Ausprägung von Kinderarmut in Wohlfahrtsstaaten. Kinderarmut in der Bundesrepublik fordert daher in erster Linie die Politik mit ihren eingefahrenen Positionen heraus.

Da es unterschiedliche Interpretationsweisen zu den Ursachen von Armut gibt, können auch unterschiedliche politische Strategien zur Bekämp-

---

4 Gemeinwesenarbeit (GWA) ist neben sozialer Gruppenarbeit und Einzelfallhilfe eine der grundlegenden Arbeitsformen der Sozialen Arbeit. Ihr Ziel ist es, die Lebensbedingungen im Stadtteil zu verbessern. Sie arbeitet quartiersbezogen und bezieht die Bewohner und vorhandenen Strukturen im Stadtteil mit ein.

fung von Kinder- und Familienarmut eingeschlagen werden (Zander 2000), die ich gerne zur Diskussion stellen möchte:

- **Erwerbsarbeitsbezogenes Deutungsmuster:** Materielle Armut ist demnach vor allem Folge eines Ausschlusses aus dem Arbeitsmarkt wegen nicht realisierbarer Vereinbarkeit von Familie und Beruf. Die Antwort darauf lautet: Ausbau von bedarfsgerechter öffentlicher Kinderbetreuung sowie sozialpolitische Förderung von spezifischen Arbeitszeitmodellen für Eltern.
- **Familienpolitisch zentriertes Deutungsmuster:** Materielle Armut gilt hier vor allem als Folge unzureichender sozialpolitischer Transfers für Familien. Die Antwort darauf kann nur sein: Ausbau des Familienlasten- oder Familienleistungsausgleichs. Dabei gibt es allerdings wiederum zwei unterschiedliche Konzepte – entweder materieller Nachteilsausgleich für alle Familien oder spezifische Förderung von benachteiligten Familien.
- **Sozialstaatskritisches Deutungsmuster:** Der Familienlastenausgleich sei zu sehr auf Erwerbsarbeit und Familie fixiert, daher kein taugliches Instrument zur sozialen Existenzsicherung von Kindern. Die Antwort darauf ist: Grundsätzliches Umdenken ist gefordert. Kinder sind als eigenständige Rechtssubjekte zu betrachten. Die Bekämpfung von Kinderarmut hat aus kindzentrierter Sicht zu erfolgen.
- **Kindzentriertes Deutungsmuster:** Kinder haben eigenständige Rechte, so auch einen Anspruch auf Sozialleistungen. Die Antwort darauf sollte lauten: Eine Grundsicherung für Kinder ließe sich aus einer neuen Sicht des Generationenvertrages ableiten, da auch Kinder durch Bildungsarbeit einen Beitrag zum gesellschaftlichen Wohlstand leisten. Hierauf basiert beispielsweise der Vorschlag „Grundeinkommen für Kinder“ (Olk/Mierendorff 1998).

Wenn jemand Thesen anschlägt, dann ist der Reformbedarf groß. Solange unsere Gesellschaft weiter ungestört mit so viel Kinderarmut in ihren Reihen lebt, gehören unsere Forderungen jeden Morgen an ihre Tür.

Wie gehen Kinder mit Armut um? Soziale Bewältigungsstrategien von Kindern und Familien[1] (2005)

Gesellschaftliche Wahrnehmung von Armut

Wenn wir in entwickelten Wohlfahrtsstaaten über Armut sprechen, meinen wir relative Armut, also eine Lebenslage, die in Relation zum durchschnittlichen gesellschaftlichen Lebensstandard in vieler Hinsicht eingeschränkt ist. Es geht dabei nicht ums nackte Überleben, sondern um soziale und kulturelle Teilhabe. Der Zweite Armuts- und Reichtumsbericht der Bundesregierung (2. ARB – BMGS 2005) greift dafür den Begriff der *Verwirklichungschancen* des Nobelpreisträgers Amartya Sen auf; Armut und Reichtum werden als zwei gegensätzliche „Pole einer Bandbreite von Teilhabe- und Verwirklichungschancen" definiert. Armut ist demzufolge „gleichbedeutend mit einem Mangel an Verwirklichungschancen", während diejenigen, die im Reichtum leben, deren Vielfalt gar nicht ausschöpfen können.[2] Nach Sen, der sein Armutskonzept vor allem mit Blick auf Länder wie Indien entwickelt hat, beinhalten Verwirklichungschancen „die Möglichkeiten von Menschen, ein Leben führen zu können, für das sie sich mit guten Gründen entscheiden konnten und das ihre Selbstachtung nicht in Frage stellt" (A. Sen, zit. nach BMGS, S. 9).

Ein so geartetes Verständnis von Armut und Reichtum ist insofern bemerkenswert, als es sich weniger am Zugang zu materiellen Ressourcen und deren Verfügbarkeit orientiert, sondern vielmehr Potenziale zur individuellen Entfaltung ins Zentrum rückt. Die Auswirkungen extremer gesellschaftlicher Ungleichheit werden danach beurteilt, welchen Spielraum zur Lebensgestaltung sie einem Menschen jeweils erlauben und ob dabei das Gefühl von menschlicher Würde gewahrt bleibt. Das heißt nicht, dass ich für eine Vernachlässigung der materiellen Seite von Armut plädiere. Im Gegenteil: Wir wissen alle, welche Relevanz die materiellen Ressourcen und insbesondere die finanzielle Ausstattung in unserer Gesellschaft haben und dass sie in erheblichem Maße auch den Zugang zu sozialer und kultureller Teilhabe mit-

1 Vortrag auf dem Studientag/Sprengelkonvent Berlin „Armut von Kindern in Berlin – Situation und Strategien", 18.8.2005.

2 BMGS: Pressemitteilung zum „Armuts- und Reichtumsbericht" vom 02.03.2005.

bestimmen. Armut wird daher im europäischen Kontext häufig gleichgesetzt mit *sozialer Ausgrenzung*, und zwar im Sinne von *Ausgrenzung von gesellschaftlich bedingten Chancen*, also als nicht gewährleistete gesellschaftliche Teilhabe (Zander 2005).

Natürlich gibt es daneben die Versuche, Armut als relativen Mangel an Einkommen oder als Unterversorgung in mehreren Lebensbereichen wie Arbeit, Wohnen, Gesundheit, Bildung, soziale und kulturelle Teilhabe zu definieren. Darauf werde ich an späterer Stelle noch einmal zurückkommen, wenn wir über Armut als Lebenslage von Kindern sprechen. Natürlich wirken sich gerade für Kinder soziale Ausgrenzung und *Einschränkung von Verwirklichungschancen* besonders empfindlich aus. Wenn es um Kinder geht, die in unserer Gesellschaft vorübergehend oder sogar länger in Armut leben, sollten wir nie vergessen, dass durch diesen Status sowohl ihre aktuelle Befindlichkeit als auch ihre zukünftige Entwicklung beeinträchtigt werden kann. Dabei ist Armut immer in Relation zur gesellschaftlichen Normalität, will heißen: zu einem durchschnittlichen Lebensstandard zu sehen, der ja den Vergleichsmaßstab darstellt. Diese Kinder werden nämlich in der Schule und ihrem sonstigen sozialen Umfeld mit Erwartungen konfrontiert, die sich an diesem „fiktiven" Maßstab von gesellschaftlicher Normalität orientieren.

Das ist ein Faktum, das eng mit dem Menschenbild und Wertesystem einer Gesellschaft verknüpft ist. Wenn wir Armut als extreme Form sozialer Ungleichheit begreifen, ist ihr Auftreten offenkundiger Ausdruck davon, dass eine Gesellschaft unfähig ist, sozial gerechtere Verhältnisse herzustellen. Natürlich ist das nicht die einzige, wahrscheinlich nicht einmal die gängige Sichtweise der Wurzeln von Armut. Hätten wir sonst immer wieder eine Diskussion über „Trittbrettfahrer" und „Sozialschmarotzer"? Armut sei selbst verschuldet, und unser soziales Netz verleite Menschen sogar dazu, ihr Leben nicht selbst in die Hand zu nehmen, sondern sich von der Gesellschaft „aushalten zu lassen". Allenfalls wird zugebilligt, dass es einige wenige gebe, die wirklich unverschuldet in Not geraten seien.

Ein Blick in die Geschichte von Armut und Fürsorge zeigt, dass es diesen Versuch der Spaltung in *würdige und unwürdige Arme* schon immer gegeben hat. Es handelt sich dabei um gesellschaftliche Zuschreibungen, die auf das Verhalten der in eine Armutssituation geratenen Menschen abstellen und die gesellschaftlichen Verhältnisse ausblenden. Warum waren die Betroffenen nicht in der Lage vorzubeugen? Nutzen sie tatsächlich alle Möglichkeiten, um die Not selbst zu überwinden? Mit solchen Fragen bewegen wir uns durchaus in aktuellen sozialpolitischen Diskursen, die vordergründig um „Aktivierung" und das Begriffspaar von „Fördern und Fordern" sowie um die „Zumutbarkeit" von Wegen aus der Armut kreisen. Dabei gilt doch, dass es Aufgabe der Gesellschaft ist, allen ihren Mitgliedern Verwirklichungschancen zu bieten, wie es die Verpflichtung des Individuums ist, jede ihm gewährte Chance wahrzunehmen. Aber wer definiert, was eine Chance ist? Sind das die anderen, sprich: Staat und Gesellschaft, oder hat das Individuum – ob arm oder reich – da auch ein Mitspracherecht?

Armut in der Wahrnehmung der Betroffenen

Die Wahrnehmung der eigenen Situation beeinflusst entscheidend die subjektive Befindlichkeit. Deshalb ist es sinnvoll, zwischen *objektiv ermittelter Armut* und *subjektiv wahrgenommener Armut* zu unterscheiden. Wir wissen ja, Selbst- und Fremdwahrnehmung sind in den seltensten Fällen deckungsgleich. Dafür, wie eine Person ihre Lebenslage erlebt, spielt eben auch die subjektive Deutung eine wesentliche Rolle. Diese Selbstinterpretation kann wiederum durch die gesellschaftliche Sicht auf Armut mit geprägt sein. Wir haben in unseren Forschungsprojekten zur „Kinderarmut im Grundschulalter" sowohl die Eltern – in der Regel waren es die Mütter – als auch die Kinder danach gefragt, wie sie Armut generell wahrnehmen und wie sie ihre eigene Situation einschätzen und deuten.[3]

Wahrnehmung der eigenen Armutslage durch Erwachsene

Unsere Einstiegsfrage für die Erwachsenen lautete sinngemäß: Erzählen Sie, wie Sie in diese Situation geraten sind und wie es Ihnen dabei geht. Für die meisten Eltern – jedenfalls in Ostdeutschland – stand offenkundig das Problem der eigenen Erwerbslosigkeit im Vordergrund und somit häufig der Wunsch, die aktuelle materielle Lage durch die Wiederaufnahme einer Erwerbstätigkeit verbessern zu können. Dennoch haben wir unterschiedliche Muster vorgefunden, die eigene Situation zu deuten (Chassé/Zander/Rasch 2003):

- **Typ 1:** Die Armutslage wird als Schicksal und Teufelskreis erlebt – man sieht keine Ausstiegsperspektive.

---

3 Ich beziehe mich hierbei auf zwei vergleichbar konzipierte Forschungsprojekte zu „Armut von Kindern im Grundschulalter", an denen ich nacheinander beteiligt war; eines an der FH Jena (1998–2000), dessen Ergebnisse veröffentlicht wurden in: Chassé/Zander/Rasch 2003, und ein weiteres an der FH Münster (2000–2002), unter Mitarbeit von Barbara Imholz und Gisela Wuttke; Teilergebnisse davon wurden publiziert von Imholz/Wuttke, in: Butterwegge/Holm/Zander 2004.

- **Typ 2:** Die Erwerbslosigkeit wird als Bedrohung, als Destabilisierung der eigenen Erwerbsbiografie und als ungerechtfertigter gesellschaftlicher Ausschluss empfunden.
- **Typ 3:** Die aktuelle Situation wird – aufgrund familiärer Verpflichtungen wie Kleinkindbetreuung – als vorübergehend und damit als akzeptierte Alternative zur Erwerbsarbeit betrachtet.
- **Typ 4:** Der Erwerbslosigkeit werden andere personelle und soziale Ressourcen oder alternative Sinngebungen entgegengesetzt.

Derartige subjektive Deutungsmuster, die keineswegs mit der objektiven, von außen vorgenommenen Einschätzung der Situation konform gehen müssen, prägen die Wahrnehmung der eigenen Lebenslage. Entscheidend ist also nicht nur, ob es tatsächlich eine Ausstiegsperspektive gibt, sondern ob die Betroffenen selbst das Gefühl haben, ihr Leben beeinflussen und meistern zu können. Fehlende oder mangelhafte Berufsausbildung ist hier ebenso objektiv bei der Jobsuche wie subjektiv für das Selbstwertgefühl besonders hinderlich. Abgesehen von Erwerbslosigkeit und Sozialhilfebezug haben wir in den untersuchten Familien eine Reihe anderer Probleme vorgefunden, die teilweise als Folge, teilweise als Ursache für die materielle Armutslage angesehen werden können. Häufig handelt es sich um eine Kumulation von Problemen, wie chronische Erkrankung, Schulden, soziale Isolation, Scheidung oder Trennung, in manchen Fällen Sucht, Gewalt und anderes mehr. Wir haben es also häufig damit zu tun, dass die materielle Armut durch andere familiäre Schwierigkeiten überlagert wird, was sich dann natürlich entsprechend in der Wahrnehmung der eigenen Situation spiegelt.

Ein Fallbeispiel: Kindliche Selbstwahrnehmung von Armut

Armut ist gesellschaftlich und auch bei Kindern negativ besetzt – betroffene Kinder schämen und verstecken sich. Nur zu offensichtlich haben Mädchen und Jungen in der von uns befragten Altersstufe von sieben bis elf Jahren die vorwiegend abwertende gesellschaftliche Sicht von Armut ihrerseits verinnerlicht. So lässt es sich erklären, dass sie ihre eigene Situation nur zögerlich, wenn überhaupt, als familiäre Armut wahrgenommen haben. Da ich an anderer Stelle ausführlicher auf die Vielfalt der Antworten eingehe, die wir auf die Frage, wer nach ihrer Vorstellung arm sei und ob sie ihre Familie als arm einschätzen würden, erhalten haben, will ich hier exemplarisch nur die Antwort eines Mädchens vorstellen und interpretieren, die besonders ausführlich ausfiel.

Auf die Frage: Was verstehst Du unter Armut? hat die neunjährige Nathalie wie folgt reagiert:

> „Arm ist …
> - wenn man nicht genug zum Anziehen kaufen kann,
> - wenn man nicht so eine große Familie hat, nur eine oder zwei Personen oder so,
> - wenn man nicht unter einem Dach lebt,
> - wenn man nicht genug zum Essen hat,
> - wenn man keine Arbeitsstelle hat und kein Geld verdienen kann,
> - wenn man kein warmes Bett hat,
> - wenn man kein Fahrrad hat oder ein Auto, um mal irgendwo hinzufahren,
> - wenn man nicht genug Geld hat,
> - wenn man nicht zur Schule und nicht in den Kindergarten gehen kann,
> - wenn man nicht genug Licht ins Haus bringen kann,
> - wenn man keine Stifte hat zum Hausaufgaben machen,
> - wenn man nicht Einkaufen gehen kann,
> - wenn man nichts in seiner Freizeit machen kann,
> - wenn man keinen Fotoapparat hat für Erinnerungen,
> - wenn man etwas zur Schule mitbringen muss, ein Buch oder eine Kassette, und man das nicht hat …“

Diese Antwort lässt aufhorchen und staunen. Nathalies Ausführungen zu ihrem Armutsverständnis sind beinahe deckungsgleich mit dem wissenschaftlichen Konzept von Armut als Lebenslage. Ein derart detailliertes inneres Bild kann nur ein Kind haben, das aus eigener Erfahrung spricht. Ihre Aufzählung beinhaltet eine breite Palette von Merkmalen, die Nathalie in ihrer sprachlichen Äußerungsform schlicht aneinander reiht. Durch die Analogie der Formulierungen mit „wenn man …“ benennt sie Ursache, Erscheinungsformen und Folgen von Armut zunächst auf einer Ebene, als additive Elemente. Dennoch ist erkennbar, dass sich für sie diese Elemente zu einem Ganzen zusammenfügen, zur Schilderung ihrer familiären Lebenslage. Letztlich hat sie für sich eine „subjektive Theorie“ dazu: Ursächlich führt sie Armut nämlich darauf zurück, *„dass man kein Geld hat“*, und das bringt sie in Verbindung damit, dass *„man keinen Job hat“*. Inhaltlich wird dieser Bezug deutlich, auch wenn sie es sprachlich nicht elaboriert zu formulieren vermag.

Nathalies Antwort vermittelt ein sehr dichtes Bild von Armut, frei von Klischees und eindeutig erfahrungsgestützt; sie benennt sowohl materielle wie auch immaterielle Aspekte. Ihr Armutsverständnis lässt Rückschlüsse auf den familiären und darüber hinaus auf den sozialen Erfahrungshintergrund des Kindes zu. Ihre Mutter hat sich zum Zeitpunkt des Interviews von ihrem Ehemann getrennt: *„wenn man nicht so eine große Familie hat“*. Nathalie lebt daher nur mit ihrer alleinerziehenden Mutter und ihrer Schwester zusammen. Die Mutter hat einen Hochschulabschluss und studiert noch, hat aber keinen Job: *„wenn man keine Arbeitsstelle hat und kein Geld verdienen kann"*. Die Familie bezieht nach Auskunft der Mutter Sozialhilfe. Darüber wird zu Hause jedoch nicht gesprochen. Nathalie nimmt aber – wie ihre Antworten zeigen – die Sorge der Mutter wahr, dass das Geld nicht reichen könne. Das Mädchen spürt nämlich, dass es manchmal eng wird: *„Ich hab mir das schon mal gedacht …"*

In der Familie wird ein eher immaterieller Lebensstil gepflegt. Das spiegelt sich auch in Nathalies eher ungewöhnlicher Antwort wider, wie sich ihrer Meinung nach Armut bemerkbar macht, zum Beispiel *„wenn man keinen Fotoapparat hat für Erinnerungen"* oder *„wenn man etwas in die Schule mitbringen muss, ein Buch oder eine Kassette, und man das nicht hat …"* oder *„wenn man kein Fahrrad hat oder ein Auto, um irgendwo hinzufahren."* Deutlich wird dabei auch, dass sie die nicht vorhandenen Ressourcen immer in Verbindung mit Handlungsspielräumen und Entwicklungsmöglichkeiten bringt.

Das Armutsbild von Nathalie geht aber über die eigene Erfahrung hinaus: Sie sieht auch „die anderen" und integriert in ihr Armutsverständnis Vorstellungen, die sie auf andere bezieht. Darauf deuten jedenfalls ihre Aussagen hin, die sich im engeren Sinne auf nicht erfüllte Grundbedürfnisse beziehen, obwohl sie in ihrer Familie sicherlich abgedeckt sein dürften, so etwa *„wenn man nicht genug zum Essen hat"*.

Nathalie wird sich selbst sehr wohl im sozialen Kontext von „arm" und „ärmer" einzuordnen wissen, auch wenn sie es nicht explizit formuliert. Sie verbindet ihre eigenen Erfahrungen und Beobachtungen aus ihrem Umfeld zu einem Begriff von Armut, der unterschiedliche Erscheinungsformen erfasst. Diese Fähigkeit zur Integration von mehreren Perspektiven stellt sie im Übrigen auch in ihrer Antwort auf die Aufforderung, drei Wünsche zu äußern, unter Beweis: Sie möchte zaubern können und hat damit alle Optionen für sich gesichert, sodass sie sich als Zweites wünschen kann, alle sollten am Leben bleiben, die sie kennt, und alle leben, die gestorben sind. Den dritten Wunsch hebt sie sich vorsorglich auf.

Lebenslage Armut – Bewältigungsmuster

In Anlehnung an Ingeborg Nahnsen (1970) soll hier Armut als eine Lebenslage betrachtet werden, deren Merkmal Unterversorgung in verschiedenen Lebensbereichen ist. Die Handlungsspielräume von Kindern sind – bedingt durch die materielle familiäre Situation – dermaßen eingeengt, dass längerfristig Entwicklungsmöglichkeiten entscheidend beeinträchtigt sein können.

Dabei bleibt die Unterversorgung meist nicht auf einen Bereich begrenzt, sondern kommt es zu vielfältigen Wechselwirkungen: So hat beispielweise eine unzureichende materielle Ausstattung der Familie Auswirkungen auf die sozialen Kontakte, auf Bildungs-, Erholungs- und Freizeitmöglichkeiten, aber auch umgekehrt können trotz Armut vorhandene Bildungsressourcen hilfreiche soziale Kontakte eröffnen. Die entscheidende Frage ist: Wie gehen Kinder mit einer solchen Notlage der Familie um? Wie bewältigen sie deren negative Folgen?

Was heißt Bewältigung?

Zum Begriff der „Bewältigung" gibt es unterschiedliche Definitionen und Sichtweisen, je nachdem, ob wir eine eher psychologische, sozialpädagogische oder soziologische Herangehensweise wählen. In der Psychologie wird Bewältigung häufig im Kontext von Stresstheorien diskutiert und als „Umgang mit Belastungen" begriffen. Das trifft beispielweise für Antje Richter (2000) zu, die sich in ihrer Studie mit Bewältigungsformen von Grundschulkindern im ländlichen Raum befasst hat. Auf deren Ergebnisse werde ich noch zurückkommen.

Hier soll demgegenüber von einer *sozialpädagogischen Perspektive* ausgegangen werden, wobei ich mich auf das von Böhnisch (Böhnisch/Schefold 1985) formulierte Konzept der Lebensbewältigung beziehen werde. Böhnisch versteht unter Bewältigung generell die *Herstellung von Handlungsfähigkeit* und noch spezifischer die Fähigkeit, mit kritischen Lebenslagen umzugehen. Sicherlich kann man Armut, je länger sie andauert umso mehr, aus Sicht der Kinder als *kritische Lebenslage* betrachten, da ihnen die Bewältigung von altersgemäßen Entwicklungsaufgaben mit eingeschränkten Ressourcen gelingen muss. Kinder haben – je nach Alter und Entwicklungsstufe – unterschiedliche Aufgaben zu meistern, die sowohl ihre körperliche, geistige, seelische, soziale als auch moralische Entwicklung betreffen (Havighurst 1956 und Flammer 1999). Eine Einschränkung ihrer Handlungsspielräume durch Armutslagen kann die erfolgreiche Bewältigung solcher Prozesse massiv beeinträchtigen.

Um Missverständnissen vorzubeugen: Der Auseinandersetzung mit kindlichen Bewältigungsformen ist eine gesellschaftskritische Erörterung von Armut in einer reichen Gesellschaft vorzuschalten; gleichzeitig sind immer auch mögliche soziale Hilfs- und Unterstützungsangebote zu thematisieren. Wir müssen uns neben der jeweils konkreten Ausprägung der Lebenslage, also Dauer der Armutslage sowie Ausmaß und Vielzahl von Einschränkungen, auch die *Lebenswelten der Kinder* anschauen: Für Kinder im Grundschulalter gehören dazu in erster Linie Familie, Schule und Gleichaltrigenbeziehungen.

Bewältigungsmuster der Eltern

Im Grundschulalter ist für Kinder der familiäre Hintergrund wohl nach wie vor von zentraler Bedeutung. Er ist entscheidend für ihren Zugang zu materiellen und immateriellen Ressourcen, bildet einen wichtigen Rahmen für kindliche Aneignungs- und Lernprozesse, also für die Ausprägung von sozialen und kulturellen Handlungsmustern sowie alltäglichen Bewältigungsstrategien.

Dabei haben der elterliche Umgang mit der Armutssituation und die elterlichen Bewältigungsmuster für die Kinder Vorbildfunktion. Gleichzeitig erfolgt in der Regel auch die innerfamiliäre Verteilung oder Zuteilung von Ressourcen durch die Eltern, was zur Folge haben kann, dass sich die Armutslage sehr unterschiedlich auf die einzelnen Familienmitglieder auswirkt. Insbesondere im Umgang mit materiellen Ressourcen lassen sich unterschiedliche Formen der elterlichen Alltagsbewältigung erkennen. Im Gespräch mit pädagogischen Fachkräften wird immer wieder ein eher *situativer Konsum* als Problem von Armutsfamilien thematisiert. Man könne mit Geld, den knappen Mitteln nicht richtig umgehen. Angesichts der ohnehin sehr geringen Dispositionsspielräume solcher Familien mag das vorkommen und sicherlich auch erklärlich sein. Wir haben aber in der Jenenser Studie auch andere Umgangsweisen und Bewältigungsmuster angetroffen und folgende Kategorisierung vorgenommen (Chassé/Zander/Rasch 2003):

- **Reduktive Bewältigungsstrategien:** Verzichten, Sparen, sich Einschränken.
  Meist sparen Eltern zunächst bei sich selbst und erst in zweiter Linie bei den Kindern, wenngleich es auch Beispiele gibt, in denen ein Familienmitglied – meist der Vater – einem für die Verhältnisse zu teuren Hobby nachgeht, während an anderer Stelle das Geld für das Notwendigste fehlt.
- **Adaptive Bewältigungsstrategien:** Suche nach Kompensationen oder Alternativen.
  Gemeint ist der Rückgriff auf kostenlosen Ersatz für bestimmte Güter des täglichen Bedarfs oder zumindest auf möglichst günstige Angebote, etwa durch Käufe auf dem Flohmarkt, auf Tauschbörsen oder in Second Hand-Läden sowie durch gezielte Nutzung von Sonderangeboten.
- **Konstruktive Bewältigungsstrategien:** Erschließen von zusätzlichen Ressourcen.
  Das kann beispielsweise durch gegenseitige Unterstützung in Selbsthilfeinitiativen erfolgen oder mittels kleiner Nebenjobs, wie

> Zeitung und Reklame austragen. Auch informelle Dienstleistungen in der Nachbarschaft kommen infrage. Hilfreich sind ebenfalls eine klare Prioritätensetzung beim Umgang mit vorhandenen Ressourcen sowie die Nutzung sozialer Netzwerke im Verwandten- und Freundeskreis. Auch externe Unterstützungsangebote von Institutionen, wie Schule, Hort, Nachbarschaftstreffs, fallen in diese Rubrik.

Entscheidend ist zudem, wie sich die *innerfamiliäre Kommunikation* über die Situation gestaltet. In vielen Fällen wird die materielle Notlage – soweit wie möglich – vor allem gegenüber kleineren Kindern verschwiegen. Die Kinder sind so mit der Bewältigung der Armutsfolgen allein gelassen. Den Eltern ist dabei meist nicht bewusst, dass die Kinder – so klein sie auch sein mögen – die existenziellen Sorgen der Erwachsenen, etwa die Angst vor einer Räumungsklage, mitbekommen. In anderen Familien wird die Notlage zwar nicht verheimlicht, den Kindern aber keine kohärente Umgangsweise vermittelt. Es wirkt verwirrend, wenn zu Monatsanfang Geld unbedacht ausgegeben wird, es dann in der zweiten Monatshälfte aber nicht einmal für das Allernötigste reicht. Demgegenüber kann es für Kinder hilfreich sein, wenn man ihnen die materielle Situation kindgerecht erklärt und ihnen konstruktive Formen des Umgangs vorlebt.

Bewältigungsmuster der Kinder

Als wichtige Erkenntnis der Kinderarmutsforschung hat sich herausgestellt, dass Kinder mit familiären Armutslagen sehr unterschiedlich umgehen. Dafür gibt es mehrere Gründe: Zum einen kann man die Vielfalt von Bewältigungsstrategien psychologisch auf individuelle Charaktereigenschaften zurückführen; zum anderen lassen sich die Ursachen situativ, also durch spezifische äußere Umstände, erklären – das wäre eine Deutung, zu der eine sozialpädagogische Herangehensweise eher tendieren würde.

Aus psychologischer Sicht hat Antje Richter die kindliche Bewältigung von Unterversorgungslagen untersucht und dabei auch Aspekte des geschlechtsspezifischen Umgangs beachtet. Richter betrachtet Bewältigung als dynamischen Prozess und sieht dabei einen Dreischritt von der inneren Haltung über die daraus resultierende Handlung hin zum komplexen Handlungskonzept. Bezogen auf die von ihr befragten Mädchen und Jungen im Grundschulalter hat sie vier Kategorien von Bewältigungsformen herausgearbeitet, die sie wiederum zu problemlösenden und problemmeidenden Mustern zusammenfasst (Richter 2000):

Bei problemmeidenden Bewältigungsmustern macht man die Sache auf die eine oder andere Weise mit sich selbst aus, sei es nun durch Senkung eigener Ansprüche oder Rückzug in innere Welten. Ein anderer Weg führt über Anstatt-Handlungen oder Ersatzhandlungen, bei denen man gewünschte Dinge entweder abwertet oder impulsiv Ersatzobjekte konsumiert, also zu Strategien greift, die nur vage kompensieren und das eigentliche Problem damit überspringen.

Problemlösende Bewältigungsmuster hingegen zeigen sich darin, dass man sich in mehr oder weniger kluger Form der Lage stellt. Man kann sich etwa „emotionale Unterstützung holen oder ersatzweise gar anderen anbieten, wo man dies vermag", also nach Hilfe und Verbündeten suchen und sich selbst solidarisch zeigen. Heftiger geht es zu, wenn das Problem „an die Umwelt weitergegeben" wird, sich die Person also nach außen entlastet, indem sie aggressiv reagiert, fordert, klaut oder betrügt.

Die Kategorie „mit sich selbst ausmachen" hat Richter sowohl bei Jungen wie Mädchen mit Abstand am häufigsten vorgefunden, gefolgt von den kompensatorischen Handlungsformen, also den Anstatt-Handlungen, die häufiger bei Mädchen als bei Jungen vorkamen. Als eindeutig geschlechtsspezifisch geprägt erwies sich die Kategorie „soziale Unterstützung suchen bzw. gewähren". Hier überwogen nämlich eindeutig die Mädchen. „An die Umwelt weitergeben" war in der Rangfolge der vorgefundenen Häufigkeit die mit Abstand am wenigsten genannte Kategorie. Zu solchen nach außen gewandten Bewältigungsstrategien, die meist gesellschaftlich sanktioniert sind, tendierten eher Jungen. Richter macht besonders auf Unterschiede im Bewältigungsverhalten von Mädchen und Jungen aufmerksam, die durch geschlechtsspezifische Sozialisation bedingt sind. Bei Mädchen führen die daraus resultierenden Erwartungshaltungen manchmal zu Überforderung, die dann somatisiert wird, wenn etwa „Fürsorgeübernahme" für die Eltern erwartet wird.

In unserer schon angeführten Jenenser Studie sind wir von einer sozialpädagogisch orientierten Interpretationsweise ausgegangen, die unterschiedliches Bewältigungsverhalten vor allem auf situative Merkmale der kindlichen Lebenslage und Lebenswelt zurückführt. Wir haben bei den von uns befragten Kindern ebenfalls ein breites Spektrum von Bewältigungsformen vorgefunden, das von *kaum durch die materielle Notlage beeinträchtigten* bis hin zu *mehrfach benachteiligten bzw. vernachlässigten Kindern* reichte. Unsere besondere Aufmerksamkeit galt dabei der Frage, wie die Kinder mit ihren altersgemäßen Entwicklungsaufgaben in den verschiedenen Lebenswelten zurechtkamen. Im Ergebnis sind wir zu folgender Typenbildung gelangt (Chassé/Zander/Rasch 2003, S. 237 ff.):

Typ 1: Familiäre Armut – kindliche Kompensation

Wir haben auf der einen Seite eine Gruppe von „fitten" Kindern angetroffen, die scheinbar unbeeinträchtigt von der schwierigen materiellen Lebenslage der Familie ihre Entwicklungsaufgaben in allen drei Sozialisationsbereichen – Familie, Schule, Gleichaltrigenbeziehungen – positiv zu bewältigen schienen.

Herausstechende Merkmale waren hier:

- Die Eltern gehörten eher dem Typus von neuer Armut an, waren also bislang kurzfristig von Armut betroffen, verfügten durchaus über kulturelle Bildung und soziale Ressourcen wie etwa soziale Netzwerke und nahmen eine fördernde und unterstützende Haltung gegenüber ihren Kindern ein.
- Diese Kinder waren zwar materiell arm, verfügten aber über zahlreiche inner- und außerfamiliäre Kompensationsmöglichkeiten.
- Subjektiv betrachtet waren es wenig belastete Kinder, mit relativ großem Aktionsraum, vielfältigen Kontakten und individuellen Gestaltungsmöglichkeiten.

Typ 2: Mehrfache Belastung der Familie – Kinder in stark und mehrfach benachteiligter Lebenslage

Auf der anderen Seite ist uns eine Gruppe von Kindern aufgefallen, die als „mehrfach benachteiligt und teilweise sogar vernachlässigt" einzuschätzen waren. Die Kinder dieses Typus litten in ihrem Alltagsleben unter erheblichen und vielfältigen Defiziten, hatten folglich bei der Bewältigung ihrer Entwicklungsaufgaben große Schwierigkeiten.

Als herausstechende Merkmale erwiesen sich:

- Die Eltern waren durch mehrfache Probleme belastet, also nicht nur durch materielle Armut, die zudem von meist längerfristiger Dauer war. Sie kamen selbst mit der Situation nur schwer zurecht, sodass daraus gelegentlich eine Vernachlässigung der Kinder resultierte.
- Die Kinder waren in allen ihren Lebensbereichen – Familie, Schule, Peergroup – stark benachteiligt, hatten wenige soziale Kontakte, dafür Probleme in der Schule und mit Gleichaltrigenbeziehungen.
- Insgesamt erlebten diese Kinder innerhalb wie außerhalb der Familie wenig entwicklungsförderliche Strukturen in ihrem Alltagsleben.

Typ 3: Mehrfach differenziertes Mittelfeld mit unterschiedlichen Benachteiligungen

Dazwischen bewegte sich eine dritte Gruppe von Kindern, bei denen unterschiedliche Kombinationen von belastenden und entlastenden Strukturen im kindlichen Alltag und in der familiären Lebenslage vorlagen. Die Zuordnung dieser Gruppe im Mittelfeld fällt eher schwer, da diese Kinder in ihrem Bewältigungsverhalten teilweise eher zum ersten und teilweise stärker zum zweiten Typus tendierten, also bisweilen unbelastet, manchmal aber auch stark beeinträchtigt erschienen. Dennoch lassen sich aus der genaueren Betrachtung gerade dieser Gruppe interessante Erkenntnisse für die generelle Frage nach Präventions- und Interventionsmöglichkeiten ableiten:

- Kinder profitieren von der aktiven Gestaltung des familiären Netzwerkes durch die Mütter oder beide Elternteile sowie von sonstigen Anstrengungen ihrer Eltern, ihnen allen Einschränkungen zum Trotz bestimmte Verwirklichungschancen zu ermöglichen.
- Kinder erschließen sich teilweise selbst Kompensationsmöglichkeiten, so etwa im erweiterten Familienkreis bei Großeltern oder bei getrennt lebenden Vätern.
- Kinder greifen auf institutionell angebotene Ressourcen zurück, indem sie zusätzliche Angebote der Schule oder der Kinder- und Jugendhilfe nutzen, also Kinder- und Jugendtreffs aufsuchen oder Erholungsangebote kirchlicher Träger wahrnehmen.
- Kinder halten sich an eigene soziale Netze, wobei gerade positive Kontakte zu Gleichaltrigen ihre Bewältigungsfähigkeit stärken.

Als vorläufiges Fazit lässt sich festhalten, dass ein Aufwachsen in Armut zwar objektiv gesehen für Kinder immer Beeinträchtigungen mit sich bringt, sich aber die subjektiven Auswirkungen nicht generalisieren lassen. Dafür gibt es drei Gründe:

a) weil sich ihre Lebenslage je nach Armutsform und elterlichem Umgang unterschiedlich gestaltet;
b) weil die familiäre Lebenslage und das familiäre Klima durch elterliche Bewältigungsstrategien ganz verschieden geprägt sein können;
c) weil die Kinder selbst armutsbedingte Auswirkungen sehr individuell wahrnehmen und mit entsprechend vielfältigen Strategien darauf reagieren.

Erklärungsmuster für unterschiedliche kindliche Bewältigung

Auf der Suche nach einem Erklärungsansatz geben verschiedene Studien übereinstimmend bestimmte *Risiko- und Schutzfaktoren* an oder – wie wir es in der Jenenser Studie genannt haben – *entlastende und belastende Faktoren*, die womöglich ausschlaggebend dafür sind, dass Kinder in vergleichbaren materiellen Verhältnissen die Armutslage unterschiedlich bewältigen. In unserer Jenenser Studie (Chassé/Zander/Rasch 2003) haben wir folgende Faktoren herausgearbeitet, die dabei eine entscheidende Rolle spielen können:

Als entlastende und unterstützende Faktoren können gelten:
- konstruktive elterliche Bewältigungsstrategien,
- unterstützende und anteilnehmende Eltern-Kind-Beziehung,
- hilfreiche soziale Netze im Verwandten- und Freundeskreis der Familie,
- positive soziale Kontakte der Kinder, vor allem gute Gleichaltrigenbeziehungen,
- förderliche Angebote von Institutionen, wie Schule, Hort oder Kindertreff.

Demgegenüber können als belastende und einschränkende Faktoren gelten:
- ambivalente oder negative elterliche Bewältigungsstrategien,
- mangelnde elterliche Anteilnahme und Unterstützungsfähigkeit,
- elterliche Überforderung, insbesondere durch zusätzliche belastende Probleme, wie Trennung, Scheidung, Sucht, Krankheit, Schulden oder familiäre Gewalt,
- negative soziale Kontakte, die von Ausgrenzung und Stigmatisierung geprägt sind,
- überfordernde Strukturen von Institutionen, wenn etwa von der Schule die armutsbedingte Stresslage verkannt wird.

Zu ähnlichen Erkenntnissen kommen auch andere qualitative Studien, wobei ich hier namentlich auf die Kinderarmutsstudie verweisen möchte, welche das Institut für Sozialarbeit und Sozialpädagogik (ISS Frankfurt) im Auftrag des Bundesverbandes der Arbeiterwohlfahrt durchgeführt hat.[4] Dieses For-

---

4 AWO-ISS-Studien 1998–2005; die aktuellsten Studien dieser Reihe sind: Holz/Skoluda: Armut im frühen Grundschulalter, ISS-Verlag, Frankfurt 2003 und Holz/Puhlmann: Alles schon entschieden? Frankfurt 2005.

schungsprojekt war zunächst in der 1. Erhebungswelle 1999 darauf ausgelegt, Armutsfolgen bei Kindern im Vorschulalter zu untersuchen (Hock/Holz/Wüstendörfer 2000). Diese Kinder sind nun im Übergang von der Grundschule zu weiterführenden Schulen angelangt, also im Alter von zehn bis elf Jahren. Da die Studie mit diesen Kindern über die Jahre hinweg fortgesetzt werden konnte und auch in Zukunft weitergeführt wird, ist daraus die erste bundesrepublikanische Längsschnittuntersuchung zur Kinderarmut hervorgegangen. Dabei werden sowohl „arme" als auch „nicht-arme" Kinder in die Untersuchung einbezogen und folgende Lebenslagebereiche der Kinder berücksichtigt: materielle Versorgung, Zugang zu kulturellen Ressourcen, psychische und physische Gesundheit sowie soziale Kontakte. Je nachdem, wie diese Bereiche bei den Kindern ausgestattet sind, werden sie drei unterschiedlichen Lebenslagetypen zugeordnet:

- **Kategorie Wohlergehen:** Kinder, denen es trotz allem gut geht;
- **Kategorie Benachteiligung:** Kinder, die spürbare Benachteiligung erfahren;
- **Kategorie Multiple Deprivation:** Kinder, die mehrfach belastet und benachteiligt sind.

Die ISS-Studie kommt ebenfalls zu der Schlussfolgerung, dass materielle Armut nicht in jedem Fall das kindliche Wohlergehen und die weitere Entwicklung beeinträchtigen muss. Vielmehr verteilen sich sowohl die „armen" als auch die „nicht-armen" Kinder dieses Samples auf alle drei Lebenslagetypen. Allerdings ist die zahlenmäßige Verteilung sehr unterschiedlich. Nahe liegt natürlich, dass die „armen Kinder" dieses Samples wesentlich häufiger multipel depriviert oder Benachteiligungen ausgesetzt sind – aber es gibt eben auch Kinder, die in Armut aufwachsen, die wenig beeinträchtigt erscheinen, denen es also trotzdem „wohl ergeht". Auch die andere Wahrheit wird nicht verschwiegen, dass es nämlich „nicht-arme" Kinder gibt, die in den vier untersuchten Bereichen benachteiligt und in einzelnen Fällen sogar multipel depriviert sein können. Über die Jahre hinweg wechseln die Kinder übrigens häufiger ihre Positionierung in der vorgenommenen Einordnung, worin sich auch die wechselhaften Geschicke sowie die Veränderungen der sozialen Lage ihrer Familie widerspiegeln.

In Anlehnung an die psychologische Resilienzforschung kommt auch diese Studie zu dem Ergebnis, dass es Risiko- und Schutzfaktoren gibt, welche die divergenten Bewältigungsformen von Kindern beeinflussen. Als solche Schutzfaktoren können sowohl subjektive Fähigkeiten und Eigenschaften der Kinder selbst fungieren; dann spricht man von internen Schutzfaktoren. Es kann sich jedoch auch um externe Schutzfaktoren handeln, also förderliche

Bedingungen, die den Kindern im familiären Kontext und im weiteren sozialen Umfeld zugänglich sind. Allerdings ist das komplexe Zusammenwirken von belastenden und entlastenden Faktoren, vergleichbar den im Resilienzdiskurs ausgemachten Risiko- und Schutzfaktoren, noch nicht ausreichend erforscht. Dennoch wissen wir eines: Kinder können bei der Bewältigung von Armutslagen durch ihre Umwelt unterstützt und gestärkt werden. Daraus ergeben sich entsprechende Anforderungen an die Soziale Arbeit und das Bildungswesen.

Initiative zur Förderung von Armutsprävention

Wie bei anderen sozialen Problemen auch, wäre es generell wünschenswert, bereits das Eintreten von Risiken zu verhindern. Das ist aber in vielen Fällen nicht möglich; bezogen auf Armut, oder konkreter: materielle Armut, könnte ein solches Ziel nur auf politischer Ebene angesteuert werden. Kinderarmut ist ein gesellschaftliches Problem und lässt sich – bei aller Betonung der Eigenständigkeit von Kindern – nicht isoliert von der Lebenslage ihrer Familien, also der für ihre Versorgung verantwortlichen Erwachsenen, betrachten. Damit ist die Sozial-, Kinder- und Familienpolitik auf allen Ebenen herausgefordert. Ausgehend von vergleichenden Analysen wie dem UNICEF-Report zur Lage von Kindern in entwickelten Wohlfahrtsstaaten (UNICEF 2005) sollte jede politische Debatte auf die Erörterung hinauslaufen, welche sozialpolitischen Maßnahmen am effektivsten zur Vermeidung von Kinder- und Familienarmut eingesetzt werden könnten.

Zur Kinderarmut gehört nicht nur ihr familiärer Kontext, sondern auch ihr milieugeprägter Zuschnitt, weil sich daraus Handlungsoptionen und Möglichkeiten vor Ort, im direkten Lebensumfeld der Kinder und Familien, ableiten lassen. Ich beziehe mich hier auf ein Thesenpapier zu „Kindbezogener Armutsprävention“, das im November 2004 auf einem vom ISS organisierten Workshop vorgestellt wurde. Da die Analyse kindlicher Bewältigung von Armut ein komplexes Zusammenwirken von Risiko- und Schutzfaktoren, von belastenden und entlastenden Faktoren erkennen lässt, sollte sich eine kindbezogene Armutsprävention auf folgende fünf Säulen stützen (Holz/Meier/Zander 2004):[5]

5 Hiermit beziehe ich mich auf ein Thesenpapier, das anlässlich eines öffentlichen Workshops verfasst wurde: Holz/Meier/Zander: Kindbezogene Armutsprävention.

- Begrenzung der materiellen Armut der Familie,
- Stärkung eines gewaltfreien und kindzentrierten Familienlebens,
- Stärkung der Bildungs- und Lernkompetenzen der Kinder,
- Gewährleistung einer gelingenden sozialen Integration in der frühen Grundschulzeit,
- umfassende Gesundheitsförderung.

Ein Konzept zur Armutsprävention, das die negativen Auswirkungen auf Kinder mindern oder gar nicht erst eintreten lassen möchte, müsste folgende Grundsätze beherzigen:

> **Erstens:** Differenziert werden sollte zwischen den verschiedenen Erscheinungsformen wie alter, sozial vererbter Armut, neuer Armut oder Migrationsarmut, da wir hier je nach Ausprägung und Reichweite mit unterschiedlichen Auswirkungen zu rechnen haben.
>
> **Zweitens:** Berücksichtigung verdient, dass die kindlichen Lebenswelten je nach Alter in ihrer Bedeutung für die Kinder variieren, wie zum Beispiel Familie, Kita, Schule, Hort, Nachbarschaft und Stadtteil.
>
> **Drittens:** Präventionskonzepte müssten an den einzelnen Dimensionen der kindlichen Lebenslage ansetzen, also an ihrer alltäglichen Versorgung, ihren sozialen Kontakten, ihrem Lern- und Erfahrungsspielraum, ihren Freizeit- und Erholungsmöglichkeiten, ihren Partizipationsbedürfnissen.
>
> **Viertens:** Geschlechtsspezifische Unterschiede sollten dabei berücksichtigt werden: Kinder sind keine geschlechtsneutralen Wesen, sondern Mädchen und Jungen – die Analyse von Bewältigung verweist auf deren geschlechtsspezifische Muster und damit auf die Notwendigkeit, diesen Differenzen bei Präventionsmaßnahmen Rechnung zu tragen.
>
> **Fünftens:** Insgesamt geht es darum, nicht nur – ja nicht einmal in erster Linie – Risikofaktoren zu minimieren, sondern vielmehr Schutzfaktoren zu stärken und auszubauen, also an den vorhandenen Potenzialen und Ressourcen von Kindern, Familien und sozialem Umfeld anzusetzen.

Grundideen und Ansätze praktischer Umsetzung, Thesenpapier zum Workshop am 26.11.2004 in Frankfurt a. M., S. 1.

Wir verfügen mittlerweile über ein umfangreiches Wissen aus Forschung, sozialer Praxis und Politik über die unterschiedlichen Ursachen und Erscheinungsformen von Armut, über subjektive Bewältigungsmuster, Ausstiegsperspektiven und Fördermöglichkeiten für Eltern und Kinder. Armut als solche ist in unserer Gesellschaft nicht neu – sie nimmt aber zu und betrifft dabei immer mehr Kinder und Jugendliche. Es ist an der Zeit, unser Wissen über Armut und Armutsprävention in politisches, aber auch engagiertes fachliches Handeln im täglichen Umgang mit diesen Kindern umzumünzen. Es gibt inzwischen praktische Handlungsansätze in diversen Bereichen, wie Frühförderung, Gesundheitsförderung, Schulsozialarbeit und Elternförderung (Elterntrainings und Haushaltsführung) sowie zahlreiche kinder-, familien- und gemeinwesenorientierte Projekte. Deren Erfolge machen so viel Mut, dass wir darüber zwischendurch den Ärger verdrängen können, dass mitten unter uns immer noch so viel Armut zugelassen wird!

Kinderarmut aus Kindersicht[1] (2007)

Wir reden nicht mehr nur über Kinder, wir hören ihnen zu. In jüngster Zeit kommen nämlich Kinder ebenso in wissenschaftlichen Publikationen wie in der politischen Berichterstattung als eigenständige Akteure zu Wort. Wie ist es zu dieser „kleinen Emanzipation“ gekommen, und was müssen wir uns anhören, wenn wir Kinder zu ihrer Befindlichkeit befragen, etwa zur Armut? Dem soll hier in einem ersten theoretischen Einstieg nachgegangen werden, wonach ein ausführlicher zweiter Teil Ergebnisse aus eigener Forschung vorstellt.

Wir hören den Kindern zu – ein historischer Paradigmenwechsel

> The true measure of a nation's standing is how well it attends to its children – their health and safety, their material security, their education and socialisation, and their sense of being loved, valued, and included in the families and societies into which they are born. (UNICEF, Innocenti Research Centre, Report Card 7, 2007)

Kinderarmut als Verstoß gegen die UN-Kinderrechtskonvention

Seit nunmehr zehn Jahren verfolge ich die Debatten über Kinderarmut in der Bundesrepublik, ohne dass sich an der Lage grundsätzlich etwas geändert hätte. Allenfalls hat sich in dieser Zeit die Erkenntnis etabliert, dass wir dieses Problem in erster Linie aus der *Perspektive der Kinder* betrachten müssen. Damit sind die Kinder selbst in den Mittelpunkt des öffentlichen Interesses gerückt, ihre spezifische Betroffenheit, ihre Wahrnehmung und ihr Umgang mit Armut. Lassen wir sie zu Wort kommen und hören ihren wenn auch unvollkommenen Deutungsversuchen zu, dann ist das für die Kinder ein erster kleiner Schritt heraus aus einer Situation, der sie sonst allzu oft ohnmächtig unterliegen. Diesen geradezu epochemachenden Perspektivenwechsel haben

1 Dieser Artikel ist ursprünglich erschienen in: Deutsches Kinderhilfswerk (Hrsg.): Kinderreport Deutschland 2007 – Daten, Fakten, Hintergründe, Freiburg 2007, S. 45–73. Für den Sammelband wurde dieser Beitrag nicht nur stark überarbeitet, sondern es wurden auch vollständig neue Abschnitte – vor allem im zweiten Teil – hinzugefügt.

wir all jenen Akteuren zu verdanken, die in Politik und Wissenschaft das Thema „Kinderrechte“ vorangebracht haben.

Entscheidende Schritte hin zu diesem Paradigmenwechsel waren:

- auf der politisch-rechtlichen Ebene die Verabschiedung der UN-Kinderrechtskonvention (1989),
- auf der Ebene von politischer Berichterstattung die Erstellung von Kinderberichten,
- auf der sozialwissenschaftlichen Ebene die Entdeckung der Kinderperspektive durch die neue Kindheitsforschung.

Auch wenn hier die Historie der gegenseitigen Beeinflussung nicht im Einzelnen nachgezeichnet werden soll, entscheidend ist, dass als Resultat ein fundamentaler Wandel in der öffentlichen Wahrnehmung von Kindern stattgefunden hat. Dadurch hat die Auseinandersetzung um Kinderrechte in Theorie und Praxis an Fahrt gewonnen, bis der Weg zu deren Ratifizierung gebahnt war. Zu hoffen bleibt, dass die teils noch ausstehende politische Umsetzung dieser Rechte nun genauso tatkräftig weiter verfolgt wird.

Die Verabschiedung der UN-Kinderrechtskonvention, der seit 1979 eine mindestens zehnjährige öffentliche Diskussion vorausgegangen war, steht in der Tradition einer langen Vorgeschichte politischer Initiativen, die sich entschlossen für eine verbindliche Verankerung von Kinderrechten eingesetzt haben. Es ist ihr Erfolg, wenn die *Kinder heute als eigenständige Subjekte und Träger von Grundrechten* auf der internationalen politischen Bühne in Erscheinung treten (Fesenfeld 2001). Verfolgt man die einzelnen Etappen, die zu diesem Schritt geführt haben, sieht man, dass die eigentlichen Impulse von Bewegungen ausgegangen sind, die in der praktischen „Kinderrechtsarbeit“ engagiert waren und es auch heute noch sind.

Die UN-Kinderrechtskonvention basiert auf vier Grundprinzipien: auf dem Recht auf Gleichbehandlung, dem Vorrang des Kindeswohls, dem Recht auf Leben und persönliche Entwicklung sowie der Achtung vor Meinung und Willen des Kindes. Aus diesen Grundprinzipien leiten sich eine Vielzahl kodifizierter Rechte ab, die sich folgenden Kategorien zuordnen lassen:

- die *„survival rights“*, die Rechte des Kindes auf Überleben, Nahrung, Wohnen und medizinische Grundversorgung;
- die *„protection rights“*, die jedes Kind vor Ausbeutung, Vernachlässigung, Missbrauch und willkürlicher Trennung von der Familie schützen sollen;

- die *„provision rights"*, die den Staat verpflichten, für ausreichende Bildungschancen, Betreuungsangebote, Gesundheitsvorsorge etc. zu sorgen;
- die *„development rights"*, die jedem Kind das Recht auf eine angemessene Entwicklung, auf Spiel, Erziehung, Bildung und Gedankenfreiheit zusichern;
- die *„participation rights"*, die Kindern umfassende Rechte auf freie Meinungsäußerung und Mitsprache einräumen (Fesenfeld 2001, S. 20).

Mit der Ratifizierung der Konvention haben sich alle Unterzeichnerstaaten zu diesen Rechten bekannt, sich dazu verpflichtet, sie mit Leben zu füllen und die Kinder bei der Ausgestaltung – altersgemäß und dem jeweiligen Anliegen entsprechend – zu beteiligen. Da es sich dabei um international verankertes Recht handelt, wird auch seine Umsetzung durch ein entsprechendes Monitoring, durch regelmäßige Berichterstattung auf internationaler Ebene überwacht.

Ein Blick auf die verschiedenen Kategorien der hier kodifizierten Rechte lässt die Verbindung zum Problem der Kinderarmut sofort evident werden: Vor allem die Survival, Provision und Development Rights berühren unmittelbar Aspekte der Lebenslage von Kindern, die in Armut aufwachsen. Dass bei uns eine nicht unerhebliche Zahl von Mädchen und Jungen leben, deren Rechte in diesen Bereichen – gemessen am Entwicklungsstandard unseres Landes – eben nur eingeschränkt realisiert worden sind, ist für mich ein klarer Verstoß gegen die 1991 von der Bundesrepublik ratifizierte UN-Konvention. International sieht man generell Armut und soziale Ausgrenzung im jeweiligen gesellschaftlichen Kontext, so auch die Auswirkungen auf Kinder. Insofern kommt „relative Armut" von Kindern, wie sie in den UNICEF-Reporten (2001, 2005) für die reichen Wohlfahrtsstaaten dokumentiert wird, jeweils einer Nichterfüllung der UN-Kinderrechtskonvention gleich.

Diese Auffassung wird unter anderem durch den Bericht der *„National Coalition"* (2002) gestützt, die regelmäßig über die Umsetzung der Konvention in Deutschland vor der UNO zu berichten hat. Darin wird die Tatsache, dass in der Bundesrepublik ein erheblicher Anteil von Kindern, insbesondere Migrantenkinder und Kinder in Einelternfamilien, zum Berichtszeitpunkt in relativer Armut lebten, explizit als Nichteinlösung der Konvention moniert und zudem die mangelhafte Integration von Kindern aus Migrantenfamilien angeprangert. Kritisiert wird des Weiteren, dass „Kinder- und Jugendpolitik (…) in Deutschland Ressortpolitik mit untergeordnetem Rang" (ebd., S. 8) sei und folglich die Anliegen der Kinder häufig als Anhängsel zur Familien- und Frauenpolitik behandelt würden, dass also „das Wohl des Kindes in vielen Politikbereichen nicht die notwendige Priorität" habe (ebd., S. 5). Die National Coalition bemängelt auch, dass in der Bundesrepublik das Bemühen, Kinderrechte in die Verfassung aufzunehmen, keine politische Mehrheit finde (National Coalition 2007).

Mit Blick auf die steigende relative Armut wird effektiveres politisches Handeln angemahnt, da andernfalls den betroffenen Kindern Chancengleichheit verweigert werde. Gleichzeitig sollte man über „ein neues System der materiellen Absicherung von Kindern und Jugendlichen" nachdenken, das sie unabhängiger vom Einkommen und sozialen Status ihrer Eltern mache (National Coalition 2002, S. 8). Die Diskussion über eine eigenständige soziale Grundsicherung für Kinder außerhalb der Sozialhilfe und der Ansprüche aus dem Unterhaltsrechtsgesetz müsse weitergeführt werden.

Auch eine von UNICEF Deutschland angeführte Initiative[2] hat 2006 mit Blick auf Kinderarmut die Einlösung der UN-Kinderrechtskonvention eingefordert und die von Seiten der Bundesregierung nach wie vor bestehenden ausländerrechtlichen Vorbehalte kritisiert. Dass Kinder aus Migrantenfamilien, insbesondere Kinder auf der Flucht und solche aus Flüchtlingsfamilien, in der Bundesrepublik in verschärftem Maße von Armut betroffen sind, muss man sicherlich in unmittelbarem Zusammenhang mit der Weigerung diverser Bundesregierungen sehen, die international geltenden Kinderrechte auch für diese Kinder vorbehaltlos anzuerkennen. Alle diese Regierungen setzen sich so bis heute dem Vorwurf aus, Menschenrechte zu „teilbaren Rechten" zu degradieren.

Politische Berichterstattung zur Lage der Kinder – Armut als Einschränkung kindlichen Wohlbefindens

> The progressive realization of children's rights requires governments to invest the „maximum extent of their available resources." (Art. 4 CRC)

Auch in der internationalen Berichterstattung zur Lage von Kindern und zur Kinderarmut hat sich ein entsprechender Paradigmenwechsel hin zu einer substantiellen Kinderperspektive vollzogen. Diese Ebene hat insofern politisches Gewicht, als internationale Vergleiche die Regierungen der Industrieländer (OECD- und CEE/CIS-Länder) durchaus beeindrucken und zu Kon-

2 Die Initiative von UNICEF Deutschland wurde vom Deutschen Kinderschutzbund, Landesjugendring Schleswig-Holstein, Sozialverband Deutschland (SoVD) und der Arbeiterwohlfahrt mitgetragen und stand unter der Schirmherrschaft von Heide Simonis.

sequenzen bewegen könnten. Die bisherige Armutsberichterstattung der EU hat sich auf die sogenannten Laeken-Indikatoren gestützt, ein zweidimensionales Indikatorensystem, das neben dem Einkommen der Familie auch den Indikator Arbeitslosigkeit berücksichtigt. Die UNICEF-Reporte zur Kinderarmut in den OECD-Ländern (UNICEF 2001 und 2005) beziehen sich bislang lediglich auf die Einkommensdimension. Laut diesen Reporten gehört die Bundesrepublik zu jenen Ländern, die nur mittelmäßig in der Lage sind, durch sozial- und familienpolitische Maßnahmen Kinderarmut zu reduzieren.

Dass eine derartige ein- oder zweidimensionale Betrachtung die tatsächliche Lebenssituation von Kindern nur sehr bedingt zu erfassen vermag, liegt auf der Hand. Dieser Sachverhalt wird durch alle qualitativen Studien, die wir zu den Auswirkungen von familiärer Armut auf Kinder kennen, eindeutig belegt. Insofern ist es begrüßenswert, dass jetzt neue Messkonzepte und entsprechend differenziertere Indikatoren diskutiert werden, die ein tiefer gehendes Verständnis von Armutslagen und kindlicher Betroffenheit ermöglichen. Künftig sollen nun im Rahmen der EU wie auch von UNICEF mehrdimensionale Erhebungen eingeführt werden. Die Berichterstattung einzelner Länder, wie Großbritannien, Irland und den USA, ist hier bereits weiter und orientiert sich als Messlatte am Konzept des *kindlichen Wohlbefindens* (UNICEF 2007). Mit dem Konstrukt des Wohlbefindens greift man auf einen für die EU entwickelten und auch von UNICEF für seine Berichterstattung anvisierten CWI-Index (= child well being-Index) zurück (Bradshaw/Hoelscher/Richardson 2006).

Damit ließen sich die unterschiedlichen Ausprägungen und die Bandbreite von Armutslagen besser erfassen. Außerdem würde mit dem Begriff des „Wohlbefindens" eine Sichtweise in die quantitative Berichterstattung eingeführt, die gleichermaßen die kindliche Befindlichkeit im Hier und Jetzt wie auch kindliche Entwicklungsperspektiven im Blick hätte. Die Mehrdimensionalität eines solchen Armutsverständnisses entspräche zudem einer Auffassung, die sich an den Kinderrechten orientiert. Damit läge ein Konzept vor, das universelle Gültigkeit beanspruchen dürfte, da es sowohl in entwickelten Wohlfahrtsstaaten, in Übergangs- und Schwellenländern als auch in nicht industrialisierten Ländern angewandt werden könnte. Der Grundgedanke ist, dass sich kindliches Wohlbefinden genauso wie Armut als relative Kategorie erfassen lässt, also trotz unterschiedlicher Lebensbedingungen, unter differierenden ökonomischen, sozialen und kulturellen Standards gemessen werden kann.

Nimmt man in diesem Sinne „kindliches Wohlbefinden“ als Messlatte der Berichterstattung, sind folgende Aspekte zu berücksichtigen (Bertram 2006)[3]:

- *materielles Wohlbefinden* (material well-being),
- *gesundheitliches Wohlbefinden* (health and safety),
- *Bildung* (educational well-being),
- *familiäre und Gleichaltrigenbeziehungen* (family and peer relationships)
- *Risikoverhalten* (behaviours and risks),
- *subjektives Wohlbefinden* (subjective well-being).

Auch wenn die Indikatoren, mit denen die verschiedenen Dimensionen der kindlichen Befindlichkeit gemessen werden sollen, auf internationaler Ebene zwar einheitlich festgelegt sind, aber nicht immer deckungsgleich gefüllt werden können, handelt es sich dabei um ein Konzept, das neben der ökonomischen Lage auch Gesundheit und Bildung, soziale Kontakte, emotionale und spirituelle Aspekte einschließt (Richardson/Hoelscher/Bradshaw 2007). In den von UNICEF vorgeschlagenen Dimensionen erlaubt der Index des Wohlbefindens alles in allem eine gewisse internationale Vergleichbarkeit, weil die Grundkategorien überall dieselben sind, wenngleich zum Beispiel die „warme Mahlzeit“ ganz unterschiedlich ausfallen kann.

Die „Maßeinheit Wohlbefinden“ hat im Übrigen viele Berührungspunkte mit dem Lebenslagenkonzept, das in der bundesrepublikanischen Armutsforschung bislang häufig Verwendung findet. Somit steht nun auf internationaler Ebene ein Instrumentarium zur Analyse und Berichterstattung über die Lage von Kindern zur Verfügung, das neben objektiv messbaren Faktoren auch *subjektive Aspekte des Wohlbefindens* – also die Sicht der Kinder selbst – mit erfassen will. Als Konsequenz müssten Kinder selbst gefragt und entsprechend in die Berichterstattung mit einbezogen werden. So käme auch in der auf quantitativen Erhebungen basierenden Berichterstattung die Kinderrechtsperspektive zum Tragen (Eurochild 2007).

---

3 Für die Bundesrepublik gibt es bereits einen entsprechenden Sonderbericht von Hans Bertram (2006), der als UNICEF-Papier vorliegt. Die hier aufgeführten Dimensionen des Well-Being-Konzeptes sind dem von Bertram vorgelegten Bericht entnommen.

Kinderarmutsforschung – Armut als soziale Realität von und mit Kindern rekonstruieren

Kinder werden nicht erst Menschen, sie sind schon welche.
(Janusz Korzcak)

Parallel zur politischen Diskussion um die Verankerung von Kinderrechten wurden in der „neuen" sozialwissenschaftlichen Kindheitsforschung seit Beginn der 1980er Jahre Kinder als soziale Akteure, als Experten ihrer eigenen Situation und als Konstrukteure ihres eigenen Lebens, ihrer eigenen Umwelt und ihrer eigenen Entwicklung entdeckt (Behnken 2004). War es ein Anliegen der Kinderrechtsbewegung, den Kindern im politischen Kontext eine Stimme zu geben, sie an der Gestaltung ihrer Angelegenheiten zu beteiligen, so ging von der neuen Kindheitsforschung das Bestreben aus, sie auch in die Untersuchung als Subjekte einzubeziehen. Das daraus abgeleitete methodologische Postulat lautet: auf „die Stimmen der Kinder zu hören", mit ihnen und nicht nur über sie zu forschen. Gleichzeitig änderte sich die Sicht auf die *Kindheit*, die nun als *eigenständige Lebensphase* betrachtet wurde. Kinder gelten also als eigenständige soziale Gruppe in der generationellen Ordnung der Gesellschaft. Der damit vollzogene Perspektivenwechsel kommt zudem in einer eindeutigen Fokussierung auf den biografischen *Gegenwartsbezug* zum Ausdruck: Bei der Analyse der Lebenssituation von Kindern soll das Augenmerk in erster Linie auf ihr aktuelles Leben und Wohlbefinden gerichtet werden. Damit grenzt sich die „neue" Kindheitsforschung insofern von der Sozialisationsforschung ab, als letztere traditionell stärker die kindlichen Entwicklungsperspektiven und damit Kinder als spätere Erwachsene im Blick hat.

Der mit der „neuen" Kindheitsforschung einhergehende Paradigmenwechsel hat also dazu geführt, dass Kinder selbst zu ihren Angelegenheiten und Befindlichkeiten befragt werden. Dabei gibt es unterschiedliche Herangehensweisen, wie sich *Forschung aus der Perspektive der Kinder* realisieren lässt und wie weitgehend man sie als Subjekte einbeziehen soll (Behnken 2004, S. 6f.):

- Kinder werden befragt, ihre Antworten von den Forscher/innen interpretiert;
- Aussagen von Kindern analysiert man mit ihnen gemeinsam;
- Kinder forschen selbst.

An dieses Verständnis von Kindern und Kindheit knüpft auch die qualitative Kinderarmutsforschung an, indem sie methodisch in erster Linie auf die

Beobachtung und Befragung der Kinder selbst ausgerichtet ist. In der Bundesrepublik ist in den letzten Jahren eine Reihe von Studien erschienen, in denen man die Auswirkungen von Armut aus der Kinderperspektive untersucht und dabei vor allem erfragt hat, wie die Kinder selbst Armut wahrnehmen, deuten und bewältigen (Richter 2000; Chassé/Zander/Rasch 2003; Holz/Skoluda 2003; Butterwegge/Holm/Zander 2004; Holz/Puhlmann 2005). Ein derart konzipiertes Vorgehen bedeutet, die soziale Realität der Kinder anhand ihrer Aussagen zu rekonstruieren. Es basiert auf der Annahme einer konstruktivistisch ausgerichteten Kindheitsforschung, der zufolge Kinder – genauso wie Erwachsene – ihre Realität in der sozialen Interaktion selbst konstruieren. Dabei werden Kinder als die eigentlichen Expertinnen und Experten ihrer Lebenssituation angesehen und folglich Auskünfte über ihre Befindlichkeit und ihr Wohlergehen bei ihnen selbst eingeholt.

Gegen eine solche methodische Vorgehensweise ist kritisch angemerkt worden, dass die Aussagen von Kindern stark situationsbezogen und daher nicht verlässlich seien. Auch hat man unterstellt, Kinder tendierten häufiger als Erwachsene zu sozial erwünschten Antworten. Mag sein, dass Kinder impulsiver auf Fragen reagieren – aber wer will die Behauptung wagen, dass ihre Auskünfte deswegen weniger zutreffend sind? Wie sollten wir sonst ihre Sichtweise ermitteln? Mit diesen Aspekten hat man sich in methodischen Abhandlungen durchaus intensiv beschäftigt, bevor in der Kindheitsforschung die Phase der Kinderbefragungen einsetzte (Kränzl-Nagl/Wilk 2000; Fuhs 2000; Lipski 2000).

Armut aus Kindersicht zu betrachten heißt, sich an folgenden Fragen zu orientieren:

- Wie nehmen Kinder Armut wahr, ihre eigene wie die der anderen?
- Wie erleben und deuten Kinder Armut?
- Wie gehen sie damit um, wie bewältigen sie also Armutsfolgen?

Im zweiten Teil werde ich jetzt – ausgehend von eigenen empirischen Befunden – versuchen, erste, in ihrer Reichweite sicherlich noch begrenzte Antworten auf diese Fragen zu geben.

Was wir zu hören bekommen – Erkenntnisse aus eigener qualitativer Forschung

Methodischer Zugang: Kindern das Wort geben

Ich war an zwei dreijährigen Forschungsprojekten zur Kinderarmut, einmal in Jena und Umland, das zweite Mal in Münster und im Westmünsterland, beteiligt. Beide Male handelte es sich um Kinderbefragungen, die auf einer ähnlichen methodischen Vorgehensweise basierten und in gewisser Weise aufeinander aufbauten. Unser Bestreben war es, Lebenslagenkonzept und moderne Kindheitsforschung theoretisch und methodisch miteinander zu verbinden, das heißt: Wir haben die Auswirkungen von Armut und sozialer Benachteiligung auf die von uns untersuchten Kinder im Kontext moderner Kindheit analysiert.[4] Da es sich um Fallstudien in einer Querschnittperspektive handelt, stehen vor allem das gegenwärtige Erleben der Kinder, ihr aktuelles Wohlbefinden und ihre momentanen Entwicklungsmöglichkeiten im Fokus der Untersuchung. Aussagen zu möglichen Nachteilen, die sich für die zukünftigen Entwicklungschancen ergeben können, lassen sich allenfalls indirekt ableiten.

Die von uns befragten Kinder und ihre Familien lebten zum Zeitpunkt der Interviews in prekären materiellen Verhältnissen. Überwiegend bezogen sie Sozialhilfe und lebten nach unserem Verständnis in relativer Armut. Dabei sind wir von einem Armutsbegriff ausgegangen, der sich nicht nur am Einkommen orientiert. Vielmehr haben wir Armut als mehrdimensionales Phänomen erfasst und materielle wie immaterielle Aspekte in ihren Wechselwirkungen betrachtet. Als Analyseraster haben wir das Lebenslagenkonzept zugrunde gelegt, dem zufolge Armut als Unterversorgung in mehreren Lebensbereichen verstanden wird. Bei der Kinderbefragung sind wir von der naheliegenden Annahme ausgegangen, dass die kindlichen Handlungs- und Entwicklungsspielräume durch die Armutslage der Familie eingeschränkt sind, und wollten in Erfahrung bringen, ob und wie deutlich spürbar sich die familiäre Armut auf ihr Wohlbefinden und ihre Entfaltungsmöglichkeiten auswirkt (Chassé/Zander/Rasch 2003, S. 112ff.).

Hierzu empfiehlt sich eine zweifache Herangehensweise: Zum einen gilt es, die objektiv feststellbaren Ausprägungen von Unterversorgung in den

---

4 Im ersten Projekt, zusammen mit Karl August Chassé und Konstanze Rasch (Jena und Saale-Holzland-Kreis), wurden 14 Fallstudien erstellt (1997–2000); im zweiten Projekt (Münster und Westmünsterland) – zusammen mit Gisela Wuttke und Barbara Imholz – wurden 25 Fallstudien erhoben (2000–2002).

verschiedenen Lebensbereichen des Kindes festzustellen. Zum anderen spielt aber auch die subjektive Wahrnehmung der eigenen Lebenslage durch die Kinder und ihre Familien eine wichtige Rolle. Für uns und auch objektiv betrachtet, hat unsere Analyse eindeutig ergeben, dass diese Kinder in mehrfacher Hinsicht negative Folgen von Armut ertragen mussten. Wir wollten es aber von den Kindern selbst hören. In der Tat ergibt sich aus ihren Antworten ein wesentlich plastischeres Bild davon, wie sie ihre eigene Situation einschätzen und erleben. Damit besser nachvollzogen werden kann, wie wir zu unseren Ergebnissen gekommen sind, skizziere ich kurz unsere Vorgehensweise.

Zugang zu den interviewten Eltern und Kindern

Unsere Kontaktaufnahme zu den Kindern erfolgte über die Eltern, denn sie müssen ohnehin einverstanden sein. Gleichzeitig haben wir es den Eltern überlassen, die Bereitschaft ihrer Kinder zu erkunden, an der Befragung teilzunehmen. Der Weg zu den infrage kommenden Familien führte über das Sozialamt. Das Amt hatte in einem Schreiben die Eltern über unser Projekt informiert und es ihnen anheimgestellt, sich bei uns zu melden. In einigen wenigen Fällen konnten wir Eltern und Kinder über ein sogenanntes Schneeballverfahren gewinnen: Eltern über Eltern.

Als erster Schritt fand ein Gespräch in Form eines Interviews mit den Erwachsenen statt, um so Vertrauen herzustellen und gleichzeitig Hintergrundinformationen zur familiären Situation aus deren Sicht zu erhalten. Im Jenenser Projekt diente uns dieses Interview auch dazu, den elterlichen Umgang mit der Notlage einschätzen zu können und auf diese Weise eine Typologie zu den elterlichen Bewältigungsstrategien zu entwickeln. Auch wollten wir ihre Sicht auf die Kinder durch Fragen mit einbeziehen, wie zum Beispiel: Gehen Sie davon aus, dass ihr Kind die Notlage mitbekommt oder gar darunter leidet? Zugleich wollten wir herausfinden, inwieweit die elterlichen Bewältigungsstrategien für die Kinder Vorbildcharakter haben oder ob die Kleinen ihre eigenen Wege suchen.

Anlage und Aufbau der Kinderinterviews

Als wir 1997 in Jena mit unseren Kinderinterviews starteten, war es keineswegs gang und gäbe, Kinder im Grundschulalter, also ca. Sieben- bis Elfjährige, intensiv zu ihrer eigenen Lebenslage zu befragen. Wir mussten uns daher ausführlich Gedanken dazu machen, wie es gelingen könnte, das Zutrauen der Kinder zu gewinnen und ihre Bereitschaft zu wecken, uns, die wir ihnen als Fremde gegenübersaßen, Auskunft über ihr Leben, ihre Gefühle und Wünsche, ihre Freuden und Leiden zu geben. Da wir die Kinder – Mädchen und Jungen sollten etwa gleichmäßig beteiligt sein, ebenso Stadt- und Landkinder – mündlich und schriftlich zu Wort kommen lassen wollten, sollten sie über Grundkenntnisse im Lesen und Schreiben verfügen; deshalb auch die gewählte Altersuntergrenze. Wir haben mit allen Kindern mindestens zwei Interviewtermine von ca. 45 Minuten durchgeführt, in einzelnen Fällen auch drei, um ihre Konzentrationsfähigkeit nicht zu sehr zu strapazieren. Gleichzeitig hatten die Interviewteams damit die Gelegenheit, die Kinder zweimal zu sehen und dadurch die häusliche Atmosphäre besser einschätzen zu können.

Die Interviews fanden fast ausschließlich zu Hause statt; beim ersten Mal meist in der Küche oder im Wohnzimmer, beim zweiten Mal – sofern vorhanden – im Kinderzimmer. Nach Möglichkeit sollte wenigstens das zweite Interview ohne die Anwesenheit von Müttern oder Geschwistern durchgeführt werden, in der Hoffnung, dass dieser Freiraum den Kindern eine offenere Beantwortung der Fragen erlauben würde. Damit es ihnen nicht zu lange wurde, haben wir unterschiedliche Befragungselemente eingesetzt, durch die das eigentliche Leitfadeninterview immer wieder unterbrochen wurde:[5]

- einen Fragebogen zum Ankreuzen: „Bei uns gibt es …“ zur Charakterisierung des Wohnumfeldes;
- mehrere Kontrollfragebögen zum Ankreuzen: „stimmt/stimmt nicht“, die Fragen aus dem Leitfadeninterview nochmals aufnahmen und vorformulierte Antworten enthielten;
- zwei Netzwerkspiele, in denen die Kinder aufzeichnen sollten: „Wo wohnen die Kinder, mit denen Du die meiste Zeit verbringst?“ „Was sind die Orte, wo Du Dich regelmäßig aufhältst?“;
- eine Werteskala zur Selbsteinschätzung: „Wie siehst Du Dich – wie fühlst Du Dich?“;
- drei offene Wünsche;
- außerdem wurde gemeinsam ein Foto von der „Lieblingsecke“ des Kindes aufgenommen.

Das Instrumentarium und dessen Handhabung differierten etwas in den beiden Untersuchungen, aber im Prinzip ging es beide Male darum, das Kinderinterview möglichst abwechslungsreich zu gestalten.

5 Hier stelle ich das Befragungsinstrumentarium der Münsteraner Studie vor, die auf die Vorerfahrungen in Jena aufbauen konnte und einzelne Elemente hinzugefügt hat. Ich greife auch deshalb darauf zurück, weil die beiden in diesem Beitrag vorgestellten „Fälle“ von Angel und Robi aus dieser Untersuchung stammen.

Wir wollten von den Kindern vor allem erfahren, was sie konkret als Mangel, Benachteiligung und Einschränkung wahrnahmen, und wie sie damit umgingen. Dabei sollten aber nicht nur defizitäre Aspekte ihrer Situation zur Sprache kommen, sondern auch jeweilige Stärken der Kinder und ihre Ressourcen. Das Leitfadeninterview war so konzipiert, dass damit alle relevanten Lebensbereiche der Kinder beleuchtet wurden und gleichzeitig der Blick auf ihre unterschiedlichen Lebenswelten fiel: Familie, Schule, Wohnumfeld. Unsere Fragen sollten die Mädchen und Jungen dazu ermuntern, ihre aktuelle Befindlichkeit aufzudecken und uns zu verraten, wie sie mit durch die Notlage bedingten Schwierigkeiten fertig wurden. Darauf zielten vor allem die von uns mit W (Wahrnehmung), D (Deutung) und B (Bewältigung) gekennzeichneten Fragen ab, wobei sich „helle“ und „dunkle“ Fragen die Waage halten sollten:

- Wo fühlst Du Dich am wohlsten? (W)
- Worüber hast Du Dich besonders gefreut? (D)
- Was machst Du, wenn ein Freund, den Du besuchen möchtest, besonders weit weg wohnt? (B)
- Wenn Du traurig bist, was machst Du dann? (B)
- Spürst Du manchmal, dass das Geld nicht reichen könnte? (W)
- Hat Deine Familie genügend Geld zum Leben? (D)
- Hilfst Du manchmal im Haushalt oder anderswo, um Dir etwas Geld zu verdienen? (B)
- Gehst Du gerne zur Schule? (W)
- Findest Du es gemein, wenn andere Kinder etwas haben, was Du nicht hast? (D)
- Woran merkst Du, dass eine/r Dich gut leiden kann? (W)
- Gibt es etwas, was Du gerne ändern würdest? (D)
- Wenn du etwas haben möchtest, wie stellst du es an, dass du es vielleicht doch kriegst? (B)

Außerdem wurden Fragen auch bestimmten Symbolen zugeordnet, so einer Wolke, einem Kaktus oder Füßen:

- Im Wolkenbereich konnten die Kinder darüber sprechen, was sie schön fanden, auch von heimlichen Träumen erzählen, über Spielzeug reden, das sie sich wünschten, äußern, über welche besonderen Fähigkeiten sie verfügten, wodurch sie sich in ihren eigenen Augen auszeichneten.
- Der Kaktus gab Raum für unangenehme und eher verdrängte Gefühle und stellte stachlige Fragen wie: Gibt es auch Kinder, die Dich

ärgern? Gibt es in der Familie Dinge, die Dich bedrücken oder etwas, das Du vermisst?

- Die Füße standen für Bewegung und Bewältigung: Zu wem gehst Du, wenn Du traurig und unglücklich bist? Gibt es etwas, wofür Du Dich schämst oder das Dir peinlich ist?

Die Kinderinterviews wurden von Pädagoginnen mit Lebens- und Berufserfahrung geführt, die den Kindern mit großer Empathie begegneten und zuvor auch an der Konzeption der Befragung wesentlich beteiligt waren. Zwar fanden die Interviews mit den Kindern in ihrer vertrauten Umgebung statt; weil wir aber bemerkten, dass bei den ersten Interviews die Anwesenheit der Mutter oder gar der Eltern die Kinder doch etwas befangen, um nicht zu sagen: kontrolliert machte, wirkten wir beim zweiten Interview darauf hin, dass die Eltern gestatteten, die Befragung im Kinderzimmer oder in einem gesonderten Raum durchzuführen. Die Eltern waren jetzt ohnehin lockerer als bei der ersten Begegnung. Sobald die Kinder mit den Interviewerinnen alleine waren, traten sie wesentlich selbstsicherer auf. In Münster ließen sich die Interviewerinnen in jedem Fall – sofern vorhanden – das Kinderzimmer unter dem Vorwand zeigen, ein Foto von der Lieblingsecke oder dem Lieblingsspielzeug des Kindes machen zu wollen.

Die Interviewerinnen machten sich jedes Mal Notizen zum Gesprächsverlauf und zur häuslichen Situation, lieferten darüber hinaus auch eine Kurzcharakterisierung jedes Kindes und seines Verhaltens beim Interview. Dadurch erhielten wir zusätzlich zu den in der Befragung enthaltenen Informationen anschauliches Material, das in unsere Auswertung und Einschätzung mit einfließen konnte. Wie die Kinder auf ihre Befragung reagierten, lässt sich nicht verallgemeinern; vielmehr erwiesen sie sich auch in dieser Hinsicht als kleine eigenständige Persönlichkeiten und erstaunlich offen. Manchmal hing die Offenheit auch von der Tagesform ab, ob sie gerade „gut drauf" waren oder nicht. Insgesamt kann man sagen, dass nur einzelne etwas ängstlich wirkten oder Mühe damit hatten, sich über einen längeren Zeitraum zu konzentrieren. Die meisten Mädchen und Jungen waren unerwartet redebereit und offenherzig. Manche zeigten sich geradezu stolz darauf, gefragt zu werden, und überrascht, dass ihre Meinung so viel zählte! Einige bedauerten sogar das Ende der Befragung und hätten sich eine Fortsetzung gewünscht.

Wie sehen Kinder Armut? Ein Systematisierungsversuch

In der Bundesrepublik haben wir – spätestens seit der offiziellen Armuts- und Reichtumsberichterstattung der Bundesregierung (BMAS 2001 und BMGS 2005) – einen öffentlichen Diskurs, der Armut als gesellschaftliches Problem und politischen Handlungsauftrag thematisiert. Dennoch stellt Armut in einem reichen Wohlfahrtsstaat aus der Sicht der Betroffenen nach wie vor ein Tabuthema dar, weil diese Lebenslage gesellschaftlich mit Ausgrenzungstendenzen und subjektiven Schuldzuweisungen verbunden ist. In diesem Zusammenhang sind auch die Sichtweisen der Kinder entsprechend einzuordnen, da solche Einschätzungen in einer komplexen Wechselwirkung von Selbst- und Fremdwahrnehmung entstehen. Gesellschaftliche Armutsbilder dürften dabei insofern eine prägende Wirkung entfalten, als sie sich tagtäglich in den unmittelbaren kindlichen Lebenswelten von Familie, Schule, Hort, Nachbarschaft und Gleichaltrigenbeziehungen artikulieren.

Wir müssen aber nur die Kinder selbst fragen, wie sie ihre eigene Lebenslage sehen, dann sprudeln in den meisten Fällen schon die Antworten. Zur Illustration meiner Analyse werde ich empirisches Material aus beiden Serien von Kinderinterviews, also aus beiden Forschungsprojekten, heranziehen. Da ich hier vor allem auf die kindliche Wahrnehmung und Deutung ihrer Lebenslage eingehe, werde ich mich in meiner folgenden Analyse auf diesen Teilaspekt der erzielten Ergebnisse beschränken.[6] Einschränkend muss bemerkt werden, dass im Rahmen einer qualitativ angelegten Forschung keine repräsentativen Aussagen gemacht werden können. Dennoch lassen sich aus den Fallstudien Erklärungsmuster extrahieren, aus denen wir praktisches Handeln ableiten dürfen.

Wir haben die von uns interviewten Mädchen und Jungen zunächst danach gefragt, wie sie Armut sehen, und wer für sie „arm" ist. Man höre und staune: Die Antworten der Kinder ergeben ein sehr vielfältiges Bild ihres Armutsverständnisses, wobei die Mehrheit bei beiden Untersuchungen Armut mit *Mangel an Geld* assoziiert. Sie verbinden damit aber auch, dass *grundlegende Bedürfnisse* nicht ausreichend befriedigt werden können, wie Essen, Kleidung und Wohnen.

---

6 Die Ergebnisse der beiden Projekte sind in zwei schon erwähnten Publikationen nachzulesen: Chassé/Zander/Rasch 2003 und Butterwegge/Holm/Zander et al. 2003 (darin: Strategien der Kinder zur Bewältigung von Armut im Stadt/Land-Vergleich, S. 223–284).

„Armut ist, wenn...
- jemand ganz wenig Geld hat und ein schlechtes Leben führt ... (Alex)
- jemand nicht genügend zum Essen und Trinken hat, zu wenig Geld, um die Miete zu bezahlen ... (Mika),
- jemand nichts zu essen hat, kein Haus, kein Geld ... (Songoku).[7]

Solche Armutserfahrungen dürften die Kinder nur ansatzweise selbst gemacht haben. Die Grundbedürfnisse der befragten Kinder schienen in den meisten Fällen befriedigt, obwohl es auch Fälle gab, in denen öfters der Kühlschrank leer war. In anderen Familien fehlte immer wieder das Geld für das Schulessen.

Teilweise reproduzierten die Kinder Armutsbilder, die als klischeehaft gelten können und Armut mit Randgruppenzugehörigkeit verbinden. So werden als äußeres Indiz häufig „schmutzige, alte, nicht wärmende oder kaputte Kleider" angeführt und Obdachlosigkeit genannt.

„Armut ist, wenn ...
- jemand kein Geld hat, kein Dach über dem Kopf und unter der Brücke schlafen muss ... (Jeannette),
- jemand gar kein Geld hat, nur kaputte Klamotten ... (Robi),
- jemand obdachlos ist, alte Kleidung anhat ... (Picasso)."

Eine derartige Verkürzung lässt sich zwar mit dem Entwicklungsstand der Kinder leicht erklären. Dennoch verrät die mehrfache assoziative Verbindung von Armut mit Randgruppen und gesellschaftlichem Ausschluss eine deutliche Abwehrhaltung der Kinder bei der Frage, ob sie ihre eigene Familie als arm einstufen würden. Armut wird als abstoßend und bedrohlich angesehen. Von einer derart negativ gefärbten Vorstellung von Armut ausgehend, nehmen die Kinder ihre eigene Situation als eindeutig different, als „nichtarm" wahr. Diese Haltung ermöglicht ihnen eine Abgrenzung nach unten, um ihre eigene Situation „als nicht so schlimm" zu erleben.

In eine ähnliche Richtung weist das erkennbare Bestreben der Kinder, Armut räumlich möglichst weit weg von sich zu verorten: auf den Balkan, nach Tschernobyl oder Afrika.

„Arm sind ...
- Menschen, die in Afrika leben oder im Krieg ... (Robi),
- Menschen in Tschernobyl oder im Kosovo ... (Elisabeth)."

7 Die Namen der Kinder wurden vom Forschungsteam geändert, bzw. im Münsteraner Projekt konnten sich die Kinder selbst Fantasienamen geben.

Auch hiermit reproduzieren die Kinder offensichtlich gesellschaftlich gängige Vorstellungen von Armut, vor allem die von den Medien immer wieder kolportierten Bilder. Armut wird dabei in den Kontext von lebensbedrohlichen Situationen gerückt und vorwiegend als „absolute Armut“ wahrgenommen, durch die das Überleben gefährdet ist. Wir begegnen hier dem Denkmuster: „Arm sind die Anderen“. Das entspricht wiederum der subjektiven Wahrnehmung der meisten befragten Kinder, da sie ja zumindest zum Befragungszeitpunkt genug zum Überleben hatten.

Angesichts dieser vorwiegend negativ geprägten Armutsbilder verwundert es nicht, dass die Kinder ihre eigene Situation und die ihrer Familien keineswegs als „arm“ einstufen. Zum einen nehmen sie eine deutliche Differenz zwischen der eigenen Lebenslage und dem gezeichneten Armutsbild wahr; zum anderen käme – angesichts der eindeutig negativ gefärbten Armutsbilder – die Selbsteinschätzung als „arm“ einer nur schwer erträglichen Selbststigmatisierung gleich. Während im Jenenser Projekt immerhin sechs von 14 Kindern ihre Familie unumwunden als „arm“ bezeichneten, bejahten das im Münsteraner Projekt lediglich drei von 25 Kindern, zwei gaben an, dass ihre Familie „manchmal arm“ sei.

Da wir eine solche Reaktion vermutet hatten, haben wir die Kinder ihre familiäre Lebenslage zusätzlich mit Antworten auf weniger direkte Fragen einschätzen lassen und sie so danach gefragt, ob ihre Familie genügend Geld zum Leben habe oder ob sie bei ihren Eltern die Sorge wahrnähmen, dass das Geld nicht reichen könnte. Darauf fielen die Antworten erheblich differenzierter aus. Bei manchen Kindern zeigten sich erhebliche Widersprüche in der Beantwortung der aufeinander bezogenen Fragen. Auffallend war allerdings, dass im Alter zwischen sechs und zehn Jahren die meisten Kinder keine sehr konkreten Vorstellungen davon hatten, wie viel Geld eine Familie zum Leben braucht.

Als ziemlich konsistent kristallisierte sich bei den Jenaer Kindern eine Gruppe heraus, die angab, dass ihre Familie nicht genug Geld habe, ihre Eltern Geldsorgen hätten und dass sie das traurig mache. Dass es dieselbe Gruppe von Kindern war, die ihre Familie als „arm“ bezeichnet hatte, liegt auf der Hand. In der Münsteraner Kinderbefragung waren die meisten Kinder nicht darüber im Bilde, dass ihre Familie von Sozialhilfe lebte. Allerdings war auch hier die Anzahl der Kinder nicht unerheblich, die angaben, dass es der Familie an Geld fehle und sich ihre Mütter/Eltern bisweilen sorgten, das Geld könne nicht reichen – 15 bejahten das, und zwei sagten „manchmal“ –, und immerhin sieben Kinder kreuzten an, es mache sie traurig, dass ihre Familie über zu wenig Geld verfüge. Mit anderen Worten: Ein Teil der Kinder nimmt hier die Geldknappheit der Familie wohl wahr, deutet sie aber nicht als „Armut“.

Die auffällige – wenngleich nicht als repräsentativ deutbare – Differenz in den Antworten der Kinder in Jena und Münster dürfte möglicherweise auf differierende gesellschaftliche Wahrnehmungsmuster als Resultat unterschiedlicher historischer Ausgangssituationen zurückzuführen sein. Jedenfalls könnten diese Unterschiede auf ein Erklärungsmuster hindeuten, demzufolge Verarmung im Osten – ca. zehn Jahre nach der Wende[8] – mehr mit den Auswirkungen des kollektiv erfahrenen Transformationsprozesses in Verbindung gebracht wird, während Armut im Westen eher als individuelles „Schicksal" betrachtet werden mag. In einem gesellschaftlichen Kontext, in dem Armut als Folge eines kollektiven Schicksals erfahren wird, ergibt sich zweifellos eine andere Konnotation als dort, wo die Zuschreibung von Selbstverschuldung – zumindest unterschwellig – immer präsent ist. Solche Interpretationsmuster dürften sich über die elterliche Wahrnehmung und das elterliche Erleben auch auf die Kinder übertragen.

Dem entspricht im Übrigen, dass in den meisten Familien die materielle Situation nicht besprochen wird. In der Tat wissen die meisten Kinder nicht – in der Münsteraner Untersuchung so gut wie keines –, dass die Familie von Sozialhilfe lebt. Umgekehrt gehen die meisten Eltern im Interview davon aus, dass ihre Kinder die materiell eingeschränkte Situation der Familie nicht mitbekommen. Sie sind der Auffassung, dass es ihnen gelinge, die materielle und immaterielle Versorgung der Kinder so abzufedern, dass die „Kids" davon nicht tangiert würden. Dennoch zeigte sich eine Reihe von Müttern/Eltern besorgt, dass ihre Kinder unter der materiellen Knappheit der Familie leiden könnten, und äußerten die Vermutung, dass dieser Umstand mit zunehmendem Alter der Kinder zum wachsenden Problem werden könnte.

Bemerkenswert ist, dass die Wahrnehmung der meisten interviewten Kinder nicht auf das häufig angesprochene äußere Erscheinungsbild oder auf den Mangel an Geld begrenzt bleibt. „Arm sein" wurde von den Kindern auch mit psychosozialen Folgen und Befindlichkeiten assoziiert:

> „Arm ist, wenn
> - jemand nicht so viel Geld hat und traurig ist, weil man andere sieht, die Sachen haben, die man nicht hat … (Shakira),
> - jemand ganz viele Wünsche hat, die er sich nicht erfüllen kann, und nicht von allen verehrt wird … (Vincent),
> - jemand krank ist … (Donald),
> - jemand etwas Wichtiges verliert … (Arni)."

---

8 Die Laufzeit des Jenaer-Projektes erstreckte sich von 1997 bis Ende 2000, die meisten Interviews fanden also zwischen 1998 und 1999 statt.

Die Kinder verbinden mit Armut bestimmte Gemütszustände und Befindlichkeiten, was Empathie erkennen und eigene Erfahrung vermuten lässt. Dabei ist es ihnen in den Interviews offensichtlich wesentlich schwerer gefallen, über die selbst erfahrenen sozialen und emotionalen Auswirkungen zu sprechen, während materielle Einschränkungen durchaus benannt wurden. Wie die oben angeführten Antwortbeispiele zeigen, werden von den Kindern folgende immaterielle Aspekte mit Armut assoziiert:

- *Verzicht*, sich keine „teuren Dinge" leisten zu können oder viele unerfüllte Wünsche haben zu müssen;
- *Verlust*, etwas Wichtiges zu verlieren, zum Beispiel in Trennungs- und Scheidungssituationen einen Elternteil, das Wohnumfeld, Freunde;
- *Krankheit* als psychophysischer Ausdruck von Armut;
- *Traurigkeit* als emotionale Befindlichkeit infolge gesellschaftlichen Ausschlusses.

Thematisiert werden auch soziale Interaktionserfahrungen, die mit Armut in Zusammenhang gebracht werden, so etwa:

- wenn durch reduzierte räumliche Mobilität soziale Kontakte beengt werden;
- wenn man gegenüber anderen Kindern ein Gefälle wahrnimmt, da man materiell und immateriell nicht „mithalten" kann;
- wenn man sich sozial ausgeschlossen fühlt, weil man seinen Geburtstag nicht feiern kann und von anderen nicht eingeladen wird.

Einige Kinder sehen Armut auch in ihrer reziproken Wirkung, als verweigerte Anerkennung durch Gleichaltrige und damit erfolgte Ablehnung. In ihren Worten wurde das so formuliert:

> „Arm ist, wenn
> - man nichts unternehmen kann ... (Picasso),
> - man von den Reichen gehasst wird ... (Picasso),
> - man nicht von anderen verehrt wird ... (Vincent),
> - jemand keine Idee und kein Geld hat... (Bulma)."

Wie erleben Kinder Armut? – Angel und Robi, ein Geschwisterpaar

Kurze Vorbemerkung zur Interviewsituation: Angel und Robi, die beiden Geschwister, wurden in der Wohnung ihrer Familie interviewt. Die Wohnverhältnisse waren derart beengt, dass die Interviews im Wohnzimmer stattfanden, während die Mutter mit den Geschwistern – lediglich durch einen Vorhang abgetrennt – nebenan an einem Tisch saß und alle, ob sie wollten oder nicht, das Gesagte mithören konnten. Angel und Robi wurden nacheinander zum Interview gebeten.

Familiäre Lage

Die Familie der beiden Geschwister Angel (sechs Jahre) und Robi (neun Jahre) wohnt in einem ziemlich heruntergekommenen Wohnblock aus den frühen 1960er Jahren in Osthuesheide, einem randständigen Stadtviertel von Münster. Die beiden leben dort mit ihrer allein erziehenden Mutter und drei weiteren Geschwistern. Die älteste Schwester ist vor Kurzem ausgezogen. Die Wohnung ist für die sechsköpfige Familie sehr eng, sodass die Mutter im Wohnzimmer auf einer Matratze schläft und Robi seine Hausaufgaben im Keller macht. Ein Kinderzimmer im landläufigen Sinne gibt es nicht, sondern nur Schlafzimmer, in denen jeweils mehrere Geschwister Platz finden müssen. Die Wohnungseinrichtung ist alt und abgegriffen. Dennoch erkennt man das Bemühen der Mutter, die Wohnung einigermaßen in Schuss zu halten. Die Mutter, gelernte Bürogehilfin, ist seit der Geburt des ersten Kindes nicht mehr berufstätig gewesen. Die Kinder haben verschiedene Väter, und daher sind die Kontakte zu diesem Elternteil auch ganz unterschiedlich, aber eher nicht sonderlich innig.

Die Familie lebt von Sozialhilfe, wobei das Sozialamt das Kindergeld einbehält wie auch die mehr oder weniger regelmäßigen Unterhaltszahlungen der Väter. Die Mutter hat noch Schulden aus erster Ehe, die sie monatlich mit einem kleinen Betrag abzahlen muss. Die Miete wird vom Sozialamt übernommen. Die Mutter würde gerne in eine größere Wohnung umziehen, bekäme dabei aber keine Unterstützung vom Sozial- oder Wohnungsamt mit dem Hinweis, dass es auch Familien gäbe, die auf der Straße wohnten. Die zu kleine Wohnung macht viel Arbeit, da ständig aufgeräumt werden muss. Erholungsmöglichkeiten und Abwechslung gibt es kaum. An gemeinsamen Urlaub ist gar nicht zu denken.

Die Erfahrungen mit dem Sozialamt sind – laut Aussage der Mutter – nicht besonders gut. Vor allem stört sie, dass man als Sozialhilfeempfängerin *„so vieles nicht darf“*. Sie hat den Eindruck, dass es den Ämtern darum gehe, solche Leute (Sozialhilfeempfänger) in Osthuesheide, einem sozialen Brennpunkt von Münster, „*festzuhalten*“. Zum Beispiel gestattet ihr das Sozialamt keinen PKW, obwohl ja ein Fahrzeug den Familienalltag – man denke an den Einkauf für eine sechsköpfige Familie – sehr erleichtern und ihr eine gewisse Mobilität ermöglichen würde. Auch genehmigt ihr das Sozialamt keinen Zuschuss für die Busfahrkarten der Kinder zur Schule, „*da sie eine Haltestelle zu früh aussteigen*“. Die Mutter schämt sich, dass sie „*kein so schönes Zuhause*“ haben, und wäre gerne finanziell unabhängig. Sie denkt darüber nach, wieder einer Beschäftigung nachzugehen, befürchtet aber, dass sie als Bürogehilfin keine Chance mehr hätte, weil sie zu lange „*raus*“ sei. Sie gesteht, dass sie manchmal resigniere, „*weil einfach kein Ende in Sicht ist*“. Aber für ihre Kinder sorgt sie, so gut sie kann. Dabei greift sie auch auf günstige Gelegenheiten zurück, wie etwa die Kleiderkammern der Wohlfahrtsverbände oder das Essen bei der Münstertafel.

In der Familie gibt es, abgesehen von den üblichen Reibereien zwischen den Geschwistern, einen engen Zusammenhalt. Allerdings bleibt die Familie wohl eher unter sich, die Mutter pflegt kaum Kontakte nach außen. Auch im Wohnumfeld ist die Familie ziemlich isoliert.

Zwei Geschwisterprofile

Angel, so der von ihr gewählte Künstlername nach einer Musikgruppe, ist sechs Jahre alt und zum Zeitpunkt der Befragung gerade eingeschult worden. Sie ist die jüngere Schwester von Robi und überhaupt das Nesthäkchen der Familie. Angel ist auch das jüngste Kind, das wir interviewt haben, kommt aber damit erstaunlich gut zurecht. Sie geht gerne zur Schule und begründet das damit, dass sie „*schnell klug werden will*“. Ihrer eigenen Einschätzung zufolge ist sie in Schreiben, Lesen und Mathe gut – und besonders gut kann sie „*hüpfen*“! Sie macht beim Interview einen klaren, zielstrebigen Eindruck, ist mitteilsam, durchaus sprachgewandt und verfügt über eine besondere Art von Humor. An der Schule gefällt ihr, dass sie dort Freundinnen und einen Freund hat, was in ihrem Wohnumfeld wohl nicht der Fall ist. Ohnehin darf sie keine Kinder mit nach Hause bringen, weil es dort zu eng ist. Sie fühlt sich zu Hause aber nicht allein, weil man sich um sie, das Nesthäkchen, kümmert. Trotzdem vermisst sie wohl Außenkontakte zu Gleichaltrigen, weil sie nicht gerne alleine spielt. Angel weiß sich aber zu helfen, denn seit Kurzem geht sie zu einer Mädchengruppe, die im Viertel angeboten wird. Daheim gibt es häufiger „Zoff“ zwischen den Geschwistern, vor allem hat die Kleine unter den Hänseleien und Sticheleien der größeren Brüder zu leiden.

Angel hat eine enge Bindung zur Mutter: Mit ihr kann sie „kuscheln“, von ihr wird sie getröstet, und sie ist ihr Vorbild. Sie „*möchte auch so sein wie die*

Mama". Welche Beziehung sie zu ihrem Vater hat, bleibt unklar. Auf die Frage, ob der Vater Zeit für sie habe, antwortet sie mit: *„weiß nicht"*. Ansonsten fühlt sich Angel zu Hause und in der Schule grundsätzlich wohl – sie scheint ein eher positives Selbstbild zu haben und eigentlich weitgehend zufrieden mit ihrer Situation zu sein. Sie mache „keinen unglücklichen Eindruck", so die zusammenfassende Einschätzung der Interviewerinnen. Angel gehört möglicherweise zu jenen Kindern, denen – von der Kleidung einmal abgesehen – nur schwer anzusehen ist, mit welchen Einschränkungen sie leben müssen. Auf die Frage nach drei offenen Wünschen antwortet sie: *„dass wir öfter schwimmen gehen, dass wir ins Kino gehen, dass wir reich sind"*.

Robi, ein von ihm gewähltes Pseudonym, ist neun Jahre alt, auf einer Sonderschule und besucht nachmittags einen heilpädagogischen Hort. Weshalb er zur Sonderschule geht, wird im Interview mit ihm nicht ganz deutlich. Er selbst meint nämlich, dass er ein guter Schüler sei, Lesen und Schreiben seien seine Stärken. Robi bekommt aber wohl schlechte Noten. Die Interviewerinnen vermuten, dass er wegen seines etwas auffälligen Verhaltens in diesem Schultyp gelandet sei. Er hat ein ausgesprochen hohes Aggressionspotenzial und Schwierigkeiten, konstruktive Lösungen zu akzeptieren. So rastet Robi in kritischen Situationen schnell aus und hat Probleme, sich für sein Verhalten nachträglich zu entschuldigen. Er rastet aber nicht aus, weil er Macht über andere haben möchte, sondern weil er selbst die Kontrolle über sich verliert.

Robi hasst es, in den Hort zu gehen, wäre nachmittags lieber zu Hause. Ihm fehlen Rückzugsmöglichkeiten, daheim wegen der Beengtheit und im Hort, weil es viel Unruhe gibt, ein rauer Umgangsstil herrscht und er nicht nur unter Hänseleien leidet, sondern ihn auch die Handgreiflichkeiten der anderen stören. Er hat wenig soziale Kontakte, erwähnt zwar einen guten Freund, der ihm nahestehe, der wohne aber zu weit weg, sodass er ihn nicht besuchen könne.

Im Gegensatz zu seiner kleineren Schwester nimmt Robi die materiell eingeschränkte Lage der Familie sehr wohl wahr, wenngleich er grundsätzlich Verständnis für notwendige Einschränkungen zeigt. Nicht nur die Enge der Wohnung, sondern auch Defizite bei der Kleidung machen ihm zu schaffen. Er möchte es zu Hause schön haben und wünscht sich nichts mehr, als „raus" zu kommen – nicht nur aus der Wohnung, sondern auch aus dem Wohnumfeld, welches ihm *„zu wenig ansprechend und zu dreckig"* ist. Im Interview verrät er, dass er *„am liebsten in die Berge möchte, auf die Gipfel"*. Er würde gerne auf einem Bauernhof leben und mehr von der Welt sehen. Ihm fehlt die Möglichkeit, mit dem Bus oder dem Zug irgendwohin zu fahren, beispielsweise in den Urlaub. Nach seinen drei heimlichen Wünschen gefragt, möchte er *„mit der Familie in Spanien Urlaub machen, in andere Länder reisen, wieder mal mit der Mama Zug fahren"*. Wen wundert es da, dass sein aktueller Berufswunsch lautet, Busfahrer zu werden.

Robi setzt sich nicht gerne mit seinen Geschwistern auseinander, dennoch wäre er lieber mehr zu Hause, statt den Nachmittag im Hort zu verbringen. Bedauernd stellt er fest, er habe zu wenig Zeit für seine Mutter, meint aber wohl eher: sie für ihn. Das vermittelt ihm das Gefühl, zu kurz zu kommen. Robi hat keinen kontinuierlichen Kontakt zu seinem Vater. Es gibt Streitigkeiten wegen des Umgangs, und so darf er ihn nicht besuchen. Anscheinend trinkt der Vater, und deswegen möchte die Mutter den Umgang der beiden unterbinden. Auch wenn die Interviewerinnen nicht den Eindruck hatten, dass Robi von der Mutter emotional vernachlässigt wird, hat der Junge offensichtlich viel Kummer und Enttäuschungen zu verarbeiten und fühlt sich damit allein gelassen.

Robi hat im Gegensatz zu Gleichaltrigen keine Hobbies, jedenfalls nichts Regelmäßiges, allenfalls erwähnt er den Fußball; er bräuchte offensichtlich mehr Abwechslung und Anregungen. Insgesamt zeichnet er ein eher negatives Bild seiner Situation und verheimlicht nicht, dass es vieles gibt, was ihn stört. Zudem hat er Probleme mit seiner Figur, was ihn beim Sport behindert. Entsprechend negativ gefärbt ist sein Selbstbild. Auffallend ist, dass der Junge ausgesprochene Veränderungsfantasien hegt, sogar teils ganz konkrete, die sein unmittelbares Wohnumfeld betreffen: Er möchte die Häuser schöner machen und auch das Umfeld *„aufräumen"*. So liegt es nahe, dass er Zukunftswünsche hat, die einen Ausweg aus der aktuellen Situation weisen. Selbst zu den gesellschaftlichen Verhältnissen macht er sich Gedanken: Er möchte alles Böse verbannen, und vor allem soll es keinen Krieg geben.

Gemeinsamkeiten und Unterschiede der beiden Geschwister

Von außen betrachtet, ist die *Ausgangsituation* der beiden Geschwister zunächst vergleichbar: materielle Knappheit, wohnungsmäßige Enge, soziale Isolation und eingeschränkte räumliche Mobilität der Familie. Beide leben bei ihrer alleinerziehenden Mutter und haben kaum oder gar keinen Kontakt zu ihren Vätern. Die Mutter wird von den Interviewerinnen als warmherzig beschrieben, und beide haben den Eindruck, dass sie für ihre Kinder sorgt und für sie da ist. Aber schon hier beginnen die Unterschiede: Angel betont, dass sie gerne mit der Mutter schmuse und von ihr getröstet werde, wenn sie etwas traurig macht. Robi hat das Gefühl, eher zu kurz zu kommen, und führt dies darauf zurück, dass er so wenig zu Hause sei. Die Familie lebt sehr zurückgezogen. Beide Kinder haben kaum Kontakte im Wohnumfeld, obwohl es in der Siedlung viele gleichaltrige Kinder gibt. Angel hat immerhin ein

Mädchen im Haus, mit dem sie manchmal spielt; für Robi entfällt eine solche Möglichkeit, weil er nachmittags, wenn sich die Kinder im Wohnumfeld draußen treffen, im Hort ist.

Sicherlich spielen bei einem Vergleich der beiden Geschwister das *Alter* und auch das *Geschlecht* eine Rolle. Ein sechsjähriges Mädchen sieht die Welt mit anderen Augen als ein neunjähriger Junge. Die kleinere Angel nimmt die materielle Situation der Familie offensichtlich anders wahr als ihr älterer Bruder: Sie legt – obwohl Mädchen – noch nicht so viel Wert auf Kleidung, und auch die Wohnungsenge stört sie nicht so direkt. Sie vermag wohl noch nicht richtig einzuschätzen, wie es finanziell um die Familie bestellt ist: Das eine Mal sagt sie, dass ihre Familie arm sei, das andere Mal ist sie der Auffassung, dass sie nicht zu wenig Geld hätten. Einerseits ist es ihr *„egal, ob die Familie Geld hat“*, und andererseits wünscht sie sich, *„dass ihre Familie reich wäre“*. Robi dagegen beklagt sich offen über die materielle Knappheit und meint, das komme daher, dass sie zu viele sind. Er möchte vor allem keine Kleider aus der Kleiderkammer tragen, sondern „Markenklamotten“ wie die anderen „Jungs“ in der Schule. Er würde sich vieles wünschen, *„aber das geht halt nicht“* – das heißt, er schätzt die materielle Situation realistisch ein.

Wie unterschiedlich die Wahrnehmung von zwei Kindern sein kann, lässt sich an Hand der Antworten beider Geschwister auf einen Fragenbogen anschaulich zeigen, mit dem das Wohnumfeld abgefragt wird: Während Robi bejaht, dass es dort eine Spielstraße gibt, Bäume zum Hinaufklettern, einen Sportplatz, einen Kindertreff und ein Jugendzentrum, auch einen Schulhof, auf dem man spielen, und einen Kiosk, wo man sich etwas kaufen kann, verneint die jüngere Schwester dies alles. Für sie ist altersbedingt die Straße zu verkehrsreich, sie hat den Kiosk in der Nähe noch nicht zur Kenntnis genommen, und für sie sind weder der Schulhof noch der Sportplatz in Reichweite.

Wie das Beispiel der beiden zeigt, kann auch die *Geschwisterabfolge* dafür entscheidend sein, wie die familiäre Notlage erlebt wird. Angel kommt es offensichtlich zugute, dass sie die Jüngste in der Familie ist. Auf sie wird öfter Rücksicht genommen, sie sitzt auf dem Schoß der Mutter wie im Schoß der Familie, geliebt und geborgen. Auch wenn sie sich von den größeren Brüdern einiges gefallen lassen muss, findet sie Trost bei der Mutter. Von Robi, der nicht mehr so klein ist, erwartet die Mutter, dass er mit vielem alleine zurande kommt. So antwortet er auf die Frage, ob die Mutter ihn tröste, wenn er traurig sei, mit einem wortkargen *„Klar“*.

Auch *charakterliche Merkmale und die physische Konstitution* des jeweiligen Kindes fallen ins Gewicht, wenn wir die jeweiligen Bewältigungsmuster erfassen wollen. Robis Verhaltensauffälligkeit, die zweifelsohne aus einer Überforderung mit der häuslichen Situation resultiert, bringt ihm offensichtlich Nachteile ein – vor allem den verhassten Nachmittag im heilpädagogischen Hort. Er hat mit Hänseleien wegen seines Äußeren zu kämpfen und leidet unter den Handgreiflichkeiten seiner Mitschüler, vor allem im Hort. Angel dagegen dürfte ihr aufgeschlossenes und kommunikatives Wesen vieles erleichtern.

Hier zeigen sich auch Unterschiede im Bewältigungsverhalten, die man als *geschlechtsspezifisch* etikettieren könnte. Aus dieser Sicht werden Mädchen eher soziale Kompetenzen und die Fähigkeit zugeschrieben, sich bei Problemen Hilfe von außen zu suchen. Das passt jedenfalls zu Angel, die gerne Trost bei der Mutter sucht und später – bei ihrem aufgeschlossenen Wesen – sicherlich auch eine beste Freundin haben wird oder gar mehrere, um ihre Sorgen mit ihnen zu teilen. Den Weg zur Mädchengruppe hat sie ja schon gefunden, und auf die Schule freut sie sich, weil sie dort Freundinnen und einen Freund hat.

Robi dagegen scheint sich mit seinen Sorgen eher in sich zurückzuziehen. Wenn er schlecht geträumt hat, geht er zwar zur Mutter, aber wenn er mit Problemen aus dem Hort nach Hause kommt, zieht er sich in ein Zimmer zurück oder geht nach draußen. Robi hat, wie seine Antworten zeigen, durchaus Zugang zu seinen Gefühlen, aber wie manch andere Jungen Schwierigkeiten, sie direkt zu zeigen. Das muss er kompensieren, indem er sich vergräbt oder „stachelig macht". Im Hort hat er sich wohl mit drei „Jungs" angefreundet, die aber alle derart weit entfernt wohnen, dass sie sich nicht gegenseitig besuchen können. Da Robi auf einer Sonderschule ist, kommen die Kinder aus allen möglichen Stadtteilen – zum Beispiel Angelmodde, Kinderhaus, Roxel – dorthin, und dasselbe trifft für den Hort zu. So wohnt sein Freund Pasqual in Roxel, also auf der entgegengesetzten Seite von Münster. Robi kreuzt an, dass es Kinder gebe, die nicht mit ihm spielen möchten. Das dürfte mit seinem hohen Aggressionspotenzial zu tun haben. So sagt er selbst, dass man ihn, *„wenn er böse ist, lieber in Ruhe lassen soll, weil er schnell sauer wird"*. Deshalb wohl setzt er sich nicht gerne mit seinen Geschwistern auseinander, obwohl er sie – wie er im Interview verrät – *„ganz dolle vermissen würde"*. Robi tendiert also eher dazu, die Probleme mit sich selbst auszumachen oder sie, wenn ihm das nicht gelingt, nach außen in Form von Aggression weiterzugeben. Das sind Bewältigungsmuster, die eher Jungen zugeschrieben werden.

Die beiden Geschwister sind ein anschauliches Beispiel dafür, dass materielle Armut von einzelnen Familienmitgliedern so unterschiedlich wahrgenommen und erfahren werden kann, als lebten sie in zwei Welten. Hier gibt es nicht nur Unterschiede zwischen Erwachsenen und Kindern, sondern auch zwischen Kindern, besonders zwischen Jungen und Mädchen.

Schlussfolgerung: Auf die Kinder hören!

Gehen wir wieder zurück auf die verallgemeinernde Ebene und zu ausgewählten Erkenntnissen aus den beiden Studien: So hat sich mit dem Beispiel des Geschwisterpaares gezeigt, wie konkret und anschaulich sich anhört und anfühlt, was im wissenschaftlichen Duktus der Abstraktion scheinbar so abgehoben und distanziert klingt. Als Ergebnis unserer Befragung von Mädchen und Jungen im Grundschulalter, also Typen wie Angel und Robi, die nach unserem Verständnis in Armutslagen leben, bleibt festzuhalten, dass sämtliche Kinder – mehr oder weniger ausgeprägt – in allen ihren Lebensbereichen Einschränkungen benannt haben, die auf die materielle Armutssituation zurückzuführen sind. Dabei variieren die von den Kindern wahrgenommenen Beeinträchtigungen ihres Wohlbefindens sowohl hinsichtlich ihres Ausmaßes als auch der zu beobachtenden Wechselwirkungen. Diese Beobachtung ließe sich aber nur im Quervergleich der Einzelfälle konkreter darstellen – wie bei Angel und Robi geschehen – oder erst in einer ganzheitlichen Betrachtung jedes Einzelfalles. Die Ausgestaltung der kindlichen Spielräume ist immer zur familialen Situation und elterlichen Lebenslage in Beziehung zu setzen. Dabei kann aber keineswegs davon ausgegangen werden, dass die elterlichen und kindlichen Lebenslagen in gleichem Maße von der Armutssituation tangiert sind.

Zusammenfassend sei festgehalten, dass die befragten Kinder – auch wenn ihre Grundversorgung bis auf Einzelfälle meist ausreichend abgedeckt zu sein scheint – in fast allen Lebensbereichen konkrete Unterversorgungsaspekte spüren und benennen. Besonders deutlich nehmen die Kinder Einschränkungen hinsichtlich Wohnen und Kleidung, Interessenentfaltung im Freizeitbereich sowie bei sozialen Kontakten zu Gleichaltrigen wahr. Die Beeinträchtigung solcher Kontakte kann sowohl Folge zu engen Wohnraums und eingeschränkter räumlicher Mobilität sein, aber auch von kindlicher Scham und Rückzugstendenz. Aufgrund der Tatsache, dass diese Kinder weniger an außerschulischen Freizeitaktivitäten teilnehmen können, knüpfen sie mangels anderer Gelegenheiten ihre sozialen Kontakte zu Gleichaltrigen fast ausschließlich in der Schule, allenfalls in der Nachbarschaft. Ausschlaggebend für Kinder dieser Altersgruppe ist zudem, ob die Eltern in der Lage sind, die Kontaktwünsche ihrer Kinder zu fördern, indem sie die dazu erforderliche räumliche Mobilität unterstützen, etwa durch Anschaffung eines gebrauchten Fahrrades. Auf der gefühlsmäßigen Ebene signalisieren die Kinder eindeutig Differenzerfahrungen sowie den Nachhall von Ausgrenzung und Stigmatisierung, obwohl es ihnen zumindest im Interview offensichtlich schwer fiel, darüber zu sprechen.

Als Fazit kann aber auch festgehalten werden, dass die Armutslage von den betroffenen Mädchen und Jungen unterschiedlich wahrgenommen wird. Das kindliche Erleben differiert im Einzelfall je nach der familiären Ausprägung von Armut, Alter und Geschlecht des Kindes, aber auch inwieweit es den Eltern – insbesondere den Müttern – gelingt, die familiäre Knappheitssituation zu managen. Entscheidenden Einfluss hat also, wie die Erwachsenen selbst die Situation zu bewältigen vermögen. Hier zählt vor allem, ob die Eltern/Mütter die Möglichkeit eines baldigen Ausstieges aus der Armutslage sehen. Besteht Hoffnung darauf, dass sich die familiäre Lage in absehbarer Zeit verbessert? Lässt sich da etwas aus eigener Kraft oder mit Hilfe anderer in Bewegung setzen? Gerade hierfür spielen die kulturellen und sozialen Ressourcen der Eltern eine wichtige Rolle. Je besser vernetzt man ist, desto leichter mag es gelingen, je umfassender die Bildung, desto größer im Regelfall die Chancen. Die kindliche Wahrnehmung der eigenen Situation richtet sich stark nach der erlebten Eltern-Kind-Beziehung sowie der familiären Atmosphäre insgesamt.

Aber auch Erfahrungen in den außerfamiliären Lebenswelten – wie Umgang mit Gleichaltrigen, Schule, Hort – sind für die Bewältigung der Armutslage wichtig. Hier können die Kinder ebenso förderliche Ankerpunkte finden wie auf zusätzlich belastende Faktoren treffen: Finden die Kinder in Schule und Hort Unterstützung und Kompensation bei der Bewältigung ihrer Lebenslage, werden diese Lebenswelten zum Schutzfaktor. Ignoriert man dort aber die häusliche Situation und überfordert so die betreffenden Kinder, dann werden diese Welten zu einem weiteren Risikofaktor. Auch wenn es manchen dieser Mädchen und Jungen glücklicherweise unerwartet gut geht, sind die erhobenen Befunde schlimm genug und zeigen Beschädigungen durch Armut, die es in einer reichen Gesellschaft nicht geben dürfte. Nicht zu vergessen ist, dass auch das genaueste und einfühlsamste Interview nicht wirklich nachzeichnen kann, dass manche Kinder noch viel mehr registrieren, als sie je zeigen. Worüber sie schweigen, darüber müssen wir erst recht nachdenken. Könnten wir sie später nochmals befragen, würden sie vermutlich einiges davon preisgeben, auch welche Spuren die Armutserfahrungen in der Kindheit zeitlebens bei ihnen hinterlassen haben. Was zu tun ist, erfahren wir am besten, wenn wir auf die Kinder hören.

Je mehr *die Kinder selbst* mit ihrer Wahrnehmung und ihrem Bewältigungsstreben in den Blickpunkt der Öffentlichkeit geraten, desto eher besteht die Chance, ihren Bedürfnissen entsprechende Antworten zu finden und die Gesellschaft gegen Kinderarmut zu mobilisieren. Kinder werden immer wieder traurig sein, sich abgelehnt oder ohnmächtig fühlen, auch unter uns. Hört man ihnen aber genau zu, will man es wissen – dann benennen sie freilich ganz klar auch jene Punkte, an denen wir bei gutem Willen sehr wohl etwas ändern könnten. Wer fragt, muss auch die Antwort ertragen.

Armut als Entwicklungsrisiko – eine kindheitssoziologische Annäherung an die Resilienzforschung[1] (2007)

Kinderarmut war bislang in der deutschen Kindheitssoziologie kaum ein Thema. Daher soll hier ein erster Versuch einer theoretisch-konzeptionellen Annäherung an die Thematik aus Sicht dieser Disziplin unternommen werden. Wir bewegen uns dabei im Spannungsfeld von drei unterschiedlichen Forschungsrichtungen:

- **Die „neue soziologische Kindheitsforschung“[2]:** Sie betrachtet Kinder und Kindheit vor allem im Kontext von gesellschaftlichen Generationen. Dementsprechend führt sie Kinderarmut ursächlich auf die Ausgestaltung des Generationenverhältnisses im Wohlfahrtsstaat zurück (Hengst/Zeiher 2005, Kränzl-Nagl/Mierendorff/Olk 2003).
- **Die „Kinderarmutsforschung“:** Dieser Zweig der Armutsforschung hat seit Beginn der 2000er Jahre erste empirische, vorwiegend qualitative Studien zur Kinderarmut in der Bundesrepublik vorgelegt. Darin sind materielle und immaterielle Auswirkungen von Armut auf Kinder und kindliche Bewältigungsstrategien untersucht worden (Richter 2000, AWO-ISS-Studien 1999–2005, Chassé/ Zander/ Rasch 2003, Butterwegge/Holm/Zander 2003).[3]
- **Die „Resilienzforschung“:** Diese aus der Entwicklungspsychologie hervorgegangene Forschungsrichtung sieht vor allem in chronischer Armut ein zentrales Entwicklungsrisiko für Kinder. Sie ver-

---

1 Vortrag auf der Sektionstagung „Soziologie der Kindheit“, München 5./6.10.2007.

2 Mit der neuen soziologischen Kindheitsforschung hat sich in den 1990er Jahren eine neue Sicht auf Kinder als eigenständige soziale Akteure und auf Kindheit als selbstständige Lebensphase durchgesetzt. Als einführend sei hier folgende Publikation empfohlen: Hengst, Heinz/Zeiher, Helga (Hrsg.): Kindheit soziologisch, Wiesbaden 2005.

3 Als AWO-ISS-Studien fasse ich hier folgende Einzelstudien zusammen: Hock/Holz 1999; Hock/Holz/Wüstendörfer 2000; Holz/Skoluda 2003; Holz/Puhlmann 2005. Daneben gibt es eine eher politikwissenschaftlich orientierte Auseinandersetzung mit Kinderarmut auf der Makro-Ebene: Butterwegge 2001; Butterwegge/Klundt/Zeng 2005; Beisenherz 2002.

sucht mit ihren komplexen Modellen zur Wirkungsweise von Risiko- und Schutzfaktoren, neue Handlungskonzepte aufzuzeigen.[4]

Mein Anliegen ist es nun zu klären, inwiefern die wissenschaftliche Auseinandersetzung mit Kinderarmut durch eine Zusammenführung der drei genannten Forschungsperspektiven erkenntnisfördernde Impulse erfahren könnte, sodass sich daraus auch neue Anstöße für die praxisorientierte sozialpädagogische Arbeit ergeben. Dabei möchte ich zunächst jeweils zentrale Fragestellungen und ausgewählte theoretische Konzepte vorstellen, mit denen die drei genannten Forschungsrichtungen die Kinderarmutsthematik aufgreifen. Ich werde auch auf sich abzeichnende Spannungsfelder und mögliche Inkompatibilitäten hinweisen. Am Ende steht mein Plädoyer für eine interdisziplinäre Herangehensweise an Kinderarmut, weil ich mir davon den größten Erkenntnisgewinn verspreche.

Deutungsmuster der Kindheitssoziologie: Kinderarmut aus makrosoziologischer Sicht

Einen wichtigen Bezugspunkt bilden für mich die von der Kindheitssoziologie vertretenen Grundsätze, denen zufolge Kinder nicht nur in ihrer zukünftigen Entwicklungsperspektive, sondern auch in ihrem Gegenwartsbezug ernst zu nehmen sind, da man ihnen als eigenständigen sozialen Akteuren mit Anspruch auf Autonomie und Partizipation begegnen muss.[5]

Kinderarmut als Folge verweigerter sozialer Bürgerrechte

Ausgehend vom zentralen Paradigma der Kindheitsforschung – das Kinder als „soziale Gruppe" in der generationalen Ordnung der Gesellschaft eingebettet sieht –, hat Jens Qvortrup eine Analyse des Wohlfahrtsstaates aus der Kinderperspektive vorgelegt. Qvortrup führt die marginalisierte Position von Kindern im marktwirtschaftlich organisierten Wohlfahrtsstaat darauf zurück, dass ihnen die sozialen Bürgerrechte vorenthalten würden (Qvortrup, in: Kränzl-Nagel et al. 2003). Daher verfügten Kinder im Wohlfahrtsstaat nur über eingeschränkte, von Erwachsenen abgeleitete soziale Rechte; er nennt

4 Explizit mit Armut von Kindern als Risiko haben sich dabei insbesondere Werner/Smith (1982) und Luthar (1999) befasst.

5 In der Kindheitssoziologie operiert man mit dem Gegensatzpaar von „Kindern als Werdenden" und „Kindern als Seienden".

das den „Adultismus des Wohlfahrtsstaates“. Das bestehende Machtgefälle zwischen den Generationen führe so zur Nichtabsicherung oder lediglich zu unzureichender sozialer Absicherung von Kindern. Das habe unter anderem auch Kinderarmut zur Folge.

In dieser Deutung wird die Ursache von Kinderarmut in der gesellschaftlich marginalisierten und vernachlässigten, weil machtlosen Position der Kinder in einer hierarchisch strukturierten generationalen Ordnung gesehen. Eine Lösungsperspektive wäre hier die Anerkennung sozialer Bürgerrechte von Kindern. Allerdings dürfte man dann nicht beim rechtlichen Schritt stehen bleiben, wie etwa mit der Verabschiedung der UN-Kinderrechtskonvention, sondern müsste auch konkrete Umsetzungsmodalitäten und Kontrollen festlegen.

Kinderarmut als Folge verweigerter gesellschaftlicher Honorierung von kindlicher Bildungsarbeit

Ein weiterer kindheitssoziologischer Ansatz findet sich bei Helmut Wintersberger (in: Hengst/Zeiher 2005). Wintersberger räumt Kindern auch einen ökonomischen Stellenwert in der Gesellschaft ein. Er findet es falsch, dass Kinder in der auch zwischen den Generationen arbeitsteilig organisierten Marktwirtschaft als unproduktive Mitglieder gelten. Kinder hätten daher in einer solchen Gesellschaft keinen direkten Zugang zu ökonomischen Ressourcen. Dabei werde die „Arbeit“, die Kinder in Schule und Bildungswesen zu leisten hätten, um sich für die Arbeitsgesellschaft zu qualifizieren, nicht wertgeschätzt und honoriert. Die Arbeit der Kinder, deren Nutznießerin die Gesellschaft sei oder die doch zumindest Teilsystemen der Gesellschaft zugutekomme, wie zum Beispiel der Wirtschaft, werde nicht entlohnt. Damit eigne sich die Gesellschaft den Nutzen dieser Arbeit an, ohne eine entsprechende Gegenleistung zu erbringen. Demgegenüber hätten die Eltern infolge der historischen Transformation von Kindheit mit den verlängerten Ausbildungszeiten zu einem größeren Teil die Kosten für die Kinder zu tragen, ohne daraus ökonomischen Nutzen zu ziehen.

Dieser Interpretationsansatz deutet Kinderarmut als soziale Ungerechtigkeit zwischen den Generationen. Hier steht als Ursache die gesellschaftliche Weigerung im Vordergrund, Kinder am gesellschaftlichen Nutzen ihrer Arbeit zu beteiligen.

Deutungsmuster „Kinderarmut im Kontext gesellschaftlichen Wandels“

Als dritten Ansatz sollte auf die Modernisierungstheorie verwiesen werden, auf die in der Kindheitssoziologie ebenfalls immer wieder Bezug genommen wird. In diesem Kontext seien zwei unterschiedliche Deutungsvarianten angeführt.

In der Betrachtungsweise dieser Theorie unterliegt Kindheit – ähnlich wie der Erwachsenenstatus – einem generellen gesellschaftlichen Wandel. Ausgehend von der Ausformulierung dieser Theorie durch Ulrich Beck (1986) haben Manuela du Bois-Reymond (et al. 1994) und ihr Mitautorenteam eine Typologie erarbeitet, die zwischen unterschiedlichen Modernitätsgraden von Kindern unterscheidet. Die einzelnen Typen legen sie anhand von Trends kinderkultureller Praxis, der Entwicklung des Eltern-Kind-Verhältnisses und der kindlichen Biografieverläufe fest. Je nach Ausprägung dieser Merkmale differenzieren sie zwischen hochmodernen, teilmodernen und traditionalen Kindheiten. „Ihre Ausgangsthese ist dabei, dass unterschiedliche Modernisierungsgrade mit ungleichen Zugangschancen zu sozialen, kulturellen und biografischen Ressourcen verbunden sind“ (Chassé/Zander/Rasch 2003, S. 37). Du Bois und ihr Mitautorenteam stellen dabei eine partielle Entkoppelung von sozialer Lage und kindlichem Habitus fest. Sie betonen stärker die „horizontale“ Differenzierung, die sie auf unterschiedliche Modernisierungsgrade zurückführen, und rekurrieren weniger auf Unterschiede, die sich durch die jeweilige Schichtzugehörigkeit ergeben. Allerdings gelangen du Bois und ihr Team dennoch zu der Einschätzung, dass letztlich vor allem die armen und benachteiligten Kinder zu den Modernisierungsverlierern zählen. Abgehängt würden Kinder, deren Familien nicht über die nötigen personellen und materiellen Ressourcen verfügen, um ein gedeihliches Aufwachsen in modernisierten Kindheitsstrukturen zu ermöglichen. Wir haben es hier also mit einer Überlagerung von „horizontalen“ und „vertikalen“ Ungleichheitsstrukturen zu tun. Alltag und Lebenslage von armen Kindern zeigen dieser Typologie zufolge Modernisierungsdefizite, die auf eine eingeschränkte Teilhabe an moderner Kinderkultur und einen Mangel an sozialen wie kulturellen Gütern zurückzuführen sind.

Eine etwas abgewandelte Deutungsvariante vertreten Günther Opp und Michael Fingerle (2007). Sie gehen ebenfalls von der Beck'schen Gesellschaftsanalyse aus (Beck 1996), um den Status von Kindern in der Risikogesellschaft näher zu bestimmen. Laut Opp und Fingerle sind Kinder generell in modernen Gesellschaften mit spezifischen Risiken des Aufwachsens konfrontiert. Diese Risiken seien jedoch in ihrer Quantität und Qualität nicht gleich, sondern sozialstrukturell unterschiedlich verteilt. Die Ambivalenz von Chancen und Risiken, in die moderne Kindheit eingebettet sei, führe daher zu einer zunehmenden gesellschaftlichen Polarisierung zwischen Gewinner/innen und Verlierer/innen. Diese Polarisierung spiegle sich in der vorhandenen, fehlenden oder nur mangelhaften Ressourcenausstattung der Kinder wider. Mit anderen Worten: Die hier speziell betrachtete Gruppe in

Armut aufwachsender Kinder wird im Prozess der gesellschaftlichen Modernisierung nur dann überhaupt eine Chance haben, zu den Gewinnern zu zählen, wenn sie mit entsprechenden Schutzfaktoren ausgerüstet ist oder solche Schutzmechanismen für sie mobilisiert werden können.

Kinderarmut oder auch spätere Armut im Erwachsenenalter werden hier als Folge unzureichender Ressourcenausstattung in der Risikogesellschaft gesehen. Die immateriellen Güter, so die Autoren, seien dabei noch wichtiger als die materiellen, da es in modernen Gesellschaften vor allem um Teilhabe an Bildung gehe.

Kinderarmutsforschung: Verbindung von individuellen und strukturellen Aspekten

Forschungsstand

Gleich mehrere Studien der vorwiegend qualitativ orientierten Kinderarmutsforschung hierzulande gehen von Armut als „Lebenslage" aus, einem aus der Armutsforschung übernommenen Konstrukt, und haben dieses Konzept in kindgemäßer Form auf die Lebenslage von Kindern übertragen. Damit basieren diese Studien auf einem Analyseinstrument, mit dem Armut ebenso als individuelle Lebenslage wie als sozialstrukturelles Moment sozialer Ungleichheit beschrieben werden kann. Das gilt im Übrigen auch für das neuerdings auf internationaler Ebene eingeführte Konzept des kindlichen Wohlbefindens, das auch dem Kinderpanel des Deutschen Jugendinstitutes zugrunde liegt.[6] Kinderarmutsstudien wie die von Richter (2000), Chassé/Zander/Rasch (2003) und Butterwegge/Holm/Zander (2003) sowie die AWO-ISS-Studien (1999–2005) setzen sich schwerpunktmäßig mit der Frage auseinander, wie Kinder und Familien mit Armutsverhältnissen umgehen, also Armut bewältigen.

Aber auch die Kinderarmutsforschung orientiert sich an leitenden Prinzipien der Kindheitssoziologie, so an der Kinderperspektive und am Gegenwartsbezug. Anders als die Kindheitssoziologie blendet sie jedoch nicht die Entwicklungsperspektive aus. Die Kinderarmutsforschung sieht Kinder zwar auch in ihrer Rolle als „aktive Subjekte" und erforscht daher deren individuelle Bewältigungsstrategien. Sie weicht jedoch in ihrer makrosoziologischen

6 Hierzu sei auf das neue Messkonstrukt des „Wohlbefindens" hingewiesen, das auf internationaler Ebene (UNICEF und EU) neuerdings eingesetzt wird und das auch beim DJI-Kinderpanel zugrunde gelegt wurde: Beisenherz 2007, UNICEF 2007.

Deutung vom Paradigma der generationalen Ordnung ab, wie es von der soziologischen Kindheitsforschung vertreten wird. Sie betrachtet nämlich in Armut aufwachsende Kinder als gesonderte soziale Gruppe und unterscheidet wiederum zwischen „armen“ und „nicht-armen“ Kindern. Damit verwendet sie traditionelle Kategorien sozialer Ungleichheit. Außerdem greift die Kinderarmutsforschung auf Erkenntnisse aus verschiedenen Fachrichtungen zurück: Sie berücksichtigt die Sozialisationsforschung – so etwa mit Bezug auf Klaus Hurrelmann (1983 und 1995) – ebenso wie Positionen der Entwicklungspsychologie (zum Beispiel Havighurst 1972 und Erikson 1961). Sie bezieht sich auf die psychologische und soziologische Stresstheorie (zum Beispiel Lazarus/Launier 1981 und Pearlin 1989) und auf das sozialpädagogische Konzept der Lebensbewältigung, wie es beispielsweise von Böhnisch/Schefold (1994) formuliert wurde. Mit dieser eklektischen Position, die Elemente aus verschiedenen Theorien integriert, weicht die Kinderarmutsforschung vom Mainstream der modernen soziologischen Kindheitsforschung ab.

Heterogenität von kindlichen Lebenslagen in Armutsverhältnissen

Die qualitative Kinderarmutsforschung setzt sich in erster Linie mit der Unterschiedlichkeit kindlicher Lebenslagen auseinander und hat dabei vor allem Kinder in Armutsverhältnissen im Blick. So stellt beispielsweise die AWO-ISS-Studie im Vergleich von „armen“ mit „nicht-armen“ Kindern fest, dass die Lebenslagen der Kinder nicht einfach dichotom verteilt seien. Vielmehr werden anhand von ökonomischen, sozialen, kulturellen und gesundheitlichen Merkmalen unterschiedliche Typen von „kindlichen Lebenslagen“ konstruiert (Hock/Holz/Wüstendörfer 2000). Die Studie spricht von „Wohlergehen“, wenn trotz eingeschränkter materieller Ressourcen keine weiteren Beeinträchtigungen bei den Kindern erkennbar seien. Treten neben der unzureichenden materiellen Ausstattung auch in anderen Bereichen Mangelsituationen auf, wird von „sozialer Benachteiligung“ ausgegangen. Ist die Lebenslage eines Kindes jedoch mehrfach in materieller, sozialer, kultureller und gesundheitlicher Hinsicht von negativen Folgen tangiert, dann liege „multiple Deprivation“ vor. Diesen drei Lebenslagen-Typen lassen sich – allerdings mit signifikanten quantitativen Unterschieden – jeweils sowohl „arme“ als auch „nicht-arme“ Kinder zuordnen. Im Endeffekt wird eine ungleiche Verteilung von Lebenslagentypen in der Gesamtheit der Kinder – sprich: des Samples – festgestellt, wobei die ungünstigeren Typen eindeutig mit materieller Unterversorgung korrelierten.

Diese Betrachtungsweise knüpft an die Phänomenologie von „sozialer Ungleichheit“ an. Sie steht somit in einem eindeutigen Gegensatz zur Konstruktion von Kindern als einer homogenen sozialen Gruppe und deren gemeinsamer Positionierung in der generationalen Ordnung, wie sie die moderne Kindheitsforschung vornimmt. Die Armutsforschung betont die Binnendifferenzierung innerhalb der Kindergeneration und sieht Kinderarmut vorwiegend als Folge von Erwachsenenarmut.

Unterschiede in der Betroffenheit von Kindern und Erwachsenen

Ein weiteres Ergebnis der Kinderarmutsforschung liegt in der Erkenntnis, dass Kinder Armut anders erleben als Erwachsene. Differenzen werden sowohl hinsichtlich Wahrnehmung, Deutung als auch Bewältigung von Armut herausgearbeitet (Chassé/Zander/Rasch 2003). Dabei können Unterschiede in der Ausgestaltung des innerfamiliären Generationenverhältnisses, also Erziehungsstile und die Art der Eltern-Kind-Beziehung, die Bewältigungsmuster der Kinder beeinflussen. Vor allem wirken sich die Bewältigungsstrategien der Eltern auf die Kinder aus.

Dem Postulat der Subjektperspektive des Kindes wird, wie von der neuen Kindheitssoziologie gefordert, durch die Erforschung subjektiver kindlicher Bewältigungsstrategien Folge geleistet. Der Vergleich von kindlichen und elterlichen Bewältigungsmustern spiegelt das generationale Verhältnis von Kindern und Erwachsenen auf der Mikroebene wider. Kinder agieren im Familiensystem im Austausch mit anderen Kindern (Geschwistern) und Erwachsenen (Eltern oder Ersatzbezugspersonen). Mit zunehmendem Alter gewinnen für die Kinder auch außerfamiliäre Lebenswelten an Bedeutung. Das kann zu einer größeren Autonomie von der familiären Lebenslage führen. Gleichzeitig betreten die Heranwachsenden aber auch neue Arenen, wie etwa Gleichaltrigenbeziehungen und Schule, in denen sich die kindliche Armutsbewältigung außerfamiliär bewähren muss.

Differenz und Vielfalt kindlicher Bewältigungsstrategien

Ein dritter Aspekt der Kinderarmutsforschung ist die Erkenntnis, wie unterschiedlich und vielfältig selbst schon die kindlichen Strategien zur Armutsbewältigung sein können. Die Frage nach den kindlichen Verarbeitungsformen steht in der qualitativen Kinderarmutsforschung im Zentrum der Erörterung. Je nach disziplinärer Herangehensweise wird die Heterogenität von Bewältigungsmustern stärker auf subjektive Merkmale des Kindes oder bevorzugt auf die familiären und umweltbezogenen, strukturellen Aspekte des Aufwachsens zurückgeführt.[7] Im Ergebnis lassen sich also Faktoren auf mehreren Ebenen,

7 Zum Beispiel psychologische Bewältigungsmuster: Richter (2000); sozialpädagogische

beim Kind, in der Familie und in seinem weiteren sozialen Umfeld ausmachen, die man dahingehend klassifizieren kann, ob sie sich eher entlastend oder belastend für die kindliche Bewältigung von Armut auswirken.

Damit werden sogar Differenzen innerhalb der Gruppe von „armen Kindern" sichtbar. Sie liefern wichtige Anhaltspunkte für sozialpädagogisches Handeln: Mit der Unterscheidung von Faktoren, die für die kindliche Bewältigung förderlich sind, und solchen, die sie behindern, ergibt sich eine Parallelität zu den *Schutz- und Risikofaktoren* im Resilienzdiskurs. Somit wird eine Brücke zu dieser Forschungsrichtung geschlagen, die anders als etwa in den USA hierzulande noch recht neu ist.

Kinderarmut als Entwicklungsrisiko in der Resilienzperspektive

Kinderarmut und Resilienz

Neuerdings wird daher in der Kinderarmutsforschung auch auf den Resilienzdiskurs rekurriert, der sich aus der Entwicklungspsychopathologie entwickelt und im anglo-amerikanischen Raum seine Ursprünge hat. Dabei handelt es sich um eine neue Zugangsweise zur Thematik von Bewältigung, weil hier das Phänomen von kindlicher Widerstandsfähigkeit in Risikosituationen betont wird (Zander 2008). Die Resilienzforschung betrachtet Kinder in der Familie, ihrem unmittelbaren Umfeld und in der weiteren sozialen Umgebung von Kita, Schule und Hort, also vorwiegend auf der Mikro- und Meso-Ebene. Erkenntnisleitende Frage ist dabei, inwiefern Kinder auf diesen Ebenen entwicklungsgefährdenden Risiken ausgesetzt sind. Gleichzeitig wird aber auch genau auf diesen Ebenen nach Schutzfaktoren für eine „positive" Entwicklung des Kindes gesucht. Sind ausreichend Schutzfaktoren vorhanden, damit ein risikogebeuteltes Kind auf seine eigene Resilienzfähigkeit bauen kann, oder ist es auf entsprechende Schutzfaktoren von außen angewiesen?

Kinderarmut – insbesondere „chronische Armut" und „Armut als Kumulation von Benachteiligungen und Risiken" – wird in der Resilienzforschung als ein zentrales Entwicklungsrisiko gesehen[8]. Nach dem Verständnis der

Bewältigungsmuster, in: Chassé/Zander/Rasch 2003 und AWO-ISS-Studien 1999–2005; familiensoziologische Bewältigungsformen: Walper 1988/1999/2001.

8 Seltener wird in diesem Diskurs die Beeinträchtigung des kindlichen Wohlbefindens berücksichtigt, wie das hingegen z. B. Luthar (1999) tut.

Entwicklungspsychologie stellt Armut ein nicht-normatives Entwicklungsrisiko dar, also ein Risiko, das nicht mit dem normalen Entwicklungsverlauf eines Menschen notwendig verbunden ist. Die „gelungene Bewältigung" solcher nicht-normativer Risiken, bei der die Person kaum oder keinen Schaden an Leib und Seele zeigt, deutet man als Zeichen von Resilienzfähigkeit.

Zur Erklärung dieses Phänomens hat die Resilienzforschung inzwischen eine Reihe von Modellen entwickelt, die von einer komplexen Wechselwirkung zwischen Risiko- und Schutzfaktoren ausgehen. Die dabei ablaufenden Mechanismen und Prozesse sind noch nicht endgültig erforscht und womöglich nicht endgültig erforschbar. Diskutiert werden jedoch verschiedene Modelle, die grundsätzliche Aussagen über diese Wechselwirkungen zulassen und uns brauchbare Hinweise für die Entwicklung von (sozial-)pädagogischen Handlungskonzepten geben können. Hier seien lediglich das Kompensations-, Herausforderungs- und Schutzfaktorenmodell genannt, drei durchaus miteinander zu vereinbarende Erklärungsmöglichkeiten des Zusammenwirkens von Risiko- und Schutzfaktoren (Wustmann 2004).

Explizit mit Armut als Entwicklungsrisiko haben sich Emmy Werner und Ruth Smith (1989) in ihrer bekannten Pilotstudie und Suniya S. Luthar (1999) befasst, letztere in ihren Untersuchungen zu Kindern und Jugendlichen, die in großstädtischen Armutsmilieus aufwachsen (Zander 2008).[9]

Betrachtung von Entwicklungsphasen und Genderdifferenzen

Bei der von Werner und Smith (1989) durchgeführten Kauai-Studie handelt es sich um eine interdisziplinär angelegte prospektive Langzeitstudie, mit der auf der Hawaii-Insel Kauai eine ganze Geburtenkohorte von 698 Kindern des Jahrgangs 1955 – beginnend mit der frühen pränatalen Phase bis ins Erwachsenen- bzw. mittlere Lebensalter – über einen Zeitraum von mehr als 40 Jahren in regelmäßigen Abständen untersucht wurde (Werner 2000, S. 122). Als Risikokomplexe galten vor allem perinatale Komplikationen, Armutsverhältnisse, kindliche Vulnerabilitäten, familiäre Notlagen und psychische Erkrankungen eines Elternteils.

Entgegen den ursprünglichen Erwartungen erwies sich ein Teil der Kinder, die bis zu ihrem zweiten Lebensjahr erheblichen Beeinträchtigungen und Risiken ausgesetzt waren und die von daher als sehr gefährdet (high-risk-children) eingeschätzt wurden, als „resilient". Das war immerhin ein Drittel

9 Die stärker soziologisch orientierte Richtung wird vertreten von Elder (1974, 1999) und Schoon (2006); die entwicklungspsychologische Richtung von Werner/Smith (1982 und 1989) und Luthar 1999.

der Hoch-Risiko-Kinder. Diese Kinder kamen mit chronischer Armut zurecht und meisterten mindestens drei zusätzliche Risiken erfolgreich. Sie zeigten weder schulische noch Verhaltensprobleme, waren mit ihrem Familienleben genauso zufrieden wie später mit Beruf und eigener Partnerschaft und entwickelten realistische Ziele und Erwartungen (Werner/Smith 1989).

Bemerkenswert ist dabei der durchgängige und detaillierte *Vergleich zwischen Mädchen und Jungen* in dieser Studie. Während der aufeinanderfolgenden Entwicklungsstufen wurden unterschiedliche Merkmale der körperlichen, psychischen und sozialen Entwicklung bei beiden verglichen. Gleichzeitig untersuchte man im Geschlechtervergleich die stressauslösenden Erlebnisse, die zu Lern- und Verhaltensproblemen führten.

Die entscheidende Frage war jedoch, welche Faktoren dazu beigetragen hatten, dass sich ein Teil der Hoch-Risiko-Kinder als „resilient" erwies. Die Antwort darauf wurde in einer Wechselwirkung von Risiko- und Schutzfaktoren vermutet. Dabei fassten die Autorinnen zwei Gruppen von Schutzfaktoren zusammen: einerseits personale Schutzfaktoren, also Fähigkeiten und Eigenschaften der Kinder, und andererseits Schlüsselfaktoren im Umfeld der Kinder, die sogenannten sozialen Schutzfaktoren.

Auch wenn man dafür noch keine differenziellen Erkenntnisse vorlegen konnte, haben Werner und Smith (1989) jene Auflistung von möglichen Risiko- und Schutzfaktoren vorgenommen, die noch heute zum tradierten Wissensbestand des Resilienzdiskurses zählt.[10]

Berücksichtigung von ökokulturellen Aspekten und des Wohlbefindens

Suniya Luthar (1999) gibt in ihrer Ende der 1990er Jahre erschienenen Publikation einen profunden Überblick über den US-amerikanischen Kenntnisstand der Resilienzforschung zu Kindern, die unter Armutsbedingungen aufwachsen. Vor dem Hintergrund aktueller Verarmungsprozesse liegen zwei sich immer wieder verschränkende Leitgedanken ihrer Erörterung von Resilienz im Armutskontext zugrunde:

- Sozioökonomische Deprivation ist als generelles Risiko für Fehlentwicklungen (= mal-adjustment, dreimal so häufige Anfällig-

10 Auch wenn die räumliche und zeitliche Kontextgebundenheit dieser Studie nicht übersehen werden darf, gilt es, die Erkenntnisse von Emmy Werner und Ruth Smith in die Auseinandersetzung mit der Kinderarmut zu integrieren.

keit) und schwerwiegende psychiatrische Erkrankungen (major psychiatric disorders) anzusehen.

- Dennoch ist eine erhebliche Vielfalt bei den Entwicklungsverläufen (adjustment profiles) zu erkennen. Viele Kinder, die in Armut leben, bewältigen die Situation erstaunlich produktiv.

Das besondere Augenmerk von Luthar liegt auf den dynamischen Wechselwirkungen zwischen Risiko- und Schutzfaktoren. Es reiche nicht aus, generelle Schutzfaktoren zu benennen, sondern gehe vielmehr darum, jene Prozesse zu beschreiben, die resilienzfördernde Wirkungen in einer Person auslösen. Dabei unterscheidet Luthar vier Kategorien von protektiven Faktoren (Luthar et al. 2000, S. 547):

1. *Generell protektive Faktoren* haben unmittelbar förderliche Auswirkungen. Das gilt sowohl für Kinder mit hohem als auch für solche mit niedrigem Risiko.
2. *Stabilisierende protektive Faktoren* bestärken angesichts steigenden Risikos die erreichte „Kompetenz".[11]
3. *Ermutigende protektive Faktoren* regen dazu an, sich mit Stress auseinanderzusetzen, sodass die eigene Kompetenz zur Stressbewältigung wächst.
4. *Protektive, aber reaktive Faktoren* wirken sich generell vorteilhaft aus. Allerdings kommen solche Faktoren bei hohem Risiko schwächer zum Tragen (auch: Schoon 2006, S. 78).

Eine wichtige Prämisse sei zudem die Beachtung von kulturellen Faktoren, da sie bekanntlich die Verhaltensweisen stark beeinflussen. Die kulturelle Prägung betont Luthar natürlich nicht zuletzt vor dem Hintergrund der multikulturellen Gesellschaft in den Vereinigten Staaten, in der neben Afroamerikanern auch andere Minderheiten überproportional zur Armutspopulation zählen (ökokultureller Kontext).

Insgesamt kommt Luthar in ihrer Studie zu wichtigen Erkenntnissen für die Übertragung des Resilienzkonzeptes auf die Armutspopulation. Armut als eine multifaktorielle Risikokonstellation erschwere die Ermittlung von differenziellen Schutzfaktoren. Gleichzeitig betont Luthar – und wird damit gleichsam anschlussfähig an die „neue Kindheitsforschung" –, dass man die

---

11 Dieser von Garmezy (1991) benutzte Kompetenzbegriff kommt dem der Resilienz nahe.

erzielte Resilienz nicht nur in der langfristigen Perspektive beurteilen dürfe. Vielmehr müssen auch die Gegenwartssicht der Kinder, ihr Wohlbefinden im Hier und Jetzt, und die kindliche Vorstellung von Resilienz in den Blick genommen werden. Wie Luthar das Kind in den Mittelpunkt stellt, sollte die Kinderarmutsforschung aufgreifen, wenn es um die Beurteilung des Erfolgs von Resilienz geht.

Fazit aus der vergleichenden Betrachtung der drei Forschungsrichtungen

Erstens

Die *Soziologie der Kindheit* hat unterschiedliche Ansätze entwickelt, um die Position von Kindern und Kindheit im Wohlfahrtsstaat zu bestimmen. Sie deutet die generationale Arbeits- und Ressourcenteilung auf der gesellschaftlichen Makroebene in der generationalen Perspektive, nämlich als „Adultismus des Wohlfahrtsstaates" und Verweigerung der sozialen Bürgerschaft für Kinder. Die Kindheitssoziologie verfügt so mit ihrer generationalen Betrachtungsweise über einen Erklärungsansatz, der die Ursachen von Kinderarmut im marginalen Status von Kindern als sozialer Gruppe in der Generationenordnung begründet sieht.

Meines Erachtens fehlt der Kindheitssoziologie jedoch ein theoretisches Konstrukt, um „Kinderarmut" als spezifisches Problem einer Teilgruppe von Kindern auf der Mikroebene zu erklären, also die Auswirkungen von Armut auf Alltag und Wohlbefinden von Kindern zu beschreiben und deren Bewältigungsstrategien zu erforschen. Weil die Kindheitssoziologie Kinder nur als soziale Gesamtgruppe in Abgrenzung zu anderen generationalen Gruppen wie Erwachsene und alte Menschen betrachtet, vernachlässigt sie die sozialstrukturelle Binnendifferenzierung. Ohne sie aber lässt sich die Armutsproblematik nicht erfassen. Gleichwohl kommt dieser Forschungsrichtung das Verdienst zu, mit den von ihr betonten Grundprinzipien – wie etwa der unerlässlichen Berücksichtigung der Kinderperspektive – die Kinderarmutsforschung gedanklich bereichert zu haben.

Als Lösungsansatz verweist sie auf der Basis ihrer makroanalytischen Analysen auf die erforderliche Anerkennung von sozialen Bürgerrechten für Kinder. Von einigen Verfechtern dieser Position wird sogar ein eigenes Grundeinkommen für Kinder gefordert.

Zweitens

Demgegenüber hat die *qualitative Kinderarmutsforschung* mit ihren auf der Mikroebene angesiedelten Studien eine sehr differenzierte Sicht auf Kinder als Betroffene und soziale Akteure. Sie analysiert die Differenziertheit kindlicher Lebenslagen und Bewältigungsmuster, indem sie Kinder in ihren familiären und außerfamiliären Lebenswelten betrachtet. Dabei kommt sie – ähnlich wie die Resilienzforschung – zu der Erkenntnis, dass belastende und entlastende Faktoren in diesen Lebenswelten ausschlaggebend für die kindliche Bewältigung von Armut sind. Will Kinderarmutsforschung die Makroebene mit einbeziehen, kann sie sich auf die „Soziologie sozialer Ungleichheit" berufen.

Als Lösungsperspektive bietet die Kinderarmutsforschung ein breites Spektrum von präventiven, sozialpädagogischen und sozialpolitischen Maßnahmen an, die vor allem auf kommunaler Ebene anzusiedeln wären.

Drittens

Die *Resilienzforschung* betrachtet Kinderarmut in vorwiegend psychologischer Deutung als zentrales Risiko für die Entwicklung des Kindes und sieht Armut als Folge einer Kumulation von Risiken. Dabei hat sie insbesondere die Lebensverlaufs- und Entwicklungsperspektive im Blick und läuft Gefahr, den Gegenwartsbezug, also das kindliche Erleben im Hier und Heute, zu vernachlässigen. Dieser Einseitigkeit ließe sich nach meinem Dafürhalten aber leicht begegnen, wenn man wie Luthar die Auswirkungen von Armutsrisiken auf das aktuelle kindliche Wohlbefinden berücksichtigt.

Die von der Resilienzforschung aufgestellten Erklärungsmodelle basieren auf einer Analyse von komplexen Wechselwirkungen zwischen Risiko- und Schutzfaktoren. Dieser Herangehensweise kann man anlasten, dass dabei die Subjektperspektive der Kinder in den Hintergrund gedrängt wird. Die Subjektperspektive und aktive Rolle der Kinder bei der Herstellung von Resilienz droht dann vernachlässigt zu werden, wenn man Resilienz nur abstrakt als Ergebnis eines komplexen Zusammenwirkens von Risiko- und Schutzfaktoren deutet. Diese kindferne Sichtweise kritisiert auch Luthar und fordert daher, Kinder als die eigentlichen Akteure zu betrachten und ihnen die Definitionsmacht darüber zu überlassen, was jeweils als resilientes Handeln gilt und wer den Resilienzerfolg bestimmt. Dann bietet auch diese Forschungsrichtung mit ihrer Betonung der Resilienzfähigkeit von Kindern und ihrer Erkenntnis, dass Resilienz gefördert werden kann, eine weiterführende theoretische und praktische Perspektive.

Die Erörterung der unterschiedlichen Sichtweisen von Kindheitssoziologie, Kinderarmuts- und Resilienzforschung zeigt, dass eine zufriedenstellende Beantwortung aller mit Kinderarmut verbundenen Fragen letztlich nur in einem interdisziplinären Dialog gelingen kann. Alle Fachrichtungen müssen hier ohne Abgrenzungsneurosen und Eitelkeiten ihre Kräfte bündeln, damit sie tatsächlich zum Wohl der Kinder wirken.

Kapitel 3
Von der Theorie zur Praxis – Handlungsperspektiven für die Soziale Arbeit

Einleitung

Dieses Kapitel leitet von den eher analytischen Betrachtungen zur Kinderarmut in Kapitel 1 und der Präsentation von empirischen Ergebnissen in Kapitel 2 über zu Fragen von Armutsprävention. Im Fokus steht dabei vor allem die Soziale Arbeit, weil ich an der Ausbildung für dieses Berufsfeld viele Jahre an der Hochschule mitgewirkt habe. Die ersten beiden Beiträge befassen sich mit divergierenden Sichtweisen zur Rolle, die Soziale Arbeit im Armutskontext spielen könnte, und tangieren damit das Selbstverständnis dieser Berufsgruppe. Das Scharnier zwischen eher theoretischen Reflexionen zum Handlungsauftrag der Sozialen Arbeit und konzeptionellen Überlegungen zu konkreten Handlungsoptionen mit Beispielen aus der Praxis bildet der Beitrag „Arm sein – eine schlechte Lebenslage". Die ausführliche Auseinandersetzung mit dem Lebenslagenkonzept ist bewusst an dieser Stelle – in der Mitte des Buches – platziert. Dieses Konzept dient nämlich in der (Kinder-)Armutsforschung als analytisches Raster und zeigt auf diese Weise der Sozialen Arbeit entsprechende Handlungsmöglichkeiten auf. Daraus ergeben sich dann konkrete Anforderungen an die Politik. Abgerundet wird das Kapitel durch einen Beitrag, der anlässlich der wissenschaftlichen Begleitung von Projekten zur Armutsprävention entstanden ist.

Im Mittelpunkt stehen also Reflexionen darüber, wer oder was die Rolle der Sozialen Arbeit bestimmt: Welcher Auftrag wird ihr von Politik und Gesellschaft zugewiesen? Welche Rolle schreibt sich die Soziale Arbeit nach ihrem eigenen Verständnis selbst zu? Welche Erwartungen hegen die Betroffenen? Diese Fragen stellen sich für die sozialarbeiterische Profession natürlich generell, sollen hier aber mit Blick auf Armut und insbesondere Kinderarmut zugespitzt werden. Seit 2004, dem Erscheinungsjahr des hier aufgenommenen Beitrags, der verschiedene Grundsatzkontroversen vorstellt, ist die fachliche Auseinandersetzung zur Rolle der Sozialen Arbeit in gleich mehreren

Sammelbänden weitergeführt worden (Ahorn/Bettinger 2004; Maier 2008 und 2009; Gerull 2011; Braches-Chyrek/Lenz 2011; Stolz-Willig/Christoforidis 2011; Lutz 2011 und 2013). Einige Diskussionsstränge sollen kurz aufgegriffen werden.

Ein von Roland Ahorn und Frank Bettinger 2004 herausgegebener Sammelband geht auf eine Fachtagung der Fachhochschule Darmstadt und des Gewerkschaftsbundes Hessen-Thüringen zum Thema „Das Ende der Sicherheit? Sozialer Ausschluss im ‚neuen' Kapitalismus" zurück.[1] Im Brennpunkt stehen hier gesellschaftliche Entwicklungstrends, die „soziale Ausschließung" zur Folge haben. Soziale Ausschließung wird als systematische Beschränkung oder Vorenthaltung von Teilhabemöglichkeiten an den zentralen Ressourcen der Gesellschaft, wie Einkommen, Arbeit, Bildung, Gesundheitsversorgung und gesellschaftliche Partizipation, verstanden. Die Nähe zum Lebenslagenkonzept ist hier unverkennbar. Soziale Ausschließung sei allerdings ein graduelles Konzept und daher nicht deckungsgleich mit Armut. Soziale Arbeit könne mit ihrem breit angelegten Handlungsrepertoire jeweils bei den verschiedenen Dimensionen sozialer Ausschließung ansetzen. Am Beispiel einzelner Praxisfelder wird erörtert, wie eine ressourcenorien tierte Arbeitsweise, zumindest partiell, in enger Kooperation mit den Betroffenen sozialen Ausschluss überwinden könnte.[2]

Wenige Jahre später greift der Politik- und Sozialwissenschaftler Konrad Maier, der kurz zuvor schon einen Band zur „Sozialen Arbeit in der Krise der Arbeitsgesellschaft" (Maier 2008) herausgegeben hatte, das Thema *Armut als Herausforderung für die Soziale Arbeit* wieder auf (Maier 2009). Maier möchte als Herausgeber vornehmlich erörtert wissen, wie die Fachkräfte der Sozialen Arbeit selbst die Armutsproblematik wahrnehmen und interpretieren, und welche Haltung sie dazu einnehmen. Er selbst geht vom klassischen Aufgabenverständnis der Sozialen Arbeit aus, Hilfe bei der Sicherung des

1 Die Fachtagung fand am 10. und 11. Januar 2003 statt. Die daraus hervorgegangene Publikation trägt den Titel: „Sozialer Ausschluss und Soziale Arbeit". Hier steht die Rolle der Sozialen Arbeit stärker im Mittelpunkt als auf der Tagung. Ziel der Veranstaltung war es, Diskutanten aus Ausbildung, Wissenschaft und Forschung der Sozialen Arbeit mit außerakademischen gesellschaftlichen Kräften zusammenzubringen, um sich gemeinsamer Interessenlagen zu vergewissern und sich im „gemeinsamen Kampf gegen zunehmende soziale Ungleichheiten und Ausschließungen" zu verbünden (Vahsen 2006). Der gewerkschaftliche Duktus ist nicht zu überhören.

2 Einen ähnlichen Anspruch hat auch das Autorenteam Vahsen/Mane (2010), das mit seiner Monografie „Gesellschaftliche Umbrüche und Soziale Arbeit" überprüfen will, welchen Stellenwert soziologische Zeitdiagnosen für die Theoriebildung und Handlungsorientierung der Sozialen Arbeit einnehmen.

Lebensunterhalts, der selbstbestimmten Lebensplanung und der Gestaltung sozialer Räume zu leisten und Exklusion entgegenzuwirken. Die Betroffenen sollten langfristig dazu befähigt werden, in ihrem sozialen Umfeld eigene Wege der Lebensbewältigung zu finden. Gedacht wird hier beispielsweise an wettbewerbsgeschützte Räume, wie an Formen von Nischen-Ökonomie oder den sogenannten Dritten Sektor[3], also an Möglichkeiten, die materielle Existenz jenseits des ersten Arbeitsmarktes zu bestreiten. Im Sammelband wird unter anderem die Position vertreten, dass es im Sozialstaat, da die Arbeitsgesellschaft heute nicht mehr allen Menschen einen existenzsichernden Arbeitsplatz garantieren könne, auch sozial abgesicherte Phasen von Nichterwerbstätigkeit geben müsse (Mutz, in: Maier 2009). Um sich nicht zu sehr in Einzelfällen zu verlieren, solle Soziale Arbeit auf sozialräumliches Handeln im Sinne von Gemeinwesenarbeit rekurrieren. Sie müsse außerdem ihr Wissen über prekäre Lebenslagen und eingeschränkte Verwirklichungschancen öffentlich machen und sich politisch engagieren.

Aufgrund der fortdauernden Brisanz der Armutsproblematik sind 2011 gleich mehrere Veröffentlichungen erschienen, die sich mit unterschiedlichen Akzentuierungen diesem Thema widmen. Susanne Gerull (2011) hat ein Lehrbuch zu „Armut und Ausgrenzung im Kontext Sozialer Arbeit" vorgelegt, in dem sie systematisch die praktischen Konsequenzen für die verschiedenen Arbeitsfelder darstellt. Auch ihre Definition von Armut rekurriert auf das Lebenslagenkonzept. Armut verhindere ein Leben in Menschenwürde und berge die Gefahr sozialer Ausgrenzung. Armut sei weder vollständig objektivierbar noch ausschließlich aus subjektiver Sicht zu erfassen und zu operationalisieren. Als Ziel orientiert sich Gerull nicht an Integration, sondern an Inklusion. Es gelte nicht, das zuvor ausgegrenzte Individuum zu reintegrieren, sondern den grundsätzlich exkludierenden Charakter gesellschaftlicher Strukturen zu verändern. Der alte Intergrationsbegriff leite sich noch aus der Eingliederungshilfe des bis 2004 geltenden Sozialhilfegesetzes ab und sei in erster Linie auf Einzelfallhilfe bezogen. Für die Autorin geht mit dem postulierten Wechsel von Integration hin zu Inklusion ein grundsätzlicher Wandel einher. An die Stelle der traditionell fremdbestimmten Fürsorge trete eine Arbeitsweise, die sich als „Assistenz" verstehe und die Selbstbestimmung der Adressatinnen und Adressaten achte. Allerdings bleibt Gerull skeptisch, ob sich ein solcher Perspektivenwechsel angesichts

3 Zu denken ist hier auch an lokale und alternative Ökonomie, also die Produktion in kooperativ oder genossenschaftlich organisierten Kleinbetrieben, ebenso an Selbsthilfe, Nachbarschaftshilfe und Freiwilligenarbeit.

der immer noch existierenden Hilfeparadoxien der Sozialen Arbeit – wie der von Hilfe und Kontrolle – realisieren ließe.

Eine Sammlung fachpolitisch sehr engagierter Texte haben Rita Braches-Chyrek und Gaby Lenz unter dem Titel „Armut verpflichtet – Positionen in der Sozialen Arbeit“ (2011) zusammengetragen. Auch hier sollen – ausgehend von historischen und aktuellen Analysen der Armutsforschung und unter Berücksichtigung einzelner Arbeitsfelder – Standortbestimmungen der Sozialen Arbeit analysiert, reflektiert und weiterentwickelt werden. Einen der Schwerpunkte bildet die Auseinandersetzung mit der Rolle der Sozialen Arbeit im Rahmen von SGB II-Maßnahmen, bei denen sie nicht nur beratend, sondern auch wieder als vermittelnde und kontrollierende Instanz auftrete. Unserem Thema Kinderarmut gelten drei Beiträge, die jeweils unterschiedliche Möglichkeiten sozialpädagogischer Armutsprävention akzentuieren. So hat Victoria Häusermann (in: Gerull 2011) vor allem die sozialräumliche Verteilung von Kinderarmut im Blick und bevorzugt folgerichtig stadtteilorientierte Konzepte zur Armutsprävention. Yvonne Rehmann (ebd.) verweist angesichts vermehrt feststellbarer Prekarisierung von familiären und kindlichen Lebenslagen auf Präventionsmöglichkeiten in Kindertagesstätten und Familienzentren. Karl August Chassé (ebd.) erörtert vor dem Hintergrund eingehend analysierter gesellschaftlicher Entwicklungstrends, die zu vermehrter Erwachsenen- und vor allem Kinderarmut geführt hätten, reaktive und präventive Strategien der Sozialen Arbeit. Kinder stünden Rechte zu, die der Staat zu garantieren habe. Konkret plädiert er für eine Neugestaltung der deutschen Bildungslandschaft und eine Aufwertung der Rolle der Sozialen Arbeit beispielsweise an Ganztagsschulen. Resilienzförderung biete eine weitere Möglichkeit zur Sekundärprävention, sofern sie sich nicht in individueller Förderung erschöpfe, sondern auf strukturelle Verbesserungen im Umfeld hinwirke. Gute Chancen, Armutsfolgen wirksam abzubauen, hätten zudem koordinierte Konzepte von lebenslaufbegleitenden Hilfen, die sogenannten Präventionsketten. Solche Maßnahmen könnten in der Jugendhilfe zur kindspezifischen Armutsprävention genutzt werden. Allerdings steige mit einer Intensivierung von Jugendhilfe das Dilemma von Hilfe und Kontrolle.

In der laufenden Diskussion über die Positionierung der Sozialen Arbeit sollte eine gesellschaftliche Entwicklung nicht ausgeblendet werden, die sich seit einigen Jahren unter dem Stichwort Prekarisierung vollzieht. Gemeint sind mit dem Begriff Verarmungsprozesse, die vermehrt als Folge von Niedriglöhnen, Teilzeitarbeit und Zeitverträgen sowie unterschiedlichen Formen ungesicherter Beschäftigungsverhältnisse auftreten. Davon sind nicht nur die Adressaten der Sozialen Arbeit betroffen, sondern zunehmend auch die Fachkräfte selbst. Mit diversen Facetten von Prekarisierung in den sozialen

Berufen befasst sich ein von Brigitte Stolz-Willig und Jannis Christoforidis herausgegebener Sammelband (2011). Darin wird vor allem der Zusammenhang zwischen der zunehmenden Vermarktlichung des sozialen Dienstleistungsbereichs und der sinkenden Entlohnung bei steigender Arbeitsbelastung der dort Beschäftigten herausgearbeitet. Deshalb bestehe die Gefahr, dass auch die Qualität der Dienstleistungen leide. Deklassiert eine solche Entwicklung nicht in der Tat die Arbeit der professionellen Helferinnen und Helfer selbst, denen wir die Last aufbürden, die von uns Deklassierten zu tragen?

Die Diskussion über das Selbstverständnis der Sozialen Arbeit muss zugespitzt werden, wenn es um Armut geht. Auch hier werden die Professionellen ihrem generellen Leitbild folgen. Allerdings nimmt die Armutsproblematik auch hierzulande mittlerweile Dimensionen an, die Vorstellungen von einem begrenzten Arbeitsfeld bei Weitem sprengen. Wohin soll die Soziale Arbeit ihren Weg wenden? Auf einen vielleicht nicht ganz unstrittigen, aber doch möglichen Pfad führt uns die Publikation zum „Mandat der Sozialen Arbeit“ von Ronald Lutz (2011).[4] Lutz vertritt infolge seiner Orientierung an der Befreiungspädagogik von Paolo Freire eine etwas eigenwillige, aber nichtsdestotrotz inspirierende Position. Nach seiner Vorstellung hat Soziale Arbeit nur ein einziges Mandat zu erfüllen, nämlich „Menschen bei der Aktivierung ihrer Kräfte zu unterstützen, die zeitweise oder auch auf Dauer nicht ohne Hilfe in der Lage sind, sich in ihrer Umwelt einzurichten, ihren Verpflichtungen nachzukommen, sich in ihren Wünschen zu verwirklichen und dabei Sinn, Identität, Stolz, Würde und Wohlbefinden zu finden und zu erfahren“ (Lutz 2011, S. 7). Soziale Arbeit müsse sich so lange engagiert öffentlich einmischen, bis sich die Teilhabemöglichkeiten ihrer Klientel auch tatsächlich realisieren ließen. Lutz übersieht nicht den Spagat, den die Soziale Arbeit angesichts aktueller gesellschaftlicher Trends – wie des staatlichen „Aktivierungsparadigmas“ und der „Ökonomisierung des Sozialen“ – zu vollführen habe. Dennoch plädiert er für mutig ausgelegte Möglichkeitsspiel-

---

4 Natürlich gibt es dazu eine breite Palette von Veröffentlichungen. Hier wird bewusst diejenige von Ronald Lutz herausgegriffen, weil der Autor zum einen verschiedentlich zu Armut geforscht und publiziert hat und zum anderen mit seiner Position des „einfachen Mandats“ quer zum Mainstream liegt. Man denke hier an das übliche Verständnis vom „Doppelmandat“ oder an die von Silvia Staub-Bernasconi vertretene Position eines Tripelmandats (2010), demzufolge Soziale Arbeit nicht nur einen Balanceakt zwischen dem Mandat ihrer Adressaten und dem ihres Auftraggebers zu vollführen habe, sondern sich zusätzlich an der Fachlichkeit und am ethischen Kodex der Profession orientieren müsse. Nach Staub-Bernasconi leitet sich dieser Kodex von den Menschenrechten ab, sodass sie von Sozialer Arbeit als Menschenrechtsprofession spricht.

räume. Er will die Soziale Arbeit aus ihrer „sozialen Erschöpfung" herausholen, einem Zustand, den er auch für ihre Klientel diagnostiziert. Auch die Soziale Arbeit sei angesichts der Zumutungen eines neoliberal geprägten, „nur noch gewährleistenden Wohlfahrtsstaates" am Rande ihrer Kräfte. Wie Paolo Freire sieht er Menschen aber nicht nur als Opfer, sondern auch als Gestalter. Folglich bestehe die Aufgabe der Sozialen Arbeit darin, ihren Klienten im Sinne eines einfachen, nur durch die Betroffenen bestimmten, statt eines mehrfachen Mandats zur Seite zu stehen. Das führe über die Einzelfallbetrachtung hinaus zu einer Neuorientierung an der Gemeinschaft.

Themen wie Armut und Kinderarmut verlangen in der Tat auch nach einem entschiedenen politischen Engagement der Sozialen Arbeit. Hier kann sie nach ihrem Selbstverständnis als Profession nicht neutral bleiben. Sie vermag ihrer Klientel nur gerecht zu werden, wenn sie über ihre Möglichkeiten und Leistungen hinaus gesellschaftliche Gerechtigkeit einklagt.

Thesen: Soziale Arbeit und Armut[1] (2007)

Erstens: Soziale Arbeit ist aus der Armut geboren.

Soziale Arbeit hat ihre Wurzeln in der Armenfürsorge vor Ort. Ihre Vorläufer reichen auf kommunaler Ebene bis ins 18. und 19. Jahrhundert zurück. Daneben gab es seit dem Mittelalter die freiwillige Mildtätigkeit im Rahmen der Kirche und später auch die ehrenamtliche freie Wohlfahrtspflege.

Die amtliche kommunale Armenpflege nach dem Elberfelder und dem nachfolgenden Straßburger Modell[2] zeichnete sich von Anfang an nicht nur durch Hilfe, sondern auch durch eine erzieherische und disziplinierende Funktion aus.

Zweitens: Im sich nach und nach etablierenden Sozialstaat wird Sozialarbeit zum Beruf.

Als eigenständiger Berufszweig hat sich Sozialarbeit erst gegen Ende des 19. Jahrhunderts im Zuge der beginnenden Sozialgesetzgebung etabliert. Ihre Entstehungsgeschichte fällt in die Epoche der Industrialisierung, als sich Armut und soziale Not zu einem Massenphänomen auswuchsen und die Großfamilien nicht mehr in der Lage waren, Armutsfolgen im häuslichen Umfeld aufzufangen. Sie ist von Anfang an ein ausgeprägter Frauenberuf gewesen. Auch heute noch arbeiten mehrheitlich Frauen in diesem Berufszweig. Auch heute noch werden die Rahmenbedingungen der Sozialen Arbeit – wie damals – weitgehend durch die Sozialpolitik abgesteckt.

Drittens: Ihr staatlicher Auftrag bewegt sich traditionell zwischen Hilfe und Kontrolle.

Zunächst hat sich eine Zweiteilung in Fürsorge für Erwachsene (Sozialarbeit) einerseits und Fürsorge für Kinder und Jugendliche (Sozialpädagogik) ande-

---

1 Dieses Thesenpapier wurde in Anlehnung an ein Interview über „Soziale Arbeit und Armut" formuliert, das Hilmar Peter für „Der pädagogische Blick", Heft 2, 2007, geführt hat.

2 Das Elberfelder System trat erstmals in der gleichnamigen Stadt am 1.1.1853 in Kraft. Damit wurden ehrenamtliche Honoratioren verpflichtet, die Armenpflege in dem ihnen jeweils zugeteilten Quartier zu übernehmen. Mit dem darauf folgenden Straßburger System (ab 1907) wurde eine Arbeitsteilung zwischen einem Innendienst, dem kommunalen Armenamt, einerseits und einem Außendienst andererseits vorgenommen, in dem nun ausgebildete und angestellte Fachkräfte der Sozialarbeit tätig waren.

rerseits herausgebildet, die heute so gut wie überwunden ist.[3] In beiden Arbeitsfeldern war Soziale Arbeit von Anfang an zugleich als „helfende" und „kontrollierende" Instanz tätig.

Diese Doppelfunktion, sowohl unterstützend und beratend als auch hoheitlich intervenierend tätig zu sein, hat sie bis heute beibehalten, auch wenn die Kontrollfunktion phasenweise in den Hintergrund getreten ist. Als kontrollierende Instanz zeigt sie sich heute bei den Hilfen zur Erziehung, wenn es zur Inobhutnahme bei Kindeswohlgefährdung kommt, oder wenn bei der Arbeitsvermittlung im Rahmen von SGB II Sanktionsmaßnahmen einzuleiten sind.

Ihre doppelte Funktion lässt Soziale Arbeit tendenziell zur Dienerin zweier Herren werden, weil sie zugleich ausführendes Organ des Sozialstaats sein soll wie fürsorgliche Begleiterin ihrer Klientel bleiben will. Zwischen beiden droht sie zerrieben zu werden, sofern sie ihre Position nicht immer wieder deutlich definiert.

Viertens: Soziale Arbeit ist parallel zum Sozialstaat gewachsen.

Soziale Arbeit ist Bestandteil eines sich ständig wandelnden Sozialstaats. Das sozialstaatliche Leistungsspektrum wurde im Laufe der Nachkriegszeit an die geänderten gesellschaftlichen Verhältnisse angepasst und vor der jetzigen Phase der Verschlankung besonders in den 1970er Jahren zunächst ausgeweitet. Mit der Ausweitung des Leistungsspektrums ist der Adressatenkreis der Sozialen Arbeit angewachsen. Parallel dazu hat sich ihr Aufgabenbereich ausdifferenziert und vervielfältigt. Adressaten ihrer Tätigkeit sind somit längst nicht mehr allein gesellschaftliche Randgruppen. Vielmehr erreicht Soziale Arbeit heute mit ihren Dienstleistungen auch andere Schichten der Gesellschaft.

Im Zuge dieser Entwicklung hat Soziale Arbeit in manchen Arbeitsfeldern ihre ursprüngliche Nähe zu Armut, Not, sozialer Ausgrenzung und prekären Lebenslagen eingebüßt. Dieser Wandel hat sich auch in ihrem Selbstverständnis als moderne Dienstleistungserbringerin niedergeschlagen.

Fünftens: Neue gesellschaftliche Polarisierungen spalten die Gesellschaft.

Infolge der gesellschaftlichen Modernisierung sind bisherige Grundpfeiler des Sozialstaats, wie das Normalarbeitsverhältnis und die Normalfamilie,

3 Heute verwenden wir den Oberbegriff „Soziale Arbeit" für beide Teilbereiche.

erodiert.[4] Das soziale Netz ist brüchiger geworden. Immer mehr – vor allem auch jungen – Menschen bleiben der Arbeitsmarkt und damit die Chance, ihre materielle Existenz eigenständig zu sichern, versperrt. Armut wächst und nimmt neue Formen an.

Ursächlich ist das nicht nur auf die hohe Erwerbslosigkeit zurückzuführen, sondern auch auf zunehmende Prekarisierungsprozesse auf dem Arbeitsmarkt, wie sie das Stichwort *Working Poor* andeutet. Zu den traditionell beachteten vertikalen Ungleichheiten treten deutlicher horizontale hinzu, so im Gender- und Generationenverhältnis, zwischen Einheimischen und Migranten, zwischen Nord- und Süddeutschland sowie zwischen den östlichen und westlichen Landesteilen. Die Gruppe der Modernisierungsverlierer wächst; ihr droht soziale Ausgrenzung und Verarmung.[5] Selbstredend gibt es auch Modernisierungsgewinner, also Gruppen, die vom wirtschaftlichen und technologischen Fortschritt, der Globalisierung und der sozialstaatlichen wie ökonomischen Deregulierung profitieren (Hader 2004).

Sechstens: Der „aktivierende Sozialstaat" geriert sich als Antwort auf Polarisierung und zunehmende Prekarisierung.

Der bundesdeutsche Sozialstaat hat darauf mit einem Paradigmenwechsel reagiert: An die Stelle des vorsorgenden ist mit der Agenda 2010 der aktivierende Sozialstaat getreten. Mit der Devise des „Förderns und Forderns" wird die Eigenverantwortung des Individuums stärker als bisher betont. Damit ist zugleich eine Individualisierung der Schuldzuschreibung verbunden.

Der „aktivierende Sozialstaat" greift auf sanktionierende Maßnahmen zurück, die unter anderem eine Kürzung des Leistungsbezugs beinhalten können. Damit wird die sozialstaatliche Existenzsicherungsgarantie ausgehöhlt.

---

4 Hier wird auf Ulrich Becks „Risikogesellschaft" (1996) Bezug genommen. Beck nimmt dort eine Neufassung der Modernisierungstheorie vor und spricht von einer „Zweiten Moderne", die sich mit den Nebenfolgen der ersten Moderne (Fortschrittsstreben der Industriegesellschaft, soziale Differenzierung, Individualisierung, Bürokratisierung und Globalisierung) auseinanderzusetzen habe. Die „Zweite Moderne" sei offener, aber auch risikobehafteter (Beck 1996).

5 Der Begriff „Modernisierungsverlierer" steht in Zusammenhang mit der Theorie der „Zweiten Moderne" und meint jene Gruppe von Menschen, die tatsächlich Verlierer des ökonomischen und gesellschaftlichen Wandels sind oder sich selbst als solche wahrnehmen. Objektiv gesehen haben wir es dabei mit Ausgrenzungs- und Verarmungsprozessen sowie mit relativer Deprivation zu tun. Solche Prozesse haben sowohl in westlichen hochmodernisierten Gesellschaften als auch in osteuropäischen, postkommunistischen Übergangsgesellschaften stattgefunden und sind immer noch im Gange.

Für die solchermaßen Ausgegrenzten treten längst überholt geglaubte Mechanismen der „Mitleidsökonomie“ wieder in Erscheinung: Suppenküchen, Tafeln, Kleiderkammern und andere stigmatisierende Hilfen mehr. Hier tritt karitative Minimalversorgung an die Stelle eines sozialen Rechtsanspruchs.

Siebtens: Soziale Arbeit gerät im „aktivierenden Sozialstaat“ in ein altbekanntes grundsätzliches Dilemma.

Angesichts sich derart verschärfender gesellschaftlicher Polarisierungen steht Soziale Arbeit vor einem Orientierungsdilemma. Einerseits erlangt sie als sekundäres Unterstützungssystem bei zunehmender Armut und Prekarisierung noch größere Bedeutung als bisher. Andererseits gerät sie selbst gleich mehrfach in den Strudel dieser Entwicklungen: Sie bleibt selbst als Profession keineswegs von Prekarisierung verschont. Man denke nur an den zunehmenden Trend zu Teilzeit- und Zeitverträgen in diesem Bereich. Da in der Sozialen Arbeit immer noch vorwiegend Frauen beschäftigt sind und Frauen viel häufiger als Männer in Teilzeit arbeiten, sind sie besonders von dieser Prekarisierung betroffen. Soziale Arbeit unterliegt nicht zuletzt als Folge von Armut der öffentlichen Hand einem verschärften Zwang zur Ökonomisierung: Ihre Tätigkeit muss sich für die finanzschwachen Kommunen rechnen. Der konkrete Träger als Arbeitgeber vor Ort wird damit zu ihrem dritten Herrn, weil sein Kostenkalkül sowohl ihre Arbeitsbedingungen als auch ihre Arbeitsmöglichkeiten mit diktiert.

Last but not least wird der sozialen Fachkraft im SGB II-Leistungsbereich auch eine verstärkt kontrollierende, disziplinierende und sanktionierende Funktion zugeschrieben. Diese Kontrollfunktion widerspricht gängigen Arbeitsprinzipien der Sozialen Arbeit wie dem Aufbau von Vertrauen und der Zusammenarbeit mit Betroffenen auf Augenhöhe.

Unter zunehmenden Druck geraten ebenfalls die Hilfen zur Erziehung. Auch sie werden parallel zur Armutsentwicklung in unserer Gesellschaft verstärkt von armen Familien in Anspruch genommen.

Achtens: Kinderarmut erfordert eine entschiedene Prioritätensetzung in der kommunalen Kinder- und Jugendhilfe!

Es sind vor allem die Kinder – je jünger desto mehr – und zunehmend auch Jugendliche, die das höchste Armutsrisiko in unserer Gesellschaft tragen. Spätestens seit Anfang der 1990er Jahre wird diese erschreckende Tendenz durch die Armutsforschung, Armutsberichterstattung und selbst durch die amtliche Statistik dokumentiert. Auch hier haben wir es mit polarisierenden

Entwicklungen zu tun. Noch nie hat es eine Kindergeneration gegeben, in der so viele Kinder in Wohlstand lebten wie heute. Gleichzeitig wächst kontinuierlich die Zahl derer, die in Armut aufwachsen. Längst ist bekannt, wie sehr Armut das Wohlergehen und die Entwicklungschancen von Kindern und Jugendlichen beeinträchtigt, erst recht, wenn sich die Armutslage verfestigt und chronisch wird.

Armut ist ein gesellschaftlicher Missstand. Daher kann grundsätzlich auch nur auf der gesellschaftlichen Ebene gegengesteuert werden. In erster Linie müsste die Politik auf Bundesebene eingreifen. Aber auch Kommunalpolitik sollte zumindest auf der Ebene von Sekundärprävention einen wirkungsvollen Beitrag zur Abmilderung von Armutsfolgen leisten. Insbesondere ist die Kinder- und Jugendhilfe aufgefordert, hier entschiedene Prioritäten zu setzen und finanzielle Mittel für Präventionsmaßnahmen sowie die dazu erforderliche sozialpädagogische Infrastruktur bereitzustellen.

Neuntens: Wie die Kommunalpolitik sollte auch die Soziale Arbeit ihre Aufgabe in der Sekundärprävention von Armut sehen!

Soziale Arbeit kann mit ihrem sozialpädagogischen Instrumentarium nur auf der zweiten und dritten Stufe von Prävention wirksam werden, also lediglich negative Folgewirkungen von Armut begrenzen oder bereits eingetretene Schäden abpuffern.[6] Im besten Fall gelingt es ihr, Wege aus der Armut aufzuzeigen. Weil die Maßnahmen der Sozialen Arbeit aber unmittelbar an der Lebenswelt der Betroffenen ansetzen, bringen sie spürbare Erleichterung und machen sich im Alltag direkt bemerkbar.

Armutsprävention erfordert generell und so auch bei Kindern ein zweigleisiges Vorgehen. Auf der individuellen Ebene bedarf es sozialpädagogischer Angebote, die jeweils das einzelne Kind und seine Familie im Blick haben. Auf der strukturellen Ebene sollten Maßnahmen darauf abzielen, die Lebensbedingungen benachteiligter Kinder und Familien im Stadtteil zu verbessern. Hier wäre unter anderem stadtteilorientierte Arbeit in der Tradition von Gemeinwesenarbeit das Mittel der Wahl.

---

6 Wenn wir im Armutskontext von Prävention sprechen, gilt es grundsätzlich drei Stufen zu unterscheiden: primäre, sekundäre und tertiäre Prävention. Primäre Prävention bedeutet, Armut durch politische Gegensteuerung zu vermeiden. Sekundäre Prävention zielt darauf ab, die negativen Folgewirkungen so weit wie möglich zu begrenzen. Tertiäre Prävention stellt sich die Aufgabe, den „Teufelskreis der Armut zu durchbrechen", also zu verhindern, dass sich chronische Armut bei der Kindergeneration fortsetzt.

Zehntens: Soziale Arbeit muss sich der Indienstnahme durch die Politik verweigern und eingedenk ihrer Tradition für die Betroffenen Partei ergreifen.

Das Wirkungsspektrum der Sozialen Arbeit ist weitgehend durch sozialpolitische Rahmenbedingungen bestimmt. Deshalb besteht die Gefahr einer völligen Indienstnahme durch die Politik. Eine solche Instrumentalisierung hat es immer wieder gegeben und beschränkt sich nicht auf die Armutsproblematik. Gerade heute erweist es sich für die Politik als effektive Strategie, die politische Verantwortung abzuschieben, indem sie dem Individuum die Schuld für seine Lage zuschreibt und ihm entsprechend deren Bewältigung zuweist. Diese Sichtweise widerspricht dem Problemverständnis der Sozialen Arbeit, die immer auch die strukturellen Ursachen mit im Blick hat.

Angesichts der alarmierenden Dimensionen, die Armut in unserer Gesellschaft angenommen hat, ist Soziale Arbeit aufgefordert, ihr Selbstverständnis im Umgang mit Armut neu zu definieren. Sie sollte sich darauf besinnen, dass sie sich in ihrer Geschichte immer wieder durch „advokatorisches Eintreten" und offensive Parteinahme für ihre Klientel ausgezeichnet hat. Als Dienerin zweier Herren wird sie sich hier positionieren und bisweilen auch entscheiden müssen. Um solche Konflikte austragen zu können, bedarf es zuvor der Selbstvergewisserung und eigenen Standortbestimmung.

Hier soll nicht einem „politischen Mandat" das Wort geredet werden, das die Betroffenen womöglich entmündigt, weil man an ihrer statt agiert. Vielmehr gilt es deren Selbstbefähigung zu stärken. Dazu könnte Soziale Arbeit an der Seite der Betroffenen entscheidend beitragen.

Wer holt das Kind aus dem Brunnen? Eine Synopse von Grundsatzkontroversen[1] (2004)

Vorbemerkung

Was und wie viel kann Soziale Arbeit für Menschen leisten, die von Armut und sozialer Ausgrenzung betroffen sind? Diese Frage hat mich seit Beginn meiner Forschungstätigkeit begleitet.

Soziale Arbeit kommt – mit Blick auf ihre Geschichte und ihr historisch entwickeltes Rollenverständnis (C. W. Müller 1988) – nicht ohne ein explizit formuliertes Armutskonzept aus. Dabei kann sie sich auf eigene praktische Erfahrungen im alltäglichen Umgang mit Armut ebenso beziehen wie auf sozialwissenschaftliche Erkenntnisse. Letztere geben Aufschluss über gesellschaftliche Zusammenhänge, Ursachen, Dimensionen, Erscheinungsformen und mögliche Auswirkungen von Armut (Dietz 1997). Vor diesem Hintergrund gilt es zu klären, welchen spezifischen Anforderungen ein sozialpädagogisch formuliertes Armutskonzept zu entsprechen hätte.

Soziale Arbeit[2] ist in ihrem beruflichen Handeln mit individuellen wie gruppenspezifischen Folgen von Armut konfrontiert, aber auch mit ihren strukturellen und sozialräumlichen Erscheinungsformen. Sie verfolgt dabei das Ziel, die Handlungsmöglichkeiten ihrer Adressatinnen und Adressaten durch Beratung und angemessene Unterstützungsangebote lebensweltbezogen zu fördern. Soziale Arbeit soll in erster Linie „Hilfe zur Selbsthilfe" leisten und den Betroffenen – hier also Menschen in sozial benachteiligten Lebenslagen – Zugang zu Ressourcen vermitteln, die sie dazu befähigen, sich sozial zu (re-)integrieren. Sie agiert damit auch auf der strukturellen Ebene als Vermittlungsinstanz für soziale Dienstleistungen und ist an deren Ausgestaltung beteiligt. Dabei setzt sie ebenso an individuellen, lebensweltorientierten Bewältigungsstrategien wie an sozialen und familialen Netzwerken an. Sie hat aber immer auch das soziale Umfeld der Betroffenen im Blick, um dort auf Verbesserungen hinzuwirken. Sie hilft also ebenso einzelnen Menschen wie sie gleichzeitig als Gemeinwesenarbeit das Zusammenleben im Stadtteil zu

---

1 Dieser Beitrag ist erschienen in: Ernst, Stefanie (Hrsg.): Auf der Klaviatur der sozialen Wirklichkeit, Studien – Erfahrungen – Kontroversen, Münster/New York/München/Berlin, 2004, S. 122–136. Er wurde für diese Publikation stark überarbeitet.

2 Der Begriff der „Sozialen Arbeit" wird hier wie im Folgenden als Oberbegriff verwendet und hebt somit die Unterscheidung von Sozialarbeit und Sozialpädagogik auf.

erleichtern sucht. Ihre Aufgabenstellung kann daher – mit Bernhard Badura und Peter Gross – in der „Wiederherstellung, Sicherung und Verbesserung der physischen und kulturellen Voraussetzungen zur Teilhabe an den sozialen, ökonomischen und politischen Aktivitäten unserer Gesellschaft" gesehen werden (Badura/Gross 1976, S. 13).

Ich möchte hier nun die von Biermann und Sauerwald angestoßene Kontroverse zur Rolle der Sozialen Arbeit aufgreifen und daran die Erörterung weiterer Grundsatzkontroversen anschließen, um daraus mit Blick auf den eigenen Forschungsschwerpunkt „Kinderarmut" konkrete Schlussfolgerungen zu ziehen.

Sozialwissenschaftliche und sozialpolitische Armutskonzepte

Die in der sozialwissenschaftlichen Armutsforschung gebräuchlichen Armutskonzepte beziehen sich in erster Linie auf sozialpolitische und sozialstrukturelle Merkmale. Weitgehender Konsens besteht darin, dass in wohlfahrtsstaatlichen Systemen in der Regel nicht von absoluter, sondern von relativer Armut auszugehen ist: Armut gefährdet hier nicht so sehr die Sicherung der existenziellen Grundbedürfnisse, sondern die Integration in die Gesellschaft. Davon abgesehen wird jedoch auf eine Vielfalt von Armutsdefinitionen rekurriert. Die einen beschreiben Armut als soziales Problem, das durch eingeschränkten Zugang zu materiellen und immateriellen Ressourcen in zentralen Lebensbereichen (Ressourcenkonzept) oder als relative Deprivation und Unterversorgung gekennzeichnet ist (Deprivationskonzept). Die „Theorie der sozialen Ungleichheit" betrachtet Armut wie Reichtum als extreme Formen gesellschaftlicher Schieflagen. Andere wiederum betonen den Aspekt der sozialen Ausgrenzung. Häufig wird Armut als eine Lebenslage begriffen, die durch kumulative Benachteiligung in verschiedenen Lebensbereichen – Arbeit, Wohnen, Bildung, Gesundheit, soziale und kulturelle Teilhabe – bedingt ist. Für die Betroffenen hat das Einschränkungen und den Verlust von Handlungsspielräumen zur Folge (Lebenslagen-Konzept; Amann 1983).

Alle diese Konzepte tendieren dahin, Armut eher als Momentaufnahme und damit statisch fassbares soziales Problem, als relative Positionierung oder Statuszuweisung im gesellschaftlichen Kontext zu sehen. Sie berücksichtigen weniger, jedenfalls nicht explizit, ihre prozesshafte Ausprägung im individuellen Lebensverlauf. Eine Ausnahme bildet hier die „dynamische Armutsforschung", die das Erleben von Armut in ihrer zeitlichen Dimension betrachtet und als einschneidende Phase im Lebenslauf eines Menschen begreift. Auf diese Weise hat sie eine Armutstypologie entwickelt, die stärker subjektive Bewältigungsstrategien herausarbeitet (Buhr/Ludwig 1994; Leisering 1993).

Prinzipiell gilt, dass Armut – gesellschaftspolitisch gesehen – kein wertneutraler Begriff ist, und damit jede wissenschaftliche Definition auch politische Implikationen zur Folge hat. In der öffentlichen Auseinandersetzung findet sich daher kein unstrittiger Armutsbegriff. Schon die Tatsache, dass in einem entwickelten Sozialstaat nach wie vor Armut existiert, ist bereits ein skandalträchtiges Politikum. Allerdings haben sich die politischen Debatten lange Zeit vornehmlich auf die Armutsmessung und die Bestimmung der Armutsschwelle bezogen. Dabei hat die Frage, ob ein Leben auf Sozialhilfeniveau als Indiz für eine Armutslage anzusehen sei oder doch bereits als „bekämpfte Armut" gelten könne, im Mittelpunkt der Auseinandersetzungen gestanden. Mittlerweile hat sich aber auch in der politischen Diskussion die Vorstellung etabliert, dass Armut als ein komplexes, mehrdimensionales Phänomen begriffen werden sollte, das sowohl materielle wie immaterielle Auswirkungen zeitigt.

Wenden wir uns wieder dem Umgang der Sozialen Arbeit mit der Armutsproblematik zu. Mit Blick auf die bundesrepublikanische Nachkriegsentwicklung unterscheidet Harald Ansen drei Phasen des sozialpädagogischen Diskurses, die jeweils durch unterschiedliche Armutsbilder und armutsbezogene Handlungskonzepte gekennzeichnet seien (Ansen 1998):

Erstens

Die Phase der wirtschaftlichen Rekonstruktion in den 1950er und 1960er Jahren hat zur Reetablierung eines „zweigeteilten Sozialstaatsmodells" geführt,[3] das unterschiedliche Absicherungsniveaus in der Sozialversicherung und in der Sozialhilfe vorsieht. Gleichzeitig betont man in dieser Phase vor allem die individuellen Ursachen von Armut und reagiert darauf mit dem sozialarbeiterischen Konzept der Einzelfallbearbeitung.

---

3 Mit Inkrafttreten des Bundessozialhilfegesetzes (BSHG) wurde 1962 eine Form von gesetzlicher Mindestabsicherung für all jene Menschen eingeführt, die ihre Existenz nicht aus eigener Kraft bestreiten können. Daneben existierte bereits das Absicherungssystem der Sozialversicherungen, deren Leistungen sich nicht – wie die der Sozialhilfe – am soziokulturellen Mindestbedarf orientieren, sondern jeweils individuell an der Höhe der zuvor bezahlten Beiträge. Insofern spricht man im sozialpolitischen Diskurs von einem „zweigeteilten Sozialstaat".

Zweitens

Die Phase zunehmender wirtschaftlicher Krisenanfälligkeit und gesellschaftlicher Politisierung Ende der 1960er und Anfang der 1970er Jahre ist durch die damit einsetzende Diskussion über strukturelle Ursachen von Armut gekennzeichnet. Die gesellschaftlichen Ausgrenzungsmechanismen werden grundsätzlicher Systemkritik unterzogen. Dieser Tendenz entsprechen in der Sozialarbeit die Konzepte von Randgruppen- und Gemeinwesenarbeit.

Drittens

Die dritte Phase in den 1980er und 1990er Jahren ist geprägt durch die Ausweitung von Armutsgefährdung infolge sozialer Leistungskürzungen, anhaltender Massenerwerbslosigkeit und damit einhergehender „neuer" Armutsformen. Daraus ergibt sich für die Soziale Arbeit die Notwendigkeit, neue Handlungsperspektiven zu formulieren.

Allerdings haben sich die unterschiedlichen Armutsbilder und Erscheinungsweisen von Armut im Zeitverlauf nicht abgewechselt. Die 1990er Jahre sind vielmehr durch ein Nebeneinander vielfältiger Armutsphänomene gekennzeichnet. Auch auf der Deutungsebene konkurrieren unterschiedliche Armutskonzepte. Dem gilt es Rechnung zu tragen, wenn im Folgenden der Versuch unternommen wird, anhand von Grundsatzkontroversen Elemente für ein eigenständiges Armutsverständnis der Sozialen Arbeit zusammenzutragen. Prinzipiell stellt sich die Frage, welche Funktion diese Berufsgruppe im Kontext von Armut übernehmen kann oder könnte. Strittig ist dabei, ob sie mit ihren Maßnahmen und Interventionen zur Überwindung von Armut oder lediglich zu deren Linderung beiträgt oder gar nur deren Verwaltung betreibt. Besonders inspirierend finde ich die zwischen dem Soziologen Benno Biermann und dem Sozialphilosophen Gregor Sauerwald ausgetragene Grundsatzkontroverse zur Rolle der Sozialen Arbeit (in: Bauer et al. 1996).

Ökonomische Unabhängigkeit oder Kampf um Anerkennung?

Ausgehend von einer kritischen Einschätzung der Handlungsmöglichkeiten von Sozialer Arbeit im Armutskontext äußert sich Biermann skeptisch, ob es überhaupt sinnvoll sei, dass die Profession als solche auf den Armutsbegriff rekurriere. Er versteht „Armut" in erster Linie als politischen Kampfbegriff und räumt dabei allenfalls seine Nützlichkeit für sozialwissenschaftlich-analytische, mit Einschränkungen auch für sozialplanerische Zwecke ein. Mit Blick auf die berufliche Praxis von Sozialer Arbeit hält er den Rekurs auf den Armutsbegriff eher für schädlich, da er hierbei nicht als „Element eines politischen Zielsystems" fungiere, sondern „zur Definition realer Beziehungen zwischen Menschen, etwa zwischen Sozialarbeitern und ihren Adressaten" diene (Biermann 1996, S. 27). Biermann sieht hierin die Gefahr einer generalisierten Statuszuschreibung sowie der Attribuierung eines historisch vielfältig, vorwiegend negativ vorgeprägten Begriffes. Das führe letztlich – wenn auch nicht gewollt – zu Stigmatisierungsprozessen und trage wenig zur Problemlösung bei. Die Gefahr stigmatisierender Unterstellungen sei seiner Meinung nach insbesondere bei mehrdimensionalen Armutskonzepten, wie beispielsweise dem Lebenslagenkonzept, gegeben: „Mit seinen sachlichen und zeitlichen Generalisierungen macht es [das Lebenslagenkonzept, M. Z.]. aus den *Adressaten* sozialer Arbeit *Klienten* im Sinne einer generellen Abhängigkeit vom Hilfesystem. Denn wo eine umfassende psychosoziale, nicht nur ökonomische Dauermangellage unterstellt wird, ist auch der gesamte methodisch-therapeutische Apparat der psychosozialen Berufe herausgefordert, drängt auf Einsatz und leistet, gewollt oder ungewollt, seinen Beitrag zum Aufbau der Identität des ‚Armen'." (Biermann 1996, S. 31)

Unter Bezugnahme auf die „dynamische Armutsforschung" sieht Biermann Armut in erster Linie als „partielle Notlage" und nicht so sehr als „umfassend benachteiligte Lebenslage".[4] Diese Armutsform sei aktuell zwar auch gegeben, aber nicht unbedingt typisch; außerdem verdichte sich Armut gegenwärtig eher selten zu einer Gesamtbiografie. Biermann gelangt daher zu einer in der aktuellen Armutsdiskussion eher ungewöhnlichen Schlussfolgerung: Für die Soziale Arbeit erweise sich allenfalls der auf das Einkommen bezogene Ressourcenbegriff als nützlich, da diesem Konzept zufolge Hilfe auf die „Wiederherstellung ökonomischer Unabhängigkeit" beschränkt sei. Nur auf dieser Ebene könne Armut sozialpolitisch bekämpft werden, indem die Existenzsicherung durch Einkommen – entweder durch Transfer- oder Erwerbseinkommen – gewährleistet werde. Das sei aber keine genuin sozialarbeiterische oder sozialpädagogische Aufgabe, sondern Teil der Sozial- und Wirtschaftspolitik (Biermann 1996, S. 31).

Auch der Sozialphilosoph Gregor Sauerwald geht in Anlehnung an das Simmel'sche Verständnis – „arm ist, wer unterstützt wird" (Simmel 1992) – von

4 Die „dynamische Armutsforschung" untersucht Armut in einer Langzeitbeobachtung als Phase im Lebensverlauf, während das Lebenslagenkonzept auf einer Querschnittbetrachtung basiert.

der stigmatisierenden Wirkung von Hilfe aus. Für ihn stehen jedoch die „sozialen Erniedrigungen und Demütigungen" im Vordergrund, durch die die Alltagsbewältigung eines Lebens in Armut geprägt sei (Sauerwald 1996, S. 9–19). Sauerwald betont den Aspekt der „moralischen Degradation", den er der Hegelschen Rechtsphilosophie entlehnt und den er auch in den sozialphilosophischen Erörterungen von Axel Honneth wiederfindet (Honneth 1994). In der bürgerlichen Gesellschaft sei Armut darauf zurückzuführen, dass den Armen durch die Reichen das Recht auf Arbeit und die Möglichkeit der dadurch gesicherten Bedürfnisbefriedigung verwehrt werde. Armut habe immer zwei Seiten: die äußere Not und die moralische Degradation, wobei Degradation als Ausschluss, Missachtung und Negation von Anerkennung zu verstehen sei.

In Abgrenzung zu Biermann, der in der Herstellung von materieller Unabhängigkeit die adäquate Problemlösung sieht, betont Sauerwald die immaterielle Seite von Armut. Er bezieht sich dabei auf Armutsdiskurse, die insbesondere den subjektiven und intersubjektiven Aspekt berücksichtigen. Mit Lewis Coser (1982) – und wiederum in der Tradition von Georg Simmel – vertritt Sauerwald die These, „dass der schlichte Akt der Gewährung von finanzieller Hilfe […] nur um den Preis einer Herabwürdigung der betreffenden Person zu haben ist" (Sauerwald 1996, S. 16). Dabei tritt für ihn diese Herabsetzung bereits in der Hilfsaktion selbst auf, was für die Soziale Arbeit zu einem schier unlösbaren Dilemma führe. Soziale Arbeit trage dann durch ihr als Helfen konzipiertes berufliches Handeln paradoxerweise dazu bei, diejenigen zu Armen zu stempeln, denen sie eigentlich helfen wolle (ebd., S. 16). Ausschlaggebend für das von ihm diagnostizierte unfreiwillige unterlegen Machen in der Hilfekonstellation sei die Tatsache, dass es sich um eine asymmetrische Beziehung zwischen Helfenden und Hilfesuchenden handle, in der sich gleichzeitig ein gesellschaftliches Machtgefälle widerspiegle.

Für die Soziale Arbeit sieht Sauerwald in Anlehnung an Honneth daher nur die Perspektive, die Betroffenen in ihrem *Kampf um Anerkennung* zu unterstützen, also gesellschaftlich positiv bewertete Positionen für diejenigen zu schaffen, denen als passive Unterstützungsempfänger/innen gesellschaftliche Anerkennung verweigert werde. Dabei geht es Sauerwald zufolge nicht um Therapie oder Einzel- und Gruppenbetreuung, sondern um eine Soziale Arbeit, die sich in der Tradition der stadtteilbezogenen Gemeinwesenarbeit und des Empowerments verstehe.[5]

---

5 Für diese Tradition der Gemeinwesenarbeit stehen in der Bundesrepublik vor allem Gerd Iben und Diether Oelschlägel mit ihren zahlreichen Publikationen; vgl. dazu auch Kühn

Optimierung von Sozialpolitik oder stärkere Eigenständigkeit?

Andere Autorinnen und Autoren führen die Auseinandersetzung um die Rolle der Sozialen Arbeit im Armutskontext stärker mit Blick auf deren Agieren im sozialpolitischen System. So formulieren Michael Bommes und Albert Scherr (1996) – in kritischer Anlehnung an die „Theorie der funktional differenzierten Gesellschaft" – aus systemtheoretischer Sicht ein Rollenverständnis, das im Prinzip von einem Nebeneinander unterschiedlicher Funktionen ausgeht. Den beiden Autoren zufolge hat Soziale Arbeit sowohl einen Auftrag zur Integrationsvermittlung und Exklusionsvermeidung als auch gleichzeitig zur Exklusionsverwaltung (Bommes/Scherr 1996). Bommes und Scherr sehen *Soziale Arbeit als sozialstaatliche „Zweitsicherung"*, der die Aufgabe zufalle, Exklusions- und Inklusionsprobleme zu bearbeiten, die durch andere gesellschaftliche Funktionssysteme keine Beachtung finden. Aus dieser Perspektive wird der Sozialen Arbeit die Rolle zugewiesen, das etablierte System der sozialen Sicherung zu optimieren. Sie verfüge dabei allerdings über eine wesentliche Definitionsmacht und gestalte dieses System mit: „Soziale Arbeit ist in Sozial- und Wohlfahrtsstaaten wie der Bundesrepublik [...] organisierte Hilfe für Individuen, die in der Perspektive dieser Organisationen als hilfsbedürftig erscheinen [...]. Sie bearbeitet spezifisch solche Konstellationen, die von den definitionsmächtigen Instanzen des politischen Systems (zum Beispiel der Arbeitsmarkt-, Jugend- und Sozialpolitik) oder von den Organisationen der Sozialen Arbeit selbst als solche sozialen Problemlagen beschrieben werden, die Soziale Arbeit erfordern und mit ihren Mitteln bearbeitet werden können" (Bommes/Scherr 1996, S. 108).

In der Sichtweise der funktional differenzierten Gesellschaft schließen ihre einzelnen Funktionssysteme prinzipiell niemanden aus; sie ermöglichen aber unter den von ihnen selbst gesetzten Bedingungen immer nur Teilinklusionen in die verschiedenen Funktionsbereiche, wie zum Beispiel Ökonomie, Bildung, Kultur, Politik usw. Die Inklusion in einen dieser Bereiche sage noch nichts darüber aus, ob jemand auch in anderen gesellschaftlichen Teilsystemen integriert sei: So könne jemand über Geld verfügen, aber nicht über das notwendige Bildungszertifikat. Die heterogenen Tätigkeitsfelder der Sozialen Arbeit bezögen sich daher auf die vielfältigen Inklusionsprobleme von modernen Gesellschaften, „die sich weder versichern, noch präventiv mit

1996. Empowerment wird als Sammelbegriff für Arbeitsansätze verwendet, die in der psychosozialen Arbeit für „Selbstbefähigung", „Stärkung von Autonomie und Eigenmacht" stehen.

Geld- und Rechtsansprüchen auffangen lassen" (Bommes/Scherr 1996, S. 116). Im Armutskontext, so die Autoren, fungiere Soziale Arbeit als „Gewährleistung der materiellen Zweitsicherung", beispielsweise in Form von Sozialhilfe, indem sie ihre Adressaten bei der Realisierung ihres Anspruchs unterstütze. Durch ihre begleitende Hilfestellung fördere sie die *Reinklusion von Armen*, Arbeitslosen und Obdachlosen in das soziale System, etwa in den Arbeits- und Wohnungsmarkt, oder trage dazu bei, präventiv die Exklusion von armutsgefährdeten Gruppen zu vermeiden.

Allerdings falle aber auch die im Fachdiskurs *umstrittene Exklusionsverwaltung* in den Zuständigkeitsbereich der Sozialen Arbeit. Angesichts einer zunehmenden Anzahl von nicht-reintegrierbaren Langzeitarbeitslosen gehen Bommes und Scherr davon aus, dass Soziale Arbeit zukünftig wohl verstärkt die Funktion übernehmen müsse, „die materiellen, sozialen und psychischen Folgen eines solchen Lebens jenseits der Erwerbsarbeit zu moderieren" (Bommes/Scherr 1996, S. 116).

Prinzipiell stellt sich bei einer solchen Sichtweise die Frage nach der Eigenständigkeit und den Handlungsspielräumen dieser Profession. Letztlich wird Soziale Arbeit hier wohl weitgehend als Erfüllungsgehilfin der jeweiligen Sozialpolitik gesehen.

Demgegenüber ist es vorrangiges Anliegen von Harald Ansen, die *stärkere Eigenständigkeit von Sozialer Arbeit* angesichts der vorgegebenen sozialstaatlichen Rahmenbedingungen herauszustellen. Mit seiner 1998 erschienenen Monografie zu „Armut – Anforderungen an die Soziale Arbeit" hat er die bislang umfassendste Auseinandersetzung mit der Fragestellung vorgelegt. Ansen erhebt für sich den Anspruch, ein transparentes und dem aktuellen Forschungsstand entsprechendes Armutsverständnis für die Soziale Arbeit zu entwickeln. Wichtig erscheint ihm dabei die „Unterscheidung zwischen einer ökonomischen und einer sozialen Konzeption von Armut" (Ansen 1998, S. 105). Für ihn steht die *soziale Lage der Betroffenen* im Vordergrund. Ihn interessiert vor allem, in welcher Weise die Chancen zur Teilhabe am gesellschaftlichen Leben durch die materiellen Lebensumstände beschnitten werden. Die alleinige Fixierung auf die Verfügbarkeit von Gütern und Rechten greife dagegen zu kurz. Als sozialpädagogisch besonders relevante Aspekte erscheinen ihm die Angst vor Stigmatisierung, also die Scham, Hilfe in Anspruch zu nehmen, und die häufig durch die ökonomische Mangelsituation bedingte soziale Isolation. Das habe eine „allmähliche Anpassung der Lebensbewältigung an die Armutsbedingungen" (Ansen 1998, S. 110) zur Folge.

Ansen sieht den Handlungsspielraum der Sozialen Arbeit im Rahmen der sozialstaatlich vorgegebenen Institutionen grundsätzlich durch Maßnahmen zur „Linderung oder Bewältigung" von Armut abgesteckt. Die These vom

Sozialstaat als ausschließlich sozialdisziplinierender Instanz hält er angesichts der aktuellen gesellschaftlichen Verhältnisse für obsolet. Da sich Soziale Arbeit auf die grundsätzlichen Maximen des Sozialstaates – Gerechtigkeit, Menschenwürde und soziale Integration – beziehe, seien das die Regulative, an denen sich ihr Handeln im Armutskontext zu orientieren habe. Ihr Ziel müsse es sein, die Betroffenen mit ihren Angeboten sozial zu integrieren und sie durch Hilfe zur Selbsthilfe nicht zu Objekten zu degradieren. Soziale Arbeit habe den Auftrag, darauf hinzuwirken, dass ungleiche Lebenslagen und Startbedingungen soweit wie möglich ausgeglichen und dabei ausgrenzende oder abhängigkeitserzeugende Hilfen vermieden würden.

Soziale Arbeit bewegt sich demnach mit ihren Handlungsansätzen im Rahmen sozialstaatlicher und sozialrechtlicher Vorgaben. Ihre Angebote werden auch finanziell und personell durch den Sozialstaat abgesichert. Bei der konkreten Ausgestaltung ihres Angebots verfüge sie, so Ansen, jedoch über eine Teilautonomie und habe ihrerseits auch wiederum die Möglichkeit, auf die Entwicklung der sozialen Infrastruktur und die Ausgestaltung sozialer Leistungen Einfluss zu nehmen. Soziale Arbeit wirke so einerseits auf die Realisierung von Rechten hin und sei andererseits durch politische Einmischung auch an deren Weiterentwicklung beteiligt. Ihre Funktion sei es, die verschiedenen Hilfequellen problemangemessen und situativ gezielt zu nutzen, also sozialpädagogisch zu transformieren (Ansen 1998, S. 178). Im Kontext von Armut geht es – Ansen zufolge – vor allem um die vermittelnde Rolle von Sozialer Arbeit: „Die Selbsthilfe der in Armut lebenden Menschen kann durch die unmittelbare Beratung und Unterstützung am wahrscheinlichsten gefördert werden. Auch vor diesem Hintergrund erweist sich das personengebundene Handeln in der armutsbezogenen Sozialen Arbeit als unverzichtbar" (ebd., S. 179).

In der Konzeption von Ansen steht die Bewältigung der individuellen Armutsfolgen im Mittelpunkt. Er begreift demzufolge Soziale Arbeit als situatives Handeln, das in sozialstaatliche und gesellschaftliche Rahmenbedingungen eingebunden ist. Soziale Arbeit stellt für ihn das Bindeglied zwischen den abstrakten Vorgaben des Sozialstaates und den situationsbezogenen Notwendigkeiten des Einzelfalls dar. Gleichzeitig verpflichtet er Soziale Arbeit auf eine Lobbyfunktion für die Armutspopulation.

Neue Armut – Individualisierung der Hilfen oder Neuorientierung an Anomie?

Ein weiterer Diskussionsstrang bezieht sich auf Armut im Kontext der gesellschaftlichen Modernisierung und damit auf die Frage, ob sich Soziale Arbeit vorrangig an den klassischen Randgruppen, also an der „alten Armut", zu orientieren habe, oder ob sie sich konzeptionell verstärkt auf die Erscheinungsformen von „neuer Armut" einstellen müsse.

Der Begriff der „neuen Armut" ist erstmals Mitte der 1980er Jahre in der politischen und sozialwissenschaftlichen Diskussion aufgetaucht, zuerst in gewerkschaftsnahen Veröffentlichungen. Intendiert war damit, auf neue Verarmungsprozesse hinzuweisen, die als Folge anhaltender Massenerwerbslosigkeit und staatlicher Kürzungen im Sozial(versicherungs-)bereich aufgetreten waren (Balsen et al. 1984). Ende der 1980er/Anfang der 1990er Jahre wurde der Begriff dann zunehmend in sozialwissenschaftlichen Publikationen verwendet, die – ausgehend von der Beck'schen Modernisierungstheorie – „neue Armut" als Begleiterscheinung des technologischen und sozialstrukturellen Wandels in der „Risikogesellschaft" deuteten (Beck 1986 und Bieback/Milz 1995). Neben der alten, der chronisch verfestigten Armut, „die eng und ausweglos mit materieller Knappheit, mit Schicht und kollektivem Schicksal, mit Stigma und Unentrinnbarkeit korreliert" (Bieback/Milz 1995, S. 11), werden nun neue Armutslagen ausgemacht, die „quantitativ breiter verteilt, zeitlich verschoben, unsystematischer lokalisierbar sowie individuell anders spürbar" erscheinen (Bieback/Milz 1995, S. 11). Als spezifisch armutsgefährdete Gruppen gelten nun Kinder und Jugendliche, Frauen und Alleinerziehende, Migranten sowie Langzeitarbeitslose. Dabei wird die „neue Armut" in deutlicher Abgrenzung gegenüber „klassischen Armutspopulationen" gesehen, zu denen Obdachlose, Behinderte, arme Alte und immer auch schon Alleinerziehende zählten.

Sozialstrukturell wird eine *Entgrenzung* von Armut festgestellt, da infolge des gestiegenen Arbeitsmarktrisikos, der Zunahme prekärer Beschäftigungsverhältnisse sowie sozial nicht abgesicherter Statuspassagen im Lebensverlauf immer breitere Bevölkerungsgruppen von Armutsgefährdung und „neuer Armut" bedroht seien, wie zutreffend festgestellt wird. In dieser Deutungsperspektive wird Armut – wie auch in der dynamischen Armutsforschung – in ihrer zeitlichen Dimension betrachtet, wobei den temporären Erscheinungsformen von Armut besondere Aufmerksamkeit gilt. Diese Sichtweise führt dazu, dass Armut nicht mehr vorwiegend als dauerhafte oder chronifizierte Lebenslage, sondern in erster Linie als Durchgangs- oder Übergangsstadium im Lebensverlauf gedeutet wird. Neuartig sei nun, dass Armut als latentes Risiko bis in die mittleren sozialen Schichten hineinreiche und somit nicht auf soziale Randgruppen beschränkt bleibe. Armut tritt so – traditionell gesprochen – nicht mehr als Klassenfrage auf, also nicht mehr als Klassen- und Gruppenphänomen, sondern eher als individualisiertes Risiko. Armutslagen und Armutsgruppen werden folglich als sehr heterogen und unübersichtlich beschrieben.

Besondere Aufmerksamkeit widmet diese Sichtweise folglich den subjektiven Bewältigungsformen von Armut, wobei der Bezug von Sozialhilfe in bestimmten Statuspassagen, wie bei der Erziehung von Kleinkindern, durchaus als sinnvolle Überbrückungshilfe und nicht als Stigma begriffen wird. Die dynamische Armutsforschung hat zunächst heftige Kontroversen in der Fachwelt ausgelöst. Dabei wurde gegen sie vor allem der Vorwurf erhoben, sie verharmlose die Armutsproblematik. In der Tat neigt die dynamische Armutsforschung dazu, die zeitliche Begrenztheit von Armutsphasen gegenüber der verbleibenden Langzeitarmut überzubetonen. Sie hat damit der Politik einen Vorwand geliefert, die Armutsproblematik zu bagatellisieren. Dennoch hat die dynamische Armutsforschung neue analytische Aspekte in die Diskussion eingebracht, die bei der Formulierung eines armutsbezogenen Handlungskonzeptes der Sozialen Arbeit Berücksichtigung finden müssen.

Diese neue Deutung von Armut und die damit thematisierten sozialstrukturellen Veränderungen sind in den letzten Jahren auch in die Diskussion um ein handlungsorientiertes Konzept der Sozialen Arbeit eingeflossen. So vertritt beispielsweise Thomas Rauschenbach die Auffassung, dass sich Soziale Arbeit in der Risikogesellschaft und unter Individualisierungsbedingungen nicht mehr vorwiegend auf ihre traditionelle Klientel beziehen dürfe. Soziale Ungleichheit strukturiere sich immer weniger entlang der klassischen vertikalen Kategorien von Klasse und Schicht und immer stärker gemäß horizontaler Merkmale wie Alter, Geschlecht und Ethnie. Derzeit seien vor allem Kinder und Jugendliche, Frauen als Alleinerziehende, Langzeitarbeitslose und Geringverdiener sowie Migranten und ihre Familien von Armut betroffen. Soziale Arbeit müsse auf die zunehmende Relevanz dieser „neuen sozialen Ungleichheiten" sowie auf die Entgrenzung und Individualisierung sozialer Risiken mit einer Ausweitung ihres Angebots reagieren. Den Bezugspunkt von Sozialer Arbeit bilde nicht mehr allein (oder in erster Linie) die traditionelle Klientel der sozial Benachteiligten. Die Profession müsse sich mit ihren Angeboten vielmehr an alle von sozialer Unsicherheit Betroffenen wenden, da nunmehr neue Ein- und Ausgrenzungsmuster zum Tragen kämen (Rauschenbach 1994, S. 89–115). Zu ähnlichen Schlussfolgerungen kommen auch Roland Hitzler und Anne Honer, wenn sie das Angebot der Sozialen Arbeit nicht mehr in den traditionellen „Rand- und Elendszonen der Gesellschaft" angesiedelt sehen (Hitzler/Honer 1996, S. 159). Gleichzeitig sei – als Reaktion auf die voranschreitende Individualisierung der Lebensverhältnisse – auch eine stärkere Individualisierung des Hilfeangebots der Sozialen Arbeit sowie des gesamten sozialstaatlichen Instrumentariums vonnöten.

Auch Lothar Böhnisch geht in seinen neueren Publikationen davon aus, dass der Sozialstaat und die Soziale Arbeit auf die neuen Erscheinungsformen von Armut zu reagieren hätten (Böhnisch 1994, S. 122 ff.). Armut bedeutet für ihn, dass die Betroffenen von der sozialen Entwicklung abgekoppelt, in ihrer Handlungsfähigkeit und ihrem Bewältigungsverhalten beeinträchtigt, in ihren sozialen Beziehungen eingeschränkt seien und vom durchschnittlichen Alltag, also der gesellschaftlichen Normalität, ausgeschlossen blieben. Das Neue an der „modernen Armut" sieht er vor allem in ihrem „desintegrativen und sozial anomischen Charakter" (Böhnisch 1994, S. 123). Obwohl er die sozialstrukturelle Analyse der „neuen Armut" teilt, bezweifelt er ihre temporäre Begrenztheit. Die scheinbar temporären Erscheinungsformen von Armut sind für ihn durchaus mit strukturellen Armutsrisiken verbunden, die zu einem „Zustand von chronisch verminderter Partizipation führen können" (Böhnisch 1994, S. 128). Das Grundproblem sieht Böhnisch darin, dass gegenwärtig der Modernisierungsprozess nicht mehr sozialstaatlich moderiert werde, sondern ausschließlich ökonomisch bedingt sei. Damit liege die Definitions- und Steuerungsmacht für soziale Integration nicht mehr beim Sozialstaat. Armut sei daher sozialstaatlich nicht mehr kalkulierbar.

Böhnisch zufolge haben also Sozialstaat und Soziale Arbeit ihre Definitionsmacht hinsichtlich gesellschaftlicher Ein- und Ausgrenzungsmechanismen verloren. Damit seien sie in die Defensive geraten. Die Erscheinungsform der „neuen Armut" bedeute daher für beide eine neue Herausforderung: „Der Wohlfahrtsstaat droht in diesem Entwicklungsprozess seine ‚armutspolitische Hoheit' einzubüßen, die Sozialpädagogik und Sozialarbeit kann nicht mehr so einfach mit eindeutigen Interventionsdefinitionen operieren, da sie vor der Notwendigkeit steht – weg von der klassischen abgegrenzten Strategie der Armutsbekämpfung – eine in den durchschnittlichen gesellschaftlichen Alltag hinein reichende ‚Soziale-Risiko-Arbeit' zu entwickeln" (Böhnisch 1994, S. 124). In der Deutung von Böhnisch zeigt sich die qualitative Wucht der neuen Erscheinungsformen, die kumulativ zur sogenannten „alten Armut" hinzugekommen sind, auch darin, dass sie die Gefahr einer bislang in dieser Dimension nicht gekannten gesellschaftlichen Desintegration mit sich bringen. Böhnisch schlussfolgert daraus die Notwendigkeit, neue Orientierungen und Perspektiven für eine offensive Soziale Arbeit zu formulieren. Wegweisend ist für ihn dabei die Idee, Lebensbewältigung nicht mehr an überholten Normalitäten auszurichten, sondern Strategien und Konzepte zu entwickeln, die sich an den zunehmend anomischen Strukturen der Gesellschaft orientieren.

Ähnlich argumentiert auch Karl August Chassé, wenn er zu Recht darauf hinweist, dass sich sowohl die Sozialpolitik mit ihrem Leistungsspektrum als auch die Sozialpädagogik bislang auf die sogenannte Normalbiografie bezogen hätten (Chassé 2000). Diese Ausrichtung gelte es nun im Kontext von gesellschaftlicher Modernisierung, der damit einhergehenden Erosionstendenzen, wie zum Beispiel der Erosion von „Normalarbeit" und „Normalfamilie", sowie der Ausweitung von prekären Lebenslagen zu problematisieren. Wie das sozialstaatliche Instrumentarium habe sich auch die Soziale Arbeit bislang an gesellschaftlichen Normvorstellungen orientiert, die immer weniger generelle Gültigkeit hätten. Gleichzeitig werde das Netz der sozialen Sicherung immer brüchiger, was zur Folge habe, dass zukünftig immer größere Gruppen aus dem Leistungsbezug ausgegrenzt würden oder nur defizitär abgesichert seien. Das weise zum einen auf sozialpolitischen Reformbedarf hin, zum anderen aber auch auf die Notwendigkeit einer perspektivischen Neuorientierung in der Sozialen Arbeit.

Lebenslage als Konzept für die Soziale Arbeit?

Die hier präsentierte Synopse lässt nicht nur unterschiedliche Grundsatzpositionen erkennen, sondern bildet gleichzeitig gesellschaftliche Veränderungsprozesse ab, die zu einer veränderten Sichtweise des Armutsphänomens geführt haben. Seit der Veröffentlichung des eingangs erwähnten Sammelbandes „Armut und Soziale Arbeit" (Bauer et al. 1996) sind die neuen Erscheinungsformen von Armut in der wissenschaftlichen wie in der fachpolitischen Diskussion immer stärker in den Mittelpunkt der Aufmerksamkeit gerückt. Dazu hat sicherlich – bei aller berechtigten Kritik, die man gegen diese Forschungsrichtung zunächst vorbringen konnte – die „dynamische Armutsforschung" einen wesentlichen Beitrag geleistet. Vor diesem Hintergrund gilt es an die von Böhnisch vorgenommene gesellschaftliche Analyse anzuknüpfen und nach der neuen Rolle der Sozialen Arbeit angesichts der aufgezeigten gesellschaftspolitischen und sozialstaatlichen Entwicklungen zu fragen. Damit möchte ich an den Ausgangspunkt meiner Darlegungen, also auf die zwischen Benno Biermann und Gregor Sauerwald geführte Kontroverse, zurückkommen.

Auch Benno Biermann ist in seiner Argumentation von den Ergebnissen der dynamischen Armutsforschung ausgegangen und hat vor allem auf Aspekte wie „Verzeitlichung" und „sozialstrukturelle Entgrenzung von Armut" hingewiesen. In diesem Kontext hat er die grundsätzliche Frage aufgeworfen, ob es für die Soziale Arbeit überhaupt sinnvoll sei, sich auf den Armutsbegriff einzulassen und so für einen zahlenmäßig nicht unerheblichen Teil des eigenen Adressatenkreises die Zuschreibung „Arme" vorzunehmen. Insbesondere hat er vor den stigmatisierenden Wirkungen eines sozialpädagogischen Handlungsansatzes gewarnt, der es sich zur Aufgabe mache, die mehrdimensionalen Folgeerscheinungen von Armut zu bearbeiten, wie sie insbesondere vom Lebenslagenkonzept auf analytischer Ebene herausgestellt würden. Da ich mich seit Beginn meiner empirischen Forschung zur Kinderarmut auf das Lebenslagenkonzept berufe, möchte ich mich im Folgenden detaillierter mit dieser von Biermann eingenommenen Position auseinandersetzen und dabei eine andere Einschätzung dieses Konzeptes anbieten.

Beizupflichten ist Biermann sicherlich in seiner Kritik an der lange Zeit eher statischen und undifferenzierten Betrachtungsweise von Armut als dauerhafter Lebenslage. Angesichts der mittlerweile immer eindeutiger zutage tretenden sozialstrukturellen Entgrenzung von Armut muss man sich tatsächlich fragen, ob die Verwendung des Armutsbegriffes in der öffentlichen Diskussion nicht möglicherweise falsche Assoziationen auslöst, weil damit in den Köpfen immer noch alte, teils überholte Bilder von absolutem Elend verknüpft werden. Nicht von der Hand zu weisen ist auch die Gefahr, dass immer weitere Bevölkerungsgruppen durch die Soziale Arbeit ungewollt in eine Klientelposition gedrückt werden, statt sich zu emanzipieren. In der Fachliteratur spricht man hier von Klientelisierung. Diese Gefahr besteht besonders dann, wenn die strukturellen Ursachen und Zusammenhänge aus dem Blick geraten. Soziale Arbeit sollte sich daher darauf einlassen, ihr bisheriges Instrumentarium den vielfältigen Erscheinungsformen von Armut anzupassen. Dazu bedarf es einer klaren analytischen Trennung zwischen objektiv strukturellen und subjektiv lebensweltlich bedingten Aspekten von Armut.

Nicht folgen kann ich allerdings Biermann, wenn er das Lebenslagenkonzept als Erkenntnisquelle für die Formulierung sozialarbeiterischer und sozialpädagogischer Handlungsansätze generell verwirft. Ohnehin degradiert Biermann in seinem emanzipatorischen Impuls jegliche Hilfe für die Betroffenen derart, dass er die Zielgruppe nicht schützt, sondern ihr ungewollt schadet. Diese Aussage Biermanns erinnert an die Debatten um den Reparaturcharakter der Sozialen Arbeit: Die Kritik schießt so weit über das Ziel hinaus, dass die Betroffenen in ihrer Notlage weit unten „im Regen stehen" bleiben.

Beim Lebenslagenkonzept handelt es sich um ein sozialwissenschaftliches Konstrukt, das von Weisser (1956) und Nahnsen (1970) mit der Intention entwickelt wurde, empirische Grundlagen für sozialpolitisches Handeln zu formulieren. Aber gerade in der Ausformulierung durch Ingeborg Nahnsen könnte das Lebenslagenkonzept auch von der Sozialen Arbeit sinnvoll genutzt werden, um daraus eigenes Handeln abzuleiten. Nahnsen unterscheidet nämlich zwischen fünf Handlungsspielräumen, deren Ausstattung die Lebenslage eines Individuums prägt. Damit wird der Sozialen Arbeit ein Analyseraster an die Hand gegeben, mit dem konkret nachvollzogen werden kann, in welchen Bereichen ein Individuum materieller oder immaterieller Unterstützung bedarf.

Soziale Arbeit kann also in ihrer Funktion als vermittelnde Instanz die Betroffenen bei ihrem Zugang zu entsprechenden Ressourcen, wie Arbeit, Bildung, Wohnen, Gesundheit, soziale Netzwerke, soziale und kulturelle Teilhabe, unterstützen. Das gilt sowohl für die Einzelfallarbeit als auch bei einer sozialräumlichen oder gemeinwesenorientierten Ausrichtung. Natürlich muss Soziale Arbeit ihr Instrumentarium im Rahmen sozialpolitischer Vorgaben entwickeln. In der Regel wird sie nur wenig dazu beitragen können, ein Abrutschen in Armut zu vermeiden, ganz gleich, ob sie durch Erwerbslosigkeit, Trennung oder Scheidung, zu niedriges Erwerbseinkommen oder prekäre Beschäftigung, Kindererziehung, Wohnungsverlust, Schulden, Migrationsstatus, Krankheit oder Behinderung verursacht worden ist. Ihre Aufgabe ist es vielmehr, die Betroffenen dabei zu unterstützen, Wege aus der Armut zu finden – man denke nur an die verschiedensten Programme, die derzeit zur Überwindung von Sozialhilfebedürftigkeit aufgelegt werden. Soziale Arbeit sollte zugleich dazu anregen, in der Situation selbst auch auf nicht-monetäre Ressourcen zurückzugreifen, um mit ihrer Hilfe die negativen Folgen von Armut zu begrenzen oder Kompensation zu schaffen.

Aus der Perspektive der Sozialen Arbeit ist die Verschränkung von strukturellen Aspekten der Lebenslage mit subjektiven Aspekten der Lebenswelt ausschlaggebend. Soziale Arbeit wird zwischen gesellschaftlichen Strukturen und individuellem Handeln vermitteln müssen. So wurde beispielsweise im Rahmen eines Forschungsverbundes zu „Armut und Kindheit" – ausgehend von einem weiterentwickelten Lebenslagenkonzept – ein solches „duales Armutsverständnis" in Anlehnung an Bourdieu entwickelt (Butterwegge/Holm/Zander 2003). Ein solches Konzept könnte für die Praxis der Sozialen Arbeit zweierlei leisten: Es vermag zum einen, durch seine doppelte Orientierung an den Lebenslagen und der Lebenswelt der Adressaten – also „wie" und „wo" sie leben – die komplexen Wechselwirkungen von Armut in den verschiedenen Bereichen zu durchleuchten. Zum anderen werden damit Handlungsperspektiven für die Sozialpolitik und die Soziale Arbeit in einer klaren Abgrenzung sichtbar. Sozialpolitik ist für die gesellschaftlichen Rahmenbedingungen zuständig, Soziale Arbeit für die Ausgestaltung der Lebenswelt.

Als Resümee aus den verschiedenen Grundsatzkontroversen möchte ich abschließend für einen kreativen Umgang mit den Ergebnissen der armutsbezogenen Lebenslagenforschung plädieren. Ein sozialpädagogisches oder sozialarbeiterisches Konzept, das auf das Konstrukt der Lebenslage rekurriert, müsste die jeweils gegebenen Formen von Benachteiligung in den verschiedenen Integrationsbereichen berücksichtigen. Wo also zeigen sich konkret Defizite bei Bildung, Arbeit, sozialer Risikoabsicherung, Wohnen, Gesundheit, sozialer und kultureller Teilhabe? Gleichzeitig sollte ein solches Konzept aber auch aus der Subjektperspektive die jeweils typischen Konfigurationen von Belastungen und Risiken einbeziehen, die aus den individuellen Lebenslagen resultieren. Aber auch die jeweils zugänglichen Ressourcen und Entwicklungsmöglichkeiten müssen im Blick bleiben. Woran mangelt es im Einzelfall, und welche inneren und äußeren Stärken könnten zur Bewältigung mobilisiert werden? Der Bezug auf ein solches lebenslagen- und lebensweltorientiertes Konzept der Sozialen Arbeit dürfte – um hier auf die besondere Problematik von Kinderarmut aufmerksam zu machen – vor allem für die Kinder- und Jugendhilfe wegweisend sein. Soziale Arbeit könnte sich dabei sowohl auf die Ergebnisse von empirischen Forschungen zur Kinderarmut stützen als auch auf praxisrelevante Lebenslagenberichte zurückgreifen, die eine solche Vorgehensweise vorgeben.[6]

Wollen wir der Kinderarmut zu Leibe rücken, brauchen wir eine zupackende Soziale Arbeit. Mit dem Lebenslagenkonzept plädiere ich für einen pragmatischen Ansatz, der ungeachtet aller theoretischen Differenzen den Betroffenen sehr nahekommt, ihre Situation so genau wie möglich erfasst und deswegen Lösungen anbieten kann, die ihnen auch wirklich gerecht werden. Wenn es gut läuft, bleibt es nicht bei der bloßen Bewältigung von Armut, sondern öffnen sich sogar Türen zu einem wirklich selbstbestimmten Leben.

6 In diesem Kontext möchte ich vor allem auf den Kinderarmutsbericht der Stadt Münster (2002) verweisen.

Arm sein – eine schlechte Lebenslage![1] (2009)

Vorbemerkung

Eigentlich dürfte hierzulande, wenn es gerecht zuginge, Armut kein Thema sein. Geraten Menschen – erst recht Kinder – in diese Lage, dann benötigen sie die Soziale Arbeit an ihrer Seite. Um wirksam helfen zu können, muss man die Situation zuvor analysiert haben. Dazu eignet sich ein Konzept, das hier vorgestellt werden soll, weil es nach der Lebenslage des Einzelnen im gesellschaftlichen Kontext fragt.

Sozialpädagogische Fachkräfte sind aus ihrer Praxis mit der Problematik von Kinder- und Jugendarmut mehr als vertraut. Sie begegnen tagtäglich den materiellen und immateriellen Folgen für die betroffenen Kinder und ihre Familien. So gesehen, kann ich Ihnen wohl nicht viel Neues erzählen. Ich möchte jedoch dieses Wissen „ummünzen“, sodass wir Armut aus der Perspektive – um nicht zu sagen: aus der Not – der Kinder selbst betrachten. Freilich fühle ich mich zunehmend regelrecht sprachlos, wenn ich zur Problematik noch etwas sagen soll! Ich habe das Gefühl, dass bereits alles gesagt ist – und sich dennoch nichts bewegt.

Viel zu wenig, würden jedenfalls die ca. 63.000 in Armut lebenden Kinder von Hamburg urteilen (Stand: 2009). Zunehmend sehen wir uns mit einer Verfestigung von Armut konfrontiert. „Verfestigung“ heißt:

- dass die Hoffnung auf einen Ausstieg mit wachsender Dauer schwindet,
- dass in diesen Familien immer heftigere soziale Abstiegsprozesse zu verkraften sind und
- dass sich das in der alltäglichen Familienatmosphäre niederschlägt.

Verfestigung von Armut bedeutet auch, dass die armutsbedingten Folgen, die individuell und gesellschaftlich zu tragen sind, gravierender werden. Für die Kinder selbst bedeutet es schlicht, dass Armut einen immer größeren Teil ihrer Kindheit bestimmt.

Die Sozialwissenschaftlerin und ehemalige Sozialdezernentin Ursel Becher hat 2005 eine sehr aufschlussreiche Studie zur Kinderarmut in Hamburg

---

1 Vortrag auf der Fachtagung der Arbeitsgemeinschaft der Freien Wohlfahrtspflege (AGFW) in Hamburg am 7. Juli 2009.

vorgelegt, in der sie darauf hinweist, dass in dieser Stadt 20% der unter Sechsjährigen auf Sozialhilfe angewiesen sind und sogar jedes dritte Kind dieser Altersstufe aus einer Familie kommt, die unter der Armutsgrenze von 60% lebt! Ihre Studie trägt den vielsagenden Titel „ ... die im Dunklen sieht man nicht!“. Dem Resümee der Autorin kann man nur zustimmen: Armut macht Angst und demütigt, sie stigmatisiert und isoliert, sie macht krank (Becher 2005).

Unsere Gesellschaft lässt zu, dass ein erheblicher Teil ihrer Nachkommenschaft in Armut aufwächst, eine Gesellschaft, die wir zu Recht als reich titulieren. Wie reich sie ist, können wir im mittlerweile Dritten Armuts- und Reichtumsbericht der Bundesregierung (3. ARB 2008) nachlesen. Demgegenüber werden skandalös viele arme Kinder aufgelistet. Nehmen wir beispielsweise die Statistik der Bundesagentur, die bundesweit 1,9 Millionen Kinder in Hartz-IV- und Sozialhilfe-Familien ausweist, oder die wesentlich höhere Zahl von ca. 2,5 Millionen „armen“ Kindern, wie sie – auf der Basis einer höheren Armutsschwelle – vom Deutschen Kinderschutzbund geschätzt wird (Deutsches Kinderhilfswerk 2007). Jedes davon ist ein armes Kind zu viel. Machen wir uns bewusst, dass wir allen diesen Kindern auch millionenfach vor Ort helfen müssen.

Das sozialwissenschaftliche Analysekonzept der Lebenslage ist gleichsam ein Hilfskonstrukt, um beispielsweise Armut in ihren vielfältigen Auswirkungen auf die Betroffenen konkreter zu erfassen. Ich plädiere für dieses Konzept, weil ich seine mehrfache Verwendbarkeit selbst erprobt habe: Ich kenne es aus meiner Forschungstätigkeit, in der es mir hilfreich war, um die Armutslage von Kindern in all ihren Aspekten zu analysieren. Ich lege es meinen Seminaren zur Kinderarmut an der Hochschule zugrunde, um aufzuzeigen, in welchen kindlichen Lebensbereichen Soziale Arbeit ansetzen könnte. Und nicht zuletzt war ich damit anlässlich der Erstellung des Kinderarmutsberichts der Stadt Münster (2002) befasst, an dem ich mit meiner damaligen Forschungsgruppe mitgewirkt habe.

Das Konzept der „Lebenslage“ – historische Ableitung

Zunächst möchte ich mit einer kurzen Revue seiner historischen Entwicklung die Kernaussagen des Lebenslagenmodells herausarbeiten, zumal mittlerweile einige Grundgedanken in der öffentlichen Diskussion verloren gegangen sind, die das Konzept ursprünglich mit geprägt haben.

Beginnen wir mit Otto Neurath, einem Wiener Nationalökonomen und bekannten Austromarxisten, den man als den Urvater des Begriffs bezeichnen könnte: Ihm zufolge meint die „Lebenslage“ eines Menschen den „Inbegriff all der Umstände, die verhältnismäßig unmittelbar die Verhaltensweise eines Menschen, seinen Schmerz, seine Freude bedingen. Wohnung, Nahrung, Kleidung, Gesundheitspflege, Bücher, Theater, freundliche menschliche Umgebung, all das gehört zur Lebenslage" (Neurath 1931).[2] Beim Lesen seiner Definition fällt auf, dass Neurath mit dem Wort „Lebenslage" nicht nur die Mehrdimensionalität der Lebensumstände eines Menschen erfassen, sondern mit „Schmerz" und „Freude" auch seine subjektive Befindlichkeit einfangen möchte. Zudem wird ein enger Bezug zwischen den jeweiligen Lebensumständen und den Verhaltensweisen eines Menschen hergestellt, wenngleich in heute etwas schwer zugänglichen Formulierungen. Mit anderen Worten: Die Verhältnisse prägen das Verhalten.

In der statistischen Erfassung von objektiven Lebenslagedimensionen, wie wir sie heute aus der Sozialberichterstattung kennen, gehen solche Aspekte völlig verloren, denn Zahlen drücken keine Gefühle aus. Allerdings taucht diese emotionale Seite beim Konzept des „subjektiven Wohlbefindens" (Child-Well-Being-Index) wieder auf, das neuerdings in der Berichterstattung von UNICEF (2007) über die Lage von Kindern verwendet wird.

Gerd Weisser, ein Kölner Sozialpolitikwissenschaftler und erster Vorsitzender der nach dem Krieg wiedergegründeten Friedrich-Ebert-Stiftung, hat in den 1950er Jahren den Lebenslagenbegriff wieder aufgenommen. Weisser hebt in seinem Verständnis von „Lebenslage" stärker auf die Handlungsmöglichkeiten ab, wenn man so will: auf die „Verwirklichung von Lebenschancen", die einem Individuum oder einer Gruppe von Individuen aufgrund ihrer äußeren Lebensumstände gegeben sind. Lebenslage kann man nach Weisser als jenen Spielraum beschreiben, den die äußeren Umstände einem Menschen für die Befriedigung von Interessen bieten, „die den Sinn seines Lebens bestimmen" (Weisser, in: Ziegenfuss 1956, S. 986). Lebenslage meint also die Gesamtheit der äußeren Lebensumstände und der damit gegebenen oder womöglich verwehrten Chance, ein Leben entsprechend der individuellen Sinngebung zu führen. Weisser ging es in erster Linie darum, mit der Lebenslagenforschung Erkenntnisse für sozialpolitisches Handeln zu gewinnen. Er wollte herausfiltern, welche sozialpolitischen Maßnahmen geeignet wären, die Lage armer Menschen zu verbessern.

Interessanterweise findet sich auch hierzu in der aktuellen Diskussion eine Entsprechung im Zweiten Armuts- und Reichtumsbericht der Bundesregierung (2. ARB 2005) mit dem Rückgriff auf das Konzept der „Verwirklichungschancen" von Amartya Sen, dem indischen Nobelpreisträger für Ökonomie (Sen 2007). Nach Sen ist es Aufgabe der Gesellschaft, jedem Indivi-

2 Zitiert nach: Glatzer/Hübinger 1990, S. 35.

duum all jene Ressourcen zur Verfügung zu stellen, die es braucht, um seine Potenziale (Capabilities) zu verwirklichen. Ich betone hier bewusst diese Bezüge zu internationalen Konzepten, weil der Begriff der „Lebenslage" offenbar nicht in andere Sprachen übersetzbar ist, das Konzept als solches jedoch in der internationalen Berichterstattung über Kinder durchaus anschlussfähig sein dürfte.

Die Weisser-Schülerin Ingeborg Nahnsen hat den Begriff der Lebenslage in den 1970er Jahren erneut verwendet und zugleich weiterentwickelt und ausdifferenziert. Zunächst geht Nahnsen (1970, 1972 und 1975) wie Weisser davon aus, dass sich das Konzept der Lebenslage an der Erfüllung menschlicher „Grundanliegen" als gesellschaftspolitischem Ziel orientiert. Über Weisser hinausgehend beschreibt sie die Lebenslage eines Menschen als Zusammenwirken unterschiedlicher Spielräume, die den Rahmen für die individuelle Interessenentfaltung und -realisierung abstecken.

Zu fragen bleibt allerdings: Was sind menschliche Grundanliegen? Was kann mit „individueller Interessenentfaltung" gemeint sein? Nahnsen scheint dabei eher nach Plausibilitätskriterien vorgegangen zu sein, indem sie fünf Dimensionen oder „Spielräume" vorgegeben hat, mit denen sich die Gesamtlebenslage eines Menschen beschreiben ließe (Nahnsen 1975):

- Einkommens- und Versorgungsspielraum,
- Kontakt- und Kooperationsspielraum,
- Lern- und Erfahrungsspielraum,
- Muße- und Regenerationsspielraum sowie
- Entscheidungs- und Dispositionsspielraum.

Die hier benutzte Begrifflichkeit gilt es sicherlich in eine zugänglichere Gegenwartssprache zu übertragen. Hilfreich für die sozialwissenschaftliche Analyse ist jedoch die von Nahnsen betonte Komplexität des Lebenslagenkonzepts. Das Bild des „Spielraums" wird von ihr verwendet, um zu verdeutlichen, dass es bei der Einschätzung der Lebenslage in erster Linie um die Handlungsmöglichkeiten der Betroffenen geht. Spielräume haben eine *objektive und subjektive Seite*. Je nach Beschaffenheit der objektiv vorgegebenen Spielräume, ihrer durch die gesellschaftlichen Umstände bedingten Größe und Struktur, wird das Individuum bei der Realisierung seiner Grundanliegen nachhaltig positiv oder negativ beeinflusst. Wie viel Spielraum es dabei empfindet und wie es ihn nutzt, benennt die subjektive Komponente des Begriffs.

Bei Kindern können wir sagen: Ihre Entwicklungsmöglichkeiten werden durch das Ausmaß ihrer Spielräume geprägt. Dabei liegt es auf der Hand, dass zwischen den verschiedenen Spielräumen eine Wechselwirkung besteht. Am augenfälligsten wird das beim Einkommens- und Versorgungsspielraum, da er ganz elementar den Zugang zu anderweitigen materiellen und immateriellen Ressourcen beeinflusst und damit in enger Wechselwirkung zu allen anderen Spielräumen steht. Aber auch zwischen den anderen Spielräumen ergeben sich ähnliche Wechselwirkungen: So kann der Zugang zu Bildung durch die materielle Lage der Familie eingeengt sein. Des Weiteren richten sich die sozialen Kontaktmöglichkeiten nicht selten nach den vorgegebenen finanziellen Rahmenbedingungen. Wer von bestimmten Freizeitaktivitäten ausgeschlossen ist, hat es schwerer, Freundschaften zu schließen.

Die deutsche Armutsforschung hat seit Mitte der 1980er Jahre das Lebenslagenkonzept wiederentdeckt. Dieses Modell wird nun schon seit Jahren in der Sozial- und Armutsberichterstattung gleichermaßen auf kommunaler, Landes- wie Bundesebene genutzt. Auch die Armuts- und Reichtumsberichterstattung des Bundes (1. ARB 2001 und 2. ARB 2005) orientiert sich daran.

Die Relevanz dieses Konzepts liegt für mich darin, dass man mit ihm einerseits Armut als strukturelles Phänomen sozialer Ungleichheit erfassen, zugleich aber auch die Subjektperspektive sichtbar machen kann. Daher ist das Lebenslagenkonzept so vielseitig anwendbar: in der Einzelfallanalyse für die sozialpädagogische Praxis, in der qualitativen wie quantitativen Sozialforschung und schließlich in der Sozialberichterstattung, um sozialpolitische Empfehlungen zu formulieren.

Ein Lebenslagenbericht muss mit konkreten Handlungsoptionen schließen, also Wege zur Armutsprävention aufzeigen, wenn er seinen Zweck erfüllen soll. Diese Empfehlungen gehören dann aber auch auf die politische Agenda, und deren Umsetzung muss in einem angemessenen Zeitraum ernsthaft überprüft werden. Zu einer wirksamen Sozialberichterstattung gehört daher unbedingt ihre Wiederholung in regelmäßigen Abständen. Das ist ein unabdingbares Junktim!

Das Lebenslagenkonzept in der Kinderarmutsforschung

Das von Ingeborg Nahnsen entwickelte Konzept der Spielräume wurde – wenn auch in abgewandelter Form – in verschiedenen empirischen Studien zur Kinderarmut in der Bundesrepublik aufgegriffen. Dafür musste dieses eigentlich auf Erwachsene zugeschnittene Konzept kindbezogen umformuliert werden. In Anlehnung an das Lebenslagenkonzept könnten so mit Blick auf Kinder folgende Fragen gestellt werden (Chassé/Zander/Rasch 2003):

1. Ist ihre materielle Grundversorgung gesichert?
2. Wie sehen ihre sozialen Kontakte, ihre Beziehungen zu Gleichaltrigen und Erwachsenen aus?

3. Haben sie ausreichend Zugang zu Bildung und altersgemäßen Erfahrungswelten?
4. Können sie ihre individuellen Fähigkeiten und Neigungen entfalten? Welche Möglichkeiten finden sie zur Entspannung und Erholung?
5. Wie ist es generell um ihre gesellschaftliche Teilhabe bestellt? Welche Entscheidungen können sie selbst treffen?

Wie eingangs betont, würden wir das Lebenslagenkonzept jedoch missverstehen, wenn wir es als rein deskriptives Raster benutzen würden, mit dem wir lediglich die objektiv gegebene Ausgangslage von Kindern analysieren. Vielmehr muss dabei immer auch die Wechselwirkung zwischen den objektiv vorgefundenen Strukturen und den individuell tatsächlich nutzbaren Verwirklichungschancen aufgezeigt werden. Bei der Analyse der Lebenslage eines Kindes geht es um beides: um die objektive Seite – welche äußeren Bedingungen einem Kind gesetzt sind und von ihm nur eingeschränkt beeinflusst werden können – und um die subjektive Seite, also die persönliche Wahrnehmung und individuelle Bewältigung.

In den schon erwähnten qualitativen Studien zur „Armut von Kindern im Grundschulalter" haben wir uns, wie schon an anderer Stelle ausführlich dargelegt, ebenfalls am „Spielräumekonzept" orientiert und sein Instrumentarium als sehr hilfreich empfunden, um die Lebenssituation der interviewten Mädchen und Jungen systematisch erfassen und ihre Bewältigungsmuster analysieren zu können.[3] Gleichzeitig liefert ein solches Vorgehen anhand des Lebenslagenkonzeptes ganz konkrete Hinweise, wie und wo sozialpädagogisches Handeln zur Unterstützung dieser Kinder ansetzen müsste, und auch in welchen Bereichen politische Maßnahmen greifen sollten. Beispiel: Wenn mehrere Kinder regelmäßig ohne Frühstück zur Schule kommen, wäre es ein Leichtes, hier Abhilfe zu schaffen, indem Schulsozialarbeit vor Schulbeginn für die Betreffenden ein Frühstück organisieren würde. Die Kommune wäre aufgefordert, ein solches Angebot zu finanzieren.

Das Lebenslagenkonzept in der Kinderarmutsberichterstattung

Das Konzept der Lebenslage eignet sich aber nicht nur für die Einzelfallbetrachtung, sondern auch für die Analyse der Lebenssituation von sozialen

---

3 Siehe die ausführliche Erörterung in Kapitel 2 dieses Buches.

Gruppen und deren Positionierung in der Gesellschaft, also für die Sozial- und Armutsberichterstattung. Gesamtgesellschaftlich betrachtet müssen wir von einer Vielfalt von Lebenslagen ausgehen, die aus der unterschiedlichen Ausgestaltung gegebener Spielräume resultiert. Vergleichbare Lebenslagen mit ähnlicher Beschaffenheit der Spielräume lassen sich zu Lebenslagentypen zusammenfassen, so beispielsweise Obdachlose (ohne Wohnung), Erwerbslose (ohne Arbeit), Sozialgeldempfänger (ohne eigenes Einkommen), Alleinerziehende (mit Kind, aber ohne Partner). Aber selbst bei einer derartigen Gruppenbildung können wir bei näherer Betrachtung wiederum differenzierende Merkmale in den einzelnen Lebenslagedimensionen feststellen. So sind beispielweise nicht alle Alleinerziehenden auf Sozialleistungen angewiesen oder gar arm, ebenso gibt es Erwerbslose mit genügend Einkommen.

Bei einer derart differenzierten Betrachtungsweise lassen sich übrigens auch „neue Formen von Armut" erkennen, denn wir haben es längst nicht mehr nur mit den traditionellen Formen von generationenübergreifender, sozialräumlich leicht lokalisierbarer „alter Armut" zu tun. Die Lebenslage „Armut" wird dabei stets als Zusammenwirken von spezifisch eingeschränkten Spielräumen verstanden. Als „arm" zu bezeichnen ist also, wer in mehreren Spielräumen, jedenfalls in mehr als einem, unterversorgt ist. Einkommensarmut ist dabei nicht die einzige, aber die wichtigste Dimension von Armut.

Als Vorteile dieses Konzeptes werden in der Regel folgende Merkmale angeführt:

- die damit verbundene Mehrdimensionalität des Armutsbegriffs,
- die Sicht auf die Wechselwirkungen zwischen den Spielräumen,
- die Einbeziehung der subjektiven Wahrnehmung und Verarbeitungsweise.

Was für die Analyse von Einzelfällen hilfreich ist – nicht nur in der Forschung, sondern auch in der praktischen Arbeit mit Kindern und Familien –, scheint offenbar für die Sozialberichterstattung zum Problem oder jedenfalls zur methodischen Herausforderung zu werden. Ich denke hier vor allem an den Aspekt der subjektiven Wahrnehmung und Bewältigung, der sich in einer vorwiegend quantitativ angelegten Berichterstattung nicht abbilden lässt. Zwar können auch – wie es die UNICEF-Berichterstattung zur Lage der Kinder (Bertram 2006) tut – Kategorien wie „subjektives Wohlbefinden" mit messbaren Indikatoren erfasst werden. Weil auch ein solcher Wohlbefindens-Index nicht zur Beschreibung der subjektiven Lage und ihrer Bewältigung ausreicht, plädiere ich für ein Berichtskonzept, das – wie etwa der Dresdener Lebenslagenbericht – unterschiedliche Methoden miteinander kombiniert. Dort werden quantitative und qualitative Analysen zusammengeführt.

Der Dresdener Bericht beschreibt eingangs sein komplexes methodisches Vorgehen: „Der hier verfolgte Lebenslagenansatz führt materielle (so etwa das Haushaltsnettoeinkommen) und immaterielle Dimensionen (wie etwa die Teilhabe am gesellschaftlichen Leben) von Familienhaushalten zusammen. Es werden objektiv messbare Lebensbedingungen wie die Wohn-, Bildungs- und Arbeitssituation der Haushaltsmitglieder untersucht und mit subjektiven Wahrnehmungen und Einschätzungen der eigenen Lebenssituation durch die Haushaltsmitglieder sowie deren Alltags- und Bewältigungsstrategien zusammengeführt" (Bertram 2006, S. 7). Um alle diese Befunde zusammenzuführen, wurde zunächst – wie üblich – eine Auswertung der amtlichen kommunalen Statistik vorgenommen, die allerdings bereits bei der Erfassung der sogenannten objektiven Lebensbedingungen Grenzen zeigt. In statistische Erhebungen fließen schließlich auch Ungenauigkeiten bei der lokalen Übermittlung von Daten ein. Ohnehin gehen dabei die subjektiven Aspekte verloren. Für die Darstellung der subjektiven Perspektiven wurde in Dresden daher zusätzlich eine empirische Forschungsstudie in Auftrag gegeben und in den Bericht integriert. Diese empirische Studie zur Lage der Familien basiert zum einen auf einer schriftlichen Fragebogenerhebung zu deren Lebenssituation und zum anderen auf qualitativen Interviews mit Familien, die ALG II-Leistungen erhalten.

So beispielhaft dieser Bericht wegen seines methodischen Vorgehens auch ist, so fehlt leider die Sichtweise der Kinder selbst. Daher möchte ich mich ganz entschieden für eine gesonderte Kinder- und Kinderarmutsberichterstattung auf kommunaler Ebene stark machen, weil die Perspektive der Kinder in Familienberichten oder generellen Sozial- und Armutsberichten meist untergeht. Zwei Beispiele für die gezielte Aufnahme der Kindersicht sind der Kinderarmutsbericht der Stadt Münster (2002) und der Kinderbericht der Stadt Essen (2004):

- Der „Kinderarmutsbericht der Stadt Münster" orientiert sich am Lebenslagenkonzept, wobei ein erster, quantitativ angelegter Teil die Armutsproblematik kleinräumig auf Stadtteilebene dokumentiert und einen entsprechend kleinräumigen Handlungsbedarf aufzeigt. Ein zweiter, qualitativer Teil dokumentiert die Kinderarmutsproblematik vor Ort aus unterschiedlichen Perspektiven: aus der Sicht der Kinder selbst, aus der Einschätzung der Sozialen Arbeit sowie aus dem Blickwinkel der freien Wohlfahrtspflege. Der Bericht erfasst damit alle sozialräumlichen Auswirkungen und lebensweltbezogenen Folgen von Armut für Wohnen, Schule und Freizeit.
- Der „Kinderbericht der Stadt Essen" ist ebenfalls als Lebenslagenbericht konzipiert. Er analysiert die materielle Lage der Haushalte

mit Kindern, ihre Wohnsituation, die Bildungs- und Gesundheitsaspekte sowie die spezifische Situation von Kindern in der Familie. Davon ausgehend formuliert er jeweils Handlungsempfehlungen.

Das Lebenslagenkonzept hat natürlich auch seine Grenzen oder Schwächen. Drei Argumente sollen hier erwähnt werden:

- generelle Probleme der Operationalisierbarkeit,
- die Begrenzung durch die Querschnittperspektive,
- die Gefahr des Defizitblicks.

Im Bereich der *Operationalisierbarkeit* gab es beispielsweise methodische Schwierigkeiten bei der Berichterstattung. Kritisiert wurde, dass die Unterscheidung von ausgerechnet fünf Bereichen im Lebenslagenkonzept theoretisch zu wenig fundiert sei. Hier ließe sich nachbessern. Mittlerweile ist eine sehr ausdifferenzierte, interdisziplinäre Diskussion über physiologische und psychosoziale menschliche Grundbedürfnisse und ebenso über kindliche Entwicklungsbedürfnisse im Gange, die Abhilfe schaffen könnte. Anschauliches Resultat dieser Debatten ist der Begriff des „kindlichen Wohlbefindens". Eine weitere Schwierigkeit des Lebenslagenkonzepts liegt in der Feststellung der jeweiligen Schwelle, ab der Unterversorgung angenommen werden muss. Das ist letztlich eine politische Frage, so wie generell die Bestimmung von Armutsschwellen und soziokulturellem Existenzminimum politischer Definition unterliegt.

Um diese Klippen zu umzuschiffen, schlägt das Institut für Sozialforschung und Gesellschaftspolitik (ISG Köln – Engels 2005) eine Kombination mit dem Inklusions-/Exklusionskonzept vor, das auf europäischer Ebene bei der Armutsbekämpfung Verwendung findet. Die dahinterstehende Grundidee ergibt für die Sozialberichterstattung durchaus Sinn und lässt sich auch auf die Erfassung der Lebenslage von Kindern übertragen.

Ausgegangen wird hier von der Vorstellung, dass es beim Zugang zu Ressourcen keine schematische Dichotomie zwischen den zwei Polen von „Drinnen" (= gesellschaftliche Inklusion) und „Draußen" (= gesellschaftliche Exklusion) gibt. Vielmehr wird ein abgestuftes Inklusions- und Exklusionsverständnis zugrunde gelegt, das auf einer zweistufigen Analyse basiert: In einem ersten Schritt wird geprüft, ob die Zugangsvoraussetzungen zu einem Teilbereich, wie etwa zu Bildung oder Gesundheitsversorgung, überhaupt gegeben sind, und in einem zweiten Schritt der jeweils erreichte Grad von Zugehörigkeit untersucht.

Mit einem solchermaßen erweiterten Lebenslagenkonzept kann man also beschreiben, in welchem Ausmaß ein Individuum an verschiedenen Bereichen der Gesellschaft teilhat. Die einzelnen Dimensionen der Lebenslage werden dabei nicht einfach additiv betrachtet. Vielmehr lassen sich Kausalketten zwischen der Beschaffenheit der einzelnen Bereiche bilden und Teilbereiche gewichten. Am besten erläutert ein Beispiel diese Interdependenzen: „So setzt eine Partizipation am gesellschaftlichen Leben, an Kultur- und Freizeitaktivitäten den Zugang zu einem Mindestmaß an sozialen und materiellen Ressourcen voraus. Wer darüber nicht verfügt, ist davon zumindest partiell ausgeschlossen" (Engels 2005, S. 6). Ohne Freunde und mit leerem Portemonnaie kann man wenig unternehmen.

Durch Einbeziehung des Inklusions-/Exklusionsmodells lässt sich eine starre Festlegung von Schwellen der Unterversorgung vermeiden, zumal solche Werte ohnehin soziohistorischen Veränderungen unterliegen. Auch die Gewichtung der unterschiedlichen Teilbereiche kann kulturell und regional bedingt wechseln. Hierzu jeweils ein Beispiel:

Nimmt man den Indikator „mit oder ohne Hauptschulabschluss" als Schwellenwert für den Zugang zu einem Ausbildungsplatz, so konnte das in den 1950er oder 1960er Jahren noch Geltung beanspruchen. Heutzutage ist jedoch in bestimmten Branchen bereits das Abitur Voraussetzung für einen Ausbildungsplatz.

Ähnliches gilt bei Kindern für die Relevanz von bestimmten Freizeitaktivitäten. Mag die Freizeitgestaltung früher kaum einen Einfluss auf die schulische Entwicklung gehabt haben, so dürften solche Aktivitäten heute den Schulerfolg sogar entscheidend mitbestimmen. Man denke nur an den IT-Bereich.

Vor diesem Hintergrund erscheint es sinnvoll, die Lebenslagenanalyse – also einen Bericht zur Lage der Kinder – so anzulegen, dass Inklusions- und Exklusionsschwellen nicht vorab festgelegt werden, sondern sich aus der Gesamtsicht der Lebenslagen von Kindern zum jeweils konkreten Berichtszeitpunkt ergeben.

Der letzte Kritikpunkt am Lebenslagenkonzept bezieht sich auf die *Querschnittperspektive.* Die Lebenslagenanalyse stellt zunächst eine Momentaufnahme dar. Das gilt für die Forschung in gleicher Weise wie für die Armutsberichterstattung. Wenn wir die verschiedenen Dimensionen der Lebenslage eines Kindes zu einem bestimmten Zeitpunkt analysieren, erhalten wir lediglich einen Zustandsbericht zu einem fixen Zeitpunkt. Bei einer Momentaufnahme bleibt es gleichfalls, legt man die Berichterstattung zur Lage von Kindern lediglich als Querschnittanalyse an. Querschnittanalysen verstellen den Blick auf Entwicklungsprozesse und bergen die Gefahr, Armut ausschließlich als statische statt womöglich dynamische Lebenslage zu begreifen und darüber ihren Verlaufsprozess aus den Augen zu verlieren.

Darauf hat vor allem die „dynamische Armutsforschung“ hingewiesen, die in ihren Studien „Armutsverläufe“ bei erwachsenen Sozialhilfeempfänger/innen untersucht hat. Hier liegt sicherlich eine Schwachstelle des Lebenslagenkonzepts, die aber in der Einzelfallbetrachtung durch eine Wiederholung in Form von Längsschnittstudien behoben werden kann. Dasselbe gilt für die politische Berichterstattung, denn auch sie ergibt nur bei periodischer Wiederholung Sinn. Freilich muss gerade die Einzelfallanalyse zunächst die aktuelle Lage des Kindes erfassen und auf seine gegenwärtige Befindlichkeit eingehen. Wer nicht zuerst danach fragt, wie es dem Kind hier und heute ergeht, gar vorschnell den Blick auf dessen zukünftige Entwicklung richtet, wird ihm nicht gerecht.

Ich möchte allerdings davor warnen, die Blickrichtung vorwiegend oder sogar ausschließlich auf Unterversorgung zu lenken. Dazu neigt man leicht bei der Lebenslagenanalyse von „armen Kindern“, weil es zunächst ja darum geht, welche negativen Auswirkungen die familiäre Armut auf sie hat. Schnell verleitet das dazu, allein Defizitaspekte zu betonen und demgegenüber die individuellen Ressourcen der Kinder und Familien zu übersehen. Dass wir naturgemäß dazu tendieren, zunächst die analysierte Unterversorgung in den Vordergrund zu stellen, darf man aber nicht dem Lebenslagenkonzept anlasten, das in der Tat Armut als defizitäre Lebenslage beschreibt. Niemand hindert uns, zugleich nach den Potenzialen und vorhandenen Ressourcen zu suchen, auch wenn sie nicht sofort ins Auge springen. Ohne Armut damit beschönigen zu wollen, sollten die womöglich ebenfalls gegebenen Stärken Eingang in die Einzelfallanalyse wie in die Berichterstattung finden. Das ist besonders wichtig, wenn es um die Formulierung einzuleitender Maßnahmen geht, die der eigentliche Anlass für die Berichterstattung sind. Jeder würde die Lage der Betroffenen verkennen, der ihre Bewältigungskapazitäten außer Acht ließe und damit ihre Fähigkeit zur Resilienz. Dazu muss man genau ermitteln, welche Ressourcen und Potenziale ihnen auch wirklich zugänglich sind. Das ließe sich mit dem Lebenslagenkonzept gut abbilden, wenn man neben den verengten Spielräumen dennoch belassene weite Felder sieht. Will man Ressourcen in einem problembelasteten Stadtteil mobilisieren, kann man entsprechend verfahren – nicht nur aufzählen, was fehlt, sondern sammeln, was schon da ist.

Die Vorzüge des Lebenslagenkonzepts bestehen meines Erachtens darin, dass es zugleich komplex und flexibel, lebens- wie realitätsnah ist. Natürlich setzt es eine Vorstellung von gesellschaftlicher Normalität voraus, um Unterversorgung definieren zu können. Seine relative Theorieferne erweist sich durchaus als Vorteil, denn je weniger der Blick von Vorgaben und Hintergedanken abgelenkt wird, desto eher erfasst er geschärft die wirkliche „Lage“.

Kinderarmut im Stadtteil – zwei Saarbrücker Modell-Projekte[1] (2006)

Projekt Unteres Malstatt: Kinderhaus

Zielgruppe: Kinder im Grundschulalter
Träger: Diakonisches Werk an der Saar

Projekt Alt-Saarbrücken: Kinderstreetwork

Zielgruppe: Lückekinder[2] (9–13 Jahre)
Träger: Stadtteilbüro Alt-Saarbrücken/Paritätische Gesellschaft für GWA

Zur Entstehungsgeschichte der Projekte

Wussten Sie schon, dass es in der Bundesrepublik Stadtteile gibt, in denen ein Viertel der Bevölkerung Sozialhilfe bezieht, also Hilfe zum Lebensunterhalt (Dezember 2003), und wo fast die Hälfte der Kinder im Alter von null bis 15 Jahren in solchen Haushalten lebt? Im unteren Alt-Saarbrücken, Wohngebiet Moltkestrasse/Absdell ist das beispielsweise der Fall. Dort sind in den 1920er Jahren durch die Umwandlung ehemaliger Kasernen mehrere Wohnblöcke entstanden. Der Stadtbezirk wurde im Zweiten Weltkrieg fast vollständig zerstört und musste nach 1945 komplett wiederaufgebaut werden (Webseite des Stadtteilbüros Alt-Saarbrücken). Man errichtete überwiegend viereinhalb-geschossige Mietshäuser. Einige davon wurden mittlerweile kernsaniert, aber überwiegend entsprechen die Wohnungen nicht mehr heutigen Wohnstandards. Auffällig ist hier die hohe Kinderquote - mit 24% einer der kinderreichsten Stadtteile Saarbrückens –, und fast die Hälfte der Bewohner/innen hat eine Migrationsgeschichte.

---

1 Bei diesem Text handelt es sich um eine stark umgearbeitete und nachträglich ergänzte Fassung meines Beitrages zum „Abschlussbericht der beiden Modellprojekte zur Bekämpfung der Auswirkungen von Kinderarmut“, iSPO Saarbrücken 2006, S. 60–67. An diesem Bericht war ich in meiner Funktion als fachliche Begleitung der Projekte beteiligt, wie im ganzen Projektverlauf in enger Zusammenarbeit mit dem iSPO.

2 Lückekinder ist ein Begriff für die Altersgruppe zwischen neun und 13 Jahren, bei der je nach Bundesland die Kinder für den Hort schon zu alt sind und in Jugendeinrichtungen wie z.B. Jugendclubs noch nicht zugelassen sind.

Oft gibt es gleich mehrere Stadtteile mit vergleichbarer Problemdichte in einer Gemeinde. Saarbrücken Malstatt (Unteres Malstatt) ist ebenfalls ein solches Viertel mit einer ähnlich hohen Sozialhilfequote, wobei auch dort – wie in solchen Stadtteilen üblich – besonders viele Kinder und Jugendliche leben. Da in Armutshaushalten meist mehrere Kinder aufwachsen, sind sie laut Sozialhilfequote von Armut fast doppelt so häufig betroffen als die Erwachsenen. Das Mitarbeiterteam des Stadtteilbüros Malstatt hat bereits 1993, zehn Jahre vor Projektbeginn, eine Armutserkundung im Quartier durchgeführt (Stadtteilbüro Malstatt 1993). Dafür wurden auch die Kinder selbst zu ihren Nöten befragt. Selbst wenn sich zum Zeitpunkt des Projektstarts 2003 im „Unteren Malstatt" das eine oder andere zum Besseren oder auch zum Schlechteren geändert haben dürfte, vermittelt uns dieser Bericht – gerade durch die vielen direkten Zitate der befragten Kinder und Erwachsenen – einen tiefen Einblick in das Alltagsleben der Einwohner und insbesondere der Kinder dieses benachteiligten Stadtteils. So wurden Mädchen und Jungen aufgefordert, sich zu ihrer Wohn- und Spielsituation, zu ihren Freizeitmöglichkeiten, zu Schule und Familienleben zu äußern. Dabei sollten sie Auskunft darüber geben, was ihnen gut gefalle, was sie vermissten, und was sie verändern würden. Im Ergebnis wird hier, schon einige Jahre bevor die ersten empirischen Studien zur Kinderarmut in der Bundesrepublik veröffentlicht wurden, anschaulich dokumentiert, was es für Kinder ab dem Schulalter bedeutet, in Armutsverhältnissen groß zu werden (Stadtteilbüro Malstatt 1993). Sie äußern sich konkret

- **zu den beengten Wohnverhältnissen:** So fühlen sich mehrere von ihnen nur im Keller oder im Bad ungestört, denn *„da kann ich mich einschließen"* (S. 81).
- **zu eingeschränkten Spielmöglichkeiten:** Sie toben vor der Haustür, auf der Straße und auf einem nahe gelegenen Spielgelände, von dem sie allerdings häufig gewaltsam von Jugendlichen vertrieben werden: *„Man traut sich bald nicht mehr, die Kinder rauszulassen"*, so eine Mutter (S. 82).
- **zu ihrer Freizeit:** Sie spielt sich fast ausschließlich im Stadtteil ab, wo die Kinder einfach herumstreunen und sehen, ob *„irgendwo was abgeht"*, oder sie bleiben gar gleich zu Hause vor dem Fernseher, weil sie sich andere Aktivitäten *„nicht leisten können"* (S. 83).
- **zu ihrer Bewertung des Stadtteils:** Ihr Quartier finden sie eigentlich nur gut, weil sie dort Kontakte zu anderen Kindern haben, *„weil ich hier Freunde habe, sonst nix"*, so ein Junge (S. 84). Allenfalls wird der „Kindertreff" positiv erwähnt. Ihnen missfallen die vielen zu schnell fahrenden Autos und die heruntergekommenen

Spielplätze. Ihnen entgehen auch nicht die sozialen Probleme und deren Folgen. So klagen sie über *„Streit zwischen Kindern, Alkohol und randalierende Hoolies"*, *„überquellende Mülleimer, Müll auf den Straßen und Freiflächen, die gammeligen Häuser"* (S. 84).
- **zum Schulbesuch:** Ihn bewerten eher die jüngeren Kinder positiv. Ansonsten waren die Äußerungen sehr gemischt. Vor allem kamen Konflikte mit anderen Kindern wie erlittene Aggressionen, aber auch Probleme mit dem Lehrpersonal und der Struktur des Schulalltags zur Sprache.

Das sind natürlich nur einige Spotlights. Entscheidend ist, dass der Bericht durch die Kinderbefragung dem Alltagserleben der Kinder sehr nahekommt und sich daraus vielfältige Anregungen für die Stadtteilarbeit und die Angebote im „Kindertreff Malstatt" ergeben.

Ähnlich war die Ausgangssituation in Alt-Saarbrücken: Auch hier haben wir es mit einem Wohngebiet zu tun, das traditionell durch gehäuftes Auftreten von Armutsfolgen gekennzeichnet ist. In den 1970er und 1980er Jahren haben Stadt und Kirchengemeinden darauf „mit einem Ausbau der außerschulischen Kinder- und Jugendarbeit und der Jugendhilfeeinrichtungen reagiert" (iSPO 2006, S. 11). Mittlerweile sind jedoch diese Angebote im Zuge von Kosteneinsparungen der öffentlichen Hand dem Rotstift zum Opfer gefallen. Selbst die Kirchen haben – angeblich unter ähnlichem Kostendruck stehend – ihre Jugendarbeit im Stadtteil ganz eingestellt. Die katholische Kirchengemeinde im Stadtteil ist sogar ganz aufgelöst worden. So stand man hier also zum Zeitpunkt der Projektbeantragung quasi vor dem Nichts: Es gab „im Wohngebiet kein einziges offenes Betreuungsangebot für Kinder und Jugendliche!" (ebd., S. 11).

Wo die Not am größten ist, wird man erfinderisch. Also tat sich das Gemeinwesenteam von Alt-Saarbrücken mit dem von Malstatt zusammen, und beide beantragten 2003 gemeinsam trotz unterschiedlicher Trägerschaft finanzielle Mittel zur Durchführung eines mehrjährigen Modell-Projektes „Zur Bekämpfung der Auswirkungen von Kinderarmut" an zwei Standorten. Die Projektbewilligung bot an beiden Standorten die Möglichkeit zur personellen Aufstockung und stellte Sachmittel für die konkrete Ausgestaltung der Projektideen zur Verfügung.

Konzeptionelle Gemeinsamkeiten – unterschiedliche Profile

Beide Teilprojekte sind also in Wohngebieten angesiedelt, die traditionell als sozial benachteiligt gelten. Die beiden Initiatoren der Modellprojekte, die Diakonie als Träger des Stadtteilbüros Malstatt und die paritätische Gesellschaft als Träger des Stadtteilbüros Alt-Saarbrücken, waren zum Zeitpunkt des Projektstarts in ihren jeweiligen Stadtteilen schon seit Jahrzehnten mit Gemeinwesenarbeit engagiert. Daher kann die Projektarbeit an bereits laufende Aktivitäten ihres jeweiligen Trägers anknüpfen und diese Vorarbeiten für ihren neuen Arbeitsschwerpunkt sinnvoll und effektiv nutzen. Die so gegebene lokale Verankerung bildet eine spezifische Ausgangslage, die es beiden neu bewilligten Projekten ermöglicht, sich auf eine jeweils begrenzte Zielgruppe zu fokussieren.

Gemeinwesenarbeit als gemeinsame Tradition

Nach dem Selbstverständnis der beiden Projekte und in der Selbstdarstellung des Alt-Saarbrücker Stadtteilbüros (siehe Webseite des Bürgerbüros Alt-Saarbrücken)[3] gehören zur Zielsetzung von Gemeinwesenarbeit folgende Arbeitsschwerpunkte:

- **Organisation von Nachbarschaft im Stadtteil:** Dazu gehören Orte, an denen man sich treffen und austauschen, aber auch feiern, planen und etwas in Bewegung setzen kann, wie zum Beispiel im Stadtteilcafé Schniss und im Bürgertreff Moltkestraße.
- **Verbesserung der Lebensbedingungen im Stadtteil durch Bürgerbeteiligung:** Dabei sollen Anwohner in die kommunalpolitischen Entscheidungen vor Ort einbezogen und Selbsthilfe gefördert werden.
- **Pflege der Stadtteilkultur:** Das kann durch Anregung von Stadtteil-, Kinder- und Nachbarschaftsfesten geschehen, durch Führungen und Exkursionen im Stadtteil, aber auch durch Angebote, die Abwechslung bringen, Menschen zusammenführen sowie Kontakte und Nachbarschaftshilfe fördern.
- **Vernetzung:** Dabei geht es um die Zusammenarbeit mit den Bewohner/innen, aber auch mit anderen Einrichtungen innerhalb

---

3 Webseite des Stadtteilbüros Alt-Saarbrücken: http://www.quarternet.de/akteure/stadtteilbuero-alt-saarbruecken.html (Abruf am 31.3.2014).

und außerhalb des Stadtteils, um gemeinsam konkrete Fortschritte zu erreichen.

- **Sozialberatung:** Sie sollte ebenfalls vor Ort stattfinden, da sie allein auf diesem Wege Menschen erreichen kann, die bekanntermaßen Berührungsängste mit Behörden haben und Beratung bereitwilliger in Anspruch nehmen, wenn sie ihnen niederschwellig angeboten wird, so etwa im vertrauten Bürgertreff.
- **Regelmäßige Erstellung der Stadtteilzeitung „Alt-Saarbringer Schniss":** Sie enthält Stadtteilnachrichten, um öffentlich zu machen, „was hier gedacht, gefühlt, geplant und getan wird", so die schon erwähnte Webseite, und gleichzeitig Druck auf die Kommunalpolitik auszuüben, wenn es um notwendige Veränderungen geht.
- **Bereitstellung eines „Kindertreffs":** Ziel ist, die Interessen und Potenziale derjenigen Kinder zu fördern, die eine solche Anlaufstelle nutzen, und dabei herauszufinden, was getan werden könnte, um die Lebensbedingungen von Kindern und Jugendlichen im Stadtteil zu verbessern. In Malstatt gab es einen solchen Kindertreff schon, in Alt-Saarbrücken wurde er im Folgeprojekt realisiert.

Gemeinsame Orientierung an Lebenslage, Ressourcen und Lebenswelt

Kehren wir zurück zur Konzeption der Modellprojekte, die – wie wir gesehen haben – an die Tradition der vor Ort geleisteten Gemeinwesenarbeit anknüpfen konnten. In beiden Stadtteilen setzt man sich die „Bekämpfung der Auswirkungen von Kinderarmut" zum Ziel. Dabei gehen die Projekte von einem mehrdimensionalen Armutsverständnis aus und betrachten Armut als Lebenslage, die vielfältige einschränkende und benachteiligende Auswirkungen für die betroffenen Kinder und Familien hat. Diese Sichtweise wird mit einem *ressourcen- und lebensweltorientierten Ansatz* gekoppelt, demzufolge Soziale Arbeit „nicht mehr allein" auf die Bearbeitung von Lebensproblemen fokussiert bleibt. Vielmehr macht sie es sich zur Aufgabe, auch an den Fähigkeiten und Potenzialen der Kinder anzuknüpfen, um vorhandene Stärken systematisch in das Hilfekonzept mit einzubeziehen (Ressourcenansatz). Eine solche Vorgehensweise hat die gesamte Persönlichkeit der Kinder und ihre familiäre Situation im Blick, achtet aber auch auf Chancen zur außerfamiliären Förderung. Der Lebensweltansatz leitet sich direkt aus der Tradition der Gemeinwesenarbeit ab und meint schlicht, dass die alltägliche Wirklichkeit der Kinder und ihr milieugeprägtes Handeln den Ausgangspunkt für unterstützende Angebote bilden.

Die Grundideen dieser beiden Konzepte führen – wie man in Kapitel 4 noch sehen wird – unmittelbar hin zur Idee der Resilienzförderung. Hinzu kommt, dass sich das Angebot der Projekte an Mädchen und Jungen richtet, die in chronischer Armut leben, also eine ausgewiesene Zielgruppe für Resilienzförderung bilden. Daher wirkte die fachliche Begleitung auf eine Erweiterung der Projektgestaltung in diesem Sinne hin. Die beiden Projekte verbindet zudem ihre auf drei Ebenen angesiedelte Vorgehensweise, die im Übrigen ebenso guter sozialarbeiterischer Tradition entspricht wie dem Resilienzkonzept. Auf drei Ebenen anzusetzen, bedeutet:

- sozialpädagogisch mit den Kindern selbst zu arbeiten,
- ihre Eltern und Familien explizit einzubeziehen und
- Vernetzung im Stadtteil zu fördern.

Nur wenn es gelingt, die Arbeit auf diesen drei Ebenen miteinander zu verknüpfen, kann langfristig auch die doppelte Zielsetzung erreicht werden, sowohl den Handlungs- und Entwicklungsspielraum der Kinder zu erweitern als auch die Lebenslagen benachteiligter Familien im Stadtteil generell zu verbessern.

Aufgrund ihrer lokalen Anbindung haben die beiden Projekte vorwiegend mit Erscheinungsformen von sogenannter alter Armut zu tun. Hier geht es vor allem darum, den „Kreislauf der Vererbung“ von sozialer Benachteiligung zu durchbrechen. Deshalb liegt es nahe, bei den Angeboten für Kinder das Hauptaugenmerk auf die Bildungschancen zu legen. Das tun beide Projekte, angepasst an das jeweilige Alter ihrer Zielgruppe, mit unterschiedlichen Mitteln.

Für beide Projekte hatte auch die Beachtung von Genderdifferenzen einen wichtigen Stellenwert. In ihrer alltäglichen Praxis sind sie davon ausgegangen, dass Lebenslagen, Entwicklungsaufgaben und Bewältigungsmuster je nach Geschlecht differieren.

Unterschiedliche Profile der beiden Projekte

In ihrer konkreten Ausgestaltung unterscheiden sich die beiden Teilprojekte in mehrfacher Hinsicht. Sie arbeiten schwerpunktmäßig mit anderen Altersgruppen: Während sich das Malstätter Projekt mit seinem Angebot – *Mittagessen und Hausaufgabenhilfe im Kinderhaus* – auf Grundschulkinder konzentriert, wendet sich der *Kinderstreetwork* in Alt-Saarbücken an Mädchen und Jungen von neun bis 14 Jahren, also an Kinder im Übergang von der Grundschule zu weiterführenden Schulen.

Auch in ihrer Arbeitsweise gehen sie verschiedene Wege: Im einen Fall wird in Alt-Saarbrücken die „aufsuchende Arbeit“ gewählt, um die schon etwas älteren Kinder auf der Straße „aufzusammeln“ und sie für außerschulische Bildungsangebote zu interessieren. Um den aufsuchenden Charakter zu apostrophieren, hat man die Bezeichnung „Streetwork" gewählt, die sonst eher für die Arbeit mit Jugendlichen gebräuchlich ist. Streetwork war in Alt-Saarbrücken auch deshalb das Mittel der Wahl, weil es zu diesem Zeitpunkt noch keinen Kindertreff im Stadtteil gab. Im anderen Fall, im Unteren Malstatt, steht als niederschwelliges Angebot das Kinderhaus offen, wo Kinder unverfänglich „andocken" können und ihnen ein warmes Mittagessen angeboten wird.

Mit Blick auf die jeweils unterschiedliche Altersgruppe nimmt man auch inhaltlich andere Schwerpunktsetzungen vor. So wird in Malstatt – hier sind die Räumlichkeiten dazu vorhanden – Grundschulkindern nicht nur ein Essensangebot gemacht, sondern zusätzlich einer begrenzten Anzahl von Kindern Hausaufgabenhilfe offeriert, wenn sie sich dazu verpflichten, regelmäßig zu kommen. Die schulische Bildung zu fördern, ist das wichtigste Ziel. Daneben gibt es auch Spiel- und Freizeitaktivitäten, vor allem den beliebten Kinderzirkus. Die Entfaltung von Spielmöglichkeiten gehört für Kinder dieses Alters fast ebenso zur nötigen Entwicklungsförderung wie gesundes Essen und Trinken.

In Alt-Saarbrücken geht es vorwiegend um Freizeitangebote und außerschulische Bildung. Die Mädchen und Jungen will man aber auch beim Übergang von der Grundschule in die weiterführenden Schulen begleiten, da die Eltern wegen ihres Bildungshintergrunds hier oft überfordert sind. Die fehlende elterliche Unterstützung kann andernfalls nachhaltige Folgen für die betreffenden Kinder haben, weil sie dann oft in Schulformen landen, in denen sie unterfordert sind. So werden ihnen zusätzlich Zukunftschancen versperrt.

Der vorgesehene regelmäßige Austausch zwischen den Teams beider Projekte bietet die außergewöhnliche Chance, konzeptionell so viel wie möglich gemeinsam im kollegialen Austausch zu entwickeln und dabei auch Synergieeffekte zu erzielen. Dennoch gelangen die beiden Modellprojekte in der praktischen Arbeit zu jeweils profilierten eigenständigen Ergebnissen. Gemeinsam kommt ihnen für eine breitere Altersgruppe Pilotfunktion zu.

Projektverlauf und ausgewählte Ergebnisse

In der Abfolge der beiden Zwischenberichte und dem Endbericht lässt sich aus der Rückschau die konzeptionelle wie praktische Weiterentwicklung im Projektverlauf Schritt für Schritt nachvollziehen (iSPO 2004, 2005, 2006). Dabei haben beide Projekte aus der Sicht des Mitarbeiterteams und des externen Projektmanagements in den aufeinanderfolgenden Projektphasen bemerkenswerte Erfolge erzielt, die sich vor allem an der hohen Akzeptanz durch die Kinder selbst messen lassen. Als Erfolg kann auch gewertet werden, dass die Kontakte zu den Eltern und deren Aufgeschlossenheit für die Projektarbeit deutlich zugenommen haben. Last but not least konnten ebenfalls Fortschritte in der gezielten Zusammenarbeit mit anderen Initiativen und Einrichtungen im Stadtteil verzeichnet werden. Auf diese Weise sollten gerade alle Ressourcen im Quartier unter dem Motto „Armutsprävention bei Kindern hat Vorrang" gebündelt werden.

Arbeitsschwerpunkte in den beiden Stadtteilen

Ausgehend von der Bedarfslage im Stadtteil hat das *Alt-Saarbrücker-Projekt* die Angebotsstruktur für Neun- bis 14-Jährige breit gefächert erweitert und dabei Schwerpunkte gesetzt, die auf Bildung, Kreativität, Gesundheitsförderung, gesellschaftliche und kulturelle Partizipation zielten. Neben schulischer Bildung – hier ging es besonders um den Erwerb von Medien- und Lesekompetenz – stand auch die Förderung von künstlerischen Neigungen, sportlichen Aktivitäten und kulturellen Interessen der Kinder auf dem Programm. Die auf den Straßen des Wohngebiets „aufgelesenen" Mädchen und Jungen sollten unter anderem mit natur- und erlebnispädagogischen Angeboten „angelockt" werden. Es wurden Freizeiten und Outdoor-Veranstaltungen organisiert, ebenso Theater-, Zirkus- und Museumsbesuche. Die Kinder konnten aber auch an Erkundungen ihres eigenen Stadtteils teilnehmen und Streifzüge durch die weitere städtische Umgebung unternehmen, um ihren Aktionsradius über das Wohngebiet hinaus zu erweitern (iSPO 2006, S. 18). Wie sehr solche Angebote gerade den Wünschen sozial benachteiligter Kinder entsprechen, erfahren wir immer wieder von ihnen selbst, wenn wir sie danach fragen. Dass ihnen solche Erfahrungen fehlen, lässt sie im Vergleich zu besser gestellten Gleichaltrigen auch in der Schule allzu sehr ins Hintertreffen geraten.

Die eigentlichen Fortschritte in der pädagogischen Arbeit mit Kindern machen sich letztlich im konkreten Alltag bemerkbar und sind oft gar nicht so spektakulär. Das wissen alle, die in diesem Bereich tätig sind, und das ist gerade die Krux, wenn man die Effizienz der eigenen Arbeit mess- und nachvollziehbar darlegen soll. So ging es im *Projekt in Malstatt* unter anderem schlicht um die Aneignung bestimmter Kulturtechniken – hier: Esskultur – oder um die Vermittlung eines Bewusstseins für gesunde Ernährung. Wie wichtig das besonders für Kinder aus armen Haushalten ist, wird immer wieder durch Studien bestätigt, denen zufolge Fehlernährung bei solchen Kindern ein gravierendes gesundheitliches Problem darstellt. Ob in der Esskultur Fortschritte gemacht werden, kann man allenfalls an der regen Beteiligung der Kinder beim Einkauf, bei der Essensherstellung und durch Beobachtung ihres Verhaltens am Mittagstisch messen. Wenn einzelne Mädchen und Jungen die im Kinderhaus gemachten Erfahrungen in ihre Familien hineintragen, indem sie von dort „mitgenommene“ Rezepte zu Hause nachkochen, kann das sicherlich als Erfolg verbucht werden. Was will man mehr, als mittels der Kinder den Familien eine unverfängliche Anregung zu geben, wie man gesundes und gleichzeitig günstiges Essen fabrizieren kann?

Auch das Angebot einer Hausaufgabenhilfe erscheint zunächst nicht sonderlich originell. Dabei wird allerdings leicht übersehen, dass Eltern diesen Kindern bei Schulaufgaben nicht helfen können und natürlich das Geld für private Nachhilfe ohnehin fehlt. Sie haben deshalb gegenüber ihren Klassenkameraden oft das Nachsehen. Bei der Hausaufgabenhilfe lassen sich natürlich konkrete Erfolge feststellen, wenn die Kinder in der Schule leichter zurechtkommen und bessere Noten mit nach Hause bringen. Als zusätzlichen Erfolg kann man verbuchen, dass sich auf diese Weise zwanglos engere Kontakte zu den Eltern knüpfen lassen: „Immer öfter ziehen uns Eltern hinzu, wenn in der Schule ein Gespräch mit Lehrkräften ansteht“, heißt es im Abschlussbericht (iSPO 2006, S. 48).

Erfreulicherweise konnten sich in Malstatt manche Eltern zu einer mehr oder weniger regelmäßigen Teilnahme an den im „Kinderhaus“ angebotenen Elternkursen entschließen. Diesen Kursen lag selbstverständlich ein zielgruppengemäßes Konzept zugrunde, weil die Eltern sicherlich nicht von anderen, eher mittelschichtbezogenen Angeboten Gebrauch gemacht hätten. Dafür wären die Zugangshürden zu groß gewesen, weil sich solche Angebote nicht genug an den Möglichkeiten und der Lebensweise sozial benachteiligter Familien orientieren.

Wie in Alt-Saarbrücken bildete auch für das Projekt in Malstatt die Vernetzungsarbeit einen wichtigen Arbeitsschwerpunkt. Hier wurde zu Beginn eine systematische Befragung von Erwachsenen durchgeführt, die in ihrer täglichen Arbeit mit Kindern im Alter von sechs bis zehn Jahren zu tun hatten, wie zum Beispiel Erzieherinnen, Lehrerinnen und Kinderärzte. In Leitfadeninterviews sollten sie Auskunft darüber geben, wie sie die Lebenssituation der Kinder im Stadtteil sähen, und sich der Frage stellen, was sie selbst zur Verbesserung beitragen könnten. Auf einer Stadtteilkonferenz, zu der alle Befragten eingeladen waren, wurden die Ergebnisse vorgestellt und das weitere Vorgehen beraten. Was die Fachkräfte aus allen Bereichen auf diese Weise zusammentrugen, gab die notwendigen Impulse, Maßnahmen zur Armutsprävention im Stadtteil zu koordinieren und effektiver zu gestalten. Vielleicht alles im Einzelnen gar nicht spektakulär, aber in der Summe eben doch bewegend.

Wie lassen sich Ergebnisse nachvollziehen?

Der kontinuierliche Austausch zwischen den Projekten, organisiert durch das gemeinsame Projektmanagement (iSPO), wurde von beiden Teams als sehr hilfreich empfunden. Sie hätten so wechselseitig von ihren Erfahrungen profitiert und sich darin bestärkt, etwas zu wagen. Die Projektdokumentation und ihre Auswertung durch das iSPO-Institut hält die konzeptionelle und praktische Weiterentwicklung in den aufeinanderfolgenden Etappen des Projekts fest: von der Phase I (Vertrauen schaffen) über die Phase der Diversifizierung (Ausdifferenzierung des Angebots) und die Phase III (Konsolidierung des Angebotsspektrums) hin zur Phase IV (Voraussetzung für Kontinuität schaffen). Selbst kleine Schritte und Erfolge wollen freilich gründlich dokumentiert werden, um fachlichen Standards zu genügen und eine gewisse Messbarkeit der Wirkungen sichtbar zu machen. Das erfordert zunächst einmal regelmäßige Berichte durch die Teams, in denen sich auch die organisatorischen Rahmenbedingungen widerspiegeln, und zudem die ständige Reflexion von kurz-, mittel- und langfristigen Zielen, also die Vergewisserung, dass der eingeschlagene Weg noch stimmt. Entsprechend differenziert kann man die Projektentwicklung in Zwischenberichten und schließlich im Abschlussbericht nachlesen (iSPO 2004, 2005 und 2006). Nur dank dieser aufwendigen Dokumentationsarbeit lässt sich festhalten, was in den Projektphasen passiert ist, und damit eventuellen Nachfolgeprojekten eine Handreichung geben. Allerdings enthalten solche Berichte lediglich Informationen über das Vorgehen der Teams und deren Einschätzung. Die Betroffenen kommen allenfalls indirekt aus der Sicht der Berichterstatter zu Wort (iSPO 2006, S. 54–56 und S. 27 und 28).

So anschaulich und anregend diese Texte sind, so können sie – von eingestreuten Fallbeispielen einmal abgesehen – nicht wirklich die tatsächliche Leistung der Projekte für die Kinder und deren Sicht darauf wiedergeben. Wollte man so weit gehen, würde das einen ganz anderen Aufwand für die Evaluation bedeuten. Im Prinzip wären hierfür begleitende Fallstudien erforderlich, ein zeitlicher und finanzieller Einsatz, der sich im Rahmen solcher Projekte nur schwer rechtfertigen ließe, denn eine solche Ausweitung hätte zur Folge, dass ein Teil der Projektmittel nicht den Kindern selbst zugutekäme, sondern für wissenschaftliche Begleitung abgezweigt werden müsste.

Ziel der fachlichen Begleitung war hier aber nicht die Erstellung von Kinderportraits und Entwicklungsprofilen der Kinder beispielsweise durch Auswertung von Interviews, die man in wiederholten Abständen mit den Kindern führt. Ihre Aufgabe war es lediglich, in regelmäßigen Workshops fachliche Hilfestellung und Inputs für die konzeptionelle Weiterentwicklung im Projektverlauf zu geben. Die Chance solcher Modellprojekte liegt gerade darin, dass bei einer derart engen Zusammenarbeit von Sozialer Arbeit vor Ort, Projektmanagement und fachlicher Begleitung Theorie und Praxis optimal voneinander profitieren können.

Dennoch erhalten wir durch die Projektberichte in der vorliegenden Form wichtige Informationen nicht nur über den Verlauf, sondern auch über den Stellenwert der Angebote aus Kindersicht. Das sei hier kurz und vereinfacht anhand von Kinderzitaten illustriert: So untermauert das Team von Alt-Saarbrücken die hohe Akzeptanz seines Angebots bei den Kindern mit dem Zitat: „*Gut, dass Ihr da seid*" (iSPO 2006, S. 27) und zitiert die Erfahrung der Kinder mit der Kurzlebigkeit vorausgegangener Projekte: „*Bleibt Ihr da, oder seid Ihr bald wieder weg?*" (ebd.). Die Kinder sind mit dem laufenden Angebot offenkundig zufrieden: „*Es macht echt Spaß und jeder kommt mal dran*" (ebd.). Das Stadtteilbüro Malstatt kann zur Illustration auf die Ergebnisse seiner Befragung zur Lebenssituation im Viertel zurückgreifen.[4]

Natürlich ist es der Gewinn für die Kinder – nebenbei auch der für die Eltern –, der bei solchen Projekten für alle Beteiligten im Vordergrund steht. Aber auch die Forschung zieht ihren Nutzen daraus. Es ist wie ein Kreislauf: Als Wissenschaftlerin gebe ich mein theoretisches Wissen als Input, um meine Kenntnisse anhand der Praxis zu überprüfen, und tue gut dran, die mit solchen Projekten gemachten Erfahrungen, ihren Output, wiederum in die Forschung einzuspeisen. Letztlich sollte die Theorie immer für die Praxis arbeiten.

---

4 Einsatz und Zielstrebigkeit beider Teams sowie die Vielfalt der von ihnen getragenen Initiativen wurden belohnt: Sowohl die Stadt als auch der Regionalverband Saarbrücken haben 2007 weitere Mittel für die Fortsetzung der Projektarbeit unter dem Motto „Freiraum für Prävention" bewilligt.

Kapitel 4
Resilienzförderung – ein neuer Weg?

Einleitung

Die intensive Auseinandersetzung mit der Problematik von Kinderarmut in Forschung, Praxisbegleitung und Lehre führte mich schließlich hin zum Thema „Resilienz“ (Zander 2008). Insoweit spiegelt der Aufbau dieses Sammelbandes auch die Etappen und die innere Logik meiner Forschungsbiografie wider: Aus der gesellschaftlichen Analyse (Kapitel 1) resultiert die empirische Forschung zur Kinderarmut (Kapitel 2); theoretische Reflexionen zur Rolle der Sozialen Arbeit im Armutskontext und Erfahrungen aus eigenen Projekten (Kapitel 3) legen Resilienzförderung als eine spezifische Form sekundärer Armutsprävention nahe (Kapitel 4). Dieses Kapitel befasst sich also schwerpunktmäßig mit der Frage, warum Resilienzförderung gerade bei Mädchen und Jungen, die in Armut aufwachsen, als gezielte Präventionsmaßnahme mit Erfolg eingesetzt werden könnte.

Diese Fragestellung wird vor allem im Grundsatzbeitrag „Arme Kinder stark machen“ ausführlich erörtert. Er zeigt auf, wie passgenau die Leitgedanken von Resilienzförderung den Bedürfnissen von armen Kindern entsprechen. Diese Entsprechung illustriert ein dreijähriges Projekt zur Resilienzförderung mit Roma-Flüchtlingskindern, also mit Mädchen und Jungen, die eine besonders risikobehaftete Lebenssituation zu bewältigen haben. Anhand von Fallbeispielen aus diesem Projekt lässt sich zudem ein spezifischer Aspekt von Resilienzförderung erörtern, der in der Fachliteratur zwar immer wieder angerissen, aber nicht wirklich praxisnah vertieft wird: die wünschenswerte Berücksichtigung von Genderdifferenzen bei der Umsetzung dieses Konzepts. Zu guter Letzt soll eine Frage aufgegriffen werden, die bei Vorträgen auf Fachtagungen – vor allem in der Diskussion mit sozialpädagogischen Fachkräften – immer wieder eine Rolle spielt, in den einschlägigen Publikationen bisher aber keine Beachtung gefunden hat: Was unterscheidet *Resilienzförderung* eigentlich von der in der sozialarbeiterischen Praxis weitverbreiteten *Ressourcenorientierung*? Eine begriffliche Schärfung und damit Abgrenzung der beiden Konzepte erscheint grundsätzlich notwendig, auch wenn in der Praxis die Übergänge fließend sein dürften. Schließlich setzen beide an den Stärken und Potenzialen ihrer Adressaten an, um diese Kraftquellen auszuschöpfen und zu fördern. Kurze Interviews zum Thema bringen einzelne Aspekte knapp auf den Punkt.

Vor einigen Jahren noch war „Resilienz“ in Deutschland ein Fremdwort und nicht einmal als Begriff bekannt. Allenfalls war dieser Terminus in psychologischen Fachzirkeln geläufig, die es gewohnt sind, Begrifflichkeiten aus dem angloamerikanischen Sprachraum zu übernehmen. Inzwischen scheint Resilienz in aller Munde zu sein: Resilienzförderung ist zu einem beliebten Thema von (sozial-)pädagogischen Fachtagungen avanciert. Zudem gibt es mittlerweile eine beinahe unübersichtliche Zahl von Veröffentlichungen, vorwiegend mit Ratgebercharakter oder in Form von Trainingsmanuals, die mehr oder weniger nützliche Hinweise dazu liefern, wie Resilienz in unterschiedlichen Lebenslagen gefördert oder eingeübt werden kann. Zu Recht werden daher skeptische Stimmen laut, die fragen, ob es sich bei „Resilienz“ nicht etwa bloß um ein Modewort handle, mit dem ein oberflächliches Trendsetting betrieben werde. In der Tat zeichnet sich auch ein solcher Trend ab, der die eigentliche und originäre Idee der Resilienzförderung konterkariert. Das ist beispielsweise der Fall, wenn Trainings zur Bewältigung alltäglicher Schwierigkeiten oder für Angehörige des Managementbereichs angeboten werden. Statt die „Schwachen zu stärken“ sollen nun also die „Starken bestärkt“ werden (Zander 2012). Dabei zielt Resilienzförderung im ursprünglichen Sinn doch auf die Stärkung der seelischen Widerstandskraft in außergewöhnlich risikobehafteten und belastenden Lebenssituationen ab und soll bei der Überwindung von schweren psychischen Traumata helfen.

Solcherlei Vermarktung von Ideen, die in einem völlig anderen Kontext entstanden sind und dort durchaus als bahnbrechende Neuorientierung gewertet werden können, ist kein neues Phänomen. Vor allem sollten solche missbräuchlichen Abwandlungen Fachkräfte, die im sozialen, pädagogischen oder therapeutischen Bereich tätig sind, nicht davon abhalten, sich ernsthaft mit dem Konzept der Resilienzförderung auseinanderzusetzen und zu prüfen, inwiefern sie damit bei ihrer jeweiligen Zielgruppe erfolgreich arbeiten können.[1]

Im vorliegenden Sammelband wird daher das Resilienzkonzept ausschließlich in seiner Bedeutung für die pädagogische und sozialpädagogische Praxis erörtert. Wer hier tätig ist und sich über den aktuellen Diskussions-

1 Auf einem anderen Blatt steht, dass das Konzept der Resilienz nicht nur in der Psychologie und Pädagogik, sondern auch in anderen Wissensdisziplinen, wie beispielsweise in den Gesundheitswissenschaften, der Ökonomie, Soziologie und Ökologie, in bestimmten naturwissenschaftlichen Zweigen oder im Katastrophenschutz, zunehmend diskutiert wird.

stand zur Resilienzforschung und Resilienzförderung ausführlicher informieren möchte, dem seien vor allem zwei Sammelbände empfohlen, die einen relativ umfassenden Überblick bieten. Verwiesen sei zunächst auf eine von Günter Opp und Michael Fingerle herausgegebene Publikation mit dem Titel „Was Kinder stärkt. Erziehung zwischen Risiko und Resilienz" (2008), die mittlerweile in dritter Auflage vorliegt. Dieser Sammelband gibt einen sehr informativen Einblick in den neueren Stand der Grundlagenforschung, stellt Arbeitskonzepte für verschiedene soziale Berufsfelder, vor allem der Heil- und Frühpädagogik, vor, diskutiert die Möglichkeit von Resilienzförderung im schulischen Bereich und enthält auch kritische Reflexionen zu Reichweite und Grenzen dieses Ansatzes. Eine ähnliche thematische Spannweite hat das von mir selbst herausgegebene „Handbuch Resilienzförderung" (Zander 2011). Dieses Handbuch stellt insofern eine Ergänzung zum erwähnten Sammelband dar, als es in seinem praktischen Teil schwerpunktmäßig die Arbeitsfelder der Sozialen Arbeit und der Sozialpädagogik im Blick hat, also andere Praxisbereiche abdeckt. Außerdem kommen hier renommierte internationale Resilienzforscher/innen (Emmy Werner, Edith H. Grotberg, Brigid Daniel, Michael Ungar) mit eigenen Beiträgen zu Wort, sodass sich ein unmittelbarer Anschluss an den Resilienzdiskurs im angloamerikanischen Raum ergibt.[2]

In diesem vierten Kapitel wird der Blick ausschließlich darauf gerichtet, den Stellenwert von Resilienzförderung im Kontext von Kinderarmut aufzuzeigen. Dieses Förderkonzept spezifisch auf Kinder, die in Armut aufwachsen, zu übertragen, bleibt mein vorrangiges Anliegen, das mich schon zur 2008 erschienenen Monografie „Armes Kind – starkes Kind?" veranlasst hat. War eine solche Fokussierung im sozialpädagogischen Fachdiskurs damals noch relativ neu, so hat die Idee mittlerweile breiten Anklang in der Praxis gefunden. Erwähnenswert ist beispielsweise eine gemeinsame Initiative von Diakonie und BETA (Bundesvereinigung Evangelischer Tageseinrichtungen für Kinder), die bereits 2006 in einer Arbeitshilfe „Kinderarmut erkennen, wirksam handeln" ihren Einrichtungen den Resilienzansatz als wegweisendes Konzept ans Herz gelegt hat.[3] Das Institut für Sozialarbeit und Sozialpädagogik in Frankfurt, das für die erste Langzeitstudie zu Kinder- und Jugend-

2 Wer einen ersten Einstieg in das Thema Resilienz sucht, dem seien zwei handliche und systematische Einführungen empfohlen: Wustmann, Corina: Resilienz, Widerstandsfähigkeit von Kindern in Tageseinrichtungen fördern, Weinheim/Basel 2004, oder Fröhlich-Gildhoff, Klaus/Rönnau-Böse, Maike: Resilienz, 3. aktualisierte Auflage, Stuttgart 2014.

3 Siehe darin den eigenen Beitrag „Konzeptionelle Empfehlung: Förderung von Resilienz".

armut in der Bundesrepublik verantwortlich zeichnet[4], empfiehlt in seinen in Etappen veröffentlichten Ergebnisdarstellungen Resilienzförderung immer wieder als probates Mittel für die praktische Arbeit mit sozial benachteiligten Kindern und Jugendlichen. Das Freiburger Zentrum für Kinder- und Jugendforschung, das unter der Leitung von Klaus Fröhlich-Gildhoff mittlerweile mehrere Projekte zur Resilienzförderung in Kindertagesstätten durchgeführt, dokumentiert und ausgewertet hat, erprobt seit 2011 sein Förderkonzept auch in Kitas, die in „Stadtteilen mit besonderen Problemlagen" liegen[5], und erreicht damit auch die Zielgruppe „armer Kinder" (Fröhlich-Gildhoff et al. 2011). Derartige Trends, die zu einer breiteren Verankerung der Resilienzidee in der Praxis führen dürften, stimmen hoffnungsvoll. Auch wenn man Armut als gesellschaftliches Problem durch Sekundärprävention nicht beseitigen kann, wird Resilienzförderung immerhin bewirken, dass im Einzelfall so manche Kinderbiografie nicht am Entwicklungsrisiko Armut scheitert.

---

4 An anderer Stelle dieses Bandes wurde verschiedentlich auf dieses Forschungsprojekt unter dem Kurztitel „AWO-ISS-Studie" hingewiesen und wurden einzelne Veröffentlichungen dazu benannt: Hock/Holz/Wüstendörfer 2000; Holz/Skoluda 2003; Holz/ Puhlmann 2005.

5 Früher nannte man diese Stadtteile „soziale Brennpunkte". Heute sieht man wegen der stigmatisierenden Wirkung davon ab, eine derart drastische Bezeichnung weiterhin zu verwenden.

Info_Dienst zur Resilienz – ein Interview[1] (2011)

Info_Dienst: *Welche Fähigkeiten und Kompetenzen zeichnen sogenannte resiliente Kinder gegenüber anderen Kindern aus, die ebenfalls unter schwierigen Lebensbedingungen aufwachsen?*

Margherita Zander: Eine entscheidende Frage! Zunächst gilt: Resilienzfähigkeit zeigt sich darin, dass diese Kinder solche Lebensumstände besser bewältigen, als gemeinhin zu erwarten wäre. In Fällen, in denen wir uns daran gewöhnt haben, mit defizitären Entwicklungen zu rechnen, überrascht hier die ausgeprägte Widerstandskraft gegenüber Belastungen. Lassen wir einmal außen vor, dass die Definition dessen, was man jeweils erwarten mag oder als unerwartet bewertet, auf nicht weiter ausgeführten normativen Annahmen von „gedeihlicher kindlicher Entwicklung" basiert. Resilienz kann letztlich nur vom Ergebnis her beurteilt werden. Daher beruhen klassische Resilienzstudien in der Regel auf Langzeitbeobachtungen von Kindern bis ins Erwachsenenleben hinein.

Die Erklärung für resilientes Verhalten wird in der Präsenz von Schutzfaktoren gesehen. Als kindbezogene Schutzfaktoren listen solche Studien häufig persönliche Eigenschaften und Fähigkeiten auf, die eine resiliente Bewältigung risikobehafteter Lebensumstände ermöglichen oder begünstigen. Das können angeborene Eigenschaften sein, wie ein freundlicher, offener, auf andere zugehender und auf Herausforderungen flexibel reagierender Charakter, oder körperliche Merkmale, wie gutes Aussehen und robuste Gesundheit. Dazu gehören aber auch erworbene Fähigkeiten, wie ein positives Selbstkonzept, soziale Kompetenz, aktives Bewältigungsverhalten und eine zuversichtliche Lebenseinstellung, um nur einige zu nennen. An oberster Stelle resilienzförderlicher Merkmale steht eine stabile Bindungsfähigkeit. Ermutigend ist, dass sich solche Fähigkeiten durch psychologische und (sozial-)pädagogische Intervention fördern lassen.

Info_Dienst: *Das Resilienzkonzept stellt die Ressourcen des betroffenen Kindes in den Vordergrund. Welche Rolle spielen die Familie, das soziale Umfeld und Institutionen, wie zum Beispiel Schule und Kita?*

---

1 Erschienen in: Info_Dienst für Gesundheitsförderung, 12. Jg., 1. Ausgabe 2011.

M. Z: Nehmen wir ein markantes Beispiel: Ein siebenjähriges Roma-Mädchen lebt mit seiner mittellosen, durch Flucht traumatisierten Familie in einer Sammelunterkunft. Die junge Mutter bricht wegen dieser Verhältnisse unter der Sorge für ihre sieben Kinder psychisch zusammen. Der Vater – selbst traumatisiert und ohne berufliche Perspektive – vermag ebenfalls nicht die Verantwortung für die Kinder zu übernehmen.

Wir haben also eine Situation, bei der die Entwicklung des Mädchens stark bedroht ist. Keine Frage, dass ein offener und aufgeschlossener Charakter hier eine persönliche Ressource sein kann, ein „personaler Schutzfaktor" für das Kind. Das allein wird aber nicht ausreichen. Da die engere Familie – jedenfalls, was die Eltern betrifft – in diesem Fall als „schützender Faktor" weitgehend ausfällt, wird das Mädchen auf externe Unterstützung und Förderung angewiesen sein. Nur mit Hilfe von außen wird es die massiven Risiken überhaupt „resilient" bewältigen können, um aus der Situation ohne physischen oder psychischen Schaden herauszukommen. Diese Rolle könnten beispielsweise Großeltern, Onkel und Tanten oder irgendeine Bezugsperson des Mädchens außerhalb der Familie übernehmen. Auch Institutionen, wie Schule und Kita, wären hier gefordert. Ebenso könnte die Betreuung durch eine sozialpädagogische Familienhelferin hilfreich sein.

Folgerichtig wird im Resilienzkonzept die positive Rolle „externer Schutzfaktoren" mit Nachdruck betont. Resilienzförderung sollte also immer drei Ebenen im Blick haben: das Kind selbst, seine Familie und sein weiteres soziales Umfeld. Ich begrüße es daher sehr, dass seit einiger Zeit im Kitabereich und neuerdings auch in Schulen diskutiert wird, wie diese Institutionen bei der Förderung kindlicher Resilienzfähigkeit aktiv werden könnten.

Info_Dienst: *Was ist das Besondere und Neuartige an der Resilienzperspektive?*

M. Z: Vielleicht ist sie nicht gänzlich neu. Grundgedanken der Resilienzförderung finden sich auch in vielen Handreichungen der Pädagogik. Resilienzförderung zielt speziell auf Risikogruppen ab. Hier bestärkt die Resilienzperspektive jedenfalls die Hoffnung, dass Kinder selbst unter schwierigsten Bedingungen zu glücklichen, selbstbewussten und sozial kompetenten Menschen heranreifen können, womöglich sogar gefestigt und gestärkt aus der Risikolage hervorgehen.

Im Gespräch mit Fachkräften, die beruflich mit solchen Kindern zu tun haben, höre ich immer wieder, dass die Orientierung am Resilienzkonzept für sie eine unglaubliche Entlastung bedeute. Die Arbeit mit den Grundsätzen dieses Konzepts sei auch deswegen ermutigend, weil es die Augen für Stärken und Potenziale der Kinder öffne, die man so gezielter fördern könne.

Info_Dienst: *Laut einer aktuellen UNICEF-Studie wächst etwa jedes sechste Kind in Deutschland in relativer Armut auf. Wie können diese Kinder und Jugendlichen durch Resilienzförderung gestärkt werden?*

M. Z: Aufwachsen in chronischer Armut sieht die Forschung als zentrales Entwicklungsrisiko an. Man hat nachgewiesen, dass Armut in ihren vielen Formen „kindliches Wohlbefinden" – eine wichtige Messlatte im Armutsverständnis von UNICEF – oft gravierend beeinträchtigt. Kurz gesagt: Resilienzförderung setzt genau dort an, wo sich bei Kindern armutsbedingte Beeinträchtigungen zeigen. Sie vertraut also auf die Stärkung von Selbstwertgefühl und Selbstwirksamkeit. Sie wirkt auf den Ausbau von sozialen Kontakten und Freundschaften hin und kümmert sich gezielt um die Entfaltung sozialer Kompetenzen. Sie stimuliert die Problemlösefähigkeit und motiviert zur Erprobung individueller Fähigkeiten und Neigungen. Damit steigert sie nach Möglichkeit zugleich die schulische Leistungsfähigkeit.

Man könnte fast sagen, Resilienzförderung sei *das* maßgeschneiderte Konzept, um Kinder in Armut bei der Bewältigung ihrer Lebenslage wirksam zu unterstützen.

Fokussierung auf Stärken: Chance einer resilienzfördernden Schule – im Gespräch mit Südtirol[1] (2011)

forum schule: *Wann und weshalb haben Sie Ihr Interesse auf das Forschungsthema „Resilienz" gerichtet?*

Margherita Zander: Auf das Resilienzthema bin ich durch meine langjährige Forschung zur Kinderarmut gestoßen. Dabei ist mir immer wieder aufgefallen, dass Kinder in vergleichbar belastenden Lebenssituationen sehr unterschiedlich damit umgehen. Es lag also nahe, dem auf den Grund zu gehen – und so bin ich auf „Resilienz" gekommen.

forum schule: *Kinderarmut ist eine Problematik, die heute an Bedeutung zunimmt, anders gelagert ist und auch ganz anders empfunden wird als in den Kriegs- und Nachkriegsjahren. Wie lässt sich das erklären?*

M. Z.: Während des Krieges und in den unmittelbaren Nachkriegsjahren waren materielle Armut und Not – Mangel an Nahrungsmitteln, schlechte Wohnverhältnisse, unzureichende Gesundheitsversorgung – ein gesellschaftlicher Zustand, der von weiten Teilen der Bevölkerung als Kriegsfolge erlebt wurde. Armut nahm man in gewisser Weise als „zeitgemäßes kollektives Schicksal" hin. Heute dagegen gilt Armut mit ihren vielfältigen materiellen und immateriellen Erscheinungsformen als gesellschaftliches Phänomen, das auf soziale Ungleichheit zurückzuführen ist. Die entscheidende Frage ist dabei: Welches Maß an Armut und sozialer Ungleichheit nehmen wir in wohlhabenden Gesellschaften hin, wie viel davon akzeptieren wir?

forum schule: *Sie schätzen „Aufwachsen in Armut" als ein wesentliches Entwicklungsrisiko für Kinder ein. In welchen Bereichen wirkt sich das konkret aus?*

M. Z.: Armut wirkt sich materiell wie immateriell auf nahezu alle Lebensbereiche von Kindern aus. Konkret bedeutet das: schlechtere Ernährung, unge-

---

1 Das Interview ist erschienen in: "forum schule heute" – Pädagogische Zeitschrift für die Schule in Südtirol, 25. Jg., Heft 3/2011.

sunde Wohnverhältnisse, unattraktives Wohnumfeld, gesundheitliche Beeinträchtigung, Benachteiligung in der Schule, eingeschränkte soziale und kulturelle Teilhabe. Je nach der familiären Ausprägung von Armut und der kindlichen wie elterlichen Bewältigungsmuster sind Kinder unterschiedlich stark von solchen Folgewirkungen betroffen. Altersgemäße Entwicklungsaufgaben, die infolge von Armut nicht oder höchst unzureichend bewältigt werden, lassen sich im späteren Leben nur unter großen Mühen nachholen. Was seinerzeit gefehlt oder nicht rechtzeitig stattgefunden hat, muss später auf Umwegen ausgeglichen werden. So sieht auch die Resilienzforschung Armut als zentrales kindliches Entwicklungsrisiko.

forum schule: *Welche Fähigkeiten oder Voraussetzungen helfen Kindern, sich trotz Armut oder anderer widriger Umstände positiv zu entwickeln? Was steht anderen im Wege, sodass ihnen dies nicht gelingt?*

M. Z.: Die Resilienzforschung geht davon aus, dass es zum Teil personale Fähigkeiten und Eigenschaften sind, die es Kindern ermöglichen, sich trotz widrigster Lebensumstände gesund zu entwickeln. Teils handelt es sich aber auch um Bedingungen, die das Kind in seinem unmittelbaren sozialen Umfeld vorfindet. All diese hilfreichen Aspekte nennt man Schutzfaktoren. Als personale Schutzfaktoren gelten etwa eine optimistische Grundhaltung, gesundes Selbstvertrauen, prosoziales Verhalten, realistische Selbsteinschätzung, Impulskontrolle, die Erfahrung von Selbstwirksamkeit und Sinnhaftigkeit des eigenen Tuns. Wichtige Schutzfaktoren im sozialen Umfeld sind eine enge Bezugsperson, an die sich das Kind vertrauensvoll wenden kann, und ein unterstützendes soziales Netzwerk innerhalb oder außerhalb der Familie. Im pädagogischen Umgang zählen Wertschätzung und Ermutigung, dosierte Verantwortungsübertragung und angemessene Leistungsanforderungen. In der Tat haben mir auch eigene empirische Untersuchungen bestätigt, dass es jenen Kindern, die besonders stark unter der familiären Armut gelitten haben, sowohl an personalen wie auch sozialen Schutzfaktoren mangelte.

forum schule: *Was meinen Sie mit der Aussage, dass es streng genommen kein „resilientes Kind" gibt?*

M. Z.: Resilienz zeigen, bedeutet, über ein solches Maß an psychischer Widerstandsfähigkeit zu verfügen, dass man sich selbst angesichts unsäglicher Bedingungen und Zumutungen noch positiv zu entwickeln vermag. Resilienz ist aber keine Eigenschaft, die man ein für allemal erwirbt, sondern sie muss sich immer wieder neu in schwierigen Situationen erweisen. Deshalb ist es unkorrekt, einfach von einem „resilienten Kind" zu sprechen.

forum schule: *Die Resilienzforschung ist vorwiegend psychologisch ausgerichtet, Kinderarmut müsste aber auch in ihrer strukturellen und gesellschaftlichen Dimension besser erfasst werden.*

M. Z.: Als Politikwissenschaftlerin kann ich Ihnen grundsätzlich nur beipflichten: Armut ist ein gesellschaftliches Problem und müsste in erster Linie sozialpolitisch angegangen werden. Da Kinderarmut jedoch in zunehmendem Maße auch bei uns eine soziale Realität ist, sehen sich alle, die mit Kindern unterschiedlichen Alters beruflich zu tun haben, mit der Problematik konfrontiert und sind aufgefordert, mit ihrer Fachkenntnis und ihrem beruflichen Ethos darauf zu reagieren. Hier sehe ich in der Förderung von Resilienz einen wichtigen Ansatz, der zumindest manchen Kindern helfen wird. Resilienzförderung darf aber nicht an die Stelle politischen Handelns treten, erst recht nicht, wenn es um Armut geht!

forum schule: *Zu den Gefährdungen unserer Zeit zählen nicht nur materielle Armut, sondern öfters auch ein Migrationshintergrund, brüchig gewordene Sicherheiten in der Familie, am Arbeitsplatz, Leistungsdruck und Stress. Was ist die Basis für ein erfolgreiches Resilienzkonzept?*

M. Z.: Natürlich ist es schwierig, darauf in wenigen Sätzen eine zufriedenstellende Antwort zu geben. Resilienzförderung sollte auf drei Ebenen ansetzen: beim Kind selbst, bei seiner Familie und in seinem weiteren sozialen Umfeld. Da man auf diese Weise die individuell ganz unterschiedlichen Lebensumstände erfassen wird, kann man das Kind selbst in seiner Widerstandsfähigkeit stärken und ihm möglichst viele Schutzfaktoren zugänglich machen. Nach Edith Grotberg, einer US-amerikanischen Resilienzforscherin, gilt es dabei die „innere Stärke“ des Kindes zu entdecken, seine Problemlösefähigkeit zu unterstützen und zugleich „schützende Faktoren“ in seinem Umfeld zu mobilisieren. Eine besondere Rolle spielen in diesem Zusammenhang die Förderung von Freundschaften, von individuellen Fähigkeiten und Neigungen sowie die Vermittlung eines positiven Selbstwertgefühls und positiver Werte. Mit Resilienzförderung haben wir die Chance, Kindern aus Armutsverhältnissen zielgerichtet zu helfen, weil das Konzept genau dort motiviert und Möglichkeiten auftut, wo Potenziale durchaus vorhanden wären, aber umständehalber nicht von sich aus entwickelt werden können.

forum schule: *Was kann die Schule konkret tun, um Kinder und Jugendliche zu stärken?*

M. Z.: Schule wird von Kindern in besonders belastenden Lebenssituationen nicht selten als zusätzlicher Risikofaktor erlebt: in Form von Leistungsüberforderung, als Ort der sozialen Ausgrenzung und Benachteiligung. Schule könnte aber gerade auch für diese Kinder als Schutzfaktor fungieren, und zwar durch gezielte individuelle Förderung ihrer Stärken, ihres Selbstvertrauens und ihrer sozialen Kompetenz im Rahmen eines generell wertschätzenden Klimas. Das erfordert natürlich persönliche Zuwendung und entsprechendes Engagement der Lehrkräfte. Das Lehrpersonal sollte über geeignete Zusatzqualifikationen verfügen. So ein Konzept kann auch nur bei überschaubaren Klassengrößen funktionieren. Außerdem wären begleitende Maßnahmen der Schulsozialarbeit hilfreich. Die Idee einer „resilienzfördernden Schule“ muss jedoch auch strukturell gewollt und von der Schulleitung mit getragen werden. Nur dann hat Resilienzförderung tatsächlich die Chance, möglichst viele von den Mädchen und Jungen zu erreichen, die darauf angewiesen sind.

„Arme Kinder stark machen“ – Erkenntnisse aus der Resilienzforschung[1] (2010–2012)

Wenn die Wogen über mir zusammenschlagen,
tauche ich tiefer, um nach Perlen zu suchen.
(Mascha Kaleko)

Die Entdeckung der Resilienz – ein neuer Weg in Pädagogik und Sozialer Arbeit

Bildhafte Vorstellungen von Resilienz

Mit dem Bild vom Perlentauchen findet die deutschsprachige Lyrikerin Mascha Kaleko einen poetischen Ausdruck dafür, wie sich „Resilienz“ anfühlen kann. Dafür muss man den Begriff nicht kennen. Die Tochter jüdischer Eltern aus Galizien musste 1938 zu einem Zeitpunkt in die USA emigrieren, als sie in Deutschland gerade die ersten Erfolge als Schriftstellerin erlangt hatte. Im Exil stand sie dann wieder vor dem Nichts.

In der Auseinandersetzung mit dem Phänomen der Resilienz werden in der populärwissenschaftlichen Publizistik immer wieder bildhafte Umschreibungen verwendet, so etwa die vom „Stehaufmännchen“, vom „Grashalm in der Wüste“ oder die des „Löwenzahns“, der sich durch das innerstädtische Pflaster kämpft und dort zu blühen vermag.[2] Nicht selten erfolgt auch ein Rückgriff auf Mythen und Märchen, so auf die Figur des scheinbar unverwundbaren „Siegfried“ aus der Nibelungensage oder auf „Ronja“, die unbeugsame Räubertochter. Ich selbst habe einmal mit der Figur des „Borstenkinds“ aus einem siebenbürgischen Märchen geliebäugelt, um zum Ausdruck zu bringen, dass sich ein

1 Der erste Teil dieses Beitrages basiert auf einem Vortrag, der auf einer Fachtagung der Stadtmission Nürnberg am 27. Januar 2012 gehalten wurde. Der zweite Teil ist in Anlehnung an einen Aufsatz formuliert, der 2010 erschienen ist in: Lutz/Hammer (Hrsg.): Wege aus der Kinderarmut, Weinheim/München 2010, S. 142–157.

2 Das Bild des Löwenzahns verwendet namentlich Beartrice Kustor-Hüttl mit dem Hinweis, dass dieses Symbol im angloamerikanischen Kulturraum als Metapher für „gefährdete Jugendliche“ und deren gelingenden „Überlebenskampf“ stehe (Kustor-Hüttl 2011, S. 23).

resilientes Kind nicht unbedingt lieb Kind macht. Vielmehr kann es mit seinem Eigensinn unbequem sein und immer wieder anecken.

Bei der naheliegenden Verwendung solcher Bilder besteht allerdings leicht die Gefahr, ein psychisches Phänomen unnötig zu mystifizieren. Weil es im Kern jedoch um ein schwer fassbares Phänomen geht, bei dem wir an die Geheimnisse der menschlichen Seele rühren, neigt man selbst in der wissenschaftlichen Auseinandersetzung dazu, bildhafte Erklärungsmuster zu benutzen. So gebraucht Emmy Werner, die Pionierin der Resilienzforschung, gerne das Bild von der „Wendeltreppe", die zwar nicht gradlinig, aber mit jeder Bewältigung einer neuen Herausforderung stets nach oben führe (Werner 1999, S. 31). Im deutschsprachigen Raum ist der bildhafte Buchtitel „Gedeihen trotz widriger Umstände" von Welter-Enderlin und Hildenbrand (2006) zu einem geflügelten Wort geworden und mittlerweile schlicht zur Kurzdefinition von Resilienz mutiert. Das Titelbild des Buches zeigt einen grünen Zweig, der aus vertrockneter Erde sprießt. Den schillernden Charakter von Resilienz verdeutlichen Bilder aus der Alltagserfahrung leichter als spröde Definitionen.

Am ehesten hilft uns der Blick auf reale Kinder oder Erwachsene, die infolge beeindruckender Überlebensstrategien beispielhaft für erstaunliche seelische Widerstandskraft stehen. Man denke an Nelson Mandela oder an KZ-Überlebende, wie den Literaturnobelpreisträger Imre Kertész, den Psychologen Viktor E. Frankl sowie die Schriftsteller Primo Levi und Jorge Semprún. Wie oft versetzen uns gerade auch Kinder und Jugendliche in Erstaunen, weil sie schwierigste Situationen zu meistern wissen, wie man es nie erwartet hätte.

Resilienz: eine pädagogische Ermutigung

Mit Resilienz bezeichnen wir jene seelische Widerstandskraft, mit deren Hilfe Menschen außergewöhnlichste Belastungen, Lebenskrisen und Traumata, anders als wir es erwartet hätten, nahezu unbeschadet überwinden. Dank ihrer seelischen Flexibilität erholen sie sich ungewöhnlich rasch von solchen Extremsituationen. Bei Kindern sollte man korrekter von außergewöhnlichen Entwicklungsrisiken sprechen, die sie überraschend gut bewältigen. Hier sind nicht die üblichen Risiken gemeint, die generell mit altersgemäßen Entwicklungsprozessen verbunden sind. Vielmehr geht es um zusätzliche Gefährdungen, die in der Entwicklungspsychologie als *nicht-normative Risiken* gelten. Dabei kann es sich um biologische, psychosoziale oder emotionale Entwicklungsrisiken handeln, die für das Kind eine außerordentliche Härte darstellen.

Entdeckt wurde das Phänomen der Resilienz in Langzeitstudien, bei denen man die Beobachtung machte, dass manche Menschen solche Härten mehr oder weniger ungebrochen meistern, andere dagegen angesichts vergleichbarer Problemkonstellationen psychische Schäden erleiden oder verhaltensauffällig werden. Was ist nun des Pudels Kern?

Unstrittig ist, dass bestimmte angeborene körperliche Merkmale und Charaktereigenschaften, aber auch manche erworbenen Fähigkeiten als resilienzförderlich eingestuft werden. Zu solchen *personalen Schutzfaktoren* zählen beispielsweise ein heiteres Temperament oder eine gesunde körperliche Konstitution. Sogar das Geschlecht spielt in bestimmten Altersphasen eine Rolle: Mädchen gelten in der frühen, Jungen in der späteren Kindheit als seelisch robuster und damit resilienzfähiger. Daneben hat man auch *soziale Schutzfaktoren* im familiären und weiteren sozialen Umfeld von Kindern entdeckt, die deren Resilienzfähigkeit stärken. Entsprechend unterscheidet man zwischen *personalen* und *sozialen Risikofaktoren*. Unter personalen Risikofaktoren versteht man problematische Dispositionen beim Kind selbst, angefangen von Geburtsschäden bis hin zu auffälligen Verhaltensweisen und schwierigen Charaktermerkmalen. Die sozialen Risikofaktoren umfassen die vielen nicht-normativen Risiken, denen ein Kind durch sein Umfeld ausgesetzt sein kann.

Schutzfaktoren ausfindig und zugänglich zu machen, ist Aufgabe aller Fachkräfte, die in ihrer Berufspraxis mit mehrfach risikobehafteten Kindern befasst sind. Risiken, zu deren Bewältigung ein Kind Resilienz braucht, sind beispielsweise Armut mit ihren materiellen und immateriellen Folgen, konflikthafte Trennungen und Scheidungen, die Erfahrung von Flucht und Traumatisierung, Misshandlung und Missbrauch, psychische Erkrankung der Eltern und eigene seelische oder physische Behinderungen. Weitgehend einig ist man sich in der Fachdiskussion, dass die Fähigkeit zur Entfaltung von Resilienz erworben und damit gefördert werden kann. In der pädagogischen und sozialen Praxis, die sich an Resilienzförderung orientiert, geht es also in erster Linie darum, das Selbsthilfepotenzial gefährdeter Kinder, ihre seelische Widerstandskraft, zu wecken.

Wer Resilienzförderung betreibt, wird lernen, besonders auf innere Stärken seines Gegenübers zu vertrauen. Damit vollzieht sich ein Paradigmenwechsel im Menschenbild, weil wir – gewissermaßen in einer positiv gewendeten Fallanalyse – zuallererst nach Schutzfaktoren fragen, die hilfreich sein könnten. Man sieht wie mit einer neuen Brille plötzlich nicht mehr nur Probleme und Defizite, sondern vor allem Potenziale und Möglichkeiten der Kinder und ihrer Familien. Die gezielte Fokussierung professionellen Handelns auf die Mobilisierung von Resilienz- und Schutzfaktoren motiviert auch die „Helfer“.

Die Orientierung der praktischen Arbeit an Stärken erscheint auf den ersten Blick nicht wirklich neu: Eine ähnliche Herangehensweise gehört mittlerweile zum Repertoire einer ressourcenorientierten Kinder- und Jugendhilfe. Aber *Ressourcenorientierung ist noch keine Resilienzförderung*, auch wenn sie in eine ähnliche Richtung geht. Resilienzförderung ist zielgerichteter und voraussetzungsvoller. Um diesen Zusammenhang detaillierter nachzuvollziehen, müssen wir uns mit dem Schutzfaktorenkonzept, dem Herzstück von Resilienzförderung, auseinandersetzen.[3]

Das Schutzfaktorenkonzept

Von der Entwicklungspsychologie hat die Resilienzforschung die epochale Erkenntnis übernommen, dass Entwicklungsrisiken *nicht zwangsläufig* zu psychischen Schäden, auffälligem Verhalten und einem Scheitern im späteren Leben führen. Von einer solchen Zwangsläufigkeit ist man in der Tat irrtümlicherweise lange Zeit ausgegangen. Der Schlüssel zu dieser Erkenntnis sind die Schutzfaktoren.

In der Fachliteratur und auch in den ausgearbeiteten Konzepten zur Resilienzförderung gibt es immer wieder neue Auflistungen von Schutzfaktoren, die zwar geringfügig differieren mögen, sich allesamt aber auf empirische Ergebnisse der Resilienzforschung stützen. Cum grano salis lassen sich die personalen und sozialen Schutzfaktoren wie folgt typisieren:[4]

Personale Schutzfaktoren: Hier kann es sich um *angeborene psychische und konstitutionelle Merkmale* des Kindes handeln. Aber auch *erworbene Fähigkeiten* wie prosoziales Verhalten, Problemlösefähigkeit, Zielstrebigkeit, flexible Formen der Stressbewältigung und kommunikative Aufgeschlossenheit zählen dazu.

Familiäre Schutzfaktoren: Zu ihnen gehören vor allem eine stabile Bindung, ein warmes und unterstützendes Familienklima, emotionale Zuwendung, familiäre Vorbilder für konstruktives Bewältigungsverhalten und ein geregeltes Familienleben mit klaren Alltagsstrukturen.

Schutzfaktoren im weiteren sozialen Umfeld: Zu diesen Faktoren zählen beispielsweise die Ersatzbeziehung zu einer Person außerhalb der Familie,

---

3 Ausführlicher wird eine Abgrenzung von Ressourcenorientierung und Resilienzförderung am Ende dieses Kapitels vorgenommen, im Beitrag zu den „Lichtpunkten".

4 Hinweise auf umfänglichere Auflistungen: Wustmann 2004, S. 115 f.; Werner 2011, S. 35f.

Freundschaften mit Gleichaltrigen, die gezielte Förderung von Fähigkeiten und Neigungen in Kita oder Schule sowie die Erfahrung von Anerkennung und Selbstwirksamkeit.

Kommen genügend dieser Faktoren auf möglichst mehreren Ebenen zum Tragen, wird auch ein mehrfachen Risiken ausgesetztes Kind ein gesundes Selbstvertrauen ausbilden und eine Chance haben, Resilienz zu entwickeln.

Orte außerhalb der Familie werden für ein Kind umso wichtiger, je mehr die eigene Familie ausfällt. Versagt die Familie in ihrer Schutzfunktion, kann sich dieser „Ort der Sicherheit" in sein Gegenteil verkehren und zum Risikofaktor werden. Man denke nur an Kindesmisshandlung oder Kindesvernachlässigung, aber auch an andere gravierende familiäre Probleme, die Kinder überfordern, wie zum Beispiel die Suchterkrankung eines Elternteils. Ist das Kind in der Familie sogar gefährdet, dann ist jenseits aller Resilienzförderung in erster Linie die Intervention der Kinder- und Jugendhilfe angezeigt, wie sie das Gesetz verlangt (Maywald 2013; Schone/Tenhaken 2012).

Selbst bei sogenannten „Multiproblemfamilien" würde Resilienzförderung zunächst von einer *positiv gewendeten Fallanalyse* ausgehen, indem sie vorhandene oder zu mobilisierende Potenziale, Stärken und Ressourcen eines risikobelasteten Kindes und seiner Familie zum Ausgangspunkt der Unterstützung macht. So plädiert die Familientherapeutin Marie Luise Conen entschieden dafür, das Konzept der Resilienzförderung in die Sozialpädagogische Familienhilfe zu integrieren: „Die Zuversicht und der Blick auf die Potenziale und Ressourcen einer Familie durch professionelle HelferInnen helfen diesen Familien, wieder an sich selbst zu glauben (Walsh 1995 und Conen 2002). Angesichts von größten Problemen und Leid zeigen diese Familien enorme Fähigkeiten und Stärken. [...]. Es ist letztlich einfacher, Fähigkeiten zu erweitern, als negatives Verhalten zu stoppen" (Conen 2002, S. 40).

Was für die Familien – also die Erwachsenen – gilt, nämlich der auf Schutzfaktoren hingewendete Blick, ist umso wichtiger für die Kinder. Für ein Handlungskonzept, das sich an der Idee der Resilienzförderung orientiert, sind folgende Leitfragen zu stellen:

- Über welche Potenziale und Fähigkeiten zur Bewältigung der Situation verfügt das Kind selbst?
- Wie ließen sich diese Potenziale gezielt fördern?
- Welche äußeren Schutzfaktoren sind ihm zugänglich oder könnten ihm zugänglich gemacht werden?
- Was könnte das gefährdete Kind dauerhaft stärken?

Die vorrangige Orientierung an Schutzfaktoren, an Stärken und Selbsthilfepotenzialen, lässt keineswegs außer Acht, dass Gefährdungen und Risiken die kindliche Bewältigungsfähigkeit übersteigen können. In diesem Fall müssen sie durch Interventionen beseitigt oder zumindest minimiert werden.

Trotz allen Wissens um die potenzielle Resilienzfähigkeit von Kindern reicht oft das Potenzial für sich allein nicht aus, sondern bedarf zu seiner Entfaltung *äußerer Schutzfaktoren*. Da Schutzfaktoren ebenso wie Risikofaktoren auf den schon genannten drei Ebenen – beim Kind, in der Familie und im weiteren sozialen Umfeld – wirksam werden, setzt Resilienzförderung auch genau dort an. Bei Kindern, deren Familie zum Risiko für sie wird, fällt eine wesentliche Ebene aus. Daher brauchen solche Mädchen und Jungen mehr Schutzfaktoren von außerhalb. Ohnehin benötigen Kinder umso mehr Schutzfaktoren, je gefährdeter sie sind. Niemals freilich darf sich ein Kind unter zu großen Erwartungsdruck gesetzt fühlen, unbedingt Resilienz zu zeigen, denn ob und wie jemand Resilienz entwickelt, bleibt eine individuelle Reaktion und ist letztlich nicht planbar.

Auch bei intensiver Förderung werden nicht alle Kinder gleichermaßen die Fähigkeit zur Resilienz entwickeln. Man muss damit rechnen, dass bei manchen Kindern und Jugendlichen dieses Potenzial stark verschüttet sein kann oder möglicherweise nicht vorhanden ist. Ob in diesen Fällen die Resilienzfähigkeit nur völlig überlagert oder tatsächlich nicht gegeben ist, bleibt vorerst noch ungeklärt. Kommt Resilienz nicht zum Zuge, dann geht es also nicht immer um ein Versagen. Man sollte sich vor einer starren Umkehr des Defizitblicks in eine allzu optimistische Sichtweise hüten, sondern besser realitätstüchtig in beide Richtungen schauen. Operiert man mit der Möglichkeit des „Sowohl als auch" (Weiß 2011), ist man gegen überzogene Erwartungen gefeit. Das würde auch eine Dichotomie von Resilienzgewinnern und „Spielverderbern", die hier scheitern, vermeiden. Resilienz kann bei einem Menschen auch partiell auftreten. Daher spricht man beispielsweise von Bildungsresilienz, wenn es einem ansonsten schwer belasteten Kind gelingt, durch außergewöhnliche Leistungen in der Schule auf sich aufmerksam zu machen.

Kein abschließendes Bild haben wir bis heute von der *Wechselwirkung zwischen Risiko- und Schutzfaktoren*. Eine gewisse Orientierung bieten uns diverse Modellannahmen, die sich keineswegs gegenseitig ausschließen müssen (Wustmann 2004). So geht das Kompensationsmodell davon aus, dass Risikofaktoren durch Schutzfaktoren in ihrer Wirkung geschwächt oder neutralisiert werden können. Das Herausforderungsmodell betont, dass durch jede erfolgreiche Bewältigung eines Risikos die Resilienzfähigkeit gestärkt wird, wie es das Bild der Wendeltreppe nach oben widerspiegelt. Ähnlich eingängig erscheint das Kumulationsmodell, demzufolge die Zahl der erforderlichen Schutzfaktoren mit Zunahme der Risiken steigt. Ein weiteres – das Schutzfaktorenmodell – sieht zwischen Risiko- und Schutzfaktoren komplexe Wechselwirkungen, die sich allerdings nicht eindeutig bestimmen lassen.

Die Resilienzforschung tappt hier teilweise noch im Dunkeln oder ist zumindest unentschieden. Es bedarf offensichtlich weiterer Studien, um den eigentlichen Mechanismus der Entstehung von Resilienz offenzulegen. Dazu müssen unbedingt auch Langzeitstudien gehören, weil Resilienz sich in jeder neuen Risikosituation aufs Neue erweisen muss. Erst aus einer späteren Rückschau kann man wirklich beurteilen, ob ein Mensch trotz widriger Umstände in der Kindheit als Erwachsener ein „geglücktes Leben“[5] führt. Zeigt sich ein Kind in einer konkreten Risikosituation als resilient, bezieht sich das zunächst nur auf die aktuell zu bewältigende Herausforderung. Allerdings kann man hoffen, dass jedes positive Erlebnis für das Kind eine Erfahrung ist, auf die es später bei erneuter Gefährdung bauen kann. Kinder sind also nicht ein für alle Mal „resilient“, sondern höchstens tendenziell resilient. Bei Resilienz geht es immer um Wahrscheinlichkeiten und nie um Determiniertheit. Ein gewisses Quantum von Risiko und Unsicherheit ist und bleibt die Quintessenz pädagogischen Handelns.

Sicher ist, dass wir nicht von direkten Entsprechungen ausgehen können: Es wäre zu simpel, anzunehmen, dass es für jedes Risiko gewissermaßen als Gegenmittel einen spezifischen Schutzfaktor gäbe. Was sich in einer bestimmten Konstellation als Schutzfaktor erweist, kann in einer anderen zusätzliche Gefährdung bedeuten. So gelten generell soziale Netze als Schutzfaktor. Enge Kontakte zu einer delinquenten Gang können hingegen zum Risikofaktor werden. Ein gefestigtes Selbstvertrauen kann ein wesentlicher Schutzfaktor sein, ein übersteigertes Selbstbild aber leicht zur Selbstüberschätzung führen. Schutz- wie Risikofaktoren sollten also nur jeweils fallbezogen betrachtet und ins Hilfekonzept einbezogen werden.

Eine zentrale Erkenntnis hat sich in der Resilienzforschung jedoch immer wieder bestätigt: Schutzfaktoren entfalten bei sogenannten *Hoch-Risiko-Kindern* – also bei Kindern, die mehrfache Risiken gleichzeitig zu bewältigen haben – eine besonders starke Wirksamkeit und Durchschlagskraft. Unerlässlich ist in jedem Fall die *sichere Bindung* an eine Bezugsperson. Gemeint ist damit nicht unbedingt nur die Bindung an primäre Bezugspersonen wie die Eltern, sondern die verlässliche Beziehung zu einem geliebten Menschen überhaupt, an den sich das Kind in seinem Schutzbedürfnis vertrauensvoll

5 „Geglückt“ bezieht sich hier weniger auf unsere normativen Vorstellungen aus der Außenperspektive, sondern mehr auf das Empfinden der Betroffenen selbst.

wenden kann, und der ihm als Vorbild bei der Bewältigung seiner schwierigen Lebenssituation dient. Als sichere Bindung können sich also auch Ersatzpersonen aus dem familiären Umfeld oder eine pädagogische Fachkraft anbieten. Wichtig ist, dass diese Person für das jeweilige Kind eine Mentorenfunktion übernimmt und ihm einen sicheren Halt bietet.

Leitideen der Resilienzförderung

Wie kann nun „Resilienz“ bei Kindern konkret gefördert werden? Ein hilfreiches Schema, wie man im Einzelfall herausfinden kann, ob ein risikobelastetes Kind Zugang zu resilienzförderlichen Bedingungen hat oder ob solche Konditionen erst hergestellt werden müssen, hat die amerikanische Resilienzforscherin Edith Grotberg (1999) in ihrem „Manual zur Resilienzförderung“ geliefert. Darin benennt sie Merkmale der „inneren Stärke“, Formen der „äußeren Unterstützung“ sowie „zu erwerbende und fördernde Fähigkeiten“ der Kinder, an denen sich Resilienzförderung jeweils zu orientieren hat. Ein resilientes Kind sollte laut Grotberg sagen können:[6]

Ich habe Menschen um mich (äußere Unterstützung),
- die mir vertrauen und die mich lieben,
- die mir Grenzen setzen, Orientierung geben und Schutz vor Gefahren bieten,
- die mir Vorbilder sind und von denen ich lernen kann,
- die mich dabei unterstützen und bestärken, selbstbestimmt zu handeln,
- die mir helfen, wenn ich krank oder in Gefahr bin,
- die mich unterstützen, Neues zu lernen.

Ich bin (innere Stärke)
- ein Kind, das von anderen wertgeschätzt und geliebt wird,
- froh, anderen helfen zu können, und bereit, Anteil zu nehmen,
- respektvoll mir selbst und anderen gegenüber,
- bei allem, was ich tue, verantwortungsbewusst,
- zuversichtlich, dass alles gut wird.

---

6 Hier wird das Schema von Grotberg in einer Übersetzung übernommen, die sich an diejenige von Corina Wustmann (2004, S.118) anlehnt. Das Schema ist dort allerdings etwas verkürzt wiedergegeben. Vgl. daher auch Grotberg, in: Zander 2011, S. 51–101.

Ich kann (interpersonale und Problemlösefähigkeiten)

- mit anderen sprechen, wenn mich etwas ängstigt oder mir Sorgen bereitet,
- Lösungen für Probleme finden, mit denen ich konfrontiert werde,
- mein Verhalten in schwierigen Situationen kontrollieren,
- gut einschätzen, wann es richtig ist, eigenständig zu handeln, oder wann es besser ist, mir Rat zu holen,
- jemanden finden, der mir hilft, wenn ich Unterstützung brauche.

Diese oder ähnliche konzeptionelle Grundgedanken tauchen in allen Programmen zur Resilienzförderung auf. Die Analyse, wie stark oder schwach diese Merkmale im Einzelfall ausgeprägt sind und ob sich dabei deutliche Defizite zeigen, liefert pädagogischen Fachkräften Hinweise für resilienzorientiertes Handeln. Hier darf aber nicht nur danach gefragt werden, über welche Schutzfaktoren ein Mädchen oder ein Junge selbst verfügt. Ebenso wichtig ist es, ob in der gegebenen Risikosituation ausreichend Schutzfaktoren von außen vorhanden sind, und ob sie tatsächlich vom Kind auch genutzt werden können.

Eine ergänzende Konkretisierung haben die britischen Autorinnen Brigid Daniel und Sally Wassell (2002) in ihren Leitfäden zur Resilienzförderung für unterschiedliche Altersstufen, wie frühe Kindheit, Grundschul- und Jugendalter, vorgenommen. Für die Förderung im Einzelfall oder auch in Gruppen schlagen sie beispielsweise bei Kindern im Grundschulalter eine Einteilung in folgende *Resilienzbereiche* vor:

- eine sichere Bindung herstellen,
- die schulische Leistungsfähigkeit stärken,
- Kontakte zu Gleichaltrigen und Freundschaften ermöglichen,
- besondere Fähigkeiten und Neigungen ausbauen,
- soziale Kompetenzen und Problemlösefähigkeit fördern,
- positive Werte und Selbstvertrauen festigen.

Die beiden Autorinnen zeigen – wie auch Edith Grotberg – anhand einer Reihe von Beispielen, wie sich derartige Prinzipien in der pädagogischen Alltagspraxis umsetzen lassen. In der Bundesrepublik gibt es mittlerweile ebenfalls, vor allem für den Kitabereich, eine Anzahl von praktischen Konzepten (Wustmann 2004; Rönnau-Böse/Fröhlich-Gildhoff 2010; Wyrobnik 2012).

Arme Kinder als spezifische Zielgruppe[7]

Da mir aus meiner langjährigen Forschung die Problematik von Mädchen und Jungen, die in Armut aufwachsen, besonders vertraut ist, soll hier anhand dieser Zielgruppe die Wirkungsweise von Resilienzförderung exemplarisch demonstriert werden.

Auffällig ist, dass arme Kinder Einschränkungen genau in jenen Bereichen erfahren, an denen Resilienzförderung ansetzt. So sind bei diesen Kindern die Bildungs- und Erfahrungsspielräume oft empfindlich eingeengt. Das gilt ebenso für den Freiraum zur Entfaltung individueller Fähigkeiten und Neigungen, den ein Kind für seine Persönlichkeitsentwicklung unbedingt braucht. In der Regel mangelt es solchen Kindern an Freizeit- und Erholungsmöglichkeiten. Auch ihre sozialen Teilhabe- und Mitwirkungschancen sind deutlich beschnitten. Die Armutslage behindert sogar sehr häufig die Kontakte zu Gleichaltrigen und Freundschaften.

Die Lebenssituation sozial benachteiligter Kinder ist häufig durch mehrfache Entwicklungsrisiken belastet, sodass viele von ihnen als Hoch-Risiko-Kinder gelten müssen. Drei Fallbeispiele im Telegrammstil sollen das kurz veranschaulichen:

> **Theo**, sieben Jahre: Seine Mutter ist langzeitarbeitslos und hat so gut wie keine Chance auf Reintegration in den Arbeitsmarkt. Aufgrund dieser Lebenssituation ist sie psychisch erkrankt. Der Junge hat eine problematische Beziehung zum Stiefvater; zu seinem leiblichen Vater besteht kein Kontakt. Es gibt gravierende Konflikte zwischen Mutter und Stiefvater und deutliche Anzeichen, dass das Kind pädagogisch vernachlässigt wird.
>
> **Rebecca**, sieben Jahre: Beide Eltern sind arbeitslos. Rebeccas Vater ist zum Zeitpunkt des Interviews untergetaucht, weil er von der Polizei gesucht wird. Es ist offenkundig familiäre Gewalt im Spiel. Die Mutter zieht eine Scheidung in Erwägung.
>
> **Torsten**, sieben Jahre: Der Junge hat keinen Kontakt zum leiblichen Vater. Die Familie ist sozial isoliert. Es fällt Torsten schwer, Freundschaften zu schließen. Durch wiederholte Umzüge hat er immer wieder Freunde verloren. Der Junge ist zu dick und wird deshalb gehänselt. Er leidet stark unter der Ablehnung durch Gleichaltrige (Chassé/Zander/Rasch 2003).

So zusammengefasst, hört sich das nach klassischem Defizitblick an. In der Tat ist Armut eine Lebenslage, die durch Mangel geprägt ist. Da schleicht sich

---

7 Wie wichtig es ist, „arme Kinder“ als spezifische Zielgruppe von Resilienzförderung im Auge zu haben, habe ich ausführlich in der Publikation „Armes Kind – starkes Kind? Die Chance der Resilienz“ (Zander 2008) erörtert.

leicht eine auf Defizite fixierte Sichtweise ein, wenn man die Lage der Kinder analysiert und dabei feststellen muss, was sie alles bräuchten. Wenn man nun den Blick auf ihre Potenziale und Ressourcen, ihre möglichen Schutzfaktoren, richtet, dann wird man nicht selten feststellen, dass gerade arme Kinder auch starke Kinder sein können.

Bei *Theo* würde ein solcher Blick daran haften bleiben, dass er ein ausgesprochen hübscher Junge ist und daher vor allem bei größeren Mädchen „gut ankommt". Dass er weiß, was er will, und Mittel und Wege kennt, um selbst mit Tricks und Listen zum Ziel zu kommen, zeichnet ihn aus und ist sein Potenzial.

Rebecca erweist sich als munteres und aufgewecktes Mädchen, das selbstbewusst ist und kein Blatt vor den Mund nimmt. Sie kann zudem auf ihre sehr umtriebige Mutter bauen, die ausgeprägte Alltagskompetenz beweist und vieles nebenbei zu organisieren weiß, beispielsweise über einen von ihr gegründeten Selbsthilfeverein. Rebecca hilft ihre Kontaktfreudigkeit, denn sie ist bei Gleichaltrigen sehr beliebt und kann sich ihre Freundinnen aussuchen. Sie zeigt auch Zielstrebigkeit, weil sie trotz der materiell schwierigen Situation der Familie, die sie mit ihren sieben Jahren realistisch einschätzt, nicht bereit ist, ihre Wünsche – Reiten und Geige spielen – aufzugeben. Sie vertraut wie ihre Mutter darauf, dass sich schon ein Weg finden wird.

Bei *Torsten* dagegen fällt es auf den ersten Blick schwer, Schutzfaktoren auszumachen. Er wirkt noch sehr klein und verspielt, leidet unter seinem äußeren Erscheinungsbild als pummeliges Kind und wird deshalb ausgegrenzt. Er tut sich in der Schule schwer und hat keinen „besten Freund". Die materielle Not der Familie nimmt er sich so zu Herzen, dass er lieber zurücksteckt und seine Wünsche für sich behält. Allenfalls findet er – wie auch seine Mutter – Rückhalt in der erweiterten Familie, bei Tanten, Cousinen und Großeltern (Chassé/Zander/Rasch 2003). Bei Torsten müsste Resilienzförderung wohl besonders viele Schutzfaktoren von außen mobilisieren.

Wer mit solchen Mädchen und Jungen arbeitet, braucht ein waches Auge für alle Gegebenheiten, die sich zum Wohl des Kindes nutzen ließen. Wenn wir einen Bezug zwischen den Defiziten in den Spielräumen armer Kinder und den *Resilienzbereichen* nach Daniel/Wassell herstellen, fällt eine ebenso logische wie verblüffende Entsprechung auf. Resilienzförderung würde genau dort Lücken schließen, wo arme Kinder deutlichen Mangel zu kompensieren haben. Lassen wir die sichere Bindung einmal außen vor, die immer einer gesonderten Betrachtung bedarf: In allen anderen Bereichen kann Resilienzförderung passgenau ansetzen und gezielt jene Potenziale und Fähigkeiten fördern, die – wie die Kinderarmutsforschung mehrfach belegt hat – durch die Lebenslage der Kinder beschnitten sind und unbeachtet bleiben.

Angesichts der Probleme und Entwicklungsrisiken in Armut lebender Kinder würde allerdings ein Vorgehen, das ausschließlich beim Kind selbst und an der Förderung seiner eigenen Resilienzfähigkeit ansetzt, zu kurz greifen. Da Armut *ein multidimensionales Entwicklungsrisiko* darstellt, brauchen wir auch ein Konzept, das auf mehrere Ebenen zielt. Dazu regen Resilienzförderprogramme, wie das von Daniel und Wassell, an, denn bei jedem Schritt gilt es – es sei wie ein Mantra wiederholt –, jeweils das Kind selbst, sein familiäres und sein weiteres soziales Umfeld zu prüfen.

Resilienzförderung ist also *eine spezifische Form von Armutsprävention.* Als Bestandteil von Sekundärprävention kann sie mit dazu beitragen, risikobehafteten Folgen von Armut entgegenzuwirken. Zunächst sollte sie bemüht sein, durch Aktivierung seiner Möglichkeiten das aktuelle Lebensgefühl des Kindes zu verbessern. So wird beispielsweise ein sonst eher zurückhaltender Junge zum Star seiner Gruppe, indem man seine tänzerische Begabung fördert. Dieses Talent bringt ihm Anerkennung bei den Gleichaltrigen ein und verändert den Blick der anderen auf ihn ebenso wie seine Selbstwahrnehmung. Im Erfolgsfall mag konsequente Resilienzförderung sogar helfen, eine Perpetuierung der Armutslage bis ins Erwachsenenalter hinein zu vermeiden.

Armutsprävention und Resilienzförderung in der kommunalen Kinder-, Jugend- und Familienhilfe und an der Schule[8]

Mit der Resilienzförderung wird eine neue Blickrichtung in die Sozial- und Heilpädagogik sowie in die Entwicklungs- und klinische Psychologie eingeführt. Konzeptionell kann dabei – wie wir gesehen haben – durchaus an Vertrautes und Bewährtes angeknüpft werden. Deshalb wäre der Gedanke, dass es neue, spezifische Orte geben sollte, an denen man sich auf Resilienzförderung spezialisiert, abwegig, wenn nicht gar kontraproduktiv. Vielmehr sollte der Ansatz in bereits bestehende Einrichtungen und Angebote für Kinder und Jugendliche integriert werden.

Zunächst sind hier die Kommunen gefragt, insbesondere die auf kommunaler Ebene für Kinder-, Jugend- und Familienhilfe in Politik und Verwaltung zuständigen Fachkräfte und Entscheidungsträger. Sieht man Resilienzförderung als eine Form von effektiver „Kinderarmutsprävention", liegt es nahe, eine daran ausgerichtete Arbeitsweise in allen Angeboten für Kleinst-,

---

8 Ab hier orientiert sich der Beitrag an: Zander: Resilienzförderung als Neuorientierung in der kommunalen Kinderarmutsprävention, in: Lutz/Hammer 2010, S. 142–157.

Vorschul- und Schulkinder bis hin zur Jugendhilfe und Jugendarbeit zu etablieren, um allen Altersgruppen gerecht zu werden. Im Einzelfall wird immer eine möglichst frühe Förderung am wirksamsten greifen. Aber besser spät als nie!

Wie kann man möglichst viele entwicklungsgefährdete arme Kinder am besten erreichen?

Frühe Hilfen: Kinderschutz und Frühförderung

Beginnen wir mit dem Bereich der frühen Hilfen. Das Gesamtsystem „früher Hilfen" umfasst den Bereich der Kindertagesstätten, familienbezogene Dienste im Rahmen der Kinder- und Jugendhilfe und die Frühförderung (Weiß 2005, S. 183). Zunächst soll hier auf den Kinderschutz und die Frühförderung eingegangen werden, da es in beiden Bereichen um Kinder geht, die jeweils spezifischen Risiken ausgesetzt sind.

Die Hilfen des „Frühwarnsystems" umfassen präventive Maßnahmen des Kinderschutzes. Die Frühförderung ist ein Hilfesystem für Kinder mit manifester oder drohender Behinderung. Beide Hilfesysteme haben nicht in erster Linie Kinder in Armutslagen als Zielgruppe im Blick. Physische und psychische Behinderung kommen ebenso wie Misshandlungen und Kindeswohlgefährdungen in allen sozialen Schichten vor. Dennoch besteht bei Kindesvernachlässigung oft ein enger Zusammenhang zu familiärer Armut, weil meist familiäre Not und elterliche Überlastung zu einer solchen Fehlentwicklung führen. Auch bei der steigenden Zahl von entwicklungsgefährdeten Kindern in der Frühförderung lässt sich ein deutlicher Zusammenhang zur Armutsproblematik erkennen. Der Sonderpädagoge Hans Weiß sieht durch die zunehmende Zahl von Kindern mit armutsbedingten psychosozialen Entwicklungsgefährdungen das System der Frühförderung unter wachsendem Handlungsdruck, der sich in einer hohen Nachfrage des Frühförder-Fachpersonals nach tragfähigen Handlungskonzepten niederschlage (Weiß 2005).

Die Frühwarnsysteme bauen auf einer ganzen Palette von frühen Hilfen auf, wie sie in den letzten Jahren durch die Vernetzung von Kinder-, Jugend- und Gesundheitshilfe entwickelt worden sind. In den sogenannten *Präventionsketten,*[9] die sich vorwiegend an sozial benachteiligte Familien wenden,

9 Der Begriff der „Präventionsketten" stammt aus der Gesundheitsförderung und wurde von Projekten der „Armutsprävention" übernommen. Gemeint sind hiermit insbesondere präventive Angebote im Bildungs- und Erziehungsbereich, von der Geburt bis zum Berufseinstieg. Bekannt geworden sind die Präventionsketten zuerst durch das Projekt „Mo.Ki – Monheim für Kinder", das beispielhaft für Armutsprävention vor Ort steht (Holz et al. 2005b).

könnte sich die Unterstützung von Eltern und Kindern am Konzept der Resilienzförderung orientieren (Meier-Gräwe 2007). Entsprechende Ideen könnten Anwendung finden

- bei Hausbesuchsprogrammen für erstgebärende Schwangere (nach dem Beispiel des Nurse-Family-Partnership-Programs),
- bei alltagspraktischen Hilfen für junge Eltern vor und nach der Geburt (Familienhebammen),
- bei der „aufsuchenden Arbeit" in Familien mit Kindern im Vorschulalter (Familienbesuche),
- bei Eltern-Schulungsprogrammen mit niedrigschwelligem Einstieg.

Konzeptionell besteht bei solchen Hilfen ohnehin eine große Nähe zum Resiliengedanken, da der Schwerpunkt darauf liegt, Selbsthilfepotenziale zu stärken und sämtliche Ressourcen der Familien zu mobilisieren, um spätere Fehlentwicklungen bei Kindern zu vermeiden.

Der Resilienzförderung durchaus verwandte Gedanken sind auch in die Modellprojekte des Aktionsprogramms „Frühe Hilfen für Eltern und Kinder – soziale Frühwarnsysteme"[10] eingeflossen. Die bundesweit an verschiedenen Standorten durch das BMFSFJ geförderten Projekte sollen familiäre Probleme in einem möglichst frühen Stadium aufspüren und passende präventive Hilfsangebote bereitstellen (Wagenblass 2006). Das entspricht dem Standpunkt der Resilienzförderung, so früh wie möglich tätig zu werden.

Frühförderung für Mädchen und Jungen mit einer Behinderung wird in interdisziplinären Frühförderstellen und sozialpädiatrischen Zentren, von niedergelassenen Fachärzten sowie pädagogischen und therapeutischen Fachkräften geleistet. Wie generell in der Heilpädagogik, wird in der Frühförderung schon seit Jahren ernsthaft über die Integration der Resilienzidee diskutiert (Kühl 2003), zumal Frühförderung und Resilienzförderung seit geraumer Zeit fast deckungsgleiche Ziele verfolgen, sodass man auf den Begriff Resilienzförderung nicht zwingend rekurrieren müsste (Weiß 2011). Dennoch unterstreicht Weiß bei einem Abgleich beider Konzepte immerhin den Nutzen, den die Frühförderung aus dem Förderoptimismus des Resilienzgedankens bei aller Vorsicht ziehen könne. Lernen ließe sich von der Resilienz-

10 Zu den Frühwarnsystemen ist zunächst ein Modellprojekt in NRW (2001–2009) ins Leben gerufen worden; danach sind ab 2007 auf Bundes- und Landesebene mehrere vergleichbare Projekte gestartet.

förderung, eine pädagogisch-therapeutische Haltung auf Augenhöhe zu praktizieren und als Fachkraft die eigene Resilienzfähigkeit zu reflektieren.

Sozialpädagogische Familienhilfe

Mit der sozialpädagogischen Familienhilfe (SPFH) wurde Ende der 1960er Jahre eine Form der aufsuchenden „Hilfe zur Erziehung" eingeführt, deren Zielgruppe vor allem sozial benachteiligte Familien sind. Häufig leben die Familien hier in chronischer Armut, sodass mit vielen Hoch-Risiko-Kindern zu rechnen ist. Da die SPFH eine dem „Wohl des Kindes" entsprechende Erziehung im familiären Umfeld gewährleisten soll, stärkt sie die Erziehungs- und Beziehungsfähigkeit der Eltern. Marie-Luise Conen (2005) zufolge, die selbst als aufsuchende Therapeutin in solchen Familien tätig ist, liegt nichts näher, als sich bei dieser Arbeit an der Leitidee der „resilienten Familie" zu orientieren: Wenn man gleichzeitig die Resilienzfähigkeit von Eltern wie Kindern stärke, werde die Gesamtfamilie zum Schutzfaktor für die Kinder.

Ausgehend von der sozialen Realität von Multiproblem-Familien stellt auch der Sozialpädagoge Klaus Wolf in seinen empirischen Studien zum Hilfesystem der SPFH eine deutliche Verbindung zum Resilienzkonzept her (Wolf 2006). Wolf sieht in der Orientierung an diesem Konzept eine Chance, das weitere soziale Umfeld der Kinder gezielter als mögliche Ressource zu nutzen. Das sei vor allem dann notwendig, wenn die Familie selbst nicht ausreichend Schutzfaktoren für die Kinder mobilisieren könne. Da sich Wolf schwerpunktmäßig mit Hilfen bei „Kindeswohlgefährdung" befasst, hat er einen entsprechend besorgten Blick auf jene Kinder gerichtet, für die Familie eher Gefährdung als Schutzraum ist. Folgerichtig solle die SPFH sich nicht darauf beschränken, Einfluss auf innerfamiliäre Prozesse zu nehmen. Vielmehr müsse in solchen Fällen der Aktionsradius erweitert werden, damit den Kindern auch außerfamiliäre Ressourcen zugänglich würden (Wolf 2006).[11]

Nicht übersehen darf man dabei, dass eine solche Form von externer professioneller Unterstützung, wie sie die SPFH leistet, von den Familien nicht immer freiwillig angenommen wird. In solchen Fällen dürfte es schwer fallen, die zur Resilienzförderung nötige Vertrauensbasis aufzubauen.

---

11 Obwohl hier nicht speziell Thema, bewegen wir uns in einem Aufgabenbereich, in dem nicht selten die Herausnahme der Kinder aus der Familie ansteht.

Kindertagesbetreuung

Die Kindertagesbetreuung ist die öffentliche Institution, mit der im Vorschulalter – zurzeit ab zwei Jahren – die allermeisten Kinder erreicht werden könnten. Sie übernimmt nach neuerem Verständnis neben der Betreuungsfunktion auch elementare Bildungs- und Erziehungsaufgaben und ist so zu einem zentralen Ort außerfamiliärer kindlicher Sozialisation geworden. Damit stellen sich hohe pädagogische Anforderungen an die dort tätigen Fachkräfte, die neben der individuellen Förderung von Kindern und deren Entwicklungspotenzialen auch Hilfen zur Lebensbewältigung beinhalten.[12] Daher bietet sich hier ebenfalls die Orientierung an der Resilienzförderung an, wie sie in der „Arbeitshilfe zum Umgang mit Kinderarmut und Kindesvernachlässigung in evangelischen Tageseinrichtungen für Kinder" empfohlen wird (BETA/Diakonie 2006).

Zur *Resilienzförderung im Kita-Bereich* wurde an der EH Freiburg von Klaus Fröhlich-Gildhoff und seinem Team ein Modellprojekt mit dem Motto „Kindergartenkinder stark machen" durchgeführt.[13] Ausgehend von den in diesem Projekt gewonnenen Erkenntnissen liegt seit 2007 ein „Trainingsprogramm für Erzieherinnen" vor, das Anleitungen zur Durchführung konkreter Übungen zur Resilienzförderung enthält und für die pädagogische Arbeit in Kindertagesstätten übernommen werden könnte (Fröhlich-Gildhoff/Dörner/Rönnau 2007). Zur Projektidee gehört auch begleitende Elternarbeit, um die elterliche Erziehungskompetenz zu stärken und die Eltern zu Partnern im Resilienzförderprozess zu machen. Gedacht ist ebenso an die Vernetzung von Kitas mit Erziehungsberatungsstellen, Grundschulen, Ämtern und Vereinen (Fröhlich-Gildhoff/Dörner/Rönnau 2007).

Auf einem ähnlichen Konzept basieren die bundesweit modellhaft geförderten und vom BMFSFJ evaluierten Familien- oder Eltern-Kind-Zentren. Mit diesen Einrichtungen verfolgt man ebenfalls das Ziel, Kinder möglichst individuell und früh zu fördern und die Eltern umfassend zu beraten. Diese Zentren sollen an die kleinräumlichen Lebenszusammenhänge anknüpfen und die Selbsthilfepotenziale der Eltern nutzen (Diller 2005). Auch hier könnte Resilienzförderung der individuellen Arbeit mit Kindern und Eltern dienlich sein.

---

12 Vgl. beispielsweise die „Vereinbarung zu den Grundsätzen über die Bildungsarbeit der Tageseinrichtungen" für NRW von 2003.

13 Dem ersten Projekt mit der Bezeichnung „Prävention und Resilienzförderung in Kindertagesstätten" (kurz: PRiK) in Freiburg folgten inzwischen weitere. Neuerdings gibt es auch Projekte in benachteiligten Stadtteilen, finanziert durch das Bundesministerium für Bildung und Forschung (BMBF): Fröhlich-Gildhoff et al. 2011.

Sozialräumliche Angebote – stadtteilorientierte Soziale Arbeit

Jetzt noch ein Blick auf die räumliche Verteilung der in die nähere Betrachtung einbezogenen Angebote der Kinder- und Jugendhilfe. Die fachpolitische Diskussion ist generell noch stark auf städtische Verhältnisse fokussiert, sodass der ländliche Raum vernachlässigt wird. Längst sind aber auch Kommunen fernab der Städte mit der Problematik von Kinderarmut konfrontiert (Chassé/Zander/Rasch 2003 und Butterwegge/Holm/Zander 2003). Dort gestaltet sich der Zugang zu entsprechenden Angeboten allerdings schwieriger, da Armutsprävention bei ländlichen Strukturen auf eine weniger gut ausgebaute Infrastruktur zurückgreifen kann.

Sozialpädagogische Angebote für Familien – wie zum Beispiel kommunale Sozialdienste und Hilfen zur Erziehung – konzentrierten sich bisher auf sozial benachteiligte Stadtteile. Solche Stadtviertel bilden traditionell die Schwerpunkte für sozialarbeiterische Interventionen unterschiedlichster Art. Auch die in den letzten Jahren in verschiedenen Kommunen gestarteten „Armutspräventionsprojekte“ gelten vorwiegend solchen Problemstadtteilen oder – wie es in den offiziellen Programmen heißt – den „Stadtteilen mit besonderem Erneuerungsbedarf“.[14]

Derartige räumliche Schwerpunkte zu setzen, ist richtig und wichtig und sollte weiterhin Priorität behalten, weil in solchen Vierteln gerade jene Kinder wohnen, die in längerfristiger und verfestigter Armut aufwachsen. Resilienzförderung wäre hier genau richtig platziert, weil viele Hoch-Risiko-Kinder erreicht würden.[15] Dennoch darf nicht übersehen werden, dass ein größerer Teil von Kindern, die nach sozialwissenschaftlichen Kriterien als arm einzustufen sind, leer ausgingen, wenn man sich ausschließlich auf diese benachteiligten Quartiere konzentriert. Ausgeschlossen blieben vor allem jene Kinder, die von „neuer Armut“ betroffen sind, in der Regel über das ganze Stadtgebiet verteilt leben und zumindest zeitweise auch externer Unterstützung bedürften. Solche Kinder wird man vorwiegend in der Schule, in Kindertageseinrichtungen und in der stadtteilorientierten offenen Kinder-

14 So hat es das Bund-Länderprogramm „Soziale Stadt“ formuliert. Mit dem Städtebauförderungsprogramm unterstützt der Bund insbesondere städtebaulich, wirtschaftlich und sozial benachteiligte Stadt- und Ortsteile. Seit 2013 nennt sich das Programm: „Soziale Stadt – Investitionen im Quartier“. Allerdings wurde ab 2011 die Beteiligung des Bundes stark gekürzt.

15 Die in Kapitel 3 vorgestellten Saarbrücker Modellprojekte zur Armutsprävention haben genau das versucht, wie auch das mehrfach prämierte „Mo.Ki – Monheim für Kinder“ (iSPO 2006 und Holz et al. 2005).

und Jugendarbeit erreichen. Dazu sind neue, nicht stigmatisierende Förderkonzepte im Elementarbereich und anschließend in der Schule erforderlich.

Wo Resilienzförderung aktuell am besten greifen könnte, ließe sich aus einer differenzierten stadtteilbezogenen Sozial- und Armutsberichterstattung entnehmen, einem wesentlichen Hilfsinstrument für sozialraumorientierte Dienste und quartiersbezogene Gemeinwesenarbeit.

Grundschule, Ganztagsschule und Schulsozialarbeit

Hier stoßen wir auf einen Bereich, in dem Resilienzförderung zwar nahezu alle Kinder erreichen könnte, aber an die Grenzen ihrer Möglichkeiten gerät, weil Schule keine sozialpädagogische Einrichtung ist. Das deutsche Schulsystem hat nach wie vor eine stark selektive Funktion und wirkt sich daher zu Ungunsten sozial benachteiligter Kinder aus. Der Anteil alternativer Konzepte, wie das der Gesamtschule und anderer Modellprojekte, reicht nach wie vor nicht aus, um diesen Missstand entscheidend zu korrigieren. Die durch internationale Vergleiche und nationale Curricula eher verstärkten Leistungsanforderungen und der zunehmende Konkurrenzdruck schaffen an Schulen ein Klima, das für Resilienzförderung eher kontraproduktiv ist, da letztere eine entspannte Atmosphäre voraussetzt.

Dennoch könnte sich die Schule zumindest in Teilen der Idee der Resilienzförderung öffnen. Solche Versuche existieren beispielsweise schon an Förderschulen und wurden in einer wissenschaftlichen Auswertung als durchaus erfolgreich eingestuft (Grünke 2003). Auf der Basis dieser Auswertung hat der Sonderpädagoge Matthias Grünke ein Konzept für eine „resiliente Schule“ entwickelt, das zunächst allerdings auf den Typus Förderschule zugeschnitten ist (Roos/Grünke 2011). Diese Schulform bot in der Tat aufgrund ihrer Rahmenbedingungen auch die entsprechenden Freiräume, zumal Resilienzförderung beim Thema „Inklusion“ sicher gefragt ist. Auch Margit Theiss-Scholz vom Studienseminar für das Lehramt an Förderschulen plädiert seit Jahren für eine Integration des Resilienzfördergedankens in das pädagogische Konzept dieses Schultypus (Theiss-Scholz 2007).

Interessante Hinweise zum Thema „Resilienzförderung an der Schule“ bietet die Studie von Anne Seifert (Seifert 2011). Seifert hat eine umfangreiche Befragung von Lehrkräften durchgeführt, die sich am Modell des „Service-Learning“ beteiligen. Dieses pädagogische Konzept fußt auf der Idee, fachbezogenes Lernen im Unterricht mit gesellschaftlichem Engagement zu verbinden, und richtet sich insbesondere an Schülerinnen und Schüler in besonders riskanten Lebenslagen. Der Autorin zufolge wäre die pädagogische Methode des Service-Learning ein vielversprechender Weg, die Vermittlung von Wissen mit der umfassenden Unterstützung und Förderung von Schulkindern in ausgeprägten Risikolagen zu verbinden. Die Kinder gestalten Projekte in ihrem Stadtteil mit, die sie selbst anregen und die der Verbesserung ihrer Lebenssituation dienen. Schule unterstützt hier eine Form von praktischem Lernen, bei der sich Kinder ihre eigenen Schutzfaktoren schaffen. Allerdings handelt es sich um eine pädagogische Methode, die bislang vor allem in den USA verbreitet ist, sodass die Übertragbarkeit auf deutsche Schulverhältnisse erst geprüft werden müsste.

Grundsätzlich bedürfte es veränderter Rahmenbedingungen, damit Resilienzförderung in deutschen Grundschulen sinnvoll praktiziert werden könnte. Ohne ein prinzipielles Einverständnis von Schulbehörde und Schulleitung ließen sich solche Programme ohnehin nicht durchführen. Auch die Lehrkräfte – und besonders die Eltern – müssten von dieser Idee überzeugt werden. Nun gibt es auch in Deutschland schon Konzepte, die „strukturierte Angebote zur Resilienzförderung" in Grundschulen vorschlagen, so beispielsweise das „Kurskonzept Prävention und Resilienzförderung in Grundschulen" (PRiGS), und ein entsprechendes Manual dazu (Fröhlich-Gildhoff/Becker/Fischer 2012). Solche Konzepte verfolgen sicherlich sinnvolle Ziele, bleiben aber isoliert und auf Modellversuche beschränkt (Fröhlich-Gildhoff/Fischer 2012).

Die Schule hat sich bisher damit schwer getan, auf die wachsende Armutsproblematik von Kindern zu reagieren. Der Anteil von Kindern und Jugendlichen, die in familiärer Armut aufwachsen, ist auch heute noch in den verschiedenen Schulformen unterschiedlich hoch. Nach wie vor sind es vor allem die Haupt- und Förderschulen, die es mit einem wesentlich höheren Anteil von armen Kindern zu tun haben. Nicht zuletzt ist dieser Umstand auch einer Praxis von Schullaufbahnempfehlungen geschuldet, die kritisch unter die Lupe zu nehmen wäre. Kinderarmutsstudien, so beispielsweise die AWO-ISS-Studie (Holz et al. 2005), machen darauf aufmerksam, dass Kinder aus armen Familien unverhältnismäßig häufig keine Empfehlung für den Besuch einer Realschule oder eines Gymnasiums erhalten.

Seitdem sich die „neue Armut" nicht mehr auf die traditionell sozial benachteiligten Stadtviertel beschränkt, ist Armut als existenzielle Lebenslage von Kindern zur dauerhaften Herausforderung für sämtliche Schulen und Schulformen geworden. Um deswegen Resilienzförderung an Schulen zu etablieren, müsste man vor allem auf die soziale Integrationsfähigkeit des Klassenverbandes setzen, das soziale Lernen in den Vordergrund stellen und mehr Freiraum zur individuellen Förderung schaffen. Die entscheidende Botschaft müsste lauten: Schule darf sich für ohnehin risikobelastete Schülerinnen und Schüler nicht als zusätzlicher Risikofaktor erweisen. Sie sollte es vielmehr als ihre Aufgabe verstehen, Schutzfaktor für entwicklungsgefährdete Mädchen und Jungen zu sein. Zugegeben, das ist ein hehres Ziel, für das noch grundlegende strukturelle und personelle Voraussetzungen geschaffen werden müssten. Die besten Bedingungen bietet in dieser Hinsicht die Ganztagsschule. Hier fände auch womöglich die Schulsozialarbeit genügend Spielraum, um sich parallel zur Wissensvermittlung der Stärkung gefährdeter Kinder zu widmen.

Wo immer man Resilienzförderung betreibt, und wie auch die Konzepte im Einzelnen aussehen – entscheidend bleibt, dass sie zu einer internalisierten pädagogischen Grundhaltung wird, die jederzeit zum Abruf bereitsteht. Alle Fachkräfte sollten über einen geübten Blick verfügen, damit kein förderbedürftiges Kind dem Fokus ihrer Aufmerksamkeit entgeht. Sie müssen sich ungeachtet aller erzielbaren Erfolge immer bewusst bleiben, dass sich Resilienzförderung auf der Ebene von Sekundärprävention bewegt. Zugleich sollten sie sich davor schützen, mit ihrer Tätigkeit als Alibi missbraucht zu werden, weil es andernorts am Willen fehlt, gesellschaftlichen Fehlentwicklungen, wie beispielsweise Armut, durch Primärprävention entgegenzutreten. Resilienzförderung ist kein pädagogisches Allheilmittel. Im Einzelfall aber kann sie bisweilen durchaus Wunder bewirken. Das macht ihren Zauber aus.

„Ich kann übers Feuer springen!“ – Ein Projekt zur Resilienzförderung mit Roma-Flüchtlingskindern in Köln[1] (2013)

Roma-Kinder? Wenn sie im Rampenlicht stehen, dann meist in schrägem Licht: Sei es, dass man sie als „Klaukids“ oder „Bettelmafia“ kriminalisiert, als nur schwer beschulbar einstuft oder allenfalls als bemitleidenswerte Geschöpfe kennzeichnet. Warum kommt so selten jemand auf die Idee, in ihnen auch starke Mädchen und Jungen zu vermuten, Kinder mit außergewöhnlichen Begabungen und Fähigkeiten wie andere auch? Warum sollte man von ihnen, die ihr Leben unter härtesten Bedingungen meistern müssen, nicht auch etwas lernen können?

Amaro Kher, ein Schulprojekt für geduldete Roma-Flüchtlingskinder

Das war jedenfalls der Ansatzpunkt eines Projektes zur „Resilienzförderung mit Roma-Flüchtlingskindern“, das mit einer Gruppe von ca. 25 bis 30 Mädchen und Jungen im schulpflichtigen Alter bei „Amaro Kher“ – in Romanes: Unser Haus – realisiert wurde. Träger des dreijährigen Projektes war der Rom e.V., eine Kölner Initiative, die sich seit den 1980er Jahren für die Menschen- und Bürgerrechte von Sinti und Roma engagiert und für ein Bleiberecht von geduldeten Flüchtlingen, für kulturellen Austausch und soziale Integration eintritt. In diesem Kontext ist 2004 Amaro Kher, ein Schulprojekt für geduldete Roma-Kinder aus den Kölner Flüchtlingsunterkünften, ins Leben gerufen worden. Dieses Schulprojekt wird öffentlich vom Schul- und Jugendamt der Stadt Köln sowie dem Land Nordrhein-Westfalen unterstützt. Ein Lehrerteam, das aus dem regulären Schuldienst dazu abgeordnet wird, unterrichtet dort die Kinder. Grundidee ist dabei, diese Kinder – die bislang meist noch keine öffentlichen Einrichtungen, wie Kindergarten, Schule oder Hort, besucht haben – zu beschulen und ihnen so durch gezielte Förderung einen besseren Start ins reguläre Schulleben zu ermöglichen. In der Praxis sieht das so aus, dass die Kinder, aufgeteilt in zwei Klassen, so lange die

1 Dieser Beitrag über das Projekt bei Amaro Kher in Köln ist in Sozial Extra Heft 6/2013 erschienen.

Schule bei Amaro Kher besuchen, bis sie für den „Umstieg“ in eine reguläre Schule gerüstet erscheinen. Seit 2006 gibt es beim Rom e.V. übrigens auch eine Kindertagesstätte für Roma-Kinder im Vorschulalter.

Sicher, wir haben es hier zweifellos mit Mädchen und Jungen zu tun, die in äußerst prekären materiellen Verhältnissen aufwachsen und deren Leben durch Sammelunterkunft, chronische Armut und reichliche Erfahrung von Flucht und Diskriminierung geprägt ist. Nicht selten sind ihre Eltern durch die gegebenen harten Lebensbedingungen – ungesicherter Aufenthalt, kaum Chancen auf reguläre Beschäftigung, soziale Ausgrenzung – und die damit einhergehenden psychosozialen Belastungen selbst überfordert. Die Familien sind daher oft nicht in der Lage, ihren Kindern einen strukturierten Alltag und jene Unterstützung zu bieten, welche die Kleinen bräuchten, um mit den Anforderungen eines geregelten Schulbesuchs in einer für sie zunächst fremden Welt zurechtzukommen. Die Kinder sind in diesen Fällen – zumindest für einen gelingenden Start – auch auf Hilfe von außen angewiesen. Solche Mädchen und Jungen müssen außergewöhnlich viele Kräfte mobilisieren, um sowohl den widrigen Umständen als auch den altersgemäßen Anforderungen unserer Gesellschaft gewachsen zu sein. Eine tatkräftige Unterstützung finden sie bei Amaro Kher, „ihrem Haus“, in dem man ihnen mit der gebotenen Wertschätzung begegnet, ihre konkreten Lebensbedingungen im Blick hat und ihren kulturellen Hintergrund achtet. Noch gezielter als mit allgemein „guter Pädagogik“ konnte man hier in der Nachmittagsbetreuung mit der Idee der Resilienzförderung arbeiten, die ja vor allem in äußerst belasteten Lebenssituationen greifen soll. Sie erlaubt, zugleich die Gruppe als ganze im Blick zu haben, wie auch individuell das jeweilige Kind persönlichkeitsgerecht und situationsangemessen zu stärken.

Resilienzförderung als pädagogisches Konzept

Wir hatten es hier ausnahmslos mit sogenannten Hoch-Risiko-Kindern zu tun. Solche Kinder bilden die eigentliche Zielgruppe von Resilienzförderung, weil Schutzfaktoren gerade angesichts gehäufter Risiken besonders wirksam sein können und es ihrer vermehrt bedarf, je heftiger sich die Risikosituation darstellt.

Deshalb haben wir – das pädagogische Team der Nachmittagsbetreuung von Amaro Kher und die wissenschaftliche Begleitung des Projekts[2] – von

2 Das pädagogische Team der Nachmittagsbetreuung bestand aus Ilona Obergfell, Uli Hahn

jedem Kind ein Risiko- und Schutzfaktorenprofil entwickelt, das laufend aktualisiert wurde. Sind neue externe Risiko- und Schutzfaktoren hinzugekommen? Sind familiäre oder sonstige Ereignisse vorgefallen, welche die Entwicklung des Kindes heftig beeinträchtigen? Hat sich in seinem Umfeld etwas zum Besseren verändert? Hat das Kind selbst – durch gezielte Förderung oder aus sich selbst heraus – Schutz- und Resilienzfaktoren hinzugewonnen?

Die familiären Risiken haben dabei in der Regel eher zu- als abgenommen. Die Palette der Entwicklungsrisiken, denen diese Kinder ausgesetzt sind, ist zweifellos umfangreich. Zu den allgemeinen, aus der prekären Lebenslage resultierenden, kommen jeweils individuelle hinzu, wie etwa: Vater oder Mutter in Haft, Traumafolgen, drohende Abschiebung, Clanauseinandersetzungen und Gewalt in der Familie. Jedes dieser Kinder hat davon sein mehr oder weniger großes Päckchen zu tragen. Wir haben in der dreijährigen Laufzeit mehrfach miterlebt, wie durch Abschiebung erzwungenes Untertauchen oder gänzliches Verschwinden der Familie hoffnungsvolle Entwicklungen abrupt gekappt wurden.

In der Logik des Resilienzkonzeptes kommt es nun ganz entscheidend darauf an, einen besonders achtsamen und geschärften Blick auf mögliche Resilienz- und Schutzfaktoren der Kinder zu richten. Und siehe da: Wir haben es trotz alledem meist mit lebhaften, offenen und interessierten Mädchen und Jungen zu tun, die motiviert, begeisterungsfähig, kontaktfreudig und fröhlich sind, außerdem mehr oder weniger hilfsbereit, willensstark und aufgeweckt. Da finden wir einen begabten Tänzer, einen bravourösen Hip-Hopper, eine mutige Schwimmerin, eine selbstbewusste Cliquenanführerin, eine begeisterte Fußballspielerin, einen kleinen Malkünstler. Die Aufzählung ließe sich problemlos fortsetzen. Man muss nur hinsehen, um all diese Talente zu entdecken, und darunter jenes, aus dem das jeweilige Kind sein gebündeltes Maß an Selbstvertrauen zu schöpfen vermag. Teilweise können diese Kinder aber auch auf soziale Schutzfaktoren zurückgreifen: Neben Eltern, die auf Distanz zu allen „Gadsche“[3] gehen, Ämtern und Institutionen misstrauen, gibt es auch bildungsbewusste und -beflissene Mütter oder Väter, die an der Entwicklung ihrer Kinder sehr interessiert sind. Das sind auch diejenigen, die

---

und Christian Bödefeld, das Team der wissenschaftlichen Begleitung aus Prof. Dr. Margherita Zander (Leitung) und Dr. Bettina Kruth. Das Projekt „Resilienzförderung mit Roma-Flüchtlingskindern“ wurde von „Aktion Mensch“ finanziell gefördert. Während der Projektlaufzeit von drei Jahren (August 2009–2012) hat „Aktion Mensch“ zwei halbe Stellen für sozialpädagogische Fachkräfte und die wissenschaftliche Begleitung finanziert. Träger dieses Projektes – wie von Amaro Kher als „Schule für Roma-Kinder“ – war und ist weiterhin der Rom e.V.

3 Roma bezeichnen alle Nicht-Roma als Gadsche.

sich aktiv ins Vereinsleben des Rom e.V. einklinken, den Kontakt zur Schule und zum pädagogischen Team der Nachmittagsbetreuung suchen und am Sprachkurs des Vereins teilnehmen. Solche Eltern bieten ihren Kindern eine sehr warmherzige und sichere Familienatmosphäre. Meist halten in Roma-Familien die Geschwister ohnehin stark zusammen, wobei ein größerer Bruder oder eine ältere Schwester die Jüngeren schützend im Auge hat, selbst wenn die älteren Geschwister dadurch manchmal überfordert sind.

Fast in jedem Fall gibt es auch Anzeichen, die hoffnungsvoll stimmen. Jeweils Chancen und Risiken für jedes einzelne Kind abwägend, wurde im Projekt ein pädagogisches Konzept verfolgt, das zum einen die gesamte Gruppe und zum anderen das Einzelkind mit seiner spezifischen Risiko- und Schutzfaktoren-Konstellation im Blick hatte. Dabei orientierte sich das Team allgemein an den Grundsätzen von Edith Grotberg (1999)[4], die diese Resilienzpädagogin in ihrem Manual zur Resilienzförderung wie folgt formuliert hat:

- eine zuverlässige Bindung zu den Kindern herstellen, ihnen Sicherheit und einen Schutzraum bieten;
- die innere Stärke der Kinder, ihr Selbstvertrauen und Selbstwertgefühl fördern;
- ihnen ein Gefühl von Selbstwirksamkeit und eine zuversichtliche Lebenseinstellung vermitteln.

Das pädagogische Team von Amaro Kher hat die vorrangige Orientierung an den Potenzialen der Kinder und deren Förderung durchaus als Perspektivenwechsel und pädagogische Herausforderung erlebt. Entscheidend war dafür, dass die Kinder so gesehen wurden, „wie sie sind", und nicht, „wie sie sein sollten". Wie auch sonst in der Pädagogik stand am Anfang der Aufbau einer vertrauensvollen Beziehung. Da Roma-Kinder stark familien- und clanbezogen sozialisiert sind und in der Außenwelt genug Anlass gehabt haben, misstrauisch zu sein, brauchte es dazu mehr Beständigkeit und Geduld als üblich. Schließlich fanden diese Flüchtlingskinder aber Zutrauen zu Amaro Kher als „ihrem Haus" und sicherem Ort. Bewusst auf ein solches Fundament gestützt, hat sich das Team dann konkretere, auch nachprüfbare Ziele gesetzt, die sich an gängigen Prinzipien der Resilienzförderung orientierten. Diese Ziele bekamen hier freilich viel schärfere Konturen als sonst, weil Roma-Flüchtlingskinder, ohnehin oft tief verunsichert, das Leben mit und zwischen zwei Kulturen täglich bewältigen müssen. Nach Möglichkeit

4 Vgl. die Wiedergabe in deutscher Sprache in Zander 2011.

sollten auch die Eltern mit ins Boot geholt werden. Natürlich war das angesichts der Reserviertheit mancher Eltern ein hoch gestecktes Ziel, das sich in Einzelfällen aber durch die enge Kooperation mit einer serbokroatisch-sprachigen Familienarbeiterin des Rom e.V. realisieren ließ.

Wir wollten also jeweils anhand der individuellen Profile die „seelische Widerstandsfähigkeit" der Kinder fördern und dabei jedes einzelne nachdrücklich darin bestärken, seinen eigenen Weg im Umgang mit Härten und Herausforderungen zu finden. Wie dieser Weg jeweils aussieht, muss das Kind letztlich selbst herausfinden. Gerade für Roma-Kinder kann das aber eine schwierige Gratwanderung werden, weil sie beständig zwischen zwei kulturellen Vorgaben ausloten müssen, was jeweils als sozial angepasstes oder notwendigerweise widerständiges Verhalten gilt, und wo sich dazwischen ihr eigener Pfad hindurchschlängelt. Amaro Kher und das Team der Nachmittagsbetreuung verstehen sich dabei als vermittelnde Instanz, um den Kindern diesen Drahtseilakt zu erleichtern.

Erfolge und Grenzen des Konzepts

Waren nun die Mädchen und Jungen nach Ablauf der Projektzeit tatsächlich resilient(er) oder resilienzfähig(er)? Weil die Herausbildung von Resilienz in einem Prozess erfolgt, der nie ein für alle Mal abgeschlossen ist, und Resilienz in jeder schwierigen Situation neu erworben werden muss, ließe sich die Frage nach dem Projekterfolg eigentlich erst beantworten, wenn wir einen Blick in die Zukunft tun könnten. Dazu wäre eine längerfristige Beobachtung der Entwicklungsverläufe erforderlich, wie sie beispielsweise in Pionierstudien zur Resilienzforschung auch vorgenommen wurde. Angesichts der regen Fluktuation, die wir allein schon in der dreijährigen Projektlaufzeit erlebt haben, wäre eine Langzeitstudie allerdings ein illusorisches Unterfangen. Ohnehin haben wir es bei der Einschätzung des Erfolgs pädagogischen Handelns immer mit Imponderabilien zu tun. Der eindeutige Nachweis, dass die erzielten Ergebnisse allein oder in erster Linie auf das realisierte pädagogische Konzept zurückzuführen sind, lässt sich daher nur schwer erbringen. Das gilt natürlich auch für die Resilienzförderung.

Dessen ungeachtet gehört die regelmäßige Reflexion pädagogischen Erfolgs oder auch Misserfolgs zu den qualitativen Standards dieser Zunft. Wir haben zu diesem Zweck zwölf Mädchen und Jungen über einen längeren Zeitraum – einige sogar tatsächlich drei Jahre lang – kontinuierlich nach „allen Regeln der Kunst" beobachtet, ihre Entwicklung im Zeitverlauf dokumentiert und die Kinderprofile regelmäßig ausgewertet. Dabei haben wir uns, der eigenen Zielsetzung gemäß, vor allem auf die wesentlichen kindlichen Entwicklungsbereiche konzentriert, wie sie zum Beispiel bei Daniel und Wassell (2002) aufgelistet sind, und für jedes Kind das bereits erwähnte Resilienzprofil erstellt, aus dem immer wieder pädagogische Konsequenzen zum individuellen Förderbedarf abgeleitet wurden. Auf diese Weise konnten wir für die beobachteten Kinder relativ konkrete Aussagen zur Entwicklung ihres Resilienzpotenzials machen.

Dabei haben wir ganz erstaunliche Entdeckungen gemacht, die sich letztlich nur im Einzelfall anschaulich nachvollziehen lassen: Da ist der achtjährige E., der im Laufe der Zeit eine frappierend höhere Frustrationstoleranz erworben hat; da ist G., der in einer äußerst bedrohlichen familiären Situation an Amaro Kher als seinem Hort der Sicherheit festhält; da ist die kleine S., die zunächst ein auffällig unsicheres Verhalten an den Tag gelegt hat und in kürzester Zeit buchstäblich aufblüht. Aufblühen, das ist das angemessene Bild für die „Verwandlungen“, die sich teilweise vor den Augen des pädagogischen Teams abgespielt haben. Als Gesamtresümee lässt sich mit Fug und Recht festhalten, dass durch Resilienzförderung in beinahe jedem Fall die kindliche Entwicklung sichtlich stabilisiert werden konnte. Auf den Punkt gebracht: Es zeigte sich – je größer die Not, desto eindeutiger die Wirkungsmacht von Schutzfaktoren.

Ehrlicherweise muss aber auch eingestanden werden, dass Resilienzförderung nicht in allen Fällen – jedenfalls nicht in der kurzfristigen Perspektive erkennbar – die Kinder vor Einbrüchen zu schützen vermochte. Resilienzförderung ist kein Zaubermittel. Sie stößt dort an ihre Grenzen, wo die situationsbedingten Risiken die kindliche Bewältigungsfähigkeit übersteigen. So beglückend und ermutigend viele Entwicklungsverläufe der Kinder sein mochten, mussten auch solche Rückschläge bisweilen hingenommen werden. Rein äußerlich betrachtet, könnte die Tatsache, dass im dritten Jahr – das Ende der Projektlaufzeit fiel hier mit dem Schuljahresende zusammen – tatsächlich 17 Mädchen und Jungen von insgesamt rund 25 Kindern[5] in eine reguläre Grund- oder Förderschule entlassen wurden, als großer Erfolg verbucht werden. Aber abgesehen davon, dass Schulerfolg nicht der einzige Prüfstein für hinzugewonnene Resilienz sein darf, ließ sich diese hohe Quote nur durch enge Zusammenarbeit von Nachmittagsbetreuung und Lehrerteam erreichen. Dabei war es ein Glücksfall, dass auch die Lehrkräfte der Amaro Kher-Schule rasch und ohne Reibungen die Idee der Resilienzförderung aufgegriffen haben, weil sie letztlich ihrer eigenen Zielsetzung entsprach, „Bildung als eine Säule der Persönlichkeitsentwicklung erfahrbar zu

5 Die Zahlen schwanken infolge der durch die Lebensumstände bedingten Fluktuation.

machen". Bildung war für sie ein Gut, das sie den Flüchtlingskindern in jedem Fall mit auf den Weg geben wollten und konnten, selbst wenn diese Mädchen und Jungen gar nicht die Möglichkeit haben sollten, eine erfolgreiche Schulkarriere zu durchlaufen.

Aus Sicht des pädagogischen Teams wurde der mit Resilienzförderung vollzogene Perspektivenwechsel als ebenso motivierend wie befreiend erlebt. Man kann dem Team nur beipflichten: Alles, was die Kinder stärkt und schützt, jeder Schritt und jede Handlung, ergab einen Sinn, unabhängig davon, ob der Verbleib in der Gruppe durch Abschiebung gefährdet war oder aus anderen Gründen abrupt enden musste. Dass nichts umsonst geschieht, ist eine besonders ermutigende Erfahrung. Das Team hat von „Bausteinen guter Erinnerung" gesprochen. Sie kann man im Kopf wie im Herzen auf jede Reise mitnehmen.

Jungen ab in Kuschelecken – Mädchen hoch in Kletterwände? Genderfragen zu Resilienz[1] (2013)

Vorbemerkung

Das Konzept der „Resilienz“ wurde im bundesrepublikanischen Fachdiskurs erst vor einigen Jahren aufgenommen – also mit einiger Verzögerung im Vergleich zum angloamerikanischen Kulturraum –, hat nun aber eindeutig Konjunktur (Zander 2011). Diese Verzögerung hat wohl mit dem im deutschen Sprachgebrauch eher sperrigen Begriff der „Resilienz“ zu tun, weniger mit der Idee von „seelischer Widerstandskraft“ an sich. Ohne dass man es Resilienz nannte, hat dieser Gedanke schon seit den 1980er Jahren Eingang in entwicklungspsychologische Denkmuster gefunden. Aber trotz des aktuellen Booms der Beschäftigung mit Resilienz und daran ausgerichteter Förderkonzepte wird der Genderspezifik immer noch wenig Aufmerksamkeit geschenkt. Das ist erstaunlich, weil bereits die Ergebnisse der Pionierstudie von Emmy Werner und Ruth Smith (1982/1989) auf Genderdifferenzen hingewiesen haben. Erstaunlich vor allem, weil die Idee der Resilienz bei genauerer Betrachtung eigentlich gar nicht genderneutral gedacht und diskutiert werden kann.

Auch wenn der Genderaspekt in der Resilienzforschung bisher kaum explizit zum Thema gemacht wurde, gibt es durchaus hilfreiche Anknüpfungspunkte für einen genderdifferenzierenden Diskurs: zum einen die schon erwähnte Pionierstudie, zum anderen einschlägige Erkenntnisse aus der Entwicklungspsychologie. Darüber hinaus sind verstreut einzelne Aufsätze in verschiedenen Sammelbänden erschienen, die auf den Genderaspekt aufmerksam machen (Rabe-Kleberg 1999, Krüger/Kötters 1999, Ittel/Scheithauer 2007 und Richter-Kornweitz 2011). Auch das „Handbuch für die Kita und Familie“ von Irit Wyrobnik (2012) geht in jeweils einem Abschnitt gesondert darauf ein, wie man die Resilienz von Mädchen und Jungen unter dem Aspekt der Genderdifferenzen spezifisch fördern kann.

Einen systematischen Einstieg in die Auseinandersetzung mit „Geschlecht als Stärke oder Risiko?“ hat das Autorenpaar Angela Ittel und Herbert Scheithauer (2007) versucht. Das von ihnen entworfene Raster, das

1 Der Vortrag wurde an der Fachhochschule Innsbruck am 29. April 2013 gehalten.

geschlechtsspezifische Faktoren von Resilienz auf der individuellen, der Mikro- und der Makro-Ebene auflistet, werde ich hier zum Ausgangspunkt meiner Betrachtungen nehmen, um daran anknüpfend anhand von Fallbeispielen konzeptionelle Fragen für die Praxis zu erörtern.

Geschlechtsspezifische Faktoren von Resilienz – Versuch einer systematischen Betrachtung

Bereits Emmy Werner und Ruth Smith (1982 und 1989) haben in ihrer mittlerweile nahezu legendär gewordenen Kauai-Studie festgestellt, dass Jungen in der frühen und mittleren Kindheit, Mädchen dagegen in der Pubertät „vulnerabler“ sind, also heftiger und empfindlicher auf psychosoziale Risiken in ihrem familiären und sozialen Umfeld reagieren. Eine weitere, immer wieder kolportierte Erkenntnis dieser Studie war, dass Mädchen und Jungen, die sich in ihrem Lebensverlauf[2] als resilient erwiesen hatten, auffällig androgyne Züge, also betont geschlechtsuntypische Verhaltensweisen, an den Tag legten. Während wir für die zuerst erwähnte Erkenntnis Erklärungen in der Entwicklungspsychologie finden, konfrontiert uns die zweite eindeutig mit Fragen kultureller Sozialisation, mit gesellschaftlich geprägten Vorstellungen von genderspezifischen Rollen und Verhaltensweisen.

Vulnerabilität wird als Gegenpol zu *Resilienzfähigkeit* diskutiert und meint eine genetisch oder biografisch erworbene Disposition, auf kritische Lebensereignisse mit psychischer Störung oder abweichendem Verhalten zu reagieren. Vulnerabilität und Resilienzfähigkeit sind individuelle Merkmale: Es gibt Menschen, die verletzlicher, und solche, die gegenüber heftigen seelischen Belastungen und außergewöhnlichen Risiken widerstandsfähiger sind. Im Resilienzdiskurs sprechen wir hier von *nicht-normativen Risiken,* um zu betonen, dass es nicht um generell mit menschlicher Entwicklung verbundene Risiken, sondern eher um Schicksalsschläge und Traumata geht.

Zurück zur Genderdifferenz: Im ersten Schritt soll erörtert werden, inwieweit Mädchen und Jungen unterschiedlich vulnerabel sind, ob sie in ihrem Entwicklungsprozess mit unterschiedlichen *Risikofaktoren* konfrontiert sind – und wenn ja, worauf das zurückzuführen ist. Im zweiten Schritt fragen wir uns, welche Konsequenzen daraus für pädagogische Konzepte abzuleiten sind und welche *Schutzfaktoren* jeweils Mädchen und Jungen brauchen, um ihre Resilienzfähigkeit auszubauen.

---

2 Auf diese Studie wurde bereits an anderer Stelle hingewiesen. Auf der Hawaii-Insel Kauai wurde eine ganze Geburtskohorte über 40 Jahre hinweg beobachtet.

Ittel und Scheithauer (2007) sehen die Ursachen für deren unterschiedliche Vulnerabilität in geschlechtsspezifischen Faktoren, die auf drei Ebenen angesiedelt sind: solche, die auf individuelle Persönlichkeitsanteile zurückzuführen sind, andere, die im unmittelbaren sozialen Umfeld, wie Familie, Kita, Schule oder Nachbarschaft (Mikro-Ebene), zu suchen sind, und schließlich solche, die von der Gesellschaft, der Makro-Ebene, ausgehen.

Beginnen wir mit der *individuellen Ebene*. Mit Blick auf die frühe und mittlere Kindheit hat man in der Entwicklungspsychologie und der Resilienzforschung gleichermaßen festgestellt, dass Mädchen und Jungen, die ein offenes, freundliches Temperament und ein gesundes Selbstbewusstsein haben, besser mit riskanten und belastenden Entwicklungsbedingungen umgehen können, sich also eher als resilient erweisen. Man spricht hier von personalen Schutzfaktoren, die teils angeboren und teils erworben sein können. Dabei ist für resiliente Kinder, Mädchen ebenso wie Jungen, kennzeichnend, dass sie für ihre entsprechende Altersgruppe *eher geringe geschlechtstypische Verhaltensweisen* zeigen: Das sind also Mädchen, die nicht schüchtern sind, eine gute körperliche Konstitution haben und größeres Interesse an „unweiblichen" Aktivitäten demonstrieren, oder eben Jungen, die gleichfalls weniger „männliche" Vorlieben haben und sich durch größere Empathiefähigkeit und Emotionalität auszeichnen. Kinder, die sich von geschlechtstypischen Rollenvorgaben weniger einengen lassen, verfügen offensichtlich über ein breiteres Repertoire an Verhaltensweisen, das sie resistenter gegen Entwicklungsrisiken sein lässt.

Nicht mehr neu, sondern in der Genderforschung längst beachtet, ist die Erkenntnis, dass Mädchen und Jungen *unterschiedliche Störungsmuster* entwickeln, also mit differierendem Risikoverhalten auf außergewöhnliche Belastungen und Traumata reagieren (Ittel/Scheithauer 2007). Mädchen neigen eher zu internalisierenden Abweichungen, wie Depression und Essstörungen, Jungen dagegen stärker zu externalisierenden Reaktionen, wie aggressivem und delinquentem Verhalten. Mit anderen Worten: Gefährdete Kinder und Jugendliche, sowohl Jungen wie Mädchen, entwickeln bei Überforderung in Extremsituationen – und nur dann sprechen wir von Entwicklungsrisiken im Sinne von Resilienz – häufig ein Risikoverhalten, das geradezu der geschlechtsspezifischen Norm entspricht. Als typisch weibliche Formen des Risikoverhaltens gelten für Mädchen im Übergang vom Kindes- zum Jugendalter Drogenmissbrauch, frühe Schwangerschaften, gestörtes bis krankes Essverhalten und depressive Störungen bis hin zur Suizidgefährdung. Gehen geringe Autonomie und mangelndes Durchsetzungsvermögen – zwei bei Mädchen häufiger festgestellte Muster – einher mit anderen entwicklungsbedingten Schwierigkeiten, wie negativem Körperbild[3] und überzogener Tendenz zur Selbstreflexion, sind Mädchen besonders gefährdet. Jungen im Übergang zum Jugendalter reagieren dagegen auf überfordernde Situationen wesentlich häufiger mit Aggressionen, Alkohol- und Drogenkonsum sowie mit einer deutlich höheren Delinquenzrate, weisen also öfter „norm- und gesetzesbrecherische Verhaltensweisen" auf als Mädchen (Ittel/Scheithauer 2007). Das lässt bei Jungen einen Mangel an Bewältigungsstrategien erkennen, der auf ihre genderspezifische Sozialisation in der frühen Kindheit zurückgeführt werden kann: „Eltern sprechen mit ihren Söhnen weniger über Gefühle als mit ihren Töchtern und fordern sie seltener dazu auf, ihre Gefühle zu verbalisieren und in der sozialen Interaktion zu bewältigen" (ebd., S. 108).

Ein entscheidender Risikofaktor für Mädchen und Jungen kann *zu frühes Einsetzen der Pubertät* sein (Ittel/Scheithauer 2007), wobei die dadurch ausgelösten Schwierigkeiten für Mädchen noch größer sind als für Jungen. Das gilt generell. In der Resilienzperspektive freilich erhält jene Überforderung, die durch ein Auseinanderdriften von körperlicher Reife und geistig-moralischem Entwicklungsstand ausgelöst wird, geradezu Sprengkraft. Hier haben wir den Fall, dass zu den normativen Risiken – also den üblicherweise mit menschlichen Entwicklungsphasen einhergehenden Herausforderungen – nicht-normative Risiken hinzukommen, also außergewöhnliche individuelle und familiäre Problemlagen. Eine zu früh einsetzende Pubertät kann aber durch die Kumulation solcher nicht-normativen Belastungen auch erst ausgelöst werden.

Auf der Ebene der *interpersonalen Beziehungen (Mikro-Ebene)* lassen sich ebenfalls genderspezifische Schutz- und Risikofaktoren ausmachen. Generell sind Mädchen tendenziell sozial kompetenter – weil auch dazu erzogen –, offener für enge Freundschaften und haben engere familiäre Bindungen. Sie tauschen sich häufiger mit Gleichaltrigen aus, suchen mehr emotionale Unterstützung bei anderen, können sie auch leichter annehmen und selbst weitergeben. Darin wird in der Bewältigungs- und Resilienzforschung ein geschlechtsspezifischer Schutzfaktor von Mädchen und Frauen gesehen. Gleichzeitig kann ihre ausgewiesene soziale Kompetenz jedoch auch zu einem risikoerhöhenden Faktor werden, wenn Konflikte in Freundschaften und Familienbeziehungen überhandnehmen. Mädchen haben aber nicht zuletzt deshalb häufiger Konflikte mit Eltern, weil ihnen ein geringerer Freiraum zugestanden wird (Ittel/Scheithauer 2007).

3 Man denke hier nur an die berüchtigten weiblichen Schönheitsideale!

Hier kommen also ganz entscheidend *die Sozialisation im Elternhaus und die elterlichen Erziehungspraktiken* ins Spiel, wie sie trotz aller Liberalisierung immer noch genderspezifische Tendenzen aufweisen. Mädchen werden weniger als Jungen dazu ermutigt, Wünsche zu äußern und sich durchzusetzen, also Eigenschaften auszubilden, die die Resilienzfähigkeit erhöhen. Mädchen, die offen und offensiv mit ihren Problemen umgehen, geraten schnell in eine Außenseiterposition, weil ihr Verhalten nicht geschlechtsspezifischen Erwartungen entspricht. Jungen werden dafür belohnt, ihre Gefühle nicht zu zeigen, und dazu ermutigt, körperliche Gewalt einzusetzen. Man gestattet ihnen mehr Bewegungsfreiheit und Autonomie. Jungen neigen eher zu unverbindlichen gemeinsamen Aktivitäten und kompetitivem Austausch, können aber dafür seltener emotionale Zuwendung einfordern und weiterreichen. Sie entwickeln hier also das Gegenteil jener Verhaltensweisen, die bei „resilienten Kindern" gerade besonders ausgeprägt sind.

Betrachten wir die unterschiedlichen Ebenen, zeigt sich auf der *Makro-Ebene* unweigerlich die nach wie vor dominierende *geschlechtsspezifische Rollenzuweisung* in unserer Gesellschaft. Jungen und Mädchen stehen unterschiedliche Ressourcen und Möglichkeiten offen. Sie erfahren andersartige Begrenzungen und weisen daher auch differierende Grade an Verletzlichkeit auf. Die Identifizierung mit gesellschaftlich vorgeprägten Geschlechterrollen kann sich im Entwicklungsverlauf von Mädchen und Jungen in unterschiedlicher Weise als Schutz- oder Risikofaktor erweisen. Mit den tradierten Rollenmustern lassen sich auch viele geschlechtsspezifische Differenzen bei der Bewältigung schwieriger Lebenssituationen erklären. Da sich Mädchen entwicklungsbedingt etwas früher mit den geschlechtsspezifischen Erwartungen auseinandersetzen, kommt es hier zu einer gendertypischen Phasenverschiebung, die wir beachten müssen.

Grundsätzlich können wir festhalten: Jungen und Mädchen sind in ihrer Entwicklung einem hohen Erwartungsdruck ausgesetzt, geschlechtsspezifischen Vorgaben und Rollen zu entsprechen. Gleichzeitig deuten Erkenntnisse aus der Resilienzforschung jedoch darauf hin, dass resiliente Mädchen und Jungen gerade durch geschlechts*un*typische Verhaltensweisen und eine gewisse Androgynität auffallen. Als Antwort auf die geschlechtstypischen Risiken und Schutzfaktoren bedarf es also auch einer geschlechterdifferierenden Unterstützung. Wie aber könnte eine solche förderliche Begleitung konkret aussehen?

Resilienzförderung mit Roma-Mädchen und -Jungen

Zunächst sollen zwei Beispiele aus dem Kölner Projekt für Roma-Flüchtlingskinder bei Amaro Kher[4] für sich sprechen, ehe wir nach Antworten auf einer allgemeineren Ebene suchen. Diesen Kindern im Alter von sechs bis ca. 14 Jahren bietet der Rom e.V. als Träger von Amaro Kher eine Schulform an, die auf die Integration in die Regelschule vorbereitet. Am Nachmittag werden Mädchen und Jungen altersübergreifend als Gruppe oder in kleineren Arbeitsgemeinschaften betreut, wobei sie je nach eigenen Fähigkeiten und Neigungen sportliche, musische oder andere kreative Angebote wählen können. Für die Nachmittagsbetreuung wurde speziell für die Zielgruppe von Roma-Flüchtlingskindern gemeinsam mit dem pädagogischen Team ein Konzept zur Resilienzförderung entwickelt, das sich am bekannten Manual von Brigid Daniel und Sally Wassell (2002) und den dort empfohlenen Resilienzförderbereichen[5] orientierte.

Bei diesen Mädchen und Jungen müssen wir – jenseits von Vorurteilen, die Roma häufig entgegengebracht werden – davon ausgehen, dass der Familienzusammenhalt eine besondere Rolle spielt. Die Kinder werden also stark familienzentriert erzogen. Das hat nicht zuletzt mit der Lebensweise dieser Volksgruppe zu tun, wie sie ihr seit Generationen aufgezwungen wird. Als diskriminierter Minderheit wird ihr überall, wo sie auftaucht, ein Außenseiterstatus zugewiesen. Daher müssen Roma tendenziell ständig auf der Hut und Flucht sein. Ebenfalls zu Recht darf wohl angenommen werden, dass Roma-Familien sich in ihrem Erziehungskonzept – wahrscheinlich ungebrochener als heutzutage in der deutschen Gesellschaft üblich – an geschlechtstypischem Rollenverhalten orientieren. Wir haben es also mit Mädchen und Jungen zu tun, die in ihrem familiären Milieu mit ausgeprägten Rollenbildern konfrontiert sind und sich dort einem entsprechenden Erwartungsdruck ausgesetzt sehen. Zudem wachsen Roma-Kinder, die als Flüchtlinge nach Deutschland kommen, nahezu ausnahmslos in einer extrem gefährdeten Situation auf. Sie haben also in der Regel mehrfache nicht-normative Entwicklungsrisiken zu bewältigen.

Zu den familiären Risikolagen, wie sie nicht zuletzt aus den prekären Lebensverhältnissen und den traumatischen Erfahrungen resultieren, kommt von deutscher Seite die willkürliche Umsiedlung von Familien durch Behör-

---

4 Eine ausführlichere Darstellung des Resilienzförder-Projektes mit Roma-Flüchtlingskindern findet sich im vorhergehenden Beitrag: „Ich kann übers Feuer springen". Dort werden auch die Lebenssituation und die speziellen Risiken für die Kinder erläutert.

5 Siehe den Beitrag „Arme Kinder stark machen" in diesem Sammelband.

den. Außerdem geht es in den Clans nicht immer friedlich zu. Die Familie ist für diese Mädchen und Jungen meist der einzige Ort des Zusammenhalts, kann aber auch zum riskanten Milieu für ihre Entwicklung werden. Die Außenwelt begegnet ihnen mit Vorurteilen und Diskriminierung, ist also potenziell bedrohlich. Zur Chance wird sie für diese Kinder, wenn sie sich, wie bei Amaro Kher, als möglicher Schutzraum präsentiert. Da Roma-Mädchen und -Jungen zwischen zwei Welten jonglieren müssen, dürfen sie bei allen Integrationsbemühungen dennoch nicht ihrem Herkunftsmilieu entfremdet werden!

Wie geht nun ein pädagogisches Team vor, das sich Resilienzförderung bei dieser Gruppe zum Ziel gesetzt hat? Welche Rolle spielt dabei der Genderaspekt? Lassen wir uns etwas näher auf zwei Einzelbespiele ein, ein Mädchen und einen Jungen.

Zwei Beispiele aus dem dreijährigen Projekt bei Amaro Kher

Der Fall Petra

Da ist zum einen die *sechsjährige Petra* – der Name ist ein Pseudonym –, die älteste von sechs Töchtern. Die Mutter ist vorübergehend in Haft, der Vater nicht bereit oder nicht in der Lage, die Kinder zu versorgen. Deshalb springt eine entfernte Verwandte ein, und Petra wird als ältestes Mädchen mit in die Verantwortung genommen. Petra muss also bereits, so jung sie auch mit ihren sechs Jahren ist, eine fürsorgliche Rolle ihren kleineren Schwestern gegenüber übernehmen, also geschlechtsspezifisch eine typisch weibliche Rolle. Wen wundert es da, dass sich Petra in der Nachmittagsbetreuung von Amaro Kher schwer damit tut, wenn dort auch Jungen dazu angehalten werden, Dienste, wie beispielsweise Geschirr abräumen, zu übernehmen, die für sie doch eindeutig Mädchen zugeordnet sind. Mädchen gelten in diesem Milieu bisweilen weniger. Jedenfalls soll sich ihr Vater eindeutig abfällig geäußert haben, als ein soeben geborenes Mädchen kurz nach der Geburt verstorben ist: „Es ist ja nur ein Mädchen gewesen!“ Wie soll Petra da ein gesundes Selbstbewusstsein entwickeln?

Petra ist, wohl als Folge der sie tendenziell überfordernden familiären Verantwortungsübernahme, bei Amaro Kher sehr selbstbezogen und zeigt ein ausgeprägtes Bestreben nach Autonomie, das sich auch in Respektlosigkeit gegenüber Erwachsenen äußert. Sie holt sich bei Amaro Kher das, was ihr zu Hause fehlt: Sie beansprucht Raum für sich und will Kind sein, wie andere Gleichaltrige auch. Sie kann dort endlich die ihr sonst abverlangte fürsorgliche Haltung für kleinere Geschwister ablegen. Petra ist eigensinnig und beharrt ebenso hartnäckig wie uneinsichtig auf eigenen Wünschen. Sie nutzt also den außerfamiliären Raum bei Amaro Kher, um probeweise genau das zu tun, was von ihr nicht erwartet wird. Sie spielt mit ihrer Durchsetzungsfähigkeit, einer Eigenschaft, die Mädchen eher nicht zugesprochen wird. Das Team unterstützt sie dabei im gebotenen Rahmen.

Ein weiterer Aspekt ist: Petra fällt anfangs durch ein deutlich lädiertes Selbstbewusstsein auf, unterliegt also einem Entwicklungsrisiko, das für Mädchen nicht untypisch ist. Besonders krass zeigt sich das, wenn Petra zunächst regelmäßig ihre Zeichnungen überkritzelt und von ihr geschaffene Werke sofort zerstört. Erst im Laufe der Zeit lernt sie, das Geschaffene stehen zu lassen, sich darüber zu freuen und stolz darauf zu sein, dass auch ihre Zeichnung in den Wandkalender aufgenommen wird. So gewinnt sie nach und nach an Selbstvertrauen, ein für Mädchen generell und für Petra besonders wichtiger Schritt. Ihre positive Selbsteinschätzung wird auch dadurch gefördert, dass Petra bei Amaro Kher in den speziellen Arbeitsgemeinschaften ihre sportlichen Fähigkeiten ausbauen kann, eine Vorliebe, die bei Mädchen im Gegensatz zu Jungen gerne vernachlässigt wird.

Mädchen sagt man gern höhere soziale Kompetenzen nach und ebenso eine ausgeprägte Fähigkeit, Kontakte und Freundschaften zu knüpfen. Petra nimmt zunächst jedoch in der Gruppe wegen ihres provokanten Verhaltens und ihres auffällig sexualisierten Habitus eher eine Außenseiterposition ein. Gerade für sie wären aber Kontakte zu Gleichaltrigen wichtig, um so Beziehungen einzugehen, in denen sie von der Rolle der fürsorglichen älteren Schwester entlastet ist. Dabei wird sie vom Team unterstützt, das die Förderung von Freundschaften als wichtigen Aspekt seines Resilienzförderkonzepts betrachtet. In der Tat gelingt es Petra überraschend schnell, in der Nachmittagsbetreuung eine „beste Freundin“ zu finden. Das ist umso bemerkenswerter, da außerfamiliäre Freundschaften bei Roma-Kindern seltener vorkommen, weil sie eher familienbezogen sozialisiert werden. Diese Mädchenfreundschaft, aber auch Petras gutes Vorankommen in der Schule, sind für sie eindeutig eine Quelle hinzugewonnenen Selbstbewusstseins. So gehört Petra bald schon zu jenen Kindern, die Amaro Kher verlassen und auf eine reguläre Grundschule gehen können.

Petra hat in der Zeit bei Amaro Kher eine außergewöhnliche Entwicklung durchgemacht und dabei eindeutig Resilienzpotenzial entfaltet. Mit anderen Worten: Sie hat personale Ressourcen hinzugewonnen, die sie als Schutzfaktoren mobilisieren kann, um mit ihrer familiär extrem belasteten Situation und auch mit der neuen Herausforderung „Umstieg auf eine Regelschule“ besser zurechtzukommen.

Der Fall Goliat

Nehmen wir nun den zweiten Fall, den eines Jungen: *Der kleine Goliat* – wiederum ein Pseudonym –, sieben Jahre alt, hat drei ältere Brüder und drei jüngere Schwestern. Der Aufenthalt der Familie ist akut durch Abschiebung gefährdet. Gleichzeitig droht auch das Jugendamt mit der Herausnahme der Kinder, da familiäre Gewalt – Schläge als Erziehungsmittel – im Spiel sein soll. Der Vater ist seit Längerem in Haft. Die noch recht junge Mutter ist mit der Versorgung und Erziehung der sieben Kinder regelrecht überfordert. Es gibt keine festen Alltagsstrukturen in der Familie, wie sie für Jungen dieses Alters besonders wichtig sind. Seine mittlere Position in der Geschwisterfolge scheint Goliat zugutezukommen, da er dadurch nicht wie sein älterer Bruder in der Verantwortung für seine Geschwister, insbesondere seine Schwestern, steht. Im Gegenteil, er kann sich auch bei Amaro Kher eine gewisse Autonomie gegenüber seinen Geschwistern leisten. Er ist sogar selbstständiger als sein unmittelbar älterer Bruder und freier als der älteste, der offensichtlich schon zu viel Verantwortung für sein Alter trägt.

Goliat fällt in der Gruppe bei Amaro Kher zunächst durch offenkundiges Machoverhalten und eine übersteigerte Selbsteinschätzung auf, durch mangelnde Impulskontrolle und lautes, oft aggressives Auftreten. Auf Einschränkungen und Verbote, Stress und Konflikte reagiert er aggressiv, ja buchstäblich explosiv. Er ist zwar anderen Kindern in der Gruppe gegenüber offen, hat dort aber keine engen Freunde, weil er durch sein Verhalten aneckt und häufig Konflikte provoziert. Goliat lässt sich anfangs ungern von Erwachsenen helfen und muss daher vieles allein ausfechten. Gleichzeitig tut er sich aber auch durch hohe Begeisterungs- und Lernfähigkeit hervor. Er kann seine Interessen konsequent verfolgen und legt dabei ein starkes Durchhaltevermögen an den Tag, Eigenschaften, die zweifellos als personale Ressourcen einzustufen sind und eher Jungen zugeschrieben werden.

Bemerkenswert ist nun, welche Entwicklung Goliat in den fast zwei Jahren, die er bei Amaro Kher verweilt, durchmacht, und wie ein pädagogischer Umgang, der sich dem Resilienzkonzept unter Beachtung von Genderperspektiven verschrieben hat, Früchte tragen kann. Auch bei Goliat ergibt sich – wie schon bei Petra – bei näherer Betrachtung ein eher komplexes Vorgehen. Da ist zunächst Goliats gesundes Autonomiestreben, eine Eigenschaft, die bei Jungen in der Regel stärker als bei Mädchen ausgeprägt ist und in der Resilienzliteratur generell als personaler Schutzfaktor gewertet wird. Darin kann Goliat also nur bestärkt werden. Dieser Charakterzug wird sich für ihn bei der Bewältigung der sich zunehmend zuspitzenden familiären Situation – Abschiebedrohung und womöglich bevorstehende Herausnahme der Kinder – als hilfreich erweisen. Dagegen ist seine überzogene Selbsteinschätzung, gepaart mit Machoverhalten, eher als typisch männliches Charaktermerkmal und zugleich als Risikofaktor einzuschätzen. Resilienzfähigkeit baut auf einer realistischen Selbsteinschätzung auf, nämlich auf gesundem statt übersteigertem Selbstvertrauen. In dieser Hinsicht ist das Team bemüht, Goliat zu mehr Selbstreflexion anzuhalten.

Wie andere Kinder auch, die mit derart belastenden Lebenssituationen fertig werden müssen, verfügt Goliat über eine sehr geringe Frustrationstoleranz. Daraus resultiert bei ihm jenes aggressive Verhalten, mit dem er sich in der Gruppe isoliert. Aggressivität wird in der geschlechtsspezifischen Zuordnung als eher typisch maskulines Fehlverhalten oder männlicher Risikofaktor angesehen, was natürlich nicht heißt, dass sie bei Mädchen nicht vorkommt. Wir haben es hier offensichtlich mit einer Reaktion des Jungen auf eine ihn vielfach überfordernde Lebenssituation zu tun. In der Resilienzperspektive ist es daher angebracht, pädagogisch weniger sein Fehlverhalten zu korrigieren, als stärker an seinen personalen Schutzfaktoren anzusetzen, um ihm dadurch positive und ermutigende Erfahrungen zu ermöglichen. Solche Erlebnisse wiederum werden ihm eine realistischere Selbsteinschätzung vermitteln.

Bei Goliat kann das Team an seine Begeisterungsfähigkeit und sein Durchhaltevermögen anknüpfen, also Eigenschaften, die wir sowohl bei resilienten Jungen als auch Mädchen antreffen. Diese beiden Fähigkeiten sind sein Pfund, das ihn stark macht und ihm Erfolgserlebnisse einbringt. Goliat ist zudem sehr offen und an vielen Angeboten interessiert. Vor allem ist er sehr sportlich. Er malt und singt aber auch gerne, erfährt dabei viel Anerkennung und erlebt so einen gesunden Ausgleich für seine sonstigen Frustrationserlebnisse in der Gruppe. Da Goliat trotz allem stark auf sein Ego bezogen bleibt, wird es nun zur pädagogischen Herausforderung für das Team, ihn darin zu bestärken, sich mehr für die Gruppe zu interessieren. Daher werden ihm Wege aufgezeigt, wie er seine Integration in die Gruppe verbessern kann, beispielsweise indem auch er „soziale Dienste“ für die Gruppe übernimmt. In der Regel findet sich dieser Zug ja eher bei Mädchen. Diese gewünschte Änderung in seinem Verhalten gelingt letztlich, weil Goliat zunehmend Vertrauen zum Betreuerteam gewinnt. Nach und nach öffnet er sich emotional und lernt, sich Hilfe bei den Erwachsenen zu holen, wenn er in der Gruppe der Gleichaltrigen aneckt oder Konflikte auszutragen hat. Im Laufe der Zeit wird Goliat immer anhänglicher. Er beginnt, Amaro Kher als außerfamiliären Schutzraum zu schätzen. So wird Goliat schließlich in der sich zuspitzenden familiären Krisensituation wie kein anderes seiner Geschwister – zwei ältere Brüder und eine jüngere Schwester sind ebenfalls bei Amaro Kher – um den Erhalt dieses Schutzraums kämpfen, weil er Amaro Kher als Zufluchtsort nicht verlieren will.

Interpretation des pädagogischen Vorgehens aus der Genderperspektive

Wie lässt sich nun die Entwicklung und Förderung von *Petra* aus der *Genderperspektive* interpretieren? Wir haben eingangs von auffällig geschlechtsuntypischen Eigenschaften und Verhaltensweisen, der leichten Androgynität resilienter Personen gesprochen. Wir könnten daher kühn behaupten, dass Resilienzförderung eher geschlechtsuntypisches Verhalten zum Ziel hat. Es wäre aber ein Missverständnis, davon auszugehen, Resilienzförderung sollte in erster Linie jeweils geschlechtsuntypische Verhaltensweisen forcieren. Eine solche Schlussfolgerung könnte sich als gefährliche Einbahnstraße oder gar als Bumerang erweisen. So wenig es heute noch Aufgabe von Pädagogik sein darf, traditionelle Geschlechterrollen zu propagieren, so würde sie jungen Menschen ebenso wenig gerecht werden, wollte sie nun zu wesensfremdem Rollenverhalten anleiten. Vielmehr geht es um eine jeweils individuell zu bestimmende und ausgewogene Balance.

Petra ist einerseits geschlechtstypischen Risiken ausgesetzt, weil sie durch die vorzeitige Fürsorge für kleinere Geschwister überfordert ist, während es ihr an Selbstbewusstsein noch mangelt. Hier müsste man gegensteuern. Andererseits sollte man ihr eher geschlechtsuntypisches Verhalten ernst nehmen, also ihr entschiedenes Autonomiestreben als individuelle Ressource betrachten. Petra hat aber hinsichtlich ihrer sozialen Kompetenz – sonst eher Mädchen als Ressource zugeschrieben – einiges aufzuholen, weil sie aufgrund ihres aufmüpfigen und eher selbstbezogenen Verhaltens in der Gruppe zunächst eine Außenseiterposition einnimmt. So nachvollziehbar ihr Verhalten als Gegenreaktion auf die Verantwortungsübernahme daheim ist, so sehr eckt sie damit zu ihrem Nachteil in der Gruppe an. Resilienzförderung bedeutet also, dass Petra darin unterstützt werden muss, ihr geringes Selbstbewusstsein aufzubessern und an Selbstvertrauen zu gewinnen. Hier gilt es, ein typisches Entwicklungsrisiko für Mädchen auszugleichen. Gleichzeitig sollte man sie auch zur Aufnahme von Beziehungen zu Gleichaltrigen ermutigen, weil sie damit ein Stück soziale Kompetenz nachholen würde. Sie muss also noch in einem Bereich gleichziehen, der Mädchen als Domäne zugesprochen wird. Ihre enge Freundschaft zu einem anderen Mädchen in der Gruppe wird Petras Selbstbewusstsein ebenso guttun wie ihre zunehmende Fähigkeit, sich selbst anzunehmen und stolz auf eigene Werke zu sein.

Die Resilienzfähigkeit dieses Mädchens wird somit zunächst dadurch gefördert, dass das Team bei Petra gerade auf jene individuellen Stärken setzt, die man sonst eher Jungen zuschreibt, nämlich Autonomiebestreben und Durchsetzungsvermögen. Die Stärkung dieser Eigenschaften soll sie dazu befähigen, das allzu eng geschneiderte und behindernde Rollenkorsett zu sprengen. Zugleich entspricht es dem Konzept von Resilienzförderung, geschlechtstypischen Risiken entgegenzuwirken. Deshalb muss man ihr Selbstbewusstsein steigern. Dazu wird sowohl an eher geschlechtstypischen Neigungen wie Malen und Handarbeiten angeknüpft, aber auch an Petras sportlichem Potenzial, sonst eher das Feld von „Jungs". Und welches Geschlecht dabei auch immer die Nase vorn haben mag: Soziale Kompetenz ist Schutzfaktor für alle.

Ebenso geht es bei *Goliat* in der *Genderperspektive* um ein Ausbalancieren von männlichen wie weiblichen Stärken und Schwächen. Er begegnet uns zunächst als ein Junge, bei dem vor allem jene Verhaltensweisen stark ausgeprägt sind, die eher als typisch männliche Risikofaktoren einzuschätzen sind, so sein übersteigertes Selbstbewusstsein, sein machohaftes Auftreten, seine Unfähigkeit, sich bei Überforderung Hilfe zu holen, seine mangelnde Impulskontrolle und seine Aggressivität. Im Grunde genommen verfügt Goliat genauso wenig über ein gesundes Selbstbewusstsein wie Petra, nur dass er als Junge ein solches Bild übersteigert „vorspielen" muss, um bei seiner anerzogenen Rolle „als einsamer männlicher Held" zu bleiben. Also ist es auch bei ihm zunächst angebracht, ihm bei der Entwicklung personaler Stärken zu helfen, damit er seinen wahren Selbstwert kennen lernt. Dieser Weg führt für Goliat nicht nur, aber auch über die Klippe, sich „weibliche" Fähigkeiten anzueignen, wie etwa soziale Kompetenz. Er lernt, Hilfe anzunehmen und sich hilfsbereit zu zeigen, und macht die Erfahrung, dass er auf diese Weise in der Gruppe an Geltung gewinnt und von den Erwachsenen Zuwendung bekommt, die er ja offensichtlich gesucht hat. Er lernt, seine positiven Gefühle, seine Anhänglichkeit, offen zu zeigen, wie es Mädchen zugestanden wird.

Im Sinne der Resilienzförderung ist es aber auch bei Goliat geboten, vorhandene personale Schutzfaktoren zu stärken, und seien es auch die typisch männlichen, wie sein Autonomiebestreben, sein Durchsetzungsvermögen, seine Fähigkeit, sich selbstbewusst abzugrenzen, wenn ihm etwas zu viel wird, und ganz klar: auch sein ausgeprägtes sportliches Interesse.

Fazit

Resilienzförderung orientiert sich an der Leitidee, individuelle und soziale Risiken für die kindliche Entwicklung zu minimieren. Grundsätzlich setzt sie aber noch stärker darauf, gegebene personale wie soziale Schutzfaktoren auszubauen. Dabei fällt auf, dass sowohl „typisch" weibliche als auch „klassisch" männliche Eigenschaften und Verhaltensweisen als potenziell resilienzförderlich oder riskant eingestuft werden können. Aus der *Genderperspektive* haben wir festgestellt, dass sich „typisch“ männliche und „typisch“ weibliche Risiko- und Schutzfaktoren ausmachen lassen. In der pädagogischen Praxis wird es nun die Kunst sein, die richtige Balance herauszufinden. Es gilt also, unabhängig vom Geschlecht sowohl bei Jungen wie bei Mädchen jene Eigenschaften und Umweltfaktoren zu stärken, die sie jeweils resilienter machen und in die Lage versetzen, ihre extrem belastete Lebenssituation zu meistern. Dabei geht es nicht darum, im Sinne einer verschwommenen Androgynität Mädchen zu Jungen zu machen oder umgekehrt, sondern um ein gegenseitiges Lernen der Geschlechter voneinander. Typische Potenziale des *anderen* Geschlechts können helfen, *eigene* Defizite (= Risikofaktoren) auszugleichen, um dadurch die eigene Resilienzfähigkeit zu steigern und erst voll zu entfalten.

Lichtpunkte: Von der Ressourcenorientierung zur Resilienzförderung – wie weit ist der Weg?[1] (2011)

Projektstart mit ressourcenorientiertem Arbeitsansatz

„Benachteiligte Kinder stärken!" – unter diesem Motto startete Anfang 2008 die Deutsche Kinder- und Jugendstiftung (DKJS Berlin) das Programm „Lichtpunkte". Damit wurden deutschlandweit für eine begrenzte Laufzeit 22 Projekte gefördert, die das Ziel verfolgten, benachteiligten Kindern und Jugendlichen im außerschulischen Rahmen Bildungsressourcen unterschiedlichster Art zur Verfügung zu stellen. Gemeinsam war diesen Projekten, dass sie, von den Potenzialen der Kinder ausgehend, ihnen Möglichkeiten boten, eigene Fähigkeiten und Neigungen auszubauen. Im Laufe der Projektzeit sollte, angeregt durch eine wissenschaftliche Begleitung, das pädagogische Konzept durch die Idee der „Resilienzförderung" erweitert werden.[2]

Die Angebotspalette der „Lichtpunkte" war breit gefächert und bunt gemischt. Ebenso vielfältig wie die Inhalte gestalteten sich auch die Rahmenbedingungen in den einzelnen Projekten, die teils von Ehrenamtlichen, teils von Hauptamtlichen durchgeführt wurden. Die Mehrzahl der Projekte bewegte sich im Bereich von Bildung und Kultur. So durften sich beispielsweise bei „Tabula" (Bielefeld), bei der „Brücke" (Rostock) und bei „Artspace" (Heidelberg) Mädchen und Jungen unterschiedlichen Alters auf der Bühne erproben und gemeinsam Theaterstücke erfinden. In anderen Projekten ging es um einen spielerischen Umgang mit Sprache, um Freude am Lesen oder am Schreiben eigener Texte, so in der „Leselibelle" (Hamburg), beim „Schüler-Poetry-Slam" (Bremen) oder bei den „Buchkindern" in Leipzig. „Musik macht uns gemeinsam stark" (Berlin) wollte Mädchen und Jungen, insbesondere durch Erlernen eines Instruments, Zugang zur Musik ermöglichen. Bei den „Kleinen Kosmonauten" (Hamburg) standen unterschiedliche Formen von bildender Kunst auf dem Programm. Daneben gab es Projekte, in denen

---

1 Gekürzter und stark umgearbeiteter Beitrag aus: Handbuch Resilienzförderung 2011, damals in Zusammenarbeit mit Bettina Kruth und Nicole Alfert.

2 Das Team der wissenschaftlichen Begleitung bestand aus Prof. Dr. Margherita Zander (Leitung), Dr. Bettina Kruth und Dipl. päd. Nicole Alfert. Für 2008 war die Förderung zunächst auf ein Jahr begrenzt. Ab 2009 bestand für die meisten Projekte die Möglichkeit einer Weiterförderung. Siehe Infos der DKJS dazu: www.lichtpunkte.info/index.php?id =8, zuletzt abgerufen am 18.6.2014.

handwerkliche Fähigkeiten gefördert wurden, so in der Gruppe „Mach es“ (Delmenhorst) oder in der „Taschengeldwerkstatt“ (Dresden). Ebenfalls in Sachsen (Zeithain) wurde unter dem Motto „Kinder bekochen Erwachsene“ ein „Kinderrestaurant“ geführt. Andere Projekte wiederum boten sportliche Freizeitaktivitäten, wie Volleyball, Fußball oder Schwimmkurse, an, so die „Teneverliga“ (Fußball für Mädchen in Bremen), „Darf es auch etwas Meer sein“ (Homburg), „Kilado“ (Kinderland in Dollenchen) und „Sport tut gut“ (Neuendorf). In zwei Patenschaftsprojekten (Freiburg) wurden einzelne Mädchen und Jungen, bei denen man von einem besonderen Betreuungsbedarf ausging, von bürgerschaftlich engagierten und dafür eigens geschulten Kräften individuell begleitet und gefördert.

Alle Projekte waren in der sozialen Lebenswelt der Kinder und Jugendlichen verankert, also wohnortnah zugänglich, und wollten ihnen eine verlässliche Anlaufstelle bieten. Die Kinder konnten den Projektverlauf mitbestimmen und dort Erfahrungen sammeln, die sie für die Bewältigung ihres schwierigen Alltags stärken sollten.

Ressourcenorientierung hat in der Sozialen Arbeit – teilweise auch unter anderen Bezeichnungen – eine lange Tradition. So hat Peter Bünder (2002) die Grundidee einer ressourcenorientierten Arbeit bereits bei den Klassikerinnen der Sozialarbeit, wie Mary Richmond, Jane Addams, Alice Salomon und Siddy Wronski, ausgemacht. Bünder gibt in seinem Buch „Geld oder Liebe“ einen systematischen Überblick über die Vielzahl von Ressourcen-Konzepten, wie sie sowohl in soziologischen als auch psychologischen Theorien entwickelt worden sind. Die Soziale Arbeit greift ihrerseits auf solche Konzepte zurück.

Der Begriff „Ressource“ steht für materielle und immaterielle Güter, die Menschen zu ihrer Bedürfnisbefriedigung und für ihre personale wie soziale Entwicklung brauchen. In der Regel unterscheidet man zwischen materiellen und immateriellen und weiter zwischen personalen, sozialen und kulturellen Ressourcen. Dass es zwischen der Verfügbarkeit von materiellen Ressourcen und der Entfaltung immaterieller Ressourcen eine komplexe Wechselwirkung gibt, liegt auf der Hand. Gesellschaftlich betrachtet, geht es um die objektive Verfügbarkeit und die allgemeine Zugänglichkeit von Ressourcen, aus der Sicht des Individuums um den tatsächlichen Zugang zu solchen Quellen und deren subjektive Verwertbarkeit. Es spielen also sowohl gesellschaftliche Verteilungsprozesse als auch individuelle Fähigkeiten – Amartya Sen nennt sie „capabilities“ – für die Erschließung, Nutzung und Entfaltung von Ressourcen eine Rolle. Die Ressourcenfrage schließt folglich einen politischen Diskurs über gerechte Verteilung mit ein.[3]

Darüber, ob bei der Ressourcenorientierung in der Sozialen Arbeit stärkeres Augenmerk auf den subjektiven Zugang zu materiellen Ressourcen oder aber auf die Bereitstellung und Entfaltung von immateriellen Ressourcen gelegt werden sollte, kann man sich streiten. Für Bünder (2002) ist es eindeutig erwiesen, „dass materielle Ressourcen häufig die stoffliche Grundlage bilden, damit nichtmaterielle Ressourcen zur Anwendung und Entfaltung kommen können" (S. 207). Auch für Marianne Meinhold (1997) ist die Sicherung der Grundversorgung Voraussetzung für jeden weiteren Schritt sozialarbeiterischer Hilfeleistung. Sie geht allerdings soweit, „Ressourcen-Arbeit" als Synonym für Soziale Arbeit überhaupt zu benutzen. Damit kommen neben personalen auch soziale Ressourcen ins Spiel. So sieht Meinhold in der Erschließung von Ressourcen zur Verbesserung der „Lebenschancen und Entwicklungsmöglichkeiten" im Wohngebiet und Wohnumfeld eine der wichtigsten Aufgaben Sozialer Arbeit.

Die „Lichtpunkte-Projekte" gingen – ihrem Selbstverständnis und guter sozialarbeiterischer Gepflogenheit gemäß – von einem solchen ressourcenorientierten Ansatz aus. Im Projektverlauf sollten sie sich jedoch – so die Zielsetzung der DKJS und der wissenschaftlichen Begleitung – auch mit dem Ansatz der Resilienzförderung vertraut machen. Sie erhielten auf diese Weise die Möglichkeit, zu überprüfen, inwiefern sie mit diesem zusätzlichen Konzept ihre ressourcenorientierte Arbeit ergänzen und damit ihrer jeweiligen Zielgruppe besser gerecht werden konnten.

Nun scheint es in der Praxis und sogar in der Fachliteratur immer wieder Unklarheiten hinsichtlich der Abgrenzung zwischen Ressourcenorientierung und Resilienzförderung zu geben. In der Tat verbindet beide Konzepte zunächst ein *beinahe* deckungsgleicher Grundsatz: Man solle zuallererst von den Stärken und Potenzialen des jeweiligen Kindes oder Jugendlichen ausgehen, von seinen personalen Ressourcen (Ressourcenorientierung) oder Schutzfaktoren (Resilienzförderung), die es aufzudecken und zu fördern gelte. Gleichzeitig müsse man sich flankierend darum bemühen, nach Möglichkeit Zugänge zu weiteren sozialen Ressourcen (Ressourcenorientierung) oder Schutzfaktoren (Resilienzförderung) zu vermitteln. Deckungsgleich

3 Bei dieser Diskussion geht es um soziale Ungleichheit bei der Verteilung und beim Zugang zu Ressourcen. Diesen Aspekt behandeln ausführlich: Knecht/Schubert 2012. Die individuelle Fähigkeit zur Nutzung von Ressourcen und Verwirklichungschancen wurde vom Wirtschaftswissenschaftler und Nobelpreisträger Amartya Sen in die Diskurse über Armut eingebracht (Sen 2007).

wären die Grundsätze beider Methoden allerdings nur dann, wenn die Begriffe „Ressource“ und „Schutzfaktor“ austauschbar wären. Das ist aber nicht der Fall, auch wenn auf den ersten Blick die Definitionen dessen, was wir unter einer Ressource oder einem Schutzfaktor verstehen, deutliche Parallelen aufweisen. Ressourcen sind in der wissenschaftlichen Definition, so das Fachlexikon der Sozialen Arbeit (2007), „‚Kraftquellen‘ und ‚produktive Potenziale‘, die von der Person zur Bewältigung von altersspezifischen Entwicklungsaufgaben, zur gelingenden Bearbeitung von belastenden Alltagsanforderungen sowie zur Realisierung von langfristigen Identitätszielen genutzt werden können und damit zur Sicherung ihrer psychischen Integrität und zu einem umfassenden biopsychosozialen Wohlbefinden beitragen“ (Fachlexikon, S. 779).

Das klingt *fast* so, als ob der Begriff der „Ressource“ einfach durch den des „Schutzfaktors“ ausgetauscht werden könnte. Ist es etwa doch so, dass mit Resilienzförderung lediglich etwas schon Bekanntes umbenannt wird? Handelt es sich etwa nur um alten Wein in neuen Schläuchen? Im Folgenden soll daher der Versuch einer Abgrenzung zwischen den beiden Konzepten unternommen werden.

Von der Ressourcenorientierung zur Resilienzförderung?[4]

Mit „Resilienzförderung“ haben wir ein stringentes Arbeitskonzept und eine klar ausgewiesene Zielsetzung an der Hand, nämlich die „seelische Widerstandsfähigkeit“ von Kindern (oder generell von Menschen) zu stärken, die extrem belastende und mehrfach risikobehaftete Lebenssituationen zu bewältigen haben. Das spezifische Markenzeichen von Resilienzförderung ist daher neben der eindeutig definierten Zielsetzung auch der Bezug auf eine eng umrissene Zielgruppe. Von Resilienz sprechen wir nur dann, wenn es um die *Bewältigung eines existenziellen Risikos* geht. Aufgabe von Resilienzförderung ist es, situationsbezogen jene Schutzfaktoren zu mobilisieren, die ein Mensch braucht, um seine Resilienzfähigkeit voll zu entfalten.

Demgegenüber ist „Ressourcenorientierung“ ein generell einsetzbares Konzept und gilt in der Sozialen Arbeit als Gegenpol zur traditionellen *Defizitorientierung*. Streng genommen versteckt sich hinter dem *Gegenpol* ein

---

4 Hilfreiche Anregungen für diesen Abschnitt habe ich einer Diskussion mit meinem ehemaligen Kollegen Norbert Wieland, Psychologe an der FH Münster, zu verdanken, mit dem ich gemeinsam zwei Projekte zur Resilienzförderung an Grundschulen in Münster durchgeführt habe.

Paradoxon: Soziale Arbeit wurde immer schon und wird auch heute noch nur dann eingesetzt, wenn eine individuelle oder soziale Problemlage das erforderlich macht, also „Defizite" vorliegen. Es muss also zunächst eine Mangel- oder Problemsituation diagnostiziert werden, damit sich der Einsatz von Fachkräften der Sozialen Arbeit begründen und legitimieren lässt. Ihrem Selbstverständnis zufolge hat Soziale Arbeit den Auftrag, die Lebensbedingungen sozial benachteiligter Menschen zu verbessern, und muss dafür ihren Blick über die vorhandenen Defizite hinaus auf Chancen und Potenziale richten. In den meisten Fällen geht es also darum, zusätzliche materielle oder immaterielle Ressourcen für die Klientel zu erschließen. Ressourcenorientierung ist dafür das Mittel der Wahl. Sie ist eine breit einsetzbare Methode und kann bei unterschiedlichen Gruppen von Personen und einem breiten Spektrum von Problemlagen angewandt werden. Grundsätzlich zielt sie auf Befähigung zur alltäglichen Lebensbewältigung und auf soziale Integration ab.

Eine weitere Unterscheidung können wir vornehmen, wenn wir das jeweilige Medium oder Mittel der professionellen Hilfeleistung betrachten: Einmal sprechen wir von „Schutzfaktoren" und das andere Mal von „Ressourcen". Hier wird es mit der Abgrenzung schwierig. Zwar lässt sich beides, sowohl was als „Ressource" hilfreich sein mag als auch, was als „Schutzfaktor" mobilisiert werden sollte, nur jeweils situationsbezogen bestimmen, prinzipiell gilt aber, dass eine Ressource auch zu einem Schutzfaktor werden kann. Dabei kommt es letztlich auf den Kontext an. So ist beispielsweise ein guter Freund generell eine „Ressource", die das Leben erleichtert und schöner macht. Gerät man aber in eine extreme Notsituation, kann sich eben dieser Freund als wichtiger Schutzfaktor erweisen, ohne den man möglicherweise die Situation nicht unbeschadet bewältigen würde. Oder: Ein persönliches Talent, wie eine herausragende Musikalität, ist generell eine Ressource, die von der Person genutzt wird. Im Fall einer kritischen Lebenssituation könnte sich der Rückgriff auf dieses Talent als überlebenswichtige Kraftquelle erweisen und einen entscheidenden Schutzfaktor bilden. Wir haben es hier also mit prozesshaften Übergängen zu tun. So erklärt es sich auch, dass wir in der Fachliteratur bei Auflistungen zu Ressourcen und Schutzfaktoren erstaunliche Übereinstimmungen entdecken.

Das entscheidende Kriterium, das für eine Abgrenzung herangezogen werden kann, liegt also in der jeweiligen *Wirkungsweise*, die wiederum durch den jeweiligen *Kontext* bestimmt wird. Eine Ressource ist „nützlich" und dient unterschiedlichen Zwecken; einem Schutzfaktor dagegen schreiben wir im Gefährdungsfall eine „heilsame Wirkung" zu. Eine Ressource kann zu einem Schutzfaktor mutieren, wenn sie dessen Funktion zu erfüllen vermag, nämlich Schutz in einer Risikosituation zu bieten. Worauf ein Mensch jeweils zurückgreift, wenn er in eine existenzielle Notlage gerät, ist durch seine Individualität bestimmt. Auf einen Sterbefall, der uns aus der Bahn zu werfen droht, reagieren wir beispielweise auf jeweils ganz persönliche Weise. Als ebenso individuell geprägt wird sich erweisen, was dann als Ressource mit Schutzfaktorenfunktion zum Tragen kommt.

Im Resilienzdiskurs sind unterschiedliche Modelle zur Wirkungsweise von Schutzfaktoren gebräuchlich, wobei deren eigentliches Geheimnis noch nicht endgültig entschlüsselt ist. Aus der Alltagserfahrung heraus könnte man sie vielleicht mit der Wirkungsweise von Heilkräutern vergleichen, die man vielleicht auch sonst zu sich nimmt, die aber ihre eigentliche Wirkkraft erst im Ernstfall erweisen. Allerdings hinkt dieser Vergleich auch schon wieder: Während bei einem Heilkraut seine Verwendungsweise mehr oder weniger bekannt ist, also gezielt bestimmte Heilkräuter gegen bestimmte Beschwerden eingesetzt werden, gibt es bei Schutzfaktoren keine derartige Zweckgebundenheit. Es wäre zu einfach, wenn es auch bei der Resilienzförderung eine derartige Entsprechung gäbe, wir also wüssten, dass es bei Auftreten des Risikofaktors X lediglich des Schutzfaktors Y bedürfte, damit jemand eine Gefährdungssituation „resilient" zu meistern vermag. Die Funktion von Schutzfaktoren zeigt sich letztlich darin, dass sie die negative Wirkung von Risikofaktoren vermindern oder entkräften können. Deshalb treten sie auch nur in diesem Kontext auf. Wir dürfen Schutzfaktoren als Ressourcen betrachten, die in einer riskanten Situation mit besonderer Heilkraft aufgeladen werden und entsprechend wirken. In diesem Sinne wäre Resilienzförderung ein Verfahren zur Förderung personaler und sozialer Ressourcen, die sich im Ernstfall hoffentlich als Schutzfaktoren erweisen.

Ressourcenorientierung und Resilienzförderung haben in der Tat große gemeinsame Schnittmengen. Deshalb kommt es hinsichtlich der beiden Konzepte, insbesondere beim Gebrauch von Begrifflichkeiten wie „Ressourcen" und „Schutzfaktoren", zu Verwirrungen. Halten wir aber fest: *Ressourcenorientierung ist ein generelles sozialpädagogisches Konzept.* Sie drückt eine professionelle Grundhaltung aus, die bei verschiedenen Gruppen und unterschiedlichen Zielen zum Tragen kommt. *Resilienzförderung dagegen ist als ein Spezialfall von Ressourcenorientierung zu betrachten.* Sie konzentriert sich auf existenziell gefährdete Gruppen und verfolgt ein konkretes, lösungsorientiertes Ziel, nämlich die Förderung von Resilienzfähigkeit.

Mag sein, dass der hier unternommene Versuch einer Abgrenzung eher theoretischer Natur und daher in der Praxis nicht in jedem Fall nachvollziehbar ist, weil die beiden Konzepte dafür als zu verwandt erscheinen und die Übergänge im Alltag ohnehin fließend sein können. Entscheidend ist jedoch, dass mit dem Konzept der Resilienzförderung ein spezifisches Verständnis von Risikobewältigung einhergeht, nämlich die Idee, dass Kinder aus existenziellen Krisen auch gestärkt hervorgehen können. Pädagogisches Handeln wird hier von einem Menschenbild geleitet, das speziell auf die Wirkkraft der „seelischen Widerstandsfähigkeit" vertraut.

Die Erfahrung mit den Lichtpunkte-Projekten hat gezeigt, dass eine Kombination von genereller Ressourcenorientierung mit gezielter Resilienzförderung prinzipiell sinnvoll ist. Um Kindern in besonderen Notlagen aufzufangen, ist die Spezifizierung auf Resilienzförderung in jedem Fall angebracht. Allerdings müssen dafür bestimmte Rahmenbedingungen gegeben sein. In den Lichtpunkte-Projekten musste man mit überwiegend ehrenamtlichem Personal und generell knapp bemessenen personellen Ressourcen auskommen. Außerdem hatte man es bei restringiertem Zeitbudget mit einer stark fluktuierenden Zusammensetzung der Gruppen zu tun. Angesichts dieser Arbeitsbedingungen war intensive Einzelfallförderung so gut wie ausgeschlossen, sondern vielmehr nur ein Konzept tragfähig, das „Resilienzförderung in und durch die Gruppe" zum Ausgangspunkt nahm. Eine solche Strategie basiert auf der Grundidee, dass die Gruppe als solche unter resilienzförderlichen Gesichtspunkten „fit" gemacht wird, also als Schutzfaktor für die Einzelnen fungiert. Mit anderen Worten: Die pädagogische Gruppenleitung sollte ihr Handeln an den allgemeinen Zielen von Resilienzförderung orientieren und sich auf den Erwerb von Kompetenzen konzentrieren, die generell als resilienzförderlich gelten. Im besten Fall gelingt es auf diese Weise, dass die Gruppe selbst für die einzelnen Mädchen und Jungen die Rolle eines Schutzfaktors einnimmt. In der Gruppe fühlt man sich sicher und findet Halt. Dort entwickeln sich enge Beziehungen zu Erwachsenen und Gleichaltrigen. Im Gruppenkreis wird man wertgeschätzt, erfährt Anerkennung und macht die Erfahrung, dass man mitreden und mitgestalten darf.[5]

Vielleicht zeichnet es diese Projekte am meisten aus, dass sie bei aller Beschränktheit ihrer Möglichkeiten die Chance genutzt haben, die Idee der Gruppe als resilienzförderliches Umfeld und Schutzfaktor für benachteiligte Kinder und Jugendliche umzusetzen. Entwickelt sich die Gruppe positiv, wird sie für alle ihre Mitglieder zur Ressource. Weil wir es hier mit einer risikogefährdeten Zielgruppe zu tun hatten, konnte sie im Sinne von Resilienzförderung sogar zum Schutzfaktor werden.[6]

---

5 Die Idee der „resilienzfördernden Gruppe" findet sich im Übrigen auch im Projekt zur Resilienzförderung mit Roma-Flüchtlingskindern, das in diesem Kapitel ebenfalls vorgestellt wird.

6 Vgl. dazu den Endbericht der wissenschaftlichen Begleitung des „Lichtpunkte-Programms" unter: www.margherita-zander.de/images/10_pdf/Lichtpunkte_Endbericht_18-12-2008.pdf, zuletzt abgerufen am 18.6.2014.

Resilienz als Überlebensstrategie – Interview für *scobel*[1] (2014)

Markus Fuchs: *Warum lassen sich Hoch-Risiko-Kinder besonders gut in ihrem resilienten Verhalten fördern?*

Margherita Zander: Es handelt sich um Kinder, die mehrfachen Entwicklungsrisiken ausgesetzt sind. Bei den Roma-Flüchtlingskindern unseres Projekts in Köln[2] waren das chronische Armut, Flucht, Diskriminierung, familiäre Probleme, Abschiebedrohung.

Das Geheimnis von Resilienzförderung liegt im Zauberwort „Schutzfaktoren". Alles, was dem Kind hilft, extreme Risiken zu meistern, ohne größeren Schaden an Leib und Seele zu nehmen, kann ein Schutzfaktor sein.

Gerade „resiliente" Kinder spüren, was ihnen hilft. Aus gezielten Angeboten suchen sie sich mit Sicherheit genau das heraus, was sie brauchen; sie saugen es förmlich auf. Je mehr Risiken, desto mehr Schutzfaktoren sind nötig. Im Umkehrschluss gilt, dass Schutzfaktoren bei Hoch-Risiko-Kindern besondere Wirkkraft entfalten. Je größer also die Not, desto durchschlagender greift die Hilfe. Dieser Zusammenhang lässt sich nicht immer leicht beweisen, ist aber uns allen als Grundsatz bekannt.

Dazu zwei Beispiele aus Köln: Aus einem sechsjährigen Mädchen, das seine Werke ständig zerstört, wird binnen eines Jahres eine Cliquenanführerin. Ein wenig gruppenfähiger kleiner Macho erlebt die Nachmittagsbetreuung im Projekt angesichts einer für ihn besonders bedrohlichen familiären Situation – der Familie droht die Abschiebung – schließlich als seinen persönlichen Schutzraum.

M. F.: *All die Bausteine des Resilienzförderkonzeptes sind auch Bestandteile täglicher pädagogischer Arbeit. Ist die Förderung von Resilienz damit nicht ein Standardziel in der pädagogischen Arbeit?*

---

1 Das Interview mit dem ZDF-Journalisten Markus Fuchs wurde auf 3sat in der Sendung *scobel* am 16.1.2014 ausgestrahlt.

2 Gemeint ist hier das Projekt „Resilienzförderung mit Roma-Flüchtlingskindern" bei Amaro Kher in Köln mit einer Laufzeit von drei Jahren (2009–2012).

M. Z.: Natürlich gehören die Ziele von Resilienzförderung zu jeder „guten Pädagogik", weil sie kindliche Entwicklung unterstützen. Es wäre allerdings nicht richtig, wenn Pädagogen nun alles, was zu ihrem Methodenkoffer zählt, gleich Resilienzförderung nennen würden. Der Unterschied liegt in der Zielgruppe und in der Wirkungsweise. Resilienzförderung konzentriert sich nämlich auf risikogefährdete Menschen und weckt deren seelische Widerstandskraft. Nehmen wir die personalen Schutzfaktoren, also das, was das Kind mitbringt, wenn es in eine Risikosituation gerät. Gesundes Selbstbewusstsein, besondere Talente, ein offenes Wesen, Zielstrebigkeit und Durchhaltevermögen sind im Leben immer nützlich. Unter Extrembedingungen sind sie überlebenswichtig. Diese Kinder sollen ja trotz allem seelisch und körperlich gesund bleiben. Dafür kann man die Entfaltung ihres Resilienzpotenzials und ihrer individuellen Stärken gezielt unterstützen. Dazu muss man sich jedes Kind genau anschauen. Jedes Kind braucht maßgeschneiderte Förderung.

Zwar gibt es allgemeine Resilienztrainings, mir aber ist ein pädagogischer Blick wichtiger, der individuelle Stärken bei möglichst jedem Kind aufspürt.

M. F.: *Ist Resilienzförderung ein pädagogisches Allheilmittel? Kann jeder Mensch Resilienz aufbauen?*

M. Z.: Nein, Resilienzförderung ist kein Zaubermittel, obwohl man Erstaunliches damit bewirken kann. Die Frage, ob jeder das Potenzial zur Resilienz in sich trägt, ist umstritten. Eine eindeutige Antwort existiert bisher nicht. Es gibt sicherlich Beispiele dafür, dass Resilienz auch ohne gezielte Förderung aufgebaut werden kann, wobei aber selbst bei dieser Konstellation immer bestimmte Schutzfaktoren vorhanden waren. Wir müssen jedoch ebenso mit der gegenteiligen Realität umgehen, dass manche Kinder trotz gezielter Förderung diese Kraft nicht oder nicht ausreichend zu entwickeln vermögen. Wir wissen nicht, ob in diesem Fall das Resilienzpotenzial gänzlich fehlte, oder ob wir es schlicht nicht haben wecken können.

M. F.: *Mit welcher Methodik lässt sich Resilienz bei Kindern und Jugendlichen erkennbar machen? Wie stark ist der Faktor der genetischen Veranlagung zu berücksichtigen?*

M. Z.: Resilienz zeigt sich, wenn jemand extreme Nöte besser bewältigt, als zu erwarten wäre. Wir würden sonst in einem solchen Fall sagen: Das kann doch nur schiefgehen. Resilienz ist also das Ergebnis eines erstaunlichen Bewältigungsprozesses.

Man ist übrigens nicht ein für alle Mal resilient, sondern muss jede Prüfung neu bestehen. Resilienz tritt nur in kritischen Situationen zutage. Mit jedem Erfolg steigt die Wahrscheinlichkeit, dass man auch die nächste Hürde nimmt. Man müsste einen Menschen über Jahrzehnte beobachten, um ihn wirklich resilient zu nennen. Eine amerikanische Langzeitstudie hat das an Kriterien, wie beruflicher Erfolg, stabile Partnerschaft und Familie sowie soziale Integration, festgemacht. Ein Kind, das genügend Widerstandskraft zeigt, hat später gute Chancen, erfolgreich und glücklich zu werden. Mit „erfolgreich" ist dabei eher die Außenperspektive gemeint, mit „glücklich" mehr die subjektive Innenperspektive.

Genetische Veranlagung? Sie spielt sicherlich bei manchen individuellen Schutzfaktoren eine Rolle. Wir werden nie genau wissen, wie viel der Genpool ausmacht und wie viel die Umwelt. Aktuell ist das ein großes Thema in der Forschung. Etliche personale Schutzfaktoren lassen sich jedenfalls aneignen, Selbstbewusstsein etwa oder soziale Kompetenz. Für uns zählen jene Anteile von Resilienz, die man fördern kann.

M. F.: *Sind resiliente Menschen zäher oder härter? Sind diese Menschen Einzelgänger?*

M. Z.: Zäher vielleicht, aber härter nicht. Man sollte nicht meinen, ihnen könnten Schläge und Härten nichts anhaben, oder sie seien gar selbst hart. Das war wohl ein Anfangsmythos, als man Resilienz „entdeckte". Irrtümlich sprach man damals von der „Unverwundbarkeit" solcher Kinder. Natürlich sind diese Kinder auch verletzlich. Sie haben aber eine besondere Art, mit ihrer Verletzlichkeit umzugehen. Sie lassen sich nicht entmutigen, „nicht unterkriegen". So wird gern das Bild vom „Stehaufmännchen" benutzt: Das richtet sich zwar permanent immer wieder auf, reagiert aber dabei flexibel.

Ob resiliente Menschen Einzelgänger sind? Vielleicht ist das bei manchen Künstlern der Fall. Resiliente Menschen sind sonst aber eher Lebenskünstler, weil sie über ein hohes Maß an Flexibilität und sozialer Kompetenz verfügen. Resilienzförderung stärkt aus diesem Grund die soziale Aufgeschlossenheit.

M. F.: *Wie funktioniert Resilienz? Blenden resiliente Menschen Teile der Realität aus, verarbeiten sie schneller Niederlagen und Rückschläge? Welche Mechanismen stehen resilienten Menschen zur Verfügung, über die nicht-resiliente Menschen nicht verfügen?*

M. Z.: Das ist die Kernfrage. Ein resilientes Kind stellt sich den Problemen, blendet also Risiken nicht aus, sondern begreift sie womöglich als Herausforderung. Dank seiner Nehmerqualitäten erholt es sich schneller von Schicksalsschlägen. Das funktioniert nur, weil es auf Schutzfaktoren zurückgreifen kann. Personale Schutzfaktoren sind angeborene Charaktervorteile und erworbene Fähigkeiten. „Äußere“ Schutzfaktoren findet das Kind bei der Familie oder im sozialen Umfeld. An diesem Hebel setzt Resilienzförderung an.

Zentral ist die stabile emotionale Bindung an eine Bezugsperson. Meist ist das die Mutter oder der Vater oder sind es beide leiblichen Eltern zugleich. Aber auch Ersatzpersonen, wie Pflegeeltern, die Oma, der Onkel, eine Erzieherin oder ein Lehrer, kommen infrage.

Entscheidend ist, dass das Kind Zugang zu genügend Schutzfaktoren hat und sie vor allem zu nutzen weiß. Ohne die stabile Bindung an eine geliebte Person kommen Kinder nicht aus.

Wir wissen nicht genau, wie einzelne Schutzfaktoren wirken und wie viele von ihnen jemand braucht, um etwas resilient zu meistern. Jedenfalls begrenzen Schutzfaktoren die Auswirkung von Risiken oder heben sie sogar auf. Zu simpel wäre die Devise: „Schutzfaktor X deckelt das Risiko Y“. Die Forschung arbeitet noch daran.

M. F.: *Wie wichtig ist die Bindung an die Eltern und den Familienverband bei der Resilienzförderung – unabhängig von der Bindung an eine externe Person, wie zum Beispiel pädagogisches Personal?*

M. Z.: Wie wichtig die Bindung an eine primäre Bezugsperson ist, lehrt uns die Bindungstheorie. Unbestritten ist eine funktionierende Familie mit ihrer Wärme und Geborgenheit ein wichtiger Schutzfaktor. Stimmt dort etwas nicht, muss Ersatz gefunden werden. Hier betont die Resilienzförderung stärker als die Bindungstheorie, dass notfalls andere Personen im familiären Umkreis einspringen können. Diese Bindung muss allerdings über einen längeren Zeitraum verlässlich bestehen. Die Crux bei pädagogischen Fachkräften ist, dass sie die Kinder immer nur für begrenzte Zeit begleiten.

M. F.: *Spielt Gläubigkeit eine Rolle?*

M. Z.: Man mag sie als Schutzfaktor sehen. Jede Medaille hat auch ihre Kehrseite. Vermeintliche Schutzfaktoren können sich in Risikofaktoren verkehren. In Religionen gibt es immer Elemente, die unfrei machen und ängstigen. Das Gefühl, bei einer guten, schützenden Instanz aufgehoben und geborgen zu sein, kann helfen. Resilienz braucht aber auch Widerborstigkeit, und da darf Religion nicht hindern. Positive Werte, eine optimistische Lebenshaltung, Lebenssinn – ja, das sind Schutzfaktoren.

M. F.: *Was war die Motivation für das Roma-Projekt in Köln?*

M. Z.: Mir ging es – wie allen Projektbeteiligten – zunächst um die Kinder, denn wir hatten es hier fast ausschließlich mit Hoch-Risiko-Kindern zu tun. Armut, Trauma, prekäre Lebenslage prägten ihre kindliche Biografie. Der Forschung zufolge müsste Resilienzförderung bei solchen Kindern besonders Früchte tragen. Das Projekt war also ein eminent praktisches Anliegen und zugleich wissenschaftlich spannend. Unsere Erwartungen[3] haben sich in der Praxis bewahrheitet. Wir haben erstaunliche Entwicklungsprozesse erlebt und begleitet. Manches Kind wäre ohne das Projekt heute sicher schlechter dran.

---

3 Das Projekt wurde in enger Zusammenarbeit von pädagogischem Team und wissenschaftlicher Begleitung konzipiert und durchgeführt.

Kapitel 5
Anforderungen an die Politik

Einleitung

Am Anfang dieses Buches steht ein Beitrag von 1997, der die Frage nach „menschlichen Lebensbedingungen für Kinder und Familien in unserem Land“ stellt. Die eingangs formulierten Thesen dazu hätten, leicht aktualisiert, auch heute noch Geltung. Problemanalyse und Handlungsoptionen könnten nahezu wortwörtlich auch am Ende dieses Bandes stehen. Auch wenn sich das gesellschaftliche Leben und die politischen Rahmenbedingungen in all den Jahren durchaus verändert haben, sind für die grundlegenden sozialen Herausforderungen nach wie vor keine zufriedenstellenden Lösungen gefunden worden. Das Problem der Kinder- und Jugendarmut ist heute brisanter denn je.

Wir verfügen inzwischen über eine regelmäßige amtliche Armuts- und Reichtumsberichterstattung (ARB), die die statistisch messbaren Komponenten von Armut aufzeigt (zuletzt: 4. ARB 2013). Wie ursprünglich gefordert, soll dieser Regierungsbericht beide Trends gleichzeitig im Auge behalten, um auf diese Weise die Entwicklung von Armut in Relation zum gesamtgesellschaftlichen Wohlstand zu setzen und damit das Ausmaß von sozialer Ungleichheit zu dokumentieren. Eine solche Berichterstattung erfüllt aber nur dann ihren Zweck, wenn sie als Instrument einer entschlossenen Armutsbekämpfung genutzt wird und aus ihr tatsächlich politische Konsequenzen resultieren. Degeneriert ein solches Instrument jedoch zu einer Sammlung von Daten, zu einem regelrechten Datenfriedhof, liefert er allenfalls Argumente für Forderungen an die Politik, die im Nichts verhallen. Und das ist leider weitgehend der Fall.

Wer wirklich etwas über gelebte Armut in der bundesrepublikanischen Wohlstandsgesellschaft erfahren möchte, sollte lieber zum Schattenbericht der Nationalen Armutskonferenz greifen. Er führt anhand von Erfahrungsberichten anschaulich vor Augen, wie sich ein Leben in Armut aus der Sicht der Betroffenen darstellt: „Die im Schatten sieht man nicht“ (nak 2012). Da wird von einer Krankenschwesternhelferin berichtet, die den Fernseher abmeldet, um ihrer Tochter ein Taschengeld zu ermöglichen. Eine alleinerziehende Mutter klaut Marzipanschweine, damit ihr Sohn etwas zur Weihnachtsfeier in die Schule mitbringen kann. Eine andere Mutter spart sich das Geld für die Brille ihres Sohnes vom Munde ab, weil die Krankenkasse die speziell verordneten Gläser nicht bezahlt. Schließlich wird eine Rentnerin erwähnt, die nach 35 Jahren als Verkäuferin und nota bene Mutter von zwei Kindern nicht einmal 500 Euro Rente im Monat bekommt.

Speziell zur Kinderarmut liegen bekanntlich auf internationaler Ebene die von UNICEF vorgelegten vergleichenden Reporte zur Entwicklung in den OECD-Staaten vor. Deutschland schneidet in der Bilanz darin nach wie vor mittelmaßig ab (Bertram 2013 und UNICEF 2013). Auch die regierungsamtlichen Familienreporte, vor allem der Familienreport von 2010, und die Kinder- und Jugendberichte von 1998 und von 2012 greifen die Kinderarmutsproblematik auf und weisen auf dringlichen Handlungsbedarf hin. Wohl konstatiert die damals zuständige Ministerin von der Leyen im Vorwort zum Zwölften Kinder- und Jugendbericht (2005), dass immer mehr Kinder in Armut aufwüchsen und der Einfluss der sozialen Herkunft von Kindern auf ihre Bildungschancen in Deutschland so groß sei wie sonst nirgendwo in der OECD, und fordert einen entschiedenen Mentalitätswandel (12. Kinder- und Jugendbericht 2005, S. 20). Jedoch lassen die wenigen seither ergriffenen Maßnahmen genau diese Entschlossenheit vermissen.

Allenfalls wurden hier und dort kleinere Korrekturen vorgenommen. Der Kinderregelsatz wurde, wenn auch erst auf Anweisung des Bundesverfassungsgerichts, um wenige Euro erhöht und man hat einen Kinderzuschlag für Familien mit zu niedrigem Erwerbseinkommen eingeführt. Nachdem man ein neues Elterngeldgesetz erlassen hatte, von dem vor allem Eltern mit höherem Einkommen profitieren, folgte zu guter Letzt die Verabschiedung eines Betreuungsgeldgesetzes, das geradezu wie ein Bonus für die Nicht-Inanspruchnahme von öffentlichen Kindertageseinrichtungen wirkt. Jedenfalls hat nichts von alledem das Ausmaß der Kinderarmut spürbar reduziert. So musste im 2013 veröffentlichten 14. Kinder- und Jugendbericht zur Lebenssituation der jungen Generation erneut festgestellt werden, dass die Armut von Kindern und Jugendlichen weiterhin ein gravierendes Problem darstelle und teilweise sogar zugenommen habe.

Vergebens jedoch würde man nach regelmäßigen „Rechenschaftsberichten" über die auf diesem Gebiet in Bund, Ländern und Kommunen erzielten Fortschritte suchen. Wie sollte eine solche Berichterstattung auch aussehen, wenn es zwischen den politisch Verantwortlichen weder wirklichen Konsens darüber gibt, der Bekämpfung von Kinderarmut politische Priorität einzuräumen, noch Einigkeit über die Ursachen des Problems besteht.

Dass nach wie vor die politisch Verantwortlichen dazu tendieren, das Thema eher schön zu reden, dafür ist der 4. ARB (2013) ein beredtes Beispiel.

Daher soll dieser Bericht im folgenden Kapitel kritisch unter die Lupe genommen werden. Aber auch die nun angetretene Große Koalition hat „Kinderarmutsbekämpfung“ nicht ausdrücklich auf ihre Agenda gesetzt. Dabei wäre eine erhebliche Reduzierung der Armutsproblematik – hier natürlich besonders im Fokus die Kinderarmut – in einer wohlhabenden Gesellschaft wie der unseren durchaus mit vertretbaren Mitteln erzielbar. So stehen am Ende dieses Buches konkrete Anforderungen vor allem an die hier zuvörderst zuständige Bundespolitik. Der entsprechende Beitrag – gleichzeitig auch ein ganz persönliches Plädoyer – basiert auf einer Zusammenschau von politischen Schlussfolgerungen, wie sie sich aus den vorliegenden Kinderarmutsstudien und aus der Berichterstattung zur Kinderarmut ergeben. Die mittlerweile hierzulande durchaus breit aufgestellte Kinder-Lobby wird nicht müde, in der Öffentlichkeit für solche Ideen einzutreten. Doch bleibt die Frage: „Warum bewegt sich nur so wenig?“ – so der Titel dieses Ausklangs.

Wenn Politik bloß redet – Interview mit *Cicero*[1] (2012)

Cicero: *Das Thema Kinderarmut ist nicht neu. Genau genommen wird in Deutschland seit 1998 darüber debattiert. Hat sich die Situation seither grundlegend verbessert?*

Margherita Zander: Nein, die Armutsquoten sind seitdem weiterhin kontinuierlich angestiegen, und materiell hat sich die Situation für die Betroffenen keineswegs verbessert. Ich erinnere nur an zwei Urteile des Bundesverfassungsgerichts, das zunächst die unzureichende Ausgestaltung der Kinderregelsätze moniert sowie in einem weiteren Urteil das Niveau der Regelsätze grundsätzlich kritisiert hat. Man könnte auch internationale Befunde anführen: So bescheinigt UNICEF der Bundesrepublik – zuletzt im Mai 2012 – im Vergleich zu anderen Industrienationen nur einen mittleren Rang. Die Zweite World Vision Kinderstudie kommt zu dem Schluss, dass es Sozialleistungsbeziehern heute schlechter als vor 20 oder 30 Jahren gehe.

Cicero: *Unterschätzt die Politik das Thema?*

M. Z.: Ob sie das Problem nicht in seiner vollen Tragweite erfasst oder ob sie es gar sehenden Auges vernachlässigt, sei einmal dahingestellt. Tatsache ist, dass sie ihm nicht die gebührende Priorität einräumt. Hier würde ich auch zwischen den Parteien, die seit 1998 Regierungsverantwortung getragen haben, nur graduelle Unterschiede machen. Bisher ist Kinderarmut eher ein Thema, das von einzelnen Politikerinnen und Politikern aufgegriffen wird. Mag sein, dass Kinderarmut mittlerweile in allen Parteiprogrammen auf der Agenda steht. Aber weit nach vorne rückt das Thema nur punktuell, wenn es angebracht erscheint, Engagement zu zeigen, wie am Weltkindertag, oder wenn auf die eine oder andere Weise alarmierende Zahlen und Berichte zu Folgewirkungen veröffentlicht werden.

Cicero: *Es fehlt also weder an Konzepten noch an der Dringlichkeit, etwas zu tun. Fehlt es schlicht an politischem Willen?*

---

1 Das Interview wurde in „Cicero. Magazin für politische Kultur" im Dezember 2012 veröffentlicht.

M. Z.: Ja, das galt für die rot-grünen Regierungen nach 1998 und traf dann umso mehr auf Schwarz-Gelb zu. Es spricht Bände für den Umgang der Politik mit der Problematik, dass Ursula von der Leyen 2008 – damals noch Familienministerin – ein Dossier herausgegeben hat, mit dem sie dokumentieren wollte, dass Kinderarmut unter Rot-Grün weiter angestiegen sei, also zunächst einmal der Vorgängerregierung die Schuld in die Schuhe schob. Gleichzeitig listete sie darin ausführlichst unter ihrer Ägide eingeleitete Maßnahmen auf, mit denen man dem Problem effektiv zu Leibe gerückt sei. In Wirklichkeit hat aber auch zur ihrer Amtszeit die Kinderarmut zugenommen. Ironisch könnte man kommentieren: Dass die Zahlen weiter steigen, kann nur daran liegen, dass man es früher so schlecht gemacht hat und heute so gut.

Cicero: *An wirksamen Maßnahmen fehlt es also noch?*

M. Z.: Durchaus. Wir können hier gerne auf einzelne Maßnahmen eingehen und sie unter dem Aspekt durchleuchten, ob sie wirklich darauf hin angelegt sind, Kinder- und Familienarmut ernsthaft zu „bekämpfen“, wie es im politischen Jargon unkorrekterweise heißt. Was, bitteschön, wird bekämpft? Wenn schon, dann geht man allenfalls die Folgen von Armut an, lässt aber ihre Ursachen weiter bestehen. An ihre Wurzeln rührt man nicht.

Cicero: *Aber im Antrag „Faire Chancen für alle Kinder“ der Familienministerin Kristina Schröder von 2010 war zu lesen, dass „von der CDU-geführten Bundesregierung [...] ein Bündel an gezielten Maßnahmen entwickelt [wurde, M.Z.], das Familien und Kinder vor Armut schützt.“*

M. Z.: Der Erfolg von armutsbekämpfenden Maßnahmen müsste sich vom Ergebnis her beurteilen lassen. Konnten wir in den letzten Jahren tatsächlich einen Rückgang der Kinderarmutszahlen feststellen? Doch wohl nicht! In dem erwähnten Antrag heißt es, dass staatliche Leistungen die Lebensgrundlagen von Familien absichern und Kinder vor Armut schützen würden. Immerhin leben rund zwei Millionen Kinder im Hartz-IV-Bezug, dessen Regelsätze alles andere als bedarfsdeckend sind. Wer Hartz-IV-Leistungen erhält, lebt auf einem materiellen Niveau, das unterhalb der üblicherweise festgelegten Armutsgrenze von 50% des durchschnittlichen Nettoeinkommens liegt. Indirekt geht wohl auch Kristina Schröder wie ihre Vorgängerin davon aus, dass, wer staatliche Sozialleistungen beziehe, einfach nicht arm sei – denn „wirklich arm“, so ihre Worte, „sind die allermeisten Kinder und Familien nicht“. Fragt sich nur, welche Vorstellung von Armut Frau Schröder hat. Denkt sie etwa an Kalkutta?

Cicero: *Was ist mit dem Kinderzuschlag? Das Bundesministerium für Familie behauptet, dieser leiste „einen Beitrag, Armutsrisiken für Familien und Kinder zu vermeiden" und führe „zu spürbaren Einkommensverbesserungen bei Familien im Niedriglohnbereich".*

M. Z.: Der Kinderzuschlag hat eine begrenzte Zielgruppe im Blick, und zwar Familien, in denen trotz Erwerbseinkommen aufstockende Hartz-IV-Leistungen bezogen werden oder beansprucht werden dürften. Der Zuschlag gilt also sogenannten „Aufstockern". Er ist nicht dazu gedacht, die Einkommenssituation dieser Familien tatsächlich zu verbessern, sondern hebt das Niveau nur bis zu jenem Betrag an, ab dem sie keine Hartz IV-Leistungen mehr beziehen können. Der Kinderzuschlag zielt in erster Linie auf eine Verringerung der statistisch erfassten Armutszahlen ab.

Cicero: *Und das Betreuungsgeld?*[2] *Wie stehen Sie dazu?*

M. Z.: Ich bin entschieden dagegen – und dazu hätte es nicht erst der deutlichen Warnung des Bundesbildungsberichts bedurft. Ohne hier auf die verschiedenen Gegenargumente einzugehen, nur eines: Die Einführung eines Betreuungsgeldes, das an die Nicht-Inanspruchnahme von öffentlicher Kinderbetreuung gekoppelt wäre, würde geradezu dazu einladen, dass Kinder aus sozial benachteiligten Familien ausschließlich zu Hause betreut werden. Damit wäre endgültig die Chance vertan, solche Kinder durch entsprechende außerfamiliäre Angebote zu fördern, obwohl gerade sie stärker als andere darauf angewiesen sind. Damit will ich nicht in Abrede stellen, dass Erziehungsarbeit von der Gesellschaft mehr anerkannt werden müsste und auch honoriert werden sollte – aber dazu brauchen wir ganz andere Konzepte.

Cicero: *Frau von der Leyen sagte einmal, ein Mindestlohn werde das Armutsrisiko von Familien erhöhen. Stimmen Sie dem zu?*

M. Z.: Das ist eine sehr strittige Aussage. Ein Mindestlohn müsste so gestaltet sein, dass mit seiner Höhe in jedem Fall ein existenzsicherndes Einkommen zu erzielen ist. Damit hätten wir zumindest einen Teil der Armutsproblematik im Griff.[3]

---

2 Am 1. August 2013 ist das Betreuungsgeldgesetz in Kraft getreten.

3 Im April 2014 hat sich die Große Koalition auf einen Mindestlohn von 8,50 Euro pro Stunde geeinigt, allerdings mit Ausnahmen. Damit würden aber immer noch ca. 750.000 Vollzeit-Arbeitnehmer wegen zu hoher Mietkosten als sogenannte Aufstocker staatliche

Cicero: *Statt eines Mindestlohns haben wir Minijobs, prekäre Beschäftigungsverhältnisse und Hartz IV. Hat die Politik mit ihren Maßnahmen die Armut und Kinderarmut in Deutschland verschlimmert?*

M. Z.: Die Hartz-IV-Gesetzgebung hat mit der Zusammenlegung von Arbeitslosen- und Sozialhilfe dazu geführt, dass mehr Menschen statt Sozialversicherungsleistungen Fürsorgeleistungen beziehen. Dadurch sind viele Familien und eben auch Kinder unter die Armutsgrenze gerutscht. Wer ALG-II-Gelder erhält, lebt nach meinem Dafürhalten in Armut.

Was Minijobs und geringfügige Beschäftigungsverhältnisse betrifft – und dabei denke ich natürlich nicht an Nebenjobs –, so führt deren geringe Entlohnung häufig zu dem Phänomen, das in Fachkreisen mit dem Fremdwort *Working Poor* bezeichnet wird. Gemeint ist damit, dass Menschen trotz Erwerbstätigkeit kein existenzsicherndes Einkommen erzielen. Das ist ursächlich eindeutig auf Niedriglöhne und geringfügige Beschäftigungen zurückzuführen, aber eben auch auf gesetzliche Regelungen, die solche Arbeitsverhältnisse begünstigen. Damit ist ein breites Segment von Beschäftigungen entstanden, die auch sozial nicht abgesichert sind, weder bei Verlust der Arbeit noch im Alter.

Aktuell wird die Zahl derjenigen, die von Armut bedroht sind, obwohl sie einer regelmäßigen Erwerbsarbeit nachgehen, in der Bundesrepublik auf knapp drei Millionen geschätzt – und natürlich gehören dazu auch Familien mit Kindern. Hier mangelt es dann nicht nur am Geld, sondern auch an Zeit und Kraft für familiäre Belange. Mehrfachbeschäftigung ist zeitraubend und kräftezehrend.

Cicero: *Könnten wir in der Bekämpfung von Kinderarmut eigentlich schon viel weiter sein? Hat die Politik bisher versagt?*

M. Z.: Ja, das hat sie. Wir könnten sicherlich schon weiter sein. Nicht zuletzt werden wir im internationalen Vergleich immer wieder darauf gestoßen. Warum sind andere dabei so viel erfolgreicher? Den nordischen Ländern gelingt es offensichtlich besser, Kinderarmut niedrig zu halten. Nehmen wir die Kinderarmutsstudie von UNICEF, die im Mai 2012 veröffentlicht wurde. UNICEF hat darin zum ersten Mal nicht nur einen Vergleich auf der Basis von Einkommensarmut vorgenommen, sondern auch einen „Index der Entbehrungen“ aufgestellt, der vierzehn Positionen beinhaltet. Anhand dieser

---

Unterstützungsleistungen in Anspruch nehmen müssen. Das gilt vor allem dann, wenn das Arbeitseinkommen für eine größere Familie ausreichen muss.

konkret formulierten Positionen können die tatsächlich fühlbaren Auswirkungen von Kinderarmut realistisch gemessen werden. Dieser Index reicht von warmen Mahlzeiten und gesunder Ernährung über altersgerechte Bücher, entwicklungsgemäßes Spielzeug, regelmäßige Freizeitaktivitäten und witterungsgemäße Kleidung bis hin zur Möglichkeit, an Schulausflügen teilzunehmen, ab und zu Freunde einzuladen sowie Geburtstage oder religiöse Feste zu feiern. In den UNICEF-Ranglisten zur Effektivität der Kinderarmutsbekämpfung stehen die nordischen Länder – Island, Finnland, Schweden, Norwegen – jeweils in unterschiedlicher Positionierung an der Spitze. Und wo steht die Bundesrepublik? Vergleicht man, wie viele Kinder in Einkommensarmut leben, findet sie sich auf Platz 13 von 35 Industrieländern. Noch schlimmer: Beim gemessenen Index der Entbehrungen erreicht sie lediglich Platz 15 von 29 Vergleichsländern und wird sogar von Ländern wie Großbritannien, Spanien, Slowenien oder Tschechien überholt. Die Bundesrepublik und ihre Politikerkaste haben also wenig Grund, überheblich und selbstzufrieden zu sein.

Cicero: *Verspielen wir unsere Zukunft?*

M. Z.: Ja. Gerade auch in einem rohstoffarmen Land wie der Bundesrepublik, deren größtes „Kapital“ die Menschen mit ihren unterschiedlichsten Fähigkeiten sind, können wir es uns nicht erlauben, Potenziale zu verspielen. Letzten Endes weiß das auch die Politik. Deshalb redet sie gerne vom sogenannten „Humankapital“, das es zu fördern gelte.

Mir geht es jedoch nicht nur um Nützlichkeit. Viel wichtiger ist doch, was Aufwachsen in Armut den betroffenen Kindern alles abverlangt. Abgesehen davon, dass hier ganz konkrete individuelle Entbehrungen vorliegen, wie uns UNICEF mit ihrem Index anschaulich vor Augen führt, dürfen wir nicht vergessen, dass wir diesen Kindern viele Chancen verbauen. Der Nobelpreisträger Amartya Sen hat dafür den Begriff der „verweigerten Verwirklichungsmöglichkeiten“ geprägt. Noch gravierender: Dass Kinder in einem reichen Land wie der Bundesrepublik in Armut aufwachsen, verstößt eindeutig gegen die in der UN-Kinderrechtskonvention verbrieften Rechte.

„Armut tut nicht weh und geht vorbei?“[1] (2013)

„Fragt die Kinder“ – unter diesem Titel ist in den USA bereits 1999 eine repräsentative Studie erschienen, die sich bei den Kindern selbst nach deren Befinden erkundet hat (Galinsky 1999). In Anlehnung daran hat das Kindermagazin GEOlino 2011 im Auftrag von UNICEF zum mittlerweile dritten Mal eine Kinderbefragung durchgeführt, in der Kinder mit ihren Anschauungen und Meinungen zu Wort kommen (Kinderwerte-Monitor 2011). Auch das mittlerweile von ProKids zum wiederholten Male in sieben Bundesländern erstellte LBS-Kinderbarometer (2011) geht direkt auf die Kinder zu und will damit in Erfahrung bringen, wie sie bei uns leben, sich fühlen und was sie denken. Und *on the top*: Seit 2007 gibt es auch die World Vision Kinderstudie (Hurrelmann/Andresen 2007 und 2010), ein umfangreiches Kompendium, das auf einer repräsentativen Befragung von 2529 Mädchen und Jungen im Alter von sechs bis elf Jahren basiert und sehr differenzierte Auskünfte über Wohlbefinden und Lebensbedingungen von Kindern in Deutschland gibt. Selbstverständlich gilt das auch für die UNICEF-Berichte zur Lage der Kinder in den verschiedenen Bundesländern (zuletzt: Bertram et al. 2013). Auch hier wird auf die Perspektive der Kinder selbst rekurriert und nach deren „subjektivem Wohlbefinden“ gefragt. Die schwarz-gelbe Bundesregierung kam indes in ihrem Armuts- und Reichtumsbericht (4. ARB 2013) weitgehend ohne diese Informationsquellen aus und verkannte damit ein zentrales Gebot der UN-Kinderrechtskonvention, das besagt, Kinder und Jugendliche seien – altersgemäß – zu allen sie betreffenden Angelegenheiten zu hören.

Wen wundert es, dass der Vierte Armuts- und Reichtumsbericht, zu dessen Erstellung die vorangegangene Bundesregierung aus CDU und FDP ein Beschluss von Rot-Grün (2001) verpflichtet hat, monatelang in der Pipeline der Ministerien- und Kabinettsabsprachen hängen geblieben ist? Beliebt war diese Art von Berichterstattung noch bei keiner Regierung, und bis heute hat jede ihre eigene Strategie gefunden, Fakten zu beschönigen oder auszublenden, die nicht ins eigene Politikkonzept passen. Das ist leider die übliche Crux sämtlicher regierungsamtlicher Berichte. Sicherlich gibt es dabei graduelle Unterschiede, je nachdem, in welchem Maß „unabhängiger“ Sachverstand, Nicht-Regierungsorganisationen oder gar Betroffeneninitiativen in

1 Der Beitrag ist erschienen in: sozialmagazin, H. 3–4/2013.

den Prozess der Berichterstattung eingebunden waren. Natürlich spielt auch eine Rolle, bei wem jeweils die Federführung für die Berichterstellung liegt.

Die schwarz-gelbe Bundesregierung tat sich aber offensichtlich besonders schwer mit diesem Bericht, da der Umgang mit „Armut" ebenso wie mit „Reichtum" für christlich-liberale Regierungsmehrheiten ein heißes Eisen ist, das man lieber nicht direkt anfasst. Schon gar nicht mochte man mit einem regierungsamtlichen Bericht dokumentieren, dass sich in den vorangegangenen Jahren eine zunehmende gesellschaftliche Polarisierung abgezeichnet hatte. Schließlich war diese Regierung programmatisch in der Koalitionsvereinbarung von 2009 mit dem fadenscheinigen Slogan angetreten, „Wohlstand für alle" zu schaffen. Welche Botschaften haben wir nun von dem mehr als 500 Seiten umfassenden Konvolut zu erwarten, das im März 2013 endlich – als echte Schwergeburt – das Licht der Öffentlichkeit erblickt hat? Dass wegen ständiger Verzögerung ein solcher Bericht erst kurz vor Ende der Legislaturperiode erscheint, ist ohnehin widersinnig, weil für die noch amtierende Regierung dann keine Handlungsoptionen mehr bestehen.

Zunächst und zuallererst hören wir natürlich die „frohe Botschaft": Es ist gar nicht so schlimm, und wenn etwas doch schlimm sein sollte, so ist es auf dem Weg der Besserung. Jedenfalls tut die Regierung alles, um es auf diesen Weg zu bringen. Diese Botschaft wird gleich auf mehreren Ebenen vermittelt:

1. Durch das dem Bericht zugrunde liegende *Armutsverständnis* wird das Problem im Kern schlicht wegdefiniert. Armut verflüchtigt sich dabei allenfalls zu einem Risiko, weil nicht sein kann, was nicht sein darf – nämlich Armut im Sozialstaat.
2. Durch ein besonders hervorgehobenes *Konzept der sozialen Mobilität* wird suggeriert, Armutsbewältigung bestehe in der Überwindung einer ohnehin meist zeitlich begrenzten sozialen Lage. Wer seine Chance nicht ergreife, sei selber schuld.
3. Durch die endlose *Auflistung von Maßnahmen*, mit denen man politisch dem Problem zu Leibe rücken wolle, wird unermüdlicher Einsatz vorgetäuscht, ohne im Einzelfall den Beweis zu liefern, dass es sich tatsächlich um effektive Wege und Instrumente der Armutsbekämpfung handelt.

Das sind grundsätzliche Kritikpunkte, die ich diesem Bericht anlaste. Die drei genannten Kritikpunkte lassen sich wie folgt begründen:

Erstens

Durch die Fülle der gelieferten Zahlen und berücksichtigten Armutsschwellen scheint im Bericht immer wieder die politische Auffassung durch, dass durch den Bezug von Sozialleistungen (SGB II und SGB XII) Armut von Kindern und Familien verhindert werde, materielle Armut also insoweit bekämpft sei. Wer Sozialleistungen erhalte, könne per definitionem nicht arm sein – und fertig. Zwar werden auch – wie international auf der EU-Ebene und in der OECD-Berichterstattung üblich – die Armutsrisikoquoten aufgeführt, die von einer Armutsschwelle merklich oberhalb des Grundsicherungsniveaus ausgehen; deren Erwähnung hat aber eher den Charakter eines unwesentlichen Beiwerks. Für die politische Wertung und das politische Handeln bleibt letztlich immer das Armutsverständnis der Regierungsfraktionen ausschlaggebend. Wir haben es folglich nur mit einem veränderten Umgang mit Zahlen zu tun. Dabei wird den Fakten nicht anders begegnet als bisher. „Armut wird schöngeredet", so die zu Recht zugespitzt vorgetragene prinzipielle Kritik am Vierten ARB.

Zweitens

Die Regierung rühmt sich, mit dem „*Konzept der sozialen Mobilität*" ein neues Interpretationsraster in die Armutsberichterstattung eingeführt zu haben. Zweifellos ist soziale Aufwärtsmobilität wünschenswert. Das gilt für den einzelnen Lebenslauf ebenso wie für die Generationenabfolge. Verfestigung von Armut birgt in beiden Fällen den *worst case*. Ein solches Interpretationsraster darf aber nicht dazu führen, die existierende Armutsproblematik in unserer Gesellschaft zu verharmlosen und den Blick darauf zu verstellen, welche Auswirkungen Armut generell und ganz besonders für Kinder und Jugendliche haben kann. Dank des gewählten Analysefokus der sozialen Mobilität kommt der Regierungsbericht, jedenfalls in seinen Hauptüberschriften, ohne die bipolaren Begriffe von „Armut" und „Reichtum" aus. In der Schule würde es heißen: Thema verfehlt! Wenn alles im Fluss ist, kann man nicht fokussieren und hat keinen geschärften Blick auf die aktuellen Zustände.

Die zweite World Vision Kinderstudie von 2010 (Hurrelmann/Andresen) kommt hier zu einer wesentlich klareren Aussage. Ihr Fazit lautet: Kinder in Deutschland leben in einer sozial gespaltenen „*Vier-Fünftel-Gesellschaft*". Große Besorgnis errege, dass für ein Fünftel „unserer Kinder" infolge Armut ausgerechnet ihre wichtigsten Entwicklungsmöglichkeiten deutlich beschnitten seien. Gerade weil diese Kinder „in einer saturierten Gesellschaft" aufwüchsen, erführen sie umso schmerzlicher, wie sehr sie tatsächlich in ihrem Alltag nicht nur materiell, sondern auch sozial schlechter gestellt sind. Kein

Wort davon im Vierten ARB. Die zweite World Vision Kinderstudie wird nicht einmal zitiert. Dabei kommen die Kinder in dieser Studie, wie schon erwähnt, selbst zu Wort, sodass sie das Erleben von Armut, Benachteiligung und Ausgrenzung aus der Betroffenensicht wiedergibt.

Drittens

Wie sehr derartige Berichte zur Lobhudelei eigener Politik verkommen können, wird endgültig mit der unsäglichen Auflistung der bis 2013 ergriffenen Maßnahmen zur Armutsbekämpfung, konkret: zur Bekämpfung von Kinder- und Familienarmut, deutlich (siehe: 4. ARB, Entwurf November 2012, S. 143–172). Hier erfolgt ohne Gewichtung und ohne den Nachweis tatsächlich zielgerichteter Wirkungen ein politischer Rundumschlag. Man möchte fast meinen, die gesamte Politik dieser Regierung habe nichts anderes zum Ziel gehabt, als Armut zu vermeiden. Der Umgang mit Reichtum bleibt ohnehin ausgeklammert. Haben die Regierungsverantwortlichen denn bei der Vorlage ganz vergessen, dass UNICEF der Bundesrepublik bereits 2005 eine nur mittelmäßige Effizienz bei der Bekämpfung von Kinderarmut bescheinigt hatte?

Sehen wir uns die Darlegungen zum Problem der Kinder- und Familienarmut im Vierten ARB genauer an. Eigentlich hätte man hier nützliche Erkenntnisse erwarten dürfen, weil dem diesmaligen ARB ein erweitertes Konzept zugrunde lag, das neben den verschiedenen Dimensionen der *Lebenslage* auch die *Lebensphasen*, also die Lebensverlaufsperspektive, gesondert berücksichtigt. Niemand wird bestreiten, dass das Erleben von Armut in der Kindheit und Jugend andere Auswirkungen hat als in späteren Lebensphasen. Die Unterscheidung zwischen frühkindlicher Entwicklung, Vorschul- und Grundschulzeit, Adoleszenz und Jugendphase sowie die fokussierte Berücksichtigung der verschiedenen „risikobehafteten" Übergänge ergibt in der Tat Sinn.

Weil die Sichtweise im Vierten ARB aber auf soziale Mobilität und die damit gegebenen Aufstiegsmöglichkeiten fixiert bleibt, verpasst der Bericht die Chance, die aktuelle Befindlichkeit der Kinder tatsächlich zu erfassen. Eine auf Entwicklungsphasen bezogene Betrachtung müsste mit einer Analyse der Armutsfolgen gekoppelt sein. Hier böte sich das Lebenslagenkonzept an, demzufolge Armut als extreme Form gesellschaftlicher Benachteiligung gilt, und das von einer fühlbaren Einschränkung kindlicher Handlungs- und Entwicklungsspielräume ausgeht. Der Härte der sozialen Realität würde man ebenso mit einer Deutung gerecht werden, die Armut als Beschädigung des kindlichen Wohlergehens wertet und mit der Gefahr sozialer Ausgrenzung sowie mehrfacher Entwicklungsrisiken in Verbindung bringt. Da der Vierte

ARB damit die Erkenntnisse der „neuen Kindheitsforschung" zur Sozialberichterstattung weitgehend ignoriert, ergeben sich drei zentrale Kritikpunkte:

a) Die *subjektive Sicht und das Erleben der betroffenen Kinder* werden nicht beachtet.
b) Das Konzept der sozialen Mobilität lenkt den Blick *fast ausschließlich auf Entwicklungsperspektiven* und klammert die Sicht auf die aktuelle Befindlichkeit der Kinder weitgehend aus.
c) *Kindliches Wohlbefinden*, eine gemäß der UN-Kinderrechtskonvention von UNICEF in die Berichterstattung eingeführte Kategorie, wird völlig ausgeblendet.

Will man überhaupt das Erleben von Armut aus Kindersicht erfassen, gelingt das auf diese Weise jedenfalls nicht. Es wird überhaupt nicht sichtbar, was diesen Kindern und Eltern abverlangt wird. Hinzu kommt, dass in der Perspektive des Berichts „Bewältigung" von Armut mit erfolgreicher Überwindung gleichgesetzt wird. Es ist immer nur die Rede von „Risiko" und „Erfolg". Was dazwischen liegt, wird ausgeklammert. Die Betroffenen selbst verliert der regierungsamtliche Bericht im Wirrwarr der Zahlen völlig aus dem Blick. Sie erscheinen als „beschriebene Objekte", nicht aber als Subjekte, die Armut erleiden und jeden Tag gegen sie ankämpfen müssen.

Dabei existieren mittlerweile ausreichend Studien der qualitativen Kinderarmutsforschung, die sich explizit aus der Perspektive der betroffenen Kinder mit dem Erleben und Bewältigen von Armutsfolgen auseinandergesetzt haben, wenngleich die Zahl solcher Studien bis heute begrenzt geblieben ist. Eine solche kindzentrierte Vorgehensweise steht leider meist nicht im Fokus etablierter Forschungsinstitutionen. Eine Ausnahme bildet hier das Kinder-Panel des DJI, das explizit auf die Armutsproblematik eingeht (Alt 2005; Alt 2007). Der Vierte ARB übergeht aber selbst die bereits vorliegenden qualitativen Studien, die beispielsweise im „Einführenden Handbuch" zur Kinderarmut (Zander 2005) vorgestellt wurden. Er verweist nicht einmal darauf. Auch die einzige in der Bundesrepublik durchgeführte Langzeitstudie zur Kinder- und Jugendarmut, die Mädchen und Jungen von der frühen Kindheit bis in die Adoleszenz forschend begleitet hat, findet im Bericht keine Erwähnung (ISS-Kinderarmutsstudien von 2000 bis 2012). Ebenso wenig werden Forschungen berücksichtigt, die sich aus hauswirtschaftlicher Sicht spezifisch mit Armutsbewältigungsstrategien von Familien befasst haben (Meier/Preuße/Sunnus 2003).

Fakt ist: Wir verfügen heute nicht nur über ein ausgefeiltes und angemessenes Instrumentarium, Armutsphänomene und -entwicklungen quantitativ zu erfassen, sondern auch über ein empirisch fundiertes Wissen über ihre

„qualitative Seite", also das subjektive Erleben von Armut. Wer das ausblendet, verliert aus den Augen, worüber er überhaupt spricht. Sicherlich stellen institutionell vorgegebene Übergänge, wie sie der Bericht hervorhebt, etwa derjenige von der familiären in die Krippenbetreuung, die Aufnahme in eine Kita, die Einschulung und der Übertritt in eine weiterführende Schule, kritische Momente im Entwicklungsverlauf eines Mädchens oder Jungen dar. Bekannt ist auch, dass manche dieser Übergänge – wie die Einschulung oder die Zuweisung an weiterführende Schulen – für Kinder, die in Armutsverhältnissen leben, eine größere Hürde bilden als beispielsweise für Mittelschichtkinder. Wir wissen ebenfalls, dass die möglichst früh einsetzende Bildung in Institutionen, wie Kinderkrippe und Kita, dem Erfolg in der Schule zugutekommt. Unzweifelhaft ist zudem, dass für arme Kinder Bildungserfolg der wirkungsvollste intra- und intergenerative Ausweg aus ihrer Lage sein kann. Aber erschöpft sich ein Kinderleben tatsächlich in dieser ausschließlichen Sicht auf seine Entwicklungspotenziale? Haben wir nicht der modernen Kindheitsforschung die einschneidende Erkenntnis zu verdanken, dass man Kinder im Hier und Jetzt verstehen muss, statt sich nur auf ihre möglichen zukünftigen Entwicklungschancen zu konzentrieren? Um zu erkunden, wie es Kindern aktuell ergeht, müssen wir sie wie das LBS-Kinderbarometer explizit danach fragen, wie sie sich in ihrer Familie, in der Schule, im Freundeskreis und in ihrer Wohnumgebung fühlen. Wir sollten auch in Erfahrung bringen, mit welchen Strategien sie Armut zu bewältigen versuchen.

Ein Blick auf die sich immer wieder bestätigenden Erkenntnisse der neueren Kinderarmutsforschung zeigt die deutlichen Benachteiligungen, denen Kinder aus Armutsverhältnissen hierzulande immer noch ausgesetzt sind:

- Auch wenn die Grundversorgung dieser Mädchen und Jungen in der Regel gewährleistet ist, so müssen einzelne von ihnen doch mit einer suboptimalen Ernährung auskommen. Sie erfahren dadurch gesundheitliche Schädigungen, wie die Diskussion über die Folgen von Fehlernährung beweist.
- Auch wenn die meisten dieser Kinder einigermaßen unauffällig gekleidet sind – und sei es, dass hierfür der Weg zur Kleiderkammer, zum second-hand-Laden oder zum Flohmarkt erforderlich ist –, machen in Armut aufwachsende Mädchen und Jungen gerade in dieser Hinsicht immer wieder Ausgrenzungs- und Differenzerfahrungen. Ihnen begegnet man mit beschämenden Fragen wie: „Wo hast du denn diesen Anorak bloß her?", oder: „Wie siehst du denn wieder aus?"
- Auch wenn nur die wenigsten dieser Mädchen und Jungen als Obdachlose oder als Straßenkinder aufwachsen, klagen viele doch

über beengte Wohnverhältnisse und fehlende Rückzugsmöglichkeiten – das fehlende eigene Zimmer – und wachsen in vielfach belasteten Wohnquartieren auf.

- Auch wenn eine gute Gesundheit nicht nur eine Frage des materiellen Status ist, fallen in Armut lebende Kinder in Kita und Schule durch häufigere Erkrankung auf. Hinter einer solchen Erkrankung kann sich übrigens auch die Erfahrung von Mobbing verbergen.
- Auch wenn es mittlerweile kostenlos zugängliche Freizeitangebote gibt, ist eine breite Palette von Angeboten im Sport, im musischen und im Spaßbereich, wie sie mittlerweile selbstverständlich zur Kinderkultur gehören, gerade Mädchen und Jungen aus sozial benachteiligten Familien nicht zugänglich. Folglich bleiben diese Kinder von Teilhabemöglichkeiten und sozialen Kontakten zu Gleichaltrigen tendenziell ausgeschlossen.
- Auch wenn ein höherer sozialer Status nicht in jedem Fall schulischen Erfolg garantiert, erreichen Mädchen und Jungen aus sozial benachteiligten Familien seltener einen höheren Schulabschluss wie das Abitur, denn die soziale Herkunft spielt im deutschen gegliederten Schulsystem immer noch eine bedeutsamere Rolle als anderswo.
- Auch wenn Freundschaften und soziale Kontakte nicht ausschließlich milieugebunden entstehen, haben es Mädchen und Jungen, die in Armut aufwachsen, generell schwerer, vielfältige Kontakte zu Gleichaltrigen zu knüpfen und zu pflegen.
- Auch wenn gute Eltern-Kind-Beziehungen und ein warmes Familienklima nicht unbedingt an einen sozialen Status oder den Bildungshintergrund der Eltern gebunden sein müssen, wissen wir zur Genüge, wie sehr materielle Not und existenzielle Sorgen das Familienklima belasten. Daher sehen sich in Armutsmilieus aufwachsende Kinder oft mit erheblichen psychosozialen Belastungen im Familienkreis konfrontiert.
- Auch wenn elterliche Erwerbstätigkeit kein Garant für das Wohlbefinden von Kindern ist, geht bekanntlich Erwerbslosigkeit – insbesondere Langzeitarbeitslosigkeit ohne Ausstiegsperspektive – mit gravierenden psychosozialen Folgen einher.

Die Auflistung derartiger Erschwernisse und Entwicklungsrisiken könnte weiter fortgesetzt werden. So kommt auch die schon zitierte ISS-Langzeitstudie in all ihren Etappen immer wieder zum Ergebnis, dass arme Mädchen und Jungen wesentlich häufiger in ihrem Wohlbefinden beeinträchtigt sind als Kinder, die in nicht-armen Familien aufwachsen (Holz et al. 2005 und

Laubstein et al. 2012). Arme Kinder erfahren laut dieser Studie wesentlich häufiger multiple Deprivationen, also Einschränkungen in ihrem materiellen und gesundheitlichen Wohlbefinden sowie Einengung in ihren sozialen und kulturellen Bedürfnissen.

Derartige Fokussierungen fehlen im Vierten ARB völlig. Auch die Frage nach dem Umgang der betroffenen Kinder mit den sie zweifellos belastenden Lebensbedingungen wird gänzlich ausgeklammert. Da man die Ergebnisse von *qualitativen Studien zur Kinderarmut* nicht herangezogen hat, kann der Bericht auch vornehm übergehen, welchen Preis Kinder eigentlich zu zahlen haben, damit es ihnen gelingt, trotz erschwerter Bedingungen überhaupt an „sozialer Mobilität" zu partizipieren. Was der Vierte ARB als Zauberformel präsentiert, mit der sich alle Türen öffnen, müssen sich diese Kinder hart erarbeiten. Bulma, ein Flüchtlingsmädchen aus dem Irak und Teilnehmerin an einer eigenen Kinderbefragung, erlebt jedenfalls Armut erst einmal als etwas Statisches, dass jemand *„keine Idee und kein Geld hat"*.[2]

Wie hoch ist dieser Preis? Je prekärer die familiäre Notlage erscheint und je aussichtloser ein Ausstieg, desto mehr seelische Kraft – oder nennen wir es mit der Resilienzforschung ruhig „seelische Widerstandskraft" – brauchen jedenfalls die Familien und Kinder, um die Situation erfolgreich zu meistern. In diesem Fall können vielleicht aus armen Kindern sogar „starke Kinder" werden (Zander 2008). Erfolg ist hier nicht im landläufigen Sinne gemeint, sondern besteht in der gelungenen subjektiven Bewältigungsleistung. Ein solcher Kraftakt deckt sich nicht unbedingt mit der Vorstellung des Vierten ARB von Erfolg. Nicht in jedem Fall wird die geglückte Bewältigung darin bestehen, dass ein Kind auf der sozialen Leiter höher steigt. Lassen Politik und Gesellschaft die Armutsbetroffenen als Gruppe im Stich, legen sie es letzten Endes in die Hände des Einzelnen, mit der alltäglichen Armut irgendwie umzugehen. Sie machen es dann von der Widerstandsfähigkeit des Individuums abhängig, ob es später trotzdem noch ein erfülltes Leben führen kann. Was das jeweils bedeutet, sowohl wenn es gelingt, aber auch wenn ein Kind daran scheitert, darüber sprechen die Ergebnisse qualitativer Studien Bände.

Um hier nicht zum wiederholten Mal die bekannte Typologie von gelingender oder misslingender Armutsbewältigung in abstrakter Form darzustellen und so Gefahr zu laufen, die Kinder, also die eigentlichen Subjekte, aus den Augen zu verlieren, sollen stattdessen zwei steckbriefartig einander gegenübergestellte Fallbeispiele für sich sprechen:

---

2 Bulma, ein Pseudonym, wurde im Rahmen des Forschungsprojektes in Münster und im Westmünsterland (2000–2002) interviewt.

Fall 1: Erik, neun Jahre, ein Prototyp „gelingender" Armutsbewältigung

- *Die allein erziehende Mutter* (48 Jahre) lebt von Sozialhilfe, ist seit vielen Jahren erwerbslos oder besser: bisher erfolglos arbeitssuchend. Sie zeigt sich dennoch nicht entmutigt, weil sie trotz allem auf institutionelle Unterstützung baut. De facto steht es jedoch schlecht um ihre Chancen auf dem Arbeitsmarkt, wenn man auf ihr Alter und ihre häuslichen Verpflichtungen blickt. Wir haben es hier mit einer *kinderreichen Familie* mit neun Kindern zu tun, von denen einige schon außer Haus sind. Eine Tochter ist chronisch krank. Es herrscht ein positives Familienklima mit starkem familiären Zusammenhalt. Das gilt auch für das Verhältnis zwischen der Mutter und ihren bereits erwachsenen Kindern, die sie unterstützen. Auch die Mutter-Sohn-Beziehung ist im Falle von Erik respekt- und verständnisvoll und von eher partnerschaftlichem Charakter geprägt. Dabei sind die Anforderungen an das Kind klar formuliert und die Alltagsstrukturen geregelt. Die innerfamiliäre Kommunikation funktioniert gut. Die Mutter ist in der Handhabung des alltäglichen Mangels erfindungsreich, wobei ihr vor allem die Solidarität der erwachsenen Kinder hilft. Zum Vater besteht kein Kontakt, worunter der Junge anscheinend leidet. Die Eltern sind seit einigen Jahren geschieden.
- *Erik* ist ein sehr selbstständiges, vielseitig interessiertes Kind, das viel Eigeninitiative entwickelt und von der Mutter darin bestärkt wird. Erik erlebt seine Mutter als tatkräftig und meist guter Dinge, kann zudem in vielfacher Hinsicht auf geschwisterlichen Beistand zählen. So ermöglicht ihm beispielsweise ein Bruder eine Fahrt mit den Pfadfindern, ein anderer verhilft ihm zu Sportkleidung. Er kommt in der Schule gut zurecht und erfährt bei Schulproblemen Unterstützung durch die Mutter und die ältere Schwester. Zudem hat Erik vielfältige eigene Interessen, beispielsweise für Kleintiere und Käfer, und verfolgt Hobbys wie Fahrradfahren, die er trotz der materiellen familiären Knappheit zu pflegen imstande ist. Er gründet einen eigenen Fahrradclub, sammelt Fahrradteile, repariert und recycelt Fahrräder. Der Junge ist in der Schule beliebt und hat dort, wie auch in der Nachbarschaft, viele Spielkameraden und Freunde. Seine Kontakte reichen sogar über den Stadtteil hinaus zu den Pfadfindern. Erik geht auch auf Erwachsene außerhalb der Familie offen zu.

Für diesen Bewältigungstyp gelten folgende Merkmale:

- Sowohl die Eltern – in diesem Fall die Mutter – als auch die Kinder sind in der Lage, vielfache Kompensationen zu nutzen, um die materielle Notlage abzufedern. Eltern fungieren als positive Rollenvorbilder.
- Es werden sowohl familiäre Netzwerke, einschließlich derjenigen des Kindes, als aber auch Offerten von Institutionen genutzt, wie etwa Freizeitangebote der Schule oder hier der Pfadfinder.
- Diese Kinder können auf ihnen zugewandte und sie unterstützende Eltern/Mütter zurückgreifen und auf ein warmes Familienklima vertrauen.
- Schulisches Lernen wird daheim gefördert, Freizeitgestaltung als entlastende Gegenwelt erlebt.
- Insgesamt kommen für diese Kinder zu den materiellen Belastungen durch die Erwerbslosigkeit der Eltern, die Wohnungsenge und die zu knappen fi-

nanziellen Mittel kaum weitere Probleme hinzu. In Eriks Fall ist zusätzlich zur Armutslage noch die Trennung vom Vater zu verkraften, die den Jungen wohl schmerzt.

- Im Resilienzdiskurs würden wir von personalen und sozialen Schutzfaktoren sprechen, die für die positive Bewältigung von Risiken – hier: armutsbedingter Risiken – von ausschlaggebender Bedeutung sind. Erik stehen sie in ausreichendem Maße zur Verfügung.

Fall 2: Frank, acht Jahre, ein Prototyp „misslingender" Armutsbewältigung

- Die *Mutter* (26 Jahre) lebt mit einem deutlich älteren Lebensgefährten (36 Jahre) zusammen und befindet sich im Erziehungsjahr mit einem jüngeren Kind von gut anderthalb Jahren. Sie hat seit der Geburt ihres ersten Kindes (Frank) keinen Job mehr gefunden. Der Vater (= Stiefvater von Frank) ist unregelmäßig beschäftigt, gelegentlich auf Montage und war vorübergehend kurz in Haft. Die Familie lebt von aufstockender Sozialhilfe oder vom Arbeitslosengeld des Vaters. Die Mutter ist mit der Haushaltsführung überfordert. Die Familie leistet bei materiellen Gütern eindeutig Verzicht, ohne jedoch mit Frank über diese Erfordernis zu sprechen. Seine Mutter nimmt die Bedürfnisse des Kindes nicht wirklich wahr, weil sie nicht realisiert, wie sehr Frank die Notlage spürt. Die Familie hat wenig soziale Kontakte. Lediglich eine Großmutter, die auf dem Land lebt, unterstützt die Familie manchmal mit Naturalien. Eine Freundin springt gelegentlich ein und hütet die Kinder. Franks Familie lebt in einer desolaten Wohnumgebung und in beengten, wenig ansprechenden Wohnverhältnissen. Der Junge kann nicht viel Unterstützung und Rückhalt von seinen Eltern erwarten.
- *Frank* ist eher unselbstständig und zeigt wenig Neigung, sein Kinderleben selbst zu gestalten. Er hat kaum eigene Freizeitinteressen und Hobbys, keine richtigen Freunde und Spielkameraden, sodass er sich ziellos auf der Suche nach irgendwelchen Gelegenheiten herumtreibt. Zu Hause erlebt er einen wenig strukturierten Alltag. Die Eltern sind teilweise nicht wirklich für ihn ansprechbar. Deshalb bekommt er selten Zuspruch und Ermutigung, zumal ihm seine Eltern keine Vorbilder dabei sind, wie man konkrete Lösungsmöglichkeiten findet. Frank gehört zu den schwachen Schülern mit schulischen Problemen, fühlt sich in der Schule ohnehin nicht wohl und hat auch keine Kontakte zu anderen Kindern in seiner Klasse.

Im Sinne des Resilienzdiskurses wird hier deutlich, in welchem Maße dieses Kind Risikofaktoren ausgesetzt ist, ohne dass ihm entsprechende Schutzfaktoren – wie etwa im Fall von Erik – zugänglich wären. Ausschlaggebend dafür, ob ein Kind, das in einer stark risikobehafteten Lebenssituation wie Armut aufwächst, diese Herausforderung zu bewältigen vermag, ohne in seinem Befinden und seiner Entwicklung empfindlich beeinträchtigt zu sein, sind verschiedene Faktoren, die *entlastend* wirken können. In der Terminologie der Resilienzförderung würde man von *schützenden Faktoren* sprechen.

Frank findet solche Schutzfaktoren aber weder in sich selbst, in seiner Familie noch außerhalb. Er verfügt selber über wenig Charaktereigenschaften oder erworbene Fähigkeiten, die ihm helfen könnten, noch leiten ihn familiäre oder anderweitige Vorbilder.

Gerade am Beispiel von Frank zeigt sich besonders deutlich, dass wir die Bewältigung von Armut nicht einfach getrost den betroffenen Kindern und Eltern überlassen dürfen in der irrigen Annahme, sie würden schon selbst ausreichend Schutzfaktoren generieren oder zufällig in ihrem sozialen Umfeld darauf stoßen. Armut zeigt individuelle Gesichter, aber trägt tief eingegrabene strukturelle Züge.

Ein Armuts- und Reichtumsbericht, der seinen Namen wirklich verdient, müsste zunächst einmal eingestehen, dass im Lebensweg von armen Kindern nicht immer nur der mögliche Aufstieg winkt, sondern dass diese Lebenskarrieren von Anfang an vom Scheitern bedroht sind. Von Schicksalen wie dem von Erik hört ein Ministerium gern. Dem Duktus des Vierten ARB lässt sich entnehmen, dass ihm Fälle wie Frank eher ungelegen kämen. Die Politik darf nicht einseitig darauf setzen, dass, wie bei Erik, trotz der armutsbedingten Notlage genügend starke Charakterzüge und hilfreiche Umstände zusammenkommen, damit eine Kindheit noch einigermaßen zufriedenstellend verläuft. Sie sollte vielmehr gerade Kinder wie Frank im Blick haben. Geeignete sekundärpräventive Interventionen können sicher mithelfen, Kinder wie Frank, so gut das mit Unterstützung von außen geht, aufzufangen. Ein solcher Fall zeigt aber zugleich exemplarisch auf, dass primär- und sekundärpräventive Maßnahmen Hand in Hand gehen müssten, damit das Kind gar nicht erst „in den Brunnen fällt".

Ein sinnvoller Armuts- und Reichtumsbericht würde also nicht nur Armut beim Namen nennen und sich zu einer ebenso vorurteilslosen wie realitätstüchtigen Analyse der vorgefunden Lebenslagen durchringen, sondern in der Konsequenz auch über Primärprävention nachdenken. Welche gesellschaftlichen Schieflagen verursachen die skandalös hohen Zahlen von Armut und Kinderarmut inmitten einer Wohlstandsgesellschaft und lassen damit zumindest indirekt Entwicklungen wie die bei Frank zu? Je mehr die Schere zwischen Arm und Reich auseinanderklafft, desto mehr politische Entschlossenheit braucht es dazu. Eine Regierung, die nicht einmal den Mut aufbringt, diesen Realitäten bei ihrer Zustandsanalyse ins Auge zu sehen, ist hier schon von vornherein zum Scheitern verurteilt.

Warum bewegt sich nur so wenig? (2014)[1]

Viel ist die Rede von Kindheit als eigenständiger Lebensphase. Wir haben gelernt, Kinder in Befragungen zu ihrer Lage selbst zu Wort kommen zu lassen und als eigenständige Akteure ihres kindlichen Lebens zu begreifen. Mittlerweile hat sich auch herumgesprochen, dass Kindern entsprechend eigenständige Rechte zustehen, selbst wenn es mit der Umsetzung der UN-Kinderrechtskonvention hierzulande immer noch hapert. Wenn es freilich um die materielle Ausgestaltung eines Kinderlebens geht, werden Kinder von der Politik allzu leicht noch als Anhängsel ihrer Eltern gesehen und geraten daher in den Sog eines Diskurses, bei dem die soziale Lage eines Individuums in Abhängigkeit von dessen Arbeitsleistung gedeutet wird und folglich als Ausdruck dessen gilt, was jemand im Leben geleistet oder angeblich verschuldet hat. Bei einem Kind lässt sich freilich im Sinne seiner gegenwärtigen Existenzsicherung nichts *„fordern und fördern"*, denn es ist noch nicht Teil des Arbeitsmarktes und im wahrsten Sinne des Wortes an jener Lebenslage unschuldig, in die es hineingeboren wird oder hineingerät. Kinderarmut ist die Armut von Abhängigen.

Kinder stehen ganz am Anfang ihres Lebens und können für die soziale Lage ihres Elternhauses nicht verantwortlich gemacht werden, sondern bedürften der vollen solidarischen Unterstützung der Gesellschaft, um ihr Leben wirklich eigenverantwortlich und chancengerecht gestalten zu können. Von diesen Voraussetzungen sollte ausgegangen werden. Die Eigenständigkeit der kindlichen Lebensphase müsste sich in einer eigenständigen Ausstattung der materiellen und immateriellen Lebensbedingungen widerspiegeln. Stattdessen: erbärmlich niedrige Regelsätze für Kinder beim Hartz-IV-Bezug, die selbstverständlich in Abhängigkeit von denen für die Eltern konzipiert sind und quasi naturgesetzlich niedriger ausfallen als die der Erwachsenen.

Zu Beginn des Jahres 2014 hat das Deutsche Kinderhilfswerk die Ergebnisse einer repräsentativen Umfrage bekannt gegeben, die infratest dimap in seinem Auftrag durchgeführt hat (Pressemitteilung des DKHW vom

1 Der Titel dieses Beitrags wurde von einem Vortrag übernommen, den die Autorin anlässlich einer Fachtagung der Akademie Meißen zu „Arme Kinder im Sozialstaat?! Wege aus der Kinder- und Jugendarmut" am 11./12. Juni 2012 gehalten hat. Der hier publizierte Beitrag ist aber neu als politisches Resümee für diesen Sammelband verfasst worden.

14.1.2014)[2]. Ihr zufolge ist ein Großteil der deutschen Bevölkerung (72 %) der Meinung, dass Politik und Gesellschaft eher wenig oder sehr wenig tun, um Kinderarmut zu „bekämpfen". Zwei Drittel der Befragten (66 %) wären sogar bereit, höhere Steuern zu zahlen, um dem Problem mit wirksamen politischen Maßnahmen zu begegnen. Im Einzelnen sprachen sich die Interviewten dafür aus, dass Kindern aus einkommensschwachen Familien Lernmittelfreiheit (97 %) gewährleistet und kostenfreies Essen in Schule und Kita (86 %) zur Verfügung gestellt werden sollten. Ebenso müssten diesen Kindern ein kostenloser Zugang zu Ganztagsbetreuung in Kitas und Schulen (84 %) sowie insgesamt eine kostenfreie Teilnahme an Bildung, Kultur und Sport (81 %) ermöglicht werden.[3] Extrem hoch (94 %) fiel auch die Zustimmung dazu aus, mehr pädagogisches und sozialpädagogisches Fachpersonal einzustellen, das sich in diesen Institutionen um benachteiligte Kinder kümmern sollte.

Diese Umfrageergebnisse lassen zweifellos erkennen, dass die Politik auf breite Unterstützung in der Bevölkerung zählen könnte, wenn sie entschiedenere Schritte zur Bekämpfung von Kinderarmut ergreifen würde. Den verantwortlichen Politikerinnen und Politikern dürfte das im Übrigen nicht unbekannt sein. Bereits im amtlichen Familienreport 2010 taucht der Hinweis auf, dass in Deutschland 80 % der Bevölkerung Kinderarmut als ein gravierendes Problem ansehen (Familienreport 2010, S. 60). Dort wird hervorgehoben, dass solche Meinungsbilder auf einem durchaus differenzierten Armutsverständnis basierten, bei dem Armut nicht nur als materielle Notlage wahrgenommen werde, sondern auch deren Folgewirkungen gesehen würden. Die Befragten wüssten also sehr wohl, dass Armut mit schlechteren Bildungschancen, geringerer individueller Förderung, unzureichenden Freizeitmöglichkeiten, schlechterer Gesundheit und der Gefahr des sozialen Ausschlusses einhergehe. Warum zögert die Politik dann noch, mit allen ihr zur Verfügung stehenden Mitteln tätig zu werden? Warum findet Kinderarmut im Koalitionsvertrag von 2013 nicht einmal Erwähnung? Klingt da der bombastische Titel dieses Vertrages „Deutschlands Zukunft gestalten" nicht geradezu wie Hohn?

---

2 Pressemitteilung des DKHW vom 14.1.2014: www.dkhw.de/cms/80-startseite/1901-ergebnis-umfrage-2, zuletzt abgerufen am 14.6.2014.

3 Die Ergebnisse der vom DKHW in Auftrag gegebenen Befragung im Einzelnen unter: www.dkhw.de/cms/images/downloads/Umfrage_Kinderarmut_Einzel.pdf, zuletzt abgerufen am 14.6.2014.

Breites Bündnis gegen Kinderarmut

Ursachen, Ausmaß und Erscheinungsformen von Kinderarmut haben in den letzten 15 Jahren zweifellos im Brennpunkt empirischer Forschung wie sozialer Lageberichte gestanden. Wir besitzen genügend empirische Erkenntnisse aus Forschung, politischer Berichterstattung, Panelstudien und Surveys über die mehr als problematischen Folgewirkungen für die Betroffenen selbst, aber auch für die Gesellschaft. Wir wissen, dass ein Aufwachsen in familiärer Armut eines der zentralen Entwicklungsrisiken für Kinder darstellt. Das Problem wird mittlerweile im Alltagsleben von Kitas, Schulen, Arztpraxen und Beratungsstellen bewusst wahrgenommen und war zuvor längst schon in der Praxis der Sozialen Arbeit bekannt. Seit Jahren finden unzählige Tagungen für Fachkräfte aus unterschiedlichen Berufszweigen zu Fragen eines angemessenen Umgangs mit armutsbelasteten Kindern statt und stoßen auf großes Interesse. Das Thema wird seit längerer Zeit immer wieder von den Medien aufgegriffen. Das hat zu einem erkennbaren Problembewusstsein in der Bevölkerung geführt, wofür die Ergebnisse der oben erwähnten repräsentativen Befragung durchaus als Indiz gelten dürfen.[4]

Seit Jahren beschäftigen Diskussionen über sekundäre Formen von Armutsprävention die praxisorientierte Wissenschaft, Fachkräfte der Pädagogik und Sozialen Arbeit sowie hier und da auch die Politik auf kommunaler und auf Landesebene.[5] Es sind zahllose Ideen für praktische Maßnahmen zusammengetragen worden, wie man auf örtlicher oder gar auf Quartiersebene armutsbedingten Folgewirkungen bei Kindern begegnen oder Entwicklungsschäden zumindest begrenzen könnte. Einzelne Kommunen, so das häufig zitierte Monheim am Rhein, sind beispielhaft vorangegangen, indem sie sich an einem Konzept von „Präventionsketten" orientieren, die präventive und armutsausgleichende Angebote von der Geburt eines Kindes bis zu seinem Berufseinstieg vorsehen. Zweifellos kann man auf diesem Wege auch überprüfbare Wirkungen erzielen. Es besteht jedoch die Gefahr, dass solche Programme zu einem regelrechten Sisyphusunternehmen geraten. Solange die Politik auf Bundesebene nicht in der Lage oder nicht willens ist, die Ursachen von Kinderarmut mit sozialpolitischen Maßnahmen grundsätzlich zu bekämpfen, muss man notgedrungen auf sekundäre Prävention setzen, also

---

4 Dass es neben einer durchaus problemangemessenen medialen Berichterstattung immer auch die Tendenz zu Skandalisierung und Stigmatisierung nach dem Motto „blame the victim" gibt, steht auf einem anderen Blatt.

5 Siehe die Kinderarmutsberichte einzelner Städte, wie Halle/Saale, Frankfurt/Oder, Osnabrück oder Hamm.

gezielte Einzelförderung von Kindern und Familien sowie quartiersbezogene Armutsbekämpfung vor Ort betreiben. Jeder vernunftbegabte Mensch wird hier nur den Kopf schütteln und sich fragen: Warum nicht gleich das Übel an der Wurzel packen? Warum mit so viel Aufwand das Kind aus dem Brunnen holen, wenn man von vornherein verhindern könnte, dass es überhaupt hineinfällt?

Die Armutsforschung hat sich immer schon dadurch ausgezeichnet, dass sie nicht bei der Problemanalyse und Problembeschreibung stehen geblieben ist. In der Tat mangelt es in der Fachliteratur ebenso wenig wie in Reporten, Expertisen und Surveys an praktischen Schlussfolgerungen und gebündelten Statements dazu, mit welchen politischen Initiativen dem Problem beizukommen wäre. Dabei verbinden sich Stimmen aus der Wissenschaft mit solchen aus der sozialen Praxis und von Betroffenen-Initiativen, wie etwa der Nationalen Armutskonferenz und der Bundesarbeitsgemeinschaft der Erwerbslosen- und Sozialhilfe-Initiativen. Unisono werden – teilweise auch sehr konkrete – Forderungen zur Bekämpfung von Kinderarmut an die Politik gerichtet. Warum nur hat man dort kein offenes Ohr dafür?

Gefordert wären zweifellos eine enorme Kraftanstrengung und ein nahtloses Zusammenwirken aller politischen Ebenen, um in einem absehbaren Zeitraum erkennbare Erfolge zu erzielen, wie sie einige skandinavische Länder bereits vorweisen können. So gelingt es beispielsweise Finnland, dessen Kinderarmutsquote ohne soziale Transferleistungen fast gleich hoch wäre wie die Deutschlands (30 % zu 31 %), diese Quote durch entsprechende sozialpolitische Instrumente sogar um zwei Drittel zu senken (von 30 % auf 12 %), während sie Deutschland derzeit lediglich halbiert (15 %) (Familienbericht 2010). Bei diesem Vergleich wird bewusst aus dem amtlichen Familienbericht zitiert, um zu verdeutlichen, dass solche Sachverhalte der Regierung selbstverständlich bekannt sind. Die eigentliche Quelle für einen Ländervergleich dieser Art bilden jedoch die UNICEF-Reporte zur Kinderarmut, die seit 2001 entsprechende Statistiken zusammenstellen, um anhand dieser Daten die unterschiedliche Effektivität von Maßnahmen zur Kinderarmutsbekämpfung in verschiedenen OECD-Ländern zu verdeutlichen.

UNICEF hat in seinen internationalen Reporten über Kinderarmut immer wieder angemahnt, dass die Politik in Deutschland – trotz erheblicher finanzieller Mittel, die für Familienpolitik zur Verfügung gestellt würden – Kinderarmut nicht wirklich effektiv bekämpfe. Dieser Vorwurf lässt sich, allenfalls mit graduellen Unterschieden, an alle Regierungskoalitionen adressieren, die seit dem ersten UNICEF-Report (2001) im Amt waren. Was müsste eigentlich geschehen, wenn man hier endlich sichtbare Erfolge erzielen wollte?

Dazu ließen sich natürlich entsprechende Erkenntnisse aus eigener Forschungstätigkeit anführen. Um aber eine nachdrückliche Antwort von politischem Gewicht zu geben, bietet sich eine gebündelte Zusammenschau jener Forderungen an, die aus unterschiedlichsten Kreisen an eine effektive Armutsbekämpfungspolitik gestellt werden. Berücksichtigung finden bei dieser Auflistung vor allem breit angelegte empirische Studien und wissenschaftlich erstellte Berichte (ISS-Langzeitstudie, 3. World Vision Kinderstudie, UNICEF-Report zu Deutschland 2013), die sich durch ihr regelmäßiges Erscheinen oder systematische Fortschreibung auszeichnen. Des Weiteren werden Stellungnahmen von Verbänden herangezogen, die in unserer Gesellschaft als Lobby für Kinder auftreten (DKSB, DKHW, DJK und Wohlfahrtsverbände)[6] oder sich generell für eine Politik der Armutsbekämpfung einsetzen, wie zum Beispiel die Nationale Armutskonferenz.[7] Sicherlich sind damit längst nicht alle Forderungen aus Wissenschaft und Gesellschaft erfasst. Hier geht es aber nicht um die Vorstellung ausdifferenzierter Konzepte, sondern lediglich um wegweisende Leitziele und die Markierung wichtiger Eckpfeiler.

Kinderarmut ließe sich wirkungsvoll bekämpfen!

Kinderarmut ist in reichen Ländern weitgehend vermeidbar. Sie bildet keine notwendige Begleiterscheinung moderner Gesellschaften, die man einfach hinnehmen muss. Wie vergleichsweise leicht hier Abhilfe geschaffen werden könnte, zeigen die zahlreichen Vorschläge aus Fachwelt und Kinderlobby. Einig ist man sich weitgehend darin, dass es sowohl materieller als auch immaterieller Maßnahmen, direkter ebenso wie indirekter Transferleistungen bedarf, um dem vielschichtigen Problem der Kinderarmut mit seinen vielfältigen Ursachen und Erscheinungsformen wirkungsvoll zu begegnen. Die hier vorgenommene Systematisierung der diversen Vorschläge lässt unschwer erkennen, dass bei aller Unterschiedlichkeit im Detail und ungeachtet der Differenzierung je nach politischer Couleur eine relativ große Übereinstimmung hinsichtlich der Grundausrichtung einer Politik vorherrscht, die sich

---

6 Die Abkürzungen stehen für: Deutscher Kinderschutzbund, Deutsches Kinderhilfswerk, Deutsches Jugendkuratorium.

7 Die Nationale Armutskonferenz (nak) ist ein Zusammenschluss der deutschen Spitzenverbände der Freien Wohlfahrtspflege mit deutschlandweit tätigen (dennoch im Vergleich dazu kleinen) Fachverbänden und Selbsthilfeorganisationen sowie dem Deutschen Gewerkschaftsbund. Eine Vertretung der beiden großen Kirchen hat darin einen Gaststatus.

einer effektiven Bekämpfung oder gar Vermeidung von Kinderarmut verschreibt. Der Übersichtlichkeit halber möchte ich diese Anforderungen an die Politik in vier Leitsätzen bündeln:

- Materielle Grundversorgung von Kindern absichern,
- Chancengleichheit bei Bildung herstellen und Ganztagsbetreuung ausbauen,
- Erwerbstätigkeit von Eltern erleichtern und existenzsichernde Löhne garantieren,
- Präventionsketten und quartiersbezogene Maßnahmen wirksam einsetzen, bei gleichzeitiger Orientierung an Resilienzförderung als pädagogischem Konzept.

Materielle Grundversorgung absichern – vom bedarfsgerechten Regelsatz zur Kindergrundsicherung

Durchweg wird eine deutliche Verbesserung der materiellen Versorgung armutsbetroffener Kinder sowie der finanziellen Ausstattung ihrer Familien durch entsprechende Sozialleistungen gefordert. Die Bandbreite der Vorschläge umfasst zunächst kurzfristig realisierbare Maßnahmen und reicht dabei von einer kind- und bedarfsgerechten Ausgestaltung der Regelsätze über eine Reform des Kindergeldes durch eine einkommensabhängige Staffelung bis hin zu einer wirkungsvolleren Gestaltung von Kinderzuschüssen. Als mittelfristige Lösung bietet sich die Einführung einer eigenständigen Kindergrundsicherung auf einem existenzsichernden Niveau an.

Das derzeitige Kindergeldsystem, das allen Familien einen Grundbetrag für den materiellen Bedarf von Kindern zur Verfügung stellt, hat mit Blick auf Familien, die in Einkommensarmut leben, mehrfache Nachteile: Es deckt nur einen Teil der Unterhaltskosten ab und wird zudem auf Grundsicherungsleistungen, wie ALG II, Sozialgeld und Sozialhilfe, in vollem Umfang angerechnet. Das hat zur Folge, dass jede Erhöhung des Kindergelds an diesen Familien vorbeigeht, weil sie mit dem Kinderregelsatz verrechnet wird. Außerdem besteht zurzeit eine Koppelung von Kindergeld und Steuerfreibeträgen: Familien, die ein entsprechend hohes steuerpflichtiges Einkommen erzielen, haben die Wahl zwischen der niedrigeren Kindergeldleistung und den wesentlich höheren Freibeträgen bei der Steuer. Das führt dazu, dass mittlere und höhere Einkommen eine progressiv steigende Unterstützung (bis zur entsprechenden Höchstgrenze des Steuerfreibetrages) für ihre Kinder bekommen. Das aktuelle System von Transferleistungen für Kinder ist relativ teuer und letztlich für eine gezielte Armutsbekämpfung kontraproduktiv.

Hier würde die Einführung eines einkommensabhängigen Kindergeldes, wie es zeitweise auch von der SPD gefordert wurde, schon eher zielführend sein. Demgegenüber hat die CDU immer schon einen sogenannten „horizontalen Ausgleich" der Kinderkosten präferiert, bei dem Haushalte mit Kindern durch entsprechende Steuernachlässe – wie Kinder-, Betreuungs- und andere Freibeträge – entlastet werden, also weniger Steuern zahlen sollten als einkommensgleiche Haushalte ohne Kinder.[8] Gegen solche Entlastungen wäre nichts einzuwenden, hätten sie nicht nach vertikalen Gerechtigkeitsvorstellungen den widersinnigen Effekt, dass mit höherem Einkommen der Steuervorteil sogar noch ansteigt und die niedrigsten Schichten völlig leer ausgehen. Eine genau gegenteilige Wirkung hätte dagegen ein einkommensabhängiges, sozial gestaffeltes Kindergeld, das Familien mit niedrigerem Einkommen in voller Höhe zustehen und bei steigendem Haushaltseinkommen progressiv „weggesteuert" würde. Ein solches Konzept hat beispielsweise die SPD im Wahlkampf 2013 vertreten.[9] Allerdings findet es sich weder im Koalitionsvertrag noch auf der Agenda der zuständigen Ministerin Schwesig wieder.

Zweifellos könnte man über eine grundlegende Reform des Kinder- und Familienleistungsausgleichs eine wirkungsvolle Kinderarmutsreduzierung erzielen. Diesen Sachverhalt haben Irene Becker und Richard Hauser (2010) in ihrer Expertise „Vom Kindergeld zu einer Grundsicherung für Kinder" (im Auftrag der Hans Böckler Stiftung) detailliert nachgewiesen. Darin haben sie verschiedene Reformvarianten auf ihre fiskalischen und Verteilungswirkungen hin überprüft. Ihr Ergebnis lässt aufhorchen, denn eine *Kindergrundsicherung* würde unter verteilungspolitischen Aspekten die größten Effekte erzielen und die Kinderarmutsquote von 16,5 % auf etwa 3 % (beides Stand 2010) senken.[10] Damit könnte die Bundesrepublik fast an die Spitze der internationalen Vergleichsskala von UNICEF (siehe 2012: Dänemark 3,1 %) vorrücken, also einen Riesensprung nach vorne machen. Eine solche grund-

8 Neuerdings wird der Begriff des horizontalen Ausgleichs auch in dem Sinne verwandt, dass für alle Kinder gleiche Leistungen vorgesehen werden. Siehe dazu die Stellungnahme „Mehr Chancen für Familien" des Paritätischen Gesamtverbandes, S. 3. Das Dokument findet sich unter: www.rps.paritaet.org/uploads/media/famla-chancen.PDF, zuletzt abgerufen am 16.6.2014.

9 Vergleiche hierzu das Regierungsprogramm der SPD 2013–2017: www.spd.de/linkableblob/96686/data/20130415_regierungsprogramm_2013_2017.pdf, S. 54, zuletzt abgerufen am 14.6.2014.

10 Siehe die Zusammenfassung der Ergebnisse von Becker/Hauser 2010: www.kinderarmut-hat-folgen.de/download/Abschlussbericht_Studie_BeckerHauser.pdf, zuletzt abgerufen am 16.6.2014.

sätzliche Reform wäre nach der damaligen Kalkulation für ca. 30 Milliarden Euro Nettokosten im Jahr zu „haben" und wird von dem Autorenteam Becker/Hauser als mittel- bis längerfristig durchaus umsetzbar eingeschätzt. Berechnet wurden daneben auch andere Varianten einer Kindergeldreform, die aber längst nicht eine derart durchschlagende Wirkung erzielen würden.

Für einen solchen grundsätzlichen Systemwandel plädiert seit Jahren schon ein „Bündnis Kindergrundsicherung", dem unter anderem die AWO, der Bundesverband deutsche Tafeln, der Deutsche Kinderschutzbund, das Deutsche Kinderhilfswerk (UNICEF), die Gewerkschaft Erziehung und Wissenschaft, die Naturfreunde Deutschlands, Pro Familia, der Verband berufstätiger Mütter, das Zukunftsforum Familie und einzelne Vertreter/innen aus der Wissenschaft, genauer: der Armutsforschung, angehören.[11] Den Ausgangspunkt für die Forderung nach einer eigenständigen Kindergrundsicherung bildet die Ungerechtigkeit der aktuellen Transferleistungen für Kinder. Derzeit erhalten Kinder von Familien im Sozialgeld- oder Sozialhilfebezug monatlich, je nach Alter, einen Regelsatz in Höhe von 229 bis 296 Euro (Stand 2014), der den gesamten kindbezogenen Bedarf abdecken soll. Erwerbstätige Eltern mit geringem oder mittlerem Einkommen beziehen ein Kindergeld in Höhe von 184 Euro (für das erste und zweite Kind) bzw. 190 Euro (für das dritte) und 215 Euro (für das vierte und alle weiteren Kinder). Gut- und Spitzenverdiener dagegen erzielen durch ihnen zustehende Steuerfreibeträge Entlastungen in deutlich höheren Größenordnungen, als ihnen das Kindergeld einbrächte.

Dieser staatlichen Ungleichbehandlung von Kindern zu Lasten der Ärmeren stellt das „Bündnis Kindergrundsicherung" ein Konzept entgegen, das sich am „verfassungsrechtlich notwendigen Existenzminimum für Kinder" orientiert. Dessen Höhe bezieht sich auf die von der Bundesregierung seit 1995 erstellten Existenzminimumberichte, bei denen sie Vorgaben des Bundesverfassungsgerichts folgt. Basierend auf dem „Achten Existenzminimumbericht" (2013)[12] ist dieser Betrag auf monatlich 536 Euro zu beziffern und setzt sich aus zwei Elementen zusammen: Der Anteil für das sächliche Existenzminimum beläuft sich auf 356 Euro und der dazukommende Freibetrag für Betreuung, Erziehung und Ausbildung auf 180 Euro. Daher plädieren die

11 Das Modell wird in seinen Eckpunkten in einer Broschüre mit dem Titel „Kinder brauchen mehr" vorgestellt und kann abgerufen werden unter: www.Kinderarmut-hat-Folgen.de, zuletzt abgerufen am 15.6.2014.

12 Der Achte Existenzminimumbericht des Bundesfinanzministeriums mit den Beträgen für 2012 kann abgerufen werden unter: www.nachdenkseiten.de/upload/pdf/110530_ Existenzminimumbericht.pdf, zuletzt abgerufen am 17.6.2014.

Verfechter dieses Konzepts für eine Kindergrundsicherung in eben dieser Höhe. Der Satz von 536 Euro soll jährlich an die Inflationsrate angepasst werden und so lange gelten, bis eine kostenfreie Ganztagsbetreuung mit einem warmen Mittagessen und Lernmittelfreiheit eingeführt sind sowie gleiche Zugangschancen für benachteiligte Kinder zu außerschulischen Bildungsangeboten und Freizeitmöglichkeiten existieren.

Ähnlich wie bei dem von Becker und Hauser vorgeschlagenen Modell soll auch hier durch eine Besteuerung der Kindergrundsicherung eine Staffelung erfolgen, die dazu führt, dass Familien ohne oder mit nur geringem eigenen Einkommen den Grundsicherungsbetrag in voller Höhe erhalten, während dessen Auszahlungssumme mit steigendem Einkommen infolge der Besteuerung sukzessive sinkt.[13] Um eine stigmatisierende Wirkung, wie sie Grundsicherungsleistungen nach SGB II oder SGB XII immer noch anhaftet, zu vermeiden, soll die Kindergrundsicherung eine Vorrangstellung vor anderen Sozialleistungen einnehmen. Sie wird nach dieser Konzeption also vorrangig gewährt, sodass Ansprüche auf andere Sozialleistungen erst anschließend geprüft würden, statt in umgekehrter Reihenfolge, wie es bisher bei Grundsicherungsleistungen üblich ist. Die Kindergrundsicherung soll als prinzipielles Steuerungselement fungieren, um die materiellen Existenzbedürfnisse von Kindern abzusichern.[14] Gedacht wird hier systematisch aus der Sicht der Kinder mit ihren Bedürfnissen statt von den Eltern her, die Kinder mit zu versorgen haben. Allerdings müsste der Betrag zumindest bis zu einem bestimmten Lebensalter an die Eltern ausgezahlt werden. Das „Bündnis Grundsicherung" hat 2012 eine Aktualisierung der Netto-Kostenschätzung für sein Modell durch Irene Becker vornehmen lassen und kommt zu dem Schluss, dass eine solche grundlegende Reform für 17 Milliarden Euro durchaus machbar wäre. Vorgesehen ist dabei eine Kindergrundsicherung bis zum Alter von 18 Jahren.[15] Das Modell ist außerdem mit einem Gutachten von Anne Lenze auf seine Verfassungskonformität hin überprüft worden (Lenze 2008).

---

13 Daraus ergäbe sich aktuell eine Bandbreite der Grundsicherungsleistung zwischen 536 und 280 Euro. Der Mindestbetrag entspräche der heute möglichen Entlastung für Kinder aufgrund der geltenden Freibeträge.

14 Laut einer Erhebung von Statistica wären 71 % der Befragten für eine eigenständige Kindergrundsicherung, um Kinderarmut zu bekämpfen: http://de.statista.com/statistik/daten/studie/2802/umfrage/bekaempfung-von-kinderarmut-durch-grundsicherung/,zuletzt abgerufen am 6.6.2014.

15 Irene Becker hat 2012 eine Aktualisierung der Kostenschätzung im Auftrag des Zukunftsforums Familie anhand der Eckpunkte des Kindergrundsicherungsmodells vorgelegt. Demnach ergäbe sich eine Finanzierungslücke von 17 Milliarden Euro, wenn man von den

Damit liegen durchaus schlüssige Konzepte zur materiellen Bekämpfung von Kinderarmut vor, die der Grundidee folgen, Kindern eine eigenständige materielle Absicherung zu garantieren. Ein Systemwechsel bei den kindbezogenen Transferleistungen – wie vom „Bündnis" vorgeschlagen – würde allerdings nicht nur eine Umschichtung von Finanzmassen im öffentlichen Haushalt und eine entsprechende politische Prioritätensetzung erfordern. Mit einem solchen Paradigmenwechsel ginge auch eine heftige Umverteilung „von oben nach unten" einher, da den einen genommen und den anderen gegeben werden müsste. Diese Umschichtung ist es wohl vor allem, vor der Regierungsparteien – selbst in einer großen Koalition – zurückschrecken.[16]

Chancengleichheit bei Bildung herstellen und Ganztagsbetreuung ausbauen

Armut hängt in vielfacher Weise mit dem Zugang zu Bildung zusammen: Materielle Armut geht häufig mit Bildungsarmut einher und umgekehrt. Arme Kinder kommen oft aus bildungsfernen Elternhäusern und haben es daher schwerer, in unserem mittelschichtorientierten Bildungssystem zu bestehen. Ein Konzept für eine wirkungsvolle Bekämpfung von Kinderarmut muss daher auch die Bildungspolitik mit einbeziehen. Gerade Bildung und eine gute Ausbildung könnten diesen Kindern einen Weg aus der Armut weisen. Andernfalls führt Bildungsbenachteiligung leicht zum sogenannten Teufelskreis der Armut mit der häufig zitierten „sozialen Vererbung" von Armut auf die nächste oder die nachfolgenden Generationen. Alle oben angeführten Studien und Berichte sind sich darin einig, dass die Bildungschancen von in Armut aufwachsenden Kindern dringend verbessert werden müssen.

Die Forderungen an die Politik reichen hier von einer dringend notwendigen Reform des Bildungs- und Teilhabepakets über kompensatorische Angebote der Kinder- und Jugendhilfe auf kommunaler Ebene – im Sinne lokaler Bildungslandschaften – bis hin zu einer grundlegenden Reform des dreigliedrigen Schulsystems. Mit Blick auf Kinder aus bildungsfernen Elternhäusern wird für einen möglichst frühen Zugang zu Bildung durch öffent-

---

Bruttokosten in Höhe von 84 Milliarden Euro für die Kindergrundsicherung die 36 Milliarden Euro für die heutigen Kinderleistungen und 24 Milliarden Euro für den Rückfluss durch die Besteuerung der Kindergrundsicherung in Abzug bringt sowie weitere 7 Milliarden Euro gegenrechnet, die eine Streichung des Ehegattensplittings einbringen würde. Hierbei wurde von einer Kindergrundsicherung für Minderjährige ausgegangen.

16 Bündnis 90/Die Grünen und die Linke plädieren ebenfalls für Kindergrundsicherungsmodelle und begrüßen daher die Initiative des Bündnisses. Sie vertreten jedoch eigene Modelle, die sich in der Detailausgestaltung jeweils unterscheiden.

liche Kinderbetreuung plädiert. Letztlich münden alle weitergehenden Forderungen in einen Ausbau von Ganztagsbetreuung und Ganztagsschulen sowie in eine Neuausrichtung des Schulsystems, passgenaue Unterstützungsangebote beim Übergang von der Schule in die Berufsausbildung mit eingeschlossen. Im Grunde handelt es sich dabei um eine generell anstehende Reform des gesamten öffentlichen Betreuungs- und Bildungssystems. Allerdings gilt es in unserem Kontext derartige Reformvorschläge spezifisch aus der Sicht armer und sozial benachteiligter Kinder zu bewerten, wobei das Ziel gleicher Bildungschancen im Fokus der Betrachtung steht. Die prinzipiellen Vorschläge zur Neuausrichtung der Bildungslandschaft würden Kindern aus armutsgeprägten Haushalten sicherlich entgegenkommen. Da sich derart weitreichende Umgestaltungen, den politischen Willen dazu einmal vorausgesetzt, nicht von heute auf morgen realisieren lassen, wären hier einzelne Etappenziele zu formulieren.

Allenthalben wird eine kurzfristige Reform des von Ursula von der Leyen (CDU) eingeführten *Bildungs- und Teilhabe-Pakets* für Kinder aus Familien im Hartz-IV-Bezug gefordert. Der Grundgedanke dieses Pakets knüpft richtigerweise an der Erkenntnis an, dass arme Kinder nachweislich gerade wegen mangelnder Bildungschancen im Alltag und verweigerter sozialer Teilhabe in ihrer Entwicklung beeinträchtigt sind. Folglich möchte das Paket ihnen konkret Zugang zu solchen Gelegenheiten, wie Mitgliedschaften in Vereinen, Nutzung von Freizeitangeboten oder bei Bedarf auch Hausaufgabenhilfe, ermöglichen. Freilich können soziale Defizite nicht allein mit einer Geldleistung ausgeglichen werden, wenn es beispielsweise vor Ort keine bedarfsgerechte Infrastruktur gibt. Bei der Realisierung kommt es zudem darauf an, dass daraus für die betroffenen Kinder keine stigmatisierenden Wirkungen resultieren, wenn beispielsweise der Anspruch auf ein kostenloses Mittagessen in der Kita oder Schule umgesetzt werden soll. Bedürftige Kinder dürfen hier keinesfalls bloßgestellt werden.

Die Idee, dass Kindern aus einkommensschwachen Familien neben Geldleistungen, die ihren Unterhalt garantieren, auch Sachleistungen zugutekommen sollen, findet durchaus auch bei Experten und Verbänden der „Kinderlobby“ Anklang. Vor allem aus Kreisen der in der praktischen Arbeit mit Kindern befassten Fachkräfte kommt jedoch harsche Kritik an einer Maßnahme wie dem Bildungs- und Teilhabepaket, die bisher lediglich Symbolcharakter habe. Es bedürfe nicht nur einer drastischen Aufstockung dieser Leistungen, sondern einer grundsätzlichen Umgestaltung, da das Paket „insgesamt zu bürokratisch, zu kleinteilig und zu kleinlich“ sei (Pressemitteilung des Paritätischen Gesamtverbandes vom 26.4.2013)[17], um tatsächlich etwas bewirken zu können. In seiner derzeitigen Ausgestaltung werde das Bildungs- und Teilhabe-Paket den eigentlichen Anforderungen weder qualitativ noch quantitativ gerecht: zum einen, weil die bürokratischen Hindernisse zu hoch seien, zum anderen, weil die vorgesehenen Leistungen erbärmlich niedrig ausfielen, und außerdem ein Teil der bereitgestellten Finanzmittel durch zu hohe Verwaltungskosten verschlungen werde. In einem öffentlichen Expertengespräch, das die Kinderkommission des Bundestages am 13.6.2012 zum Bildungs- und Teilhabe-Paket anberaumt hatte, wurden sogar verfassungsrechtliche Bedenken gegen das Konzept vorgebracht, weil – mangels entsprechender Angebote vor Ort – selbst die vorgesehenen mehr als bescheidenen Leistungen nicht überall realisiert werden könnten (Andresen/Hurrelmann 2013).

Einen grundsätzlichen Vorschlag, wie *Bildungs- und Teilhabe-Ansprüche* von den sozial benachteiligten Kindern vor Ort selbstbestimmt wahrgenommen werden könnten, hat beispielsweise der Paritätische Wohlfahrtsverband unterbreitet: „Statt umständlicher Gutscheinsysteme und Abrechnungsmodalitäten fordert der Verband Familienpässe, die den kostenlosen Zugang für einkommensschwache Kinder zu Angeboten wie Sport, Musik oder Museumsbesuch sicherstellen. Die Zuständigkeit für die Lernförderung sollte fest in den Aufgabenkatalog der Schulen aufgenommen werden" (Pressemitteilung des Paritätischen Gesamtverbandes vom 28.6.2011).[18] Damit würden die örtliche Kinder- und Jugendhilfe sowie die Schule mit in die Pflicht genommen, die beide allerdings erst mit entsprechenden finanziellen Mitteln ausgestattet werden müssten. Unter dem Stichwort „lokale Bildungslandschaften" haben einige Kommunen bereits solche Wege beschritten, so beispielsweise die Städte Wiesbaden und Hannover (Hock/Brülle 2010). Für eine ähnliche Lösung wurde auch in dem schon erwähnten Expertengespräch der Kinderkommission plädiert: Es gelte die Schule zu einer „stigmafreien" Zone umzugestalten. Dafür müssten im Ganztagsschulkontext von Geld- oder Sachleistungen unabhängige kulturelle und bildungsfördernde Angebote zur

17 Pressemitteilung des Paritätischen Gesamtverbandes vom 26.4.2013: www.der-paritaetische.de/fachinfos/artikel/news/bildungspaket-gefloppt-paritaetischer-wirft-ministerin-schoenfaerberei-vor/, zuletzt abgerufen am 15.6.2014.

18 Der Verband weist darauf hin, dass das Bundesverfassungsgericht in seinem Urteil vom Februar 2010 einen solchen Weg ausdrücklich eröffnet habe. Pressemitteilung des Paritätischen Gesamtverbandes vom 28.6.2011: www.der-paritaetische.de/pressebereich/artikel/news/kleinkariert-und-chancenlos-paritaetischer-fordert-neustart-beim-bildungspaket/, zuletzt abgerufen am 15.6.2014.

Verfügung gestellt werden, „die allen Kindern gleichermaßen Teilhabe ermöglichen" (Andresen/Hurrelmann 2013, S. 303).

Mit Blick auf arme und sozial benachteiligte Kinder fordern breite Kreise zudem eine generelle Reform des dreigliedrigen Schulsystems und den Ausbau von Ganztagsschulen und Ganztagsbetreuung, um so die immer wieder nachgewiesenen sozialen Benachteiligungen im deutschen Bildungssystem zu beseitigen und die sich deutlich abzeichnende soziale Spaltung aufzuhalten. Stellvertretend für viele andere Stimmen sei hier auf die Analyse von Andresen und Hurrelmann (2013) verwiesen. Über die Notwendigkeit einer grundlegenden Reform des deutschen Schulsystems wird bereits seit Jahren eine kontroverse Debatte in Fachkreisen sowie in Politik und Öffentlichkeit geführt. Dass sich in dieser Hinsicht so wenig bewegt oder dass man sogar mancherorts einen Schritt vor- und dann wieder zwei zurückgegangen ist, sagt viel über die Verfasstheit unserer Wettbewerbsgesellschaft aus, in der es allen jenen schwer fällt, solidarische Lösungen mitzutragen, die selbst nicht auf der Verliererseite stehen.

Um der Bildungsbenachteiligung von Kindern aus bildungsfernen Elternhäusern entgegenzuwirken, wird zudem für eine gezielte *frühzeitige Förderung* geworben. Bekanntlich können Versäumnisse aus den ersten Lebensjahren später nur mühsam aufgeholt werden. Hier richten sich alle Hoffnungen darauf, dass die Kapazitäten der öffentlichen Kindertagesbetreuung ausgeweitet werden, um Kinder möglichst früh aufnehmen zu können. Dazu müsste jedoch diese Institution erst entsprechend ausgestattet werden, also über einen besseren Personalschlüssel sowie über hoch qualifiziertes und angemessen entlohntes pädagogisches Fachpersonal verfügen, um tatsächlich in der Lage zu sein, den gesteigerten Anforderungen auch gerecht zu werden.

Bei all diesen Überlegungen sollten immer auch die Bedürfnisse der Kinder berücksichtigt werden. Sicherlich ist die Herstellung von Chancengleichheit ein unverzichtbarer Schritt, um allen Kindern einen guten Start in die Zukunft zu ermöglichen. Dabei sollte aber nicht vergessen werden, dass wir bei aller Notwendigkeit der Umgestaltung von Bildungs- und Betreuungsmöglichkeiten Kinder nicht allein als zukünftige Erwachsene mit ihrer Zukunftsperspektive im Blick haben dürfen. Dass Kinder nicht einfach als möglichst gut funktionierende, spätere erwachsene Mitglieder der Gesellschaft zu sehen sind, ist übrigens auch Grundpostulat der modernen Kindheitsforschung. Kinder haben einen Anspruch auf eine erfüllte Kindheit als eigenständiger Lebensphase, und zum kindlichen Wohlbefinden im Hier und Jetzt gehört auch Glücksempfinden! Für eine solche Betrachtungsweise plädiert nachdrücklich Hans Bertram in seiner Einleitung zum neuesten „UNICEF-Bericht zur Lage der Kinder in Deutschland" (Bertram 2013). Er bedauert ausdrücklich, dass dieser Aspekt „in pädagogischen Schriften zur kindlichen

Entwicklung oder in den Begründungen zum Ausbau der Tagesbetreuung, in den schulischen Unterrichtsplänen oder in öffentlichen Debatten von Kultusministern und Bildungspolitikern" kaum eine Rolle spiele (Bertram 2013, S. 7). Hier gehe es fast ausschließlich um den Erwerb von intellektuellen Kompetenzen und um die Aneignung von Fähigkeiten, die eine spätere Erwerbstätigkeit und entsprechende Lebenstüchtigkeit fördere. Aber nicht nur im Bildungsbereich, sondern auch in anderen Politikbereichen, so Bertram, „selbst bei der Bekämpfung kindlicher Armut und beim Kinderschutz" komme das subjektive Glück der Kinder praktisch nicht vor (ebd.). Diese Worte enthalten eine sehr bedenkenswerte Mahnung, die sich alle zu Herzen nehmen sollten, die ein Kinderleben mitgestalten.

Erwerbstätigkeit von Eltern erleichtern und existenzsichernde Löhne garantieren

Die Aufnahme dieses Aspekts in einen „Maßnahmenkatalog" zur Bekämpfung von Kinderarmut ist begründungsbedürftig, da es dabei nur allzu offensichtlich nicht in erster Linie um die Kinder geht. Aber wie wir eingangs bereits festgestellt haben, hängt die Armut der Kinder unmittelbar von der Lebenslage der für ihre Versorgung zuständigen Erwachsenen ab. Kinderarmut ist also immer auch Elternarmut. Daher werden in der Regel folgende Ursachen für Kinderarmut angeführt: Die Erwerbslosigkeit eines oder beider Elternteile, vor allem Langzeitarbeitslosigkeit und Bezug von ALG-II- oder Sozialhilfe-Leistungen, und ein nicht existenzsicherndes Erwerbseinkommen, das nicht nur aus Teilzeitarbeit oder prekärer Beschäftigung resultieren muss, sondern sogar bei Vollzeitarbeit Ergebnis zu niedriger Löhne sein kann. Da Alleinerziehende, gering Qualifizierte und Migranten am häufigsten von den aufgezählten Armutsrisiken betroffen sind, wachsen auch deren Kinder, häufiger als andere, unter Armutsbedingungen auf.

Wie die Auflistung der Ursachen verdeutlicht, ist die Armut von Erwachsenen in hohem Maße durch ihre Position auf dem Arbeitsmarkt – Teilzeitarbeit, Niedriglöhne, prekäre Beschäftigung – oder gar ihren Ausschluss davon bedingt. Selbst wenn eine Kindergrundsicherung die Armut von Familien stark reduzieren würde, wäre damit das Armutsrisiko von Eltern nicht in jedem Fall beseitigt. Auch die Einführung von Mindestlöhnen, vorausgesetzt, dass man sich dabei auf ein armutsfestes Niveau einigt, kann hier nur ein erster Schritt zur Ursachenbekämpfung sein. Grundsätzlich geht es um die Chance, durch Erwerbstätigkeit die eigene materielle Existenz zu sichern. Leben Kinder im Haushalt, stellt sich zusätzlich die Anforderung, eine Erwerbstätigkeit mit der Betreuung und Erziehung von Kindern vereinbaren zu müssen. Die Gesellschaft steht in der Pflicht, entsprechende Rahmenbedingungen herzustellen, damit Eltern ihren mehrfachen Verpflichtungen von Existenzsicherung und Kindererziehung auch tatsächlich nachkommen können.

Modelle zur Förderung einer solchen Vereinbarkeit werden schon seit den 1970er Jahren diskutiert. Mittlerweile haben wir gesetzliche Regelungen, mit denen ein Einstieg in eine sukzessive – oder im Falle von Teilzeitarbeit auch parallele – Vereinbarkeit gefördert und erprobt wird. Ganz aktuell ist nun vom Bundeskabinett am 4. Juni 2014 das „Elterngeld Plus“ verabschiedet worden, das als Ausweitung des bereits im Januar 2007 in Kraft getretenen „Elterngeld- und Elternzeitgesetzes“ konzipiert ist (Pressemitteilung des BMFSFJ vom 4.6.2014)[19]. Eltern von Kleinkindern können bisher für eine begrenzte Zeit von zwölf bis 14 Monaten ihre Erwerbstätigkeit unterbrechen oder auf Teilzeit reduzieren, wobei ein Teil des dadurch bedingten Einkommensverlustes durch eine staatliche Transferleistung ausgeglichen wird. Mit dem Elterngeld Plus soll der Zeitraum des Elternurlaubs nun auf 24–28 Monate verdoppelt werden, allerdings dann bei gleichzeitiger Halbierung des Elterngelds. Diese Neuregelung hätte den Vorteil, dass ein durch Teilzeitarbeit erwirtschaftetes Einkommen durch die Streckung des Zeitraums und die Halbierung des Elterngelds bei der Berechnung der Transferleistung weniger stark zur Anrechnung käme und zudem die Partnerschaftsmonate von zwei auf vier Monate verdoppelt würden.

Zweifellos wird diese Neuregelung vielen Eltern, die in den ersten Lebensjahren des Kindes Teilzeit arbeiten, einen größeren Gestaltungsspielraum ermöglichen. Außerdem ist anzunehmen, dass infolge des ausgeweiteten Partnerschaftsbonus auch Väter die Elterngeldregelung vermehrt in Anspruch nehmen werden. Allerdings dürften Väter es angesichts ihrer bisherigen zaghaften Haltung vermutlich meist bei den vier Bonusmonaten belassen. Auch die flexiblere und ausgeweitete Gestaltungsmöglichkeit von unbezahlten Auszeiten während der Phase der Kindererziehung (bis zum achten Geburtstag des Kindes) kommt Eltern entgegen. Insgesamt handelt es sich also bei der neuen Teilzeitregelung durchaus um ein löbliches Unterfangen, das vor allem darauf abzielt, dass Eltern, besonders die Mütter, nach der Geburt wieder schneller in die Erwerbstätigkeit zurückkehren – sofern es sich jedenfalls um Teilzeitarbeit handelt – und auf diese Weise kürzere Unterbrechungszeiten in der Erwerbsbiografie haben.

Diese Regelung ist in unserem Kontext jedoch daraufhin zu überprüfen, inwiefern von ihr armutsvermeidende Wirkungen für die Kinder und ihre

---

19 Pressemitteilung des BMFSFJ vom 4.6.2014, abrufbar unter: http://www.bmfsfj.de/BMFSFJ/familie,did=207628.html, zuletzt abgerufen am 17.6.2014.

Erziehungsberechtigten ausgehen. In dieser Hinsicht ist das von einer Vorgänger-Regierung eingeführte Elternzeit- und Elterngeldgesetz mit einem grundsätzlichen Geburtsfehler behaftet: Da das Elterngeld sich in seiner Höhe auf bis zu 65% des zuvor bezogenen Erwerbseinkommens bemisst, also als Entgeltausfall bis zu einem Höchstbetrag von 1800 Euro konzipiert ist, wird die Erziehungs- und Betreuungsleistung je nach Einkommensstatus der Mütter oder Väter sehr unterschiedlich bewertet und „entlohnt". Zudem benachteiligt diese Regelung diejenigen Mütter bzw. Eltern, die vor der Geburt des Kindes nicht erwerbstätig waren. Sie erhalten derzeit ein Jahr lang den Mindestbetrag in Höhe von 300 Euro monatlich. Völlig leer gehen Eltern aus, die ALG II, Sozialgeld oder Sozialhilfe beziehen, denn auf diese Leistungen wird das Elterngeld vollständig angerechnet; selbst ein Anspruch auf Kinderzuschlag wird voll „kassiert".[20]

Das neue „Elterngeld Plus" beinhaltet zudem Nachteile für *Alleinerziehende*. Der Verband alleinerziehender Mütter und Väter e.V. (VAMV) kritisiert zu Recht, dass diese Elterngruppe bei gemeinsamem Sorgerecht vom Bezug der im Gesetz vorgesehenen Partnerschaftsmonate und des Partnerschaftsbonus ausgeschlossen bleibe. Alleinerziehende würden zusätzlich dadurch benachteiligt, dass das vorgesehene Teilzeitvolumen in Höhe von 25 bis 30 Stunden für diese Elterngruppe wegen ihrer alleinigen Zuständigkeit für die Kindererziehung zu hoch angesetzt sei (Pressemitteilung des VAMV vom 4.6.2014)[21]. Die zuständige Ministerin, Manuela Schwesig (SPD), hat hier Nachbesserungen in Aussicht gestellt. Aber warum berücksichtigt man nicht von vorneherein bei einem solchen Gesetz die Belange jener Gruppe von Eltern, die ohnehin am stärksten von Armut betroffen sind? „39% der Alleinerziehenden beziehen staatliche Grundsicherung. Jedes zweite Kind im Hartz IV-Bezug wächst in einer Ein-Elternfamilie auf"[22] – mit diesen Worten wurden im März dieses Jahres die Ergebnisse einer aktuellen wissenschaftlichen Studie der Bertelsmann-Stiftung (Lenze 2014) der Öffentlichkeit vorgestellt. Von den ca. zwei Millionen armutsbetroffenen Kindern in Deutschland

---

20 Allerdings nicht, wenn jemand vor der Geburt erwerbstätig war. Zu den Anrechnungsregelungen im Detail siehe: www.bmfsfj.de/BMFSFJ/familie,did=165642.html#frag ment, zuletzt abgerufen am 17.6.2014. Wer weniger als 1000 Euro verdient hat, bekommt abwärts gestaffelt einen höheren Prozentsatz.

21 Siehe Pressemitteilung des VAMV vom 4.6.2014: „Wenn schon, denn schon: Elterngeld Plus muss Alleinerziehende mit gemeinsamer Sorge einbeziehen"; ausführliche Stellungnahme des VAMV: www.vamv.de/uploads/media/VAMV_Stellungnahme_RefE_Elterngeld, zuletzt abgerufen am 8.6.2014.

22 Pressemitteilung der Bertelsmann-Stiftung vom 10.3.2014: www.bertelsmann-stiftung.de/cps/rde/xchg/bst/hs.xsl/nachrichten_120447.htm, zuletzt abgerufen am 15.6.2014.

lebt also etwa die Hälfte in einem Haushalt von Alleinerziehenden. Folglich müssten Armutsbekämpfungsmaßnahmen insbesondere auf diese Gruppe zugeschnitten werden. Stattdessen kumulieren hier rechtliche Benachteiligungen: So profitieren Kinder von Alleinerziehenden seltener von Kindergelderhöhungen, weil ihre Familie häufiger auf Hartz IV- oder Sozialhilfeleistungen angewiesen ist. Zudem werden Kindergelderhöhungen sowohl auf Unterhaltszahlungen als auch auf den Unterhaltsvorschuss angerechnet.

Der VAMV, der die Rechte von Alleinerziehenden vertritt, unterstützt im Übrigen das bereits vorgestellte und vom „Bündnis Kindergrundsicherung" favorisierte Modell einer Kindergrundsicherung. Die Einführung einer solchen Leistung würde also auch dieser Gruppe von Kindern und Eltern gerecht. Alleinerziehend sind ganz überwiegend die Mütter, sodass Kinderarmut zu einem hohen Anteil mit Frauenarmut verknüpft ist.

Grundsätzlich könnte Kinderarmut indirekt auch über die Stellschraube angemessener Vereinbarkeitsregelungen reduziert werden. Tatsache ist, dass die Kinderarmutsquote bei den Kleinsten, also den unter Dreijährigen, mit 18,2 % immer noch etwas höher als insgesamt bei Kindern unter 15 Jahren liegt (Stand: 2011, 4. ARB, S. VII und S. 111). Das hängt offensichtlich mit einer noch nicht bedarfsgerechten öffentlichen Kinderbetreuung und unzureichenden Vereinbarkeitsregelungen zusammen. Momentan ist man bestrebt, durch die Ausweitung des Anspruchs auf einen Kitaplatz auf die unter Dreijährigen die Lücken des öffentlichen Betreuungssystems zu schließen und mit der neuen Elterngeld- und Elternzeit-Regelung zu harmonisieren. Werden dabei jedoch gerade diejenigen Mütter und auch Väter benachteiligt, die vom Existenzminimum leben, verpasst man die Chance, damit gleichzeitig wirksame Armutsbekämpfung zu betreiben. Geradezu kontraproduktiv dürfte sich hier das kürzlich auf Betreiben der CSU eingeführte Betreuungsgeld auswirken, wie erste Evaluationsergebnisse bestätigen.[23] Diese Transferleistung wird nämlich leider überwiegend von sozialschwachen Familien und Migranten genutzt, deren Kinder auf diese Weise von öffentlicher Kinderbetreuung und deren Möglichkeiten ferngehalten werden. Gerade Migrantenkinder wären aber in besonderem Maße auf frühe Förderung angewiesen.

23 Dazu liegt eine Studie der TU Dortmund und des Deutschen Jugendinstituts (DJI) vor, die sogar durch das Bundesfamilienministerium gefördert wurde. Die ausführliche Stellungnahme des DJI vom Februar 2014 ist abrufbar unter: www.dji.de/fileadmin/user _upload/stellungnahmen/Stellungnahme_Betreuungsgelds.pdf, zuletzt abgerufen am 15.6. 2014.

Ohnehin sind Migrantenkinder und erst recht Flüchtlingskinder hierzulande ganz überdurchschnittlich von Armut betroffen. Die Erwerbslosenquote der Eltern liegt hier wegen deren schlechterer Position auf dem Arbeitsmarkt fast doppelt so hoch wie sonst. Flüchtlinge sind teilweise ganz vom Arbeitsmarkt ausgeschlossen. Daher bedürfte es bei diesen Gruppen verbesserter Integrationsleistungen bzw. Veränderungen am rechtlichen Status, um die Armutsquote zu senken. Eine Reduzierung dieser hohen Armutsquote bei Migrantenkindern und deren Familien wäre sicherlich ein gebotener Schritt, um Gefühle des Ausgegrenztseins durch solche der Zugehörigkeit zu ersetzen. Dass wir mit den Unterschieden der Armutsbetroffenheit zwischen Ost und West sowie zwischen Nord- und Süddeutschland ohnehin erhebliche Probleme haben, steht auf einem anderen Blatt.

Präventionsketten und quartiersbezogene Maßnahmen – Resilienzförderung als hilfreiches pädagogisches Konzept

Effektive Armutsbekämpfung kann nur gelingen, wenn alle Ebenen der Politik und alle für Kinder und Jugendliche zuständigen Institutionen an einem Strang ziehen. Wie schon anderweitig betont, gibt es aufgrund der föderalen Ordnung eine Arbeitsteilung zwischen den verschiedenen Politikebenen (siehe Kapitel 3). Dabei ist primäre Armutsprävention vorrangig die Aufgabe der Bundespolitik, weil in deren Hand die dafür nötigen Gestaltungsmöglichkeiten liegen. Dennoch stehen die Länder und insbesondere die Kommunen im Rahmen ihrer Daseinsvorsorge in der Pflicht, ihren Part zur Bekämpfung von Kinderarmut zu übernehmen. Auf dieser Ebene geht es vor allem um sekundäre Armutsprävention, also um Maßnahmen, die an der Alltagswelt der betroffen Kinder und Familien ansetzen und der Vorbeugung von armutsbedingten Folgeschäden dienen.

Da Armut nicht nur eine materielle Seite hat, also ihren vielfältigen Auswirkungen nicht allein mit Geldleistungen begegnet werden kann, würde selbst die Einführung einer eigenständigen Kindergrundsicherung nicht alle Probleme lösen. Abgesehen davon, dass mit einer solchen Regelung noch längst nicht in jedem Fall auch die Armut der Eltern oder Erziehungsberechtigten beseitigt wäre, bestünde sicherlich weiterhin die Notwendigkeit, in den Kommunen für armutsgefährdete Kinder kompensatorische Angebote bereitzuhalten. Allerdings dürfte der erforderliche Umfang solcher Angebote in jenem Maße zurückgefahren werden können, wie die oben geforderten Umgestaltungen – vor allem im Bildungsbereich – greifen würden.

Selbstverständlich bliebe es Aufgabe der Kommunen, regelmäßige Berichte zur örtlichen Bedarfslage zu verfassen, wie es laut Kinder- und Jugendhilfegesetz ohnehin ihr Auftrag ist. Dabei müsste die Weiterentwicklung einer Infrastruktur für Kinder und Jugendliche im Sinne einer (Armuts-)Präventionskette weiterhin hohe Priorität haben. Solche Präventionsketten reichen von Angeboten der frühen Förderung und frühen Hilfe für alle Kinder über eine bedarfsgerechte Bereitstellung von Krippen- und Kitaplätzen bis hin zum Ausbau von Schulen mit integrierten Konzepten der Schul- und Sozialpädagogik. Gerda Holz, Leiterin der Längsschnittstudie zu Kinder- und Jugendarmut des ISS, wird nicht müde, für solche Präventionsprogramme zu werben. Holz (2010) unterscheidet dabei zwischen Präventionsangeboten, die direkt beim Kind und seiner Familie ansetzen, und solchen, die auf die quartiersbezogene soziale Infrastruktur abzielen.[24]

An dieser Stelle soll noch ein ganz persönliches Plädoyer eingefügt werden, ohne das ein politisches Fazit unvollständig wäre: In alle diese Angebote müsste die Idee der Resilienzförderung als pädagogisches Grundkonzept integriert werden. Eine solche Ausrichtung käme nicht allein Mädchen und Jungen aus armen und sozial benachteiligten Familien zugute, sondern gleichfalls allen jenen Kindern und Jugendlichen, die in anderweitig risikobehafteten Situationen aufwachsen. Resilienzförderung ist daher überall dort angezeigt, wo die kommunale Kinder- und Jugendhilfe mit ihren Unterstützungsangeboten zuständig ist.

Zweifelsohne würde die Einführung einer Kindergrundsicherung die materielle Armut von Kindern in erheblichem Maße reduzieren und in vielerlei Hinsicht auch ihren immateriellen Benachteiligungen entgegenwirken. Damit wären die Kommunen in mancher Hinsicht entlastet. Diesen Spielraum könnten sie dafür nutzen, die frei gewordenen Mittel in eine zielgerichtete soziale Infrastruktur zu investieren, die allen Kindern Chancengleichheit und nach Möglichkeit ein „Aufwachsen in Wohlergehen“ garantiert. Damit wären wir auch bei der Umsetzung der UN-Kinderrechts-Konvention und der Realisierung der darin verbrieften Kinderrechte einen Riesenschritt weiter. Deren Aufnahme in das Grundgesetz bliebe ein symbolischer Akt, solange das Gebot der Bekämpfung von Kinderarmut realpolitisch nicht beherzigt wird. Kinder, die sich gemäß der Konvention selbst zu ihren Belangen äußern sollen, um ihr Leben eigenständig mitzugestalten, müssen dazu auch materiell in die Lage versetzt werden!

24 In NRW werden beispielsweise rund 45 Kommunen jeweils für drei Jahre finanziell gefördert, um in Verantwortung des Jugendamtes derartige Präventionsketten und nachhaltige Netzwerkstrukturen vor Ort aufzubauen. Die LVR-Koordinationsstelle „Kinderarmut“ (Landschaftsverband Rheinland) bietet dazu Fortbildung, Beratung und Netzwerkunterstützung an. Die konzeptionellen Grundlagen lieferten „Mo.Ki-Monheim für Kinder“ und „NEFF-Netzwerk frühe Förderung“.

Resümee: Warum bewegt sich nur so wenig?

Der schwarz-gelben Regierungskoalition wurde anlässlich der Veröffentlichung des Vierten Armuts- und Reichtumsberichts (ARB) (BMAS 2013) vorgeworfen, Zahlen, die ein Anwachsen von Armut einerseits und von Reichtum andererseits dokumentierten, nachträglich aus dem Bericht herausgestrichen zu haben. Durch „positive Umformulierungen“ wurde also schlicht die Tatsache geleugnet, dass die Kluft zwischen Arm und Reich sich weiterhin verschärft hatte (Klundt 2013). Dabei hätten die Daten und Fakten, die bei der Erstellung des Berichts vorlagen, diese Tendenz eindeutig erkennen lassen. Dieses „Übermalen“ der Wirklichkeit durch Schwärzen von Zahlen setzt nicht nur ein hohes Maß an Ignoranz gegenüber gesellschaftlichen Entwicklungstrends voraus, sondern erfüllt den Tatbestand einer bewussten Täuschung der Öffentlichkeit.

Dass fast gleichzeitig veröffentlichte, nicht regierungsamtliche Berichte, wie beispielsweise der Armutsbericht des Paritätischen Gesamtverbandes (2013)[25], den von der damaligen Regierung geleugneten Trend bestätigten, störte dabei offensichtlich wenig. Die Warnung, die dieser Verband zusammen mit der Nationalen Armutskonferenz an die Regierung adressierte, Deutschland stehe infolge der zunehmenden Kluft „zwischen Wohlstand und Verarmung“ – so der Titel des Berichts – vor einer gesellschaftlichen Zerreißprobe, wurde schlicht überhört.

Gemeinhin würde man spotten, da habe jemand „den Kopf in den Sand gesteckt“. In Analogie zu individuellen Verhaltensmustern könnte man auch sagen, die Regierenden legten ein „problemvermeidendes Verhalten“ an den Tag. In privaten Konflikten mag eine solche Strategie manchmal sogar angemessen erscheinen. Für politische Akteure, die Verantwortung für die gesamtgesellschaftliche Balance tragen, verbietet sie sich. Die bewusste Nicht-zur-Kenntnisnahme einer Zuspitzung sozialer Gegensätze durch die CDU-FDP-Regierung (2009 – 2013) entsprach freilich den neoliberalen Dogmen ihres politischen Credos.

Wie stehen nun die Chancen für eine ernst gemeinte Armutsbekämpfungspolitik seit dem Regierungswechsel zur großen Koalition? Ein Blick in

25 Die Pressemitteilung des Verbands ist nachzulesen unter: www.der-paritaetische.de/ab2013/trends/, zuletzt abgerufen am 15.6.2014. Der vollständige Bericht findet sich unter: www.der-paritaetische.de/index.php?eID=tx_nawsecuredl&u=0&g =0&t=1403540805&hash=dc0212f3b5cde7c58a5f4efa5573fb10a1ca4e54&file, zuletzt abgerufen am 15.6.2014.

das Koalitionspapier von 2013 stimmt hier leider nicht sehr optimistisch. Obwohl mit einer großen Koalition kräftemäßig bessere Voraussetzungen für grundsätzliche sozialpolitische Reformen gegeben wären, stehen aktuell die Zeichen für eine Politik der Armutsbekämpfung eher schlecht. Kinderarmut hat es nicht einmal als Problemanzeige in den Koalitionsvertrag hinein geschafft.[26]

Das muss nicht verwundern: Zunächst wäre man sich kaum einig, wo es die Armutsschwelle anzusetzen gelte, denn CDU und CSU tun sich immer noch schwer, bei Bezug von ALG II, Sozialgeld oder Sozialhilfe von tatsächlicher Armut zu sprechen. Aber selbst gesetzt den Fall, dass in dieser Frage Einigkeit erzielt würde, käme man auch in der Analyse der Ursachen nur schwer überein. Dabei wäre Einigkeit in der Problemanalyse und Bestandsaufnahme die allererste Voraussetzung für die Formulierung einer wirkungsvollen Strategie. Während die Christdemokraten ein familienpolitisches Erklärungsmuster favorisieren und im Zweifelsfalle eher auf eine weitere Ausgestaltung von familienpolitischen Leistungen setzen, präferiert die SPD traditionell ein erwerbsarbeitsorientiertes Erklärungsmuster und setzt demzufolge auf Mindestlöhne und die Förderung der Vereinbarkeit von Erwerbstätigkeit und Kindererziehung. Man würde daher nicht gemeinsam an einem Strang ziehen, sondern an dessen beiden Enden, wollte man überhaupt der Armutsbekämpfung einen prominenten Rang in der Regierungspolitik einräumen.

Es ist also zu befürchten, dass die jetzige große Koalition so weiter macht wie alle vorausgegangenen Regierungen: Es gibt ein paar Trostpflaster, so beispielsweise die Einführung eines Mindestlohns. Er dürfte aber in der nun vorgesehenen Höhe von 8,50 Euro selbst bei Vollzeiterwerbstätigkeit nicht wirklich zu einer effektiven Armutsvermeidung ausreichen. Man bastelt am Elterngeld herum, ohne dass es in der vorliegenden Neufassung denjenigen Eltern Vorteile bringt, die Grundsicherungsleistungen beziehen, somit der Gruppe derjenigen, die in Armut leben. Aus fiskalpolitischen Erwägungen konnte man sich nicht einmal zu einer nennenswerten Kindergelderhöhung durchringen, sodass sie zunächst ganz ausbleibt. Allerdings wird stattdessen an eine Erhöhung des Kinderzuschlags gedacht.[27] Selbst wenn man die diskutierten schlanken zwei Euro auf das Kindergeld „draufgelegt“ hätte, wären

26 Der vollständige Text des Koalitionsvertrages von 2013 kann eingesehen werden unter: www.tagesschau.de/inland/koalitionsvertrag136.pdf, zuletzt abgerufen am 17.6.2014.

27 Siehe dazu diverse Presseberichte, wie beispielsweise den Artikel in der Süddeutschen Zeitung vom 11.3.2014: www.sueddeutsche.de/politik/vorschlag-des-bundesfinanzministeriums-schaeuble-will-erst-kindergeld-erhoehen-1.1909134, zuletzt abgerufen am 17.6.2014.

wieder jene Kinder leer ausgegangen, die in Hartz-IV-Haushalten leben. Das wird auch bei der jetzt für 2016 in Aussicht gestellten Kindergelderhöhung der Fall sein. Soll man da etwa noch guten Willen unterstellen, wenn es um die Berücksichtigung der Belange von armen Kindern geht?

Diese Kritik am mangelnden prinzipiellen Reformwillen verliert keineswegs an Gültigkeit, wenn man bedenkt, dass sich sozial Benachteiligte nicht immer und überall und zu jeder Zeit den Erwartungshaltungen der Gesellschaft entsprechend verhalten und auch nicht ständig sinnvoll und angemessen handeln. Hier geht es nicht um gelegentliches kritikwürdiges Verhalten Einzelner, sondern vielmehr um Entfaltungsmöglichkeiten, die unser Sozialstaat in seiner gegenwärtigen Ausgestaltung einem Teil der Gesellschaft strukturell vorenthält.

Das Problem, das die Politik hier hat, ist grundsätzlicher Natur. Unter sozialen Gerechtigkeitsgesichtspunkten notwendige weiterreichende Reformen kommen schlicht deshalb nicht auf die Agenda, weil die politische Kaste letztlich immer im Vierjahrestakt auf Mehrheiten schielt. Setzen wir einmal voraus, dass, wie eingangs durch Umfrageergebnisse belegt, in der gegenwärtigen Stimmungslage effektive Strategien zur Bekämpfung von Kinderarmut in der Bevölkerung mehrheitlich auf Zustimmung stoßen würden; gehen wir auch davon aus, dass eine Mehrheit bereit wäre, dafür höhere Steuern in Kauf zu nehmen: Dann ist längst noch nicht gesagt, dass diese in Umfragen bekundete Bereitschaft auch anhalten würde, wenn die Befragten dafür tatsächlich schmerzliche Nachteile in Bereichen hinnehmen müssten, die ihre ureigensten Interessen tangieren. So sieht wohl das Kalkül aus, mit dem die Politik rechnet, und das sie vor grundsätzlichen Reformen zurückschrecken lässt, mit denen sie in die bestehenden Besitzverhältnisse eingreifen müsste.

Die einer jeden repräsentativen parlamentarischen Demokratie immanente Orientierung der Parteien und ihrer Akteure an kommenden Wählermehrheiten führt zu einer bemerkenswerten Diskrepanz zwischen ihrer hohen Sensibilität gegenüber den Partikularinteressen ihnen womöglich gewogener Wählerschichten einerseits und einer erheblichen Indolenz gegenüber prinzipiellen gesellschaftlichen Ungleichgewichten und Schieflagen andererseits. Das Resultat zeigt sich im kleinteiligen Reparaturbetrieb an Problembaustellen im Kurzzeittakt. Angesichts der Alterspyramide ergibt sich die Bevorzugung älterer Wählerschichten in Form einer eher großzügigen Rentenpolitik. Kinder dagegen können überhaupt noch nicht wählen, sondern höchstens deren Eltern, wobei sozial benachteiligte Schichten und das Prekariat traditionell – und erst recht seit der Agenda 2010 – zur

Wahlenthaltung neigen.[28] Die Politik blickt hier mittlerweile weniger auf das allgemeine gleiche Wahlrecht, sondern eher auf die Wahlbeteiligung einzelner sozialer Gruppen. So gut auch die Interessenvertreter der Kinder aufgestellt sind und argumentieren mögen, andere Lobbygruppen sind demgegenüber naturgemäß einflussreicher und stärker. Wer also über Wahlen etwas bewegen möchte, müsste die ärmeren Bevölkerungsschichten zunächst davon überzeugen, dass es sich wieder lohnt, in Scharen zu den Wahlurnen zu strömen, weil sie dort für durchdachte Programme von Parteien votieren können, die an ihren ureigensten Problemen wirklich etwas ändern wollen. Zugegeben, dafür müsste sich die eine oder andere Partei trauen, sich als Interessenvertreterin einer Gruppe zu präsentieren, die zwar insgesamt in der Minderheit ist, aber immerhin einen beträchtlichen Bevölkerungsanteil von ca. 13 Millionen Armutsgefährdeter darstellt. Ungeachtet aller staatlichen Transferleistungen sind dennoch 15,6 % der Bevölkerung als armutsgefährdet zu betrachten, Frauen stärker als Männer (Datenreport 2013, S. 161). Da trotz aller „frommen" Bekundungen in Umfragen die große Mehrheit offensichtlich gut mit der sozialen Ungleichheit leben kann, entspricht die Berücksichtigung der Minderheitsinteressen nicht mehr unbedingt der Denkstruktur der großen „Volksparteien". Folglich finden die Belange der Minorität eher bei kleineren Parteien, wie Bündnis 90/Die Grünen und der Linkspartei, Gehör. Nach der „Theorie der sozialen Probleme" könnte man schlussfolgern, dass Kinderarmut im kollektiven Abwägungsprozess noch nicht als Gefährdung des sozialen Gefüges wahrgenommen und empfunden wird.[29] Der eigentliche Anstoß zur Beseitigung von Kinderarmut müsste daher lautstark aus der Mitte der Gesellschaft heraus kommen, weil sich die Politik andernfalls nicht wirklich zum Eingreifen aufgefordert sieht.

Die Politik wird jenseits aller konkreten Vorhaben nicht müde, von einer kinderfreundlichen Gesellschaft zu sprechen. Wir dürfen daher selber nicht

28 Im Dezember 2013 ist dazu eine Studie im Auftrag der Bertelsmann-Stiftung vorgelegt worden, die das Stimmverhalten bei der Bundestagswahl 2013 untersucht. Sie kommt zu dem Ergebnis, dass die Wahlbeteiligung umso niedriger ausfalle, je prekärer die soziale Situation in einem Stadtviertel sei. Vgl. dazu die Pressemitteilung der Stiftung vom 12.12.2013 unter: www.bertelsmann-stiftung.de/cps/rde/xchg/bst/hs.xsl/nachrichten_119409.html, zuletzt abgerufen am 15.6.2014. Die komplette Studie kann unter: www.bertelsmann-stiftung.de/cps/rde/xbcr/SID-F5A93427-A2B03730/bst/xcms_bst_dms_39163_39164_2.pdf eingesehen werden, zuletzt abgerufen am 15.6.2014.

29 Auf dieses Erklärungsmodell greift auch Eva Reichwein (2012) in ihrer ausführlichen Studie zur Entwicklung von Kinderarmut in der Bundesrepublik von der Nachkriegszeit bis heute zurück. Sie geht davon aus, dass es Kinderarmut in der Bundesrepublik schon immer gegeben habe, das Problem aber erst seit den 1990er Jahren öffentlich thematisiert worden sei.

dabei ermüden, sie beständig daran zu erinnern, dass ein entscheidender Schritt dazu in der Beseitigung von Kinderarmut besteht. Im Sinne der verbrieften Kinderrechte kann der Königsweg hier nur über eine eigenständige soziale Absicherung von Kindern führen. Angesichts des anhaltenden Trends zur Ökonomisierung des gesamten Denkens und Handelns würde eine solche Kindergrundsicherung einen tatsächlichen Paradigmenwechsel bedeuten. Er bestünde im Postulat eines menschlichen Existenzminimums jenseits reiner Nützlichkeitserwägungen und Leistungserwartungen. Stellen wir unsere Kinder von Armut frei und bieten ihnen in den entscheidenden Lebensbereichen gleiche Chancen, könnten sie ihr Entwicklungspotenzial voll entfalten. In den damit für die heranwachsende Kindergeneration geschaffenen Spielräumen sollten dann ihre vielfältigen Talente und Fähigkeiten in allen ihren Facetten voll zur Geltung kommen. Was braucht eine Gesellschaft mehr? Aufbauend auf dem Fundament einer Kindergrundsicherung, müssten allerdings auch alle für die kindliche Entwicklung zentralen Bereiche chancengerecht ausgestaltet werden. Das hätte zur Voraussetzung, dass wir im Bildungswesen unseren Drang, Kinder als künftige Leistungsträger im globalen Wettbewerb zu trainieren, etwas zügeln und damit auch der Eigenständigkeit dieser Lebensphase mehr Respekt bezeugen. Auf diese Weise könnte tatsächlich die Chance gegeben sein, der Kindheit ein Stück unbefangenen Glücks zurückzugeben.

Lauter müssen wir gegen Armut werden

Ein Nachwort

Karl August Chassé

Gerne komme ich der Bitte nach, ein kurzes Nachwort zu diesem wichtigen Band zu schreiben, denn wir sind ein gutes Stück der aktuellen Armutsforschung zusammen gegangen. Kennengelernt habe ich Margherita Zander als Kollegin an der Fachhochschule Jena, an die sie 1994 berufen wurde, fast zeitgleich mit mir. Ihren Schwerpunkt Sozialpolitik hat sie dort mit großem Engagement aufgebaut und den Studierenden die Breite sozialpolitischer Felder eindringlich nahegebracht. Sie dankten es ihr, indem sie gerne ihre Veranstaltungen besucht haben. Ihre Erfahrungen aus der Arbeit als sozialpolitische Referentin im Deutschen Bundestag hat sie in Jena kommunalpolitisch als beratendes Mitglied im Sozialausschuss der Stadt eingebracht und wurde dafür sehr geschätzt. Nachdem sie dann 1997 nach Münster berufen worden war, haben wir gleichwohl noch viele Jahre und im Grunde bis heute immer wieder zusammengearbeitet, in Beiträgen, auf Tagungen und in Büchern. Margherita Zander ist eine entschlossene, zielstrebige und nebenbei liebenswürdige Sozialwissenschaftlerin, die sich auch beständig der Forschung gewidmet hat, um die gesellschaftliche Praxis von Armutsbekämpfung generell und speziell von Kinderarmut voranzubringen. Ich habe immer gerne mit ihr zusammengearbeitet. Wenn ich mich heute nach den wichtigsten Gründen dafür neben der Sympathie und der guten Beziehung frage, sehe ich vor allem die austarierte Mischung von Empathie und Engagement für die Sache und Margheritas analytischer Schärfe. Das war und ist wohltuend und inspirierend. Wir haben uns auch zusammengefunden, weil wir einen ähnlichen biografischen Hintergrund haben, auch wenn er in meinem Fall nicht so krass ist wie bei ihr – ich bin in subproletarischen Verhältnissen aufgewachsen und gehöre zu jener Generation, die in Deutschland von der Bildungsreform profitiert hat, die nach Pichts „Bildungskatastrophe“ zu vermehrten Bemühungen um brachliegende (Bildungs-)Ressourcen unterer sozialer Schichten führte.

1997 haben wir zusammen beim Thüringer Ministerium einen Antrag für ein Forschungsprojekt zur Kinderarmut gestellt, aus dem dann das Buch „Meine Familie ist arm“ von 2003 entstanden ist, das bisher vier Auflagen erlebt hat. Unser gemeinsames Forschungsprojekt zielte vor allem darauf ab zu verstehen, wie sich die Benachteiligungen von Kindern auf deren Selbstwahrnehmung und Handlungsmöglichkeiten auswirken und wie die Kinder selbst ihre Situation erleben. Wir wollten in Erfahrung bringen, wie sie sich dabei fühlen und inwieweit sie mit ihrer Lage aktiv und im Rahmen ihrer Möglichkeiten gestaltend und bewältigend umgehen. Es war eine der ersten Studien, in denen Kinder im Grundschulalter selber mit einem bunten Mix von teils spielerischen, teils zeichnerischen, erzählerischen und dialogischen Methoden befragt wurden. Die Kinderinterviews fanden bei den Kindern zu Hause statt, im vertrauten Rahmen ihrer Lebenswelt. Auch das war damals innovativ. Wir haben die Beschränkung der Armutsdebatte auf Einkommensarmut kritisiert und zur Beschreibung von Armutsverhältnissen das Lebenslagenkonzept für angemessener gehalten, um so die Vielzahl kindlicher Lebens- und Erfahrungsmöglichkeiten zu erfassen, die durch Armut gemindert werden. Beim Lebenslagenkonzept steht die Frage nach den Bedingungen für die Entfaltung und Verwirklichung wichtiger Interessen von Individuen im Mittelpunkt, wobei konzeptuell fünf zentrale Lebensbereiche analysiert werden. Entscheidend sind die subjektive Wahrnehmung und das Bewältigungsverhalten der Individuen. Dieses sozialpolitische Konzept auf die Forschung zu übertragen und der Erkundung der Lebensbedingungen armutsbetroffener Kinder zugrunde zu legen, war eine bedeutsame Weiterentwicklung. Sie hat auf die spätere Forschung sehr befruchtend gewirkt.

In unserem letzten größeren gemeinsamen Werk, einem längeren Beitrag für die Enzyklopädie Erziehungswissenschaft Online bei Juventa (heute Beltz Juventa)[1], haben wir die Rolle der Sozialen Arbeit im Umgang mit Armut sozial- und professionshistorisch verfolgt. Unter anderem zeigte sich auch innerhalb der Sozialen Arbeit eine Vielfalt von Positionen, wobei teilweise sogar eine professionspolitisch motivierte Vernachlässigung des Themas Armut zugunsten von Fragen der Bildung zu verzeichnen war, weil eine solche Ausrichtung anschlussfähiger erschien. Das von uns formulierte Fazit hat bis heute nicht an Gültigkeit verloren. Den gegenwärtigen Herausforderungen – Armut und Bildung – muss die Soziale Arbeit mit subjektorientierten und gerechtigkeitsbasierten Antworten begegnen.

1 www.erzwissonline.de: Chassé, Karl August/Zander, Margherita: Armut, Kinderarmut und Soziale Arbeit, 2011, 45 Seiten.

Warum tut sich politisch so wenig?

Kinderarmut ist seit dem letzten Jahrzehnt in den Mittelpunkt politischer Aufmerksamkeit und Aktivitäten gerückt, wenngleich in einer meist etwas eigentümlichen Sichtweise. Sogar Kinder werden nämlich zunehmend humankapitaltheoretisch als Ressourcen der Gesellschaft, ihre Qualifikation und Kompetenzen als Faktoren im globalen Wettbewerb betrachtet, die es zugunsten der Wettbewerbsfähigkeit Deutschlands im globalen Markt zu stärken gilt. Kinder sollten daher möglichst früh gefördert werden, weil Investitionen in die Förderung von Kindern in der frühen Kindheit am lohnendsten sind – und gleichsam die beste Rendite bringen –, also mehr Effekt zeigen als eine Förderung in späteren Lebensjahren.

Kurz zuvor war infolge der PISA-Studien das deutsche Schulsystem in den Blickpunkt der öffentlichen und politischen Kritik geraten, weil deutlich gemacht werden konnte, dass unser Schulsystem die Benachteiligungen, mit denen manche Kinder in die Schule kommen, aus vielen Gründen viel weniger auszugleichen vermag als die Bildungskonzepte anderer Länder – auch Länder mit wesentlich größeren sozialen Ungleichheiten, wie etwa die USA, Großbritannien oder Frankreich, liegen hier auf besseren Positionen. Seitdem beziehen sich die Diskussionen sehr grundsätzlich auf die Struktur, die Inhalte und die Lernformen des deutschen Schulsystems, eine wichtige Wende auch für die Diskussionen zur Linderung von Kinderarmut.

Der gewachsene politische Problemdruck hat zu einer Institutionalisierung der Armuts- und Reichtumsberichterstattung der Bundesregierung mit bisher vier Armuts- und Reichtumsberichten – zuletzt 2013 – geführt, die allerdings im Lauf der Zeit ihren Biss verloren haben. Außerdem besteht hinsichtlich der Konzeption dieser Berichte Klärungsbedarf, denn es fehlt nach wie vor an differenzierten Analysen zu einzelnen Problemgruppen, etwa zu Ein-Eltern-Familien sowie den Formen und Ursachen ihrer Überforderung. Sie sind der häufigste Familientyp bei den Hilfen zur Erziehung und machen beispielsweise bei der Heimunterbringung etwa 70 % aller Fälle aus. Weitere Forschungsdesiderate im Kontext dieser Berichterstattung sind Untersuchungen zu den typischen Verlaufsmustern von Armut, zu den Auswirkungen sozialräumlicher Konzentration auf soziale Brennpunkte und benachteiligte Stadtteile, zu Kumulationen von Belastungen und zu den unterschiedlichen Verarbeitungs- und Bewältigungsmustern. Nicht zuletzt wäre eine armutspolitische Wirkungsforschung dringend erforderlich.

Die gesellschaftlichen Entwicklungen hierzulande wurden von Margherita Zander und anderen schon früh als „duale Armut" charakterisiert. Damit wurde eine Deutung in die Debatte eingebracht, die Armut nicht allein aus einem individualisierenden und biografisierenden Blickwinkel betrachtet, sondern auch in ihren strukturellen gesellschaftspolitischen Aspekten erfasst. Auf diese Weise konnte die deutsche Armutsentwicklung in den Kontext globaler Entwicklungsprozesse und neoliberaler De-Regulierung gestellt werden. Diese gesellschaftlichen Trends bringen freilich ein anhaltendes regulatorisches Dilemma mit sich, das Armutskonzepte der Sozialen Arbeit wohl noch lange beschäftigen wird. Flexibilisierung und Deregulierung des Arbeitsmarktes erzeugen sozialpolitisch einen hohen Druck hin zu Niedriglohn-Arbeitsverhältnissen und der Annahme von Arbeit um jeden Preis und an jedem Ort. Zugleich will aber der „soziale Investitionsstaat“ ja nicht nur in den armen Familien die Eltern in Arbeit bringen, selbst wenn sie in der Arbeit arm bleiben, sondern möchte auf eine Weise in die Kinder investieren und deren Entwicklung fördern, dass die Kinder sich von der innerfamiliären Weitergabe von Armut abzukoppeln vermögen. Dieser Spagat obliegt dann ganz besonders der Sozialarbeit.

Was die Soziale Arbeit dennoch tun könnte

Hauptsächlich unter dem Motto „Bildung außerhalb der Schule“ hat die Soziale Arbeit die Armutsproblematik aufgegriffen und eine ganze Reihe von Konzepten und Projekten zur präventiven Armutsbekämpfung entwickelt, die sich innerhalb der angesprochenen sozialpolitischen Zwickmühle bewegen müssen. Am vielversprechendsten davon, weil mit der Resilienzperspektive verknüpfbar, erscheinen kommunale Präventionsketten gegen Armut. Sie lassen sich als Bemühungen interpretieren, die Widerstandsfähigkeit von Kindern, Familien und Sozialräumen, also deren Resilienz, zu stärken, Ressourcen zu aktivieren und dabei auf die Förderung von Kindern und Eltern unter Einbezug von Bildungs-, Unterstützungs- und Beratungsangeboten im Stadtteil zu setzen. Eine sinnvolle Strategie, die auch den Resilienzgedanken weiterverfolgt, besteht in der Verbindung von sozialpädagogischer Arbeit mit der materiellen Beeinflussung von Lebenslagen, ein Ansatz, wie er etwa in Nürnberg, Monheim und Dormagen und inzwischen auch in anderen Städten praktiziert wird. Zwar können die sozialpolitischen Rahmenbedingungen, wie sie Hartz IV und das SGB II setzen, auf kommunaler Ebene nicht außer Kraft gesetzt werden, aber spürbare Entlastung auf der materiellen Seite ließe sich durchaus verwirklichen. Ermäßigungen im öffentlichen Personennahverkehr, ein kostenloses Mittagessen in Kita und Schule, kostenfreier Eintritt in Museen, andere Bildungsstätten und Schwimmbäder, der Erlass von Beiträgen für Sportvereine, Musikschulen und andere Angebote würden manchen Kindern und mancher Familie helfen, Bildungs- und Fördermöglichkeiten zu nutzen, die ihnen bisher verschlossen bleiben.

Bisher existieren zu den Erfolgen von Präventionsketten kaum wissenschaftliche Auswertungen oder Evaluationen, doch wurde in Monheim sichtbar, dass solche Konzepte immerhin die schweren und teuren Eingriffe der Jugendhilfe wie die Heimunterbringung deutlich reduzieren können: In diese Richtung sollte sich die Soziale Arbeit bewegen.

Die aktuelle gesellschaftliche Entwicklung ist dadurch geprägt, dass die Marktverhältnisse keineswegs – wie im goldenen Zeitalter der Bundesrepublik – zur, wenn auch ungleichmäßigen, Verbesserung der Lebensbedingungen aller führen. Vielmehr scheint es so, dass das weitere gesellschaftliche Wachstum auf einer zunehmenden sozialen Ungleichheit beruht, nämlich der Zunahme von Reichtum und Armut gleichermaßen bei wachsendem Abstand zwischen den beiden Bevölkerungsgruppen. So kehren wir zu unserer seinerzeitigen Diagnose von vor 15 Jahren zurück: Armut ist Bedingung und Begleiterscheinung der aktuellen gesellschaftlichen Entwicklung. Unter den Gegebenheiten der gegenwärtigen sozialpolitischen Regulation können wir auf kommunaler Ebene die Rahmenbedingungen in begrenztem Maße noch insoweit beeinflussen, dass für die Betroffenen eine Armutsabmilderung spürbar wird. Mit weniger sollte sich die soziale Arbeit auch keinesfalls zufrieden geben. Sie sollte und muss zugleich die Rechte von Kindern auf Entwicklung, Förderung und auf ein gutes Kinderleben einfordern, wie es die UN-Kinderrechtskonvention verlangt. Eine solche Position entspräche auch dem Capability-Ansatz, einem Gesellschaftskonzept, das auf sozialer Gerechtigkeit und weitestgehender Realisierung von personalen Verwirklichungschancen basiert.

Armut und Kinderarmut in einer reichen Gesellschaft provozieren brennende Fragen nach unseren Vorstellungen von Gerechtigkeit. Es tut gut zu wissen, dass es so engagierte wie kritische Wissenschaftlerinnen wie Margherita Zander gibt. Wir brauchen sie.

Danksagung

Die Idee, nach Beendigung meiner Lehrtätigkeit gesammelte Beiträge und Vorträge aus zwei Jahrzehnten zu meinen langjährigen Themenschwerpunkten „Kinderarmut und Resilienz“ in einer Publikation zusammenzufassen, ist in Gesprächen mit meinem Mann entstanden. Er hat dann auch die redaktionelle Bearbeitung der Texte übernommen und dabei immer wieder Anregungen zu diesem Buch beigesteuert. Ihm danke ich für seine Mitarbeit ebenso wie den einfühlsamen Verfassern von Vor- und Nachwort. Für die kritische Durchsicht und das intensive Korrekturlesen des Manuskripts möchte ich mich ganz herzlich bei Sabine Harling, Bonn, sowie Klaus Drefahl und Alfred Bunke, Hamburg, bedanken.

Literatur

Ahorn, Roland/Bettinger, Frank (Hrsg.) (2004): Sozialer Ausschluss und Soziale Arbeit, Wiesbaden.

Alt, Christian (Hrsg.) (2005): Kinderleben – Aufwachsen zwischen Familie, Freunden und Institutionen, Band 1, DJI-Kinderpanel, Wiesbaden.

Alt, Christian (Hrsg.) (2007): Kinderleben – Start in die Grundschule, Band 3: Ergebnisse aus der zweiten Welle, DJI-Kinderpanel, Wiesbaden.

Amann, Anton (1983): Lebenslage und Sozialarbeit. Elemente zu einer Soziologie von Hilfe und Kontrolle, Berlin.

Andretta, Gabriele (1991): Zur konzeptionellen Standortbestimmung von Sozialpolitik als Lebenslagenpolitik, Regensburg.

Andresen, Sabine/Hurrelmann, Klaus (2013): Kinder in Deutschland 2013, 3. World Vision Kinderstudie, Weinheim und Basel.

Ansen, Harald (1998): Armut – Anforderungen an die Soziale Arbeit. Eine historische, sozialstaatsorientierte und systematische Analyse aus der Perspektive der Sozialen Arbeit, Frankfurt a. M., Berlin, Bern u. a.

Badura, Bernhard/Gross, Peter (1976): Sozialpolitische Perspektiven. Einführung in Grundlagen und Probleme sozialer Dienstleistungen, München.

BAG-SHI (2007): Gegen Kinderarmut und Ausgrenzung – für einen eigenständigen, armutssicheren Kinder-Regelsatz! Positionspapier, Bingen am 09.12.2007.

Balsen, Werner/Nakielski, Hans/Rössl, Karl (1984): Neue Armut – Ausgrenzung von Arbeitslosen aus der Arbeitslosenunterstützung, Köln.

Bauer, Brigitte/Engelhardt, Paulus/Rainer, Michael J. (Hrsg.) (1996): Armut und soziale Arbeit. Erfahrungen, Perspektiven und Methoden im internationalen Kontext, Münster.

Becher, Ursel (2005): „… die im Dunkeln sieht man nicht!". Armut und Benachteiligung von Kindern und Jugendlichen in Hamburg, Hamburg.

Beck, Ulrich (1986): Risikogesellschaft, Frankfurt a. M.

Becker, Irene (2007): Verdeckte Armut in Deutschland – Ausmaß und Ursachen, Berlin (FES).

Becker, Irene/Hauser, Richard (2010): Kindergrundsicherung, Kindergeld und Kinderzuschlag: Eine vergleichende Analyse aktueller Reformvorschläge, Studie im Auftrag der Hans-Böckler-Stiftung, Abschlussbericht.

Becker, Irene/Hauser, Richard (2012): Kindergrundsicherung, Kindergeld und Kinderzuschlag: Eine vergleichende Analyse aktueller Reformvorschläge, WSI-Diskussionspapier Nr. 180, Düsseldorf.

Behnken, Imbke (2004): Die „neue" Kindheitsforschung – zur methodischen Programmatik, Vortrag vom 15. November 2004 an der Universität Trnava.

Beisenherz, Gerhard H. (2002): Kinderarmut in der Wohlfahrtsgesellschaft. Das Kainsmal der Globalisierung, Opladen.

Beisenherz, Gerhard H. (2007): Wohlbefinden und Schulleistung von Kindern armer Familien. Auswirkungen der Dauer der Armut auf Grundschulkinder, in: Alt, Christian (Hrsg.): Kinderleben – Start in die Grundschule, a.a.O., S.189–210.

Bertram, Hans (2006): Zur Lage der Kinder in Deutschland: Politik für Kinder als Zukunftsgestaltung, UNICEF, Innocenti Working Paper, IWP-2006-2.

Bertram, Hans (Hrsg.) (2008): Mittelmaß für Kinder. Der UNICEF-Bericht zur Lage der Kinder in Deutschland, München.

Bertram, Hans/Kohl, Steffen (2010): Zur Lage der Kinder in Deutschland: Kinder stärken für eine ungewisse Zukunft, Deutsches Komitee für UNICEF, Berlin.

Bertram, Hans (Hrsg.) (2013): Reiche, kluge, glückliche Kinder? Der UNICEF-Bericht zur Lage der Kinder in Deutschland, Weinheim und Basel.

BETA/Diakonie (2006): Kinderarmut erkennen, wirksam handeln, Berlin.

Bieback, Karl-Jürgen/Milz, Helga (Hrsg.) (1995): Neue Armut, Frankfurt a.M. und New York.

Bieligk, Andreas (1996): Die armen Kinder. Armut und Unterversorgung bei Kindern. Belastungen und ihre Bewältigungen, Essen.

Biermann, Benno (1996): Bemerkungen zum Armutsbegriff, in: Bauer, Brigitte/ Engelhardt, Paulus/Rainer, Michael J. (Hrsg.): Armut und soziale Arbeit, a.a.O., S. 25–31.

BMFSFJ (Hrsg.) (1998): Bericht über die Lebenssituation von Kindern und die Leistungen der Kinderhilfen in Deutschland, Berlin (kurz: 10. Kinder- und Jugendbericht).

BMFSFJ (Hrsg.) (2005): Bericht über die Lebenssituation junger Menschen und die Leistungen der Kinder- und Jugendhilfe in Deutschland, Berlin (kurz: 12. Kinder- und Jugendbericht).

BMFSFJ (Hrsg.) (2010): Familienreport 2010 – Leistungen, Wirkungen, Trends, Berlin.

BMFSFJ (Hrsg.) (2012): Familienreport 2012 – Leistungen, Wirkungen, Trends, Berlin.

BMFSFJ (Hrsg.) (2013): Kinder- und Jugendhilfe in neuer Verantwortung, Berlin (kurz: 14. Kinder- und Jugendbericht).

BMAS (Hrsg.) (2001): Lebenslagen in Deutschland. Erster Armuts- und Reichtumsbericht der Bundesregierung, Bonn (kurz: 1. ARB 2001).

BMGS (Hrsg.) (2005): Lebenslagen in Deutschland. Zweiter Armuts- und Reichtumsbericht der Bundesregierung, Bonn (kurz: 2. ARB 2005).

BMAS (Hrsg.) (2008): Lebenslagen in Deutschland. Dritter Armuts- und Reichtumsbericht der Bundesregierung, Bonn (kurz: 3. ARB 2008).

BMAS-NE (2012): Lebenslagen in Deutschland. Entwurf des 4. Armuts- und Reichtumsberichts der Bundesregierung. Stand 17.9. 2012.

BMAS (Hrsg.) (2013): Lebenslagen in Deutschland. Vierter Armuts- und Reichtumsbericht der Bundesregierung, Bonn (kurz: 4. ARB 2013).

Böhnisch, Lothar/Schefold, Werner (1985): Lebensbewältigung. Weinheim und München.

Böhnisch, Lothar (1994): Gespaltene Normalität – Lebensbewältigung und Sozialpädagogik an den Grenzen der Wohlfahrtsgesellschaft, Weinheim und München.

Bommes, Michael/Scherr, Albert (1996): Exklusionsvermeidung, Inklusionsvermittlung und/oder Exklusionsverwaltung, in: Neue Praxis, H. 2/1996, S. 107–123.

Braches-Chyrek, Rita/Lenz, Gaby (Hrsg.) (2011): Armut verpflichtet – Positionen in der Sozialen Arbeit, Opladen und Framington Hills, MI.

Bradshaw, Jonathan/Hoelscher, Petra/Richardson, Dominic (2007): Comparing Child Well-Being in OECD Countries. Concepts and Methods, Innocenti Working Paper No. 03-2006, Florence.

Bünder, Peter (2002): Geld oder Liebe? Verheißungen und Täuschungen der Ressourcenorientierung in der Sozialen Arbeit, Münster.

Buhr, Petra/Ludwig, Monika (1994): Deklassierung oder biographischer Übergang? Modernisierte Armutskarrieren in den achtziger Jahren, in: Zwick, Michael M. (Hrsg.): Einmal arm, immer arm? Neue Befunde zur Armut in Deutschland, Frankfurt a. M. und New York, S. 106–133.

Butterwegge, Christoph (1996): Zerrbilder der Armut. Resultate der „dynamischen Armutsforschung“ und ihre sozialpolitischen Konsequenzen, in: Neue Praxis, H. 1/1996, S. 68–75.
Butterwegge, Christoph (Hrsg.) (2000): Kinderarmut in Deutschland – Ursachen, Erscheinungsformen und Gegenmaßnahmen, Frankfurt a. M.
Butterwegge, Christoph/Klundt, Michael (Hrsg.) (2002): Kinderarmut und Generationengerechtigkeit: Familien- und Sozialpolitik im demographischen Wandel, Opladen.
Butterwegge, Christoph/Holm, Karin/Zander, Margherita u. a. (2003): Armut und Kindheit. Ein regionaler, nationaler und internationaler Vergleich, Opladen und 2. Auflage Wiesbaden 2004.
Butterwegge, Christoph/Klundt, Michael/Zeng, Matthias (2005): Kinderarmut in Ost- und Westdeutschland, Wiesbaden.
Chassé, Karl August (1998): Kindheit und Armut im Spiegel der Forschung, in: Iben, Gerd (Hrsg.): Kindheit und Armut. Analysen und Projekte, Münster, S. 26–37.
Chassé, Karl August (2000): Armut in einer reichen Gesellschaft, in: Weiß, Hans (Hrsg.): Frühförderung mit Kindern und Familien in Armut und Benachteiligung, München und Basel, S. 12–32.
Chassé, Karl August/Zander, Margherita/Rasch, Konstanze/Böhm, Holger (2000): „Benachteiligungen in den Lebenslagen von Kindern – unter spezifischer Berücksichtigung der sozialen Entwicklung in Thüringen“, Endbericht zu einem Forschungsprojekt an der FH Jena (1997–2000).
Chassé, Karl August/Zander, Margherita/Rasch, Konstanze (2003): Meine Familie ist arm. Wie Kinder im Grundschulalter Armut erleben und bewältigen, Opladen und 4. Auflage Wiesbaden 2010.
Chassé, Karl August (2011): Kinderarmut und Präventionskonzepte der Sozialen Arbeit, in: Braches-Chyrek /Lenz (Hrsg.): Armut verpflichtet, a.a.O., S. 182–198.
Conen, Marie-Luise (2002): Wo keine Hoffnung ist, muss man sie erfinden. Aufsuchende Familientherapie. Heidelberg.
Conen, Marie-Luise (2005): Familien (sich) Veränderungen zutrauen. Das Konzept der Resilienz und seine Bedeutung für pädagogisches Handeln, in: Diagnostik in der Kinder- und Jugendhilfe – Vom Fallverstehen zur richtigen Hilfe. Aktuelle Beiträge zur Kinder- und Jugendhilfe 51. Verein für Kommunikationswissenschaften e.V., Dokumentation der Fachtagung 21.–22.4.2005 in Berlin, S. 45–58.
Conen, Marie-Luise (2011): „Multiproblemfamilien“ und ihre Ressourcen, in: Zander, Margherita (Hrsg.): Handbuch Resilienzförderung, a.a.O., S. 434–441.
Coser, Lewis (1982): Soziologie der Armut: Georg Simmel zum Gedächtnis, in: Leibfried, Stephan/Voges, Wolfgang (Hrsg.): Armut im modernen Wohlfahrtsstaat, Kölner Zeitschrift für Soziologie und Sozialpsychologie (KZfSS), Sonderheft 1982, S. 34–47.
Daniel, Brigid/Wassell, Sally (2002): The School Years: Assessing and promoting resilience in vulnerable children, London/Philadelphia.
Datenreport 2013: Ein Sozialbericht für die Bundesrepublik Deutschland, hrsg. von der Bundeszentrale für politische Bildung, Bonn.
Deutscher Bundestag (1997): Anhörung und Schlussfolgerungen der Kinderkommission des Deutschen Bundestages zum Thema Existenzsicherung von Kindern, Bonn.
Deutscher Bundestag (1998): Bericht über die Lebenssituation von Kindern und die Leistungen der Kinderhilfen in Deutschland – Zehnter Kinder- und Jugendbericht, Bonn (BT. Drs.: 13/11368).
Deutsches Kinderhilfswerk e.V. (Hrsg.) (2004): Kinderreport Deutschland 2004, Berlin.

Deutsches Kinderhilfswerk e. V. (Hrsg.) (2007): Kinderreport Deutschland 2007 – Daten, Fakten, Hintergründe, Freiburg.
Deutsches Kinderhilfswerk e.V. (Hrsg.) (2009): Kinderreport Deutschland 2010 – Daten, Fakten, Hintergründe, Freiburg.
Deutsches Kinderhilfswerk e.V. (Hrsg.) (2012): Kinderreport Deutschland 2012 – Daten, Fakten, Hintergründe. Mitbestimmung in Kindertageseinrichtungen und Resilienz, Autorenteam: Ronald Lutz unter Mitarbeit von Corinna Frey, Claudia Nürnberg und Maria Schmidt, Freiburg.
Dienel, Christiane/Neubauer, Erika/Lohkamp-Himmighofen, Marlene (1993): Zwölf Wege der Familienpolitik in der Europäischen Gemeinschaft. Eigenständige Systeme und vergleichbare Qualitäten, Studie im Auftrag des BMAS, 2 Bde., Stuttgart.
Dietz, Berthold (1997): Soziologie der Armut. Eine Einführung, Frankfurt a. M. und New York.
Diller, Angelika (2005): Eltern-Kind-Zentren. Die neue Generation kinder- und familienfördernder Institutionen. Grundlagenbericht im Auftrag des BMFSFJ, DJI München.
Doering, Diether/Hanesch, Walter/Huster, Ernst-Ulrich (Hrsg.) (1990): Armut im Wohlstand, Frankfurt a. M.
Du Bois-Reymond, Manuela/Büchner, Peter/Krüger, Heinz-Herrmann (1994): Kinderleben. Modernisierung von Kindheit im interkulturellen Vergleich, Opladen.
Elder, Glen (1974): Children of the Great Depression. Social Change in Life Experience, University of Chicago Press.
Elder, Glen (1999): Children of the Great Depression. Social Change in Life Experience, 25th Anniversary Edition, Westview Press: Boulder/Oxford.
Engels, Dietrich (2005): Lebenslagen und soziale Exklusion. Zur Reformulierung des Lebenslagenkonzeptes für die Sozialberichterstattung, Düsseldorf.
Engels, Dietrich (2008): Artikel „Lebenslagen“, in: Maelicke, Bernd (Hrsg.): Lexikon der Sozialwissenschaft, Baden-Baden, S. 643–646.
Erikson, Erik H. (1961): Kindheit und Gesellschaft, Stuttgart.
Erikson, Erik H. (1980): Identität und Lebenszyklus, Frankfurt a. M.
Ernst, Andrea/Stampfel, Sabine (1991): Kinderreport: Wie Kinder hierzulande leben – Materialien, Reportagen, Interviews, Köln.
Ernst, Stefanie (Hrsg.) (2004): Auf der Klaviatur der sozialen Wirklichkeit, Studien – Erfahrungen – Kontroversen, Münster, New York, München und Berlin.
Eurochild (2007): A Child Rights Approach to Child Poverty, Discussion Paper, Brussells.
Eurochild (2007a): Measuring Child Poverty. Developing indicators to measure child poverty and well-being in Europe, Press Release, Brussells, 17.2.2007.
Fachlexikon der sozialen Arbeit (2007): hrsg. vom Deutschen Verein für öffentliche und private Fürsorge e.V., 6. völlig überarbeitete und aktualisierte Auflage, Baden-Baden.
Fesenfeld, Bergit (2001): Kinderrechte sind (k)ein Thema – Praxishandbuch für die Öffentlichkeitsarbeit, Weinheim und Basel.
Flammer, August (1999): Entwicklungstheorien. Psychologische Theorien der menschlichen Entwicklung, 2. vollständig überarbeitete Auflage, Bern.
Fröhlich-Gildhoff, Klaus/Dörner, Tina/Rönnau, Maike (2007): Prävention und Resilienzförderung in Kindertageseinrichtungen – PRiK, Trainingsmanual für ErzieherInnen, München.
Fröhlich-Gildhoff, Klaus/Beuter, Simone/Fischer, Sibylle/Lindenberg, Julia/Rönnau-Böse, Maike (Hrsg.) (2011): Förderung der seelischen Gesundheit in Kitas für Kinder und

Familien mit sozialen Benachteiligungen. Materialien zur Frühpädagogik, Band 6, Freiburg i. Br.: FEL.
Fröhlich-Gildhoff, Klaus/Becker, Jutta/Fischer, Sibylle (Hrsg.) (2012): Gestärkt von Anfang an – Resilienzförderung in der Kita, Weinheim und Basel.
Fuhs, Burkhard (2000): Qualitative Interviews mit Kindern. Überlegungen zu einer schwierigen Methode, in: Heinzel, Friederike (Hrsg.): Methoden der Kindheitsforschung, a.a.O., S. 87–104.
Galinsky, Ellen (1999): Ask the Children: What America's Children Really Think About Working Parents, William Morrow: New York.
Garmezy, Norman (1991): Resilience and vulnerability to adverse developmental outcomes associated with poverty, in: American behavioural scientist, 34, 4, p. 416–430.
Gerull, Susanne (2011): Armut und Ausgrenzung im Kontext Sozialer Arbeit, Weinheim und Basel.
Glatzer, Wolfgang/Hübinger, Werner (1990): Lebenslagen und Armut, in: Döring, Diether/Hanesch, Walter/Huster Ernst-Ulrich (Hrsg.): Armut im Wohlstand, a.a.O., S. 31–54.
Groh-Samberg, Olaf (2007): Armut in Deutschland verfestigt sich, DIW-Wochenbericht Berlin, Nr. 12/2007, S. 177–182.
Grotberg, Edith H. (1999): Resilience for Today. Gaining Strength from Adversity, Westport: London.
Grotberg, Edith H. (2011 und 1995): Anleitung zur Förderung der Resilienz von Kindern – Stärkung des Charakters, in: Zander, Margherita (Hrsg.): Handbuch Resilienzförderung, a.a.O., S. 51–101, deutsche Übersetzung des Manuals: A guide to promoting resilience in children: Strengthening the human spirit. Practice and Reflections 8, The Hague 1995.
Grünke, Matthias (2003): Resilienzförderung bei Kindern und Jugendlichen in Schulen für Lernbehinderte. Eine Evaluation dreier Programme zur Steigerung der psychischen Widerstandsfähigkeit, Lengerich.
Hader, Markus (2004): Modernisierungsverlierer und -gewinner, in: SWS Rundschau, H. 1/2004, S. 7–32.
Häußermann, Viktoria (2011): Kinderreich und doch arm – Separierte Stadtteile, die von Armutskonzentration und Benachteiligung gekennzeichnet sind, in: Braches-Chyrek, Rita/Lenz, Gaby (Hrsg.): Armut verpflichtet, a.a.O., S.151–163.
Hauser, Richard/Hübinger, Werner (1993): Arme unter uns. Ergebnisse und Konsequenzen der Caritas Armutsuntersuchung, Teil 1, Freiburg.
Havighurst, Robert J. (1956): Adolescent Character and Personality, J. Wiley: Hoboken.
Havighurst, Robert J. (1972): Developmental tasks and education, McKay: New York.
Heinzel, Friederike (Hrsg.) (2000): Methoden der Kindheitsforschung. Ein Überblick über Forschungszugänge zur kindlichen Perspektive, Weinheim und München.
Hengst, Heinz/Zeiher, Helga (Hrsg.) (2005): Kindheit soziologisch, Wiesbaden.
Hitzler, Roland/Honer, Anne (1996): Individualisierung als Handlungsrahmen – Sozialpädagogik vor dem Hintergrund neuer sozialer Ungleichheiten, in: Archiv für Wissenschaft und Praxis der Sozialen Arbeit, H. 2/1996, S.153–162.
Hock, Beate/Holz, Gerda/Wüstendörfer, Werner (1999): „Armut – Eine Herausforderung für die verbandliche Kinder- und Jugendhilfe". Ergebnisse einer Befragung von über 2700 Einrichtungen der Kinder-, Jugend- und Familienhilfe zum Thema Verbreitung, Wahrnehmung und Umgang mit Kinderarmut, Frankfurt a. M.

Hock, Beate/Holz, Gerda/Wüstendörfer, Werner (2000 a): „Folgen familiärer Armut im frühen Kindesalter – Eine Annäherung anhand von Fallbeispielen". Ergebnisse einer qualitativen Untersuchung zu Armut im frühen Kindesalter. Dritter Zwischenbericht zu einer Studie im Auftrag des Bundesverbandes der Arbeiterwohlfahrt, Frankfurt a. M. (kurz: ISS-Studie 2000a).

Hock, Beate/Holz, Gerda/Wüstendörfer, Werner (2000 b): „Frühe Folgen – langfristige Konsequenzen?" Armut und Benachteiligung im Vorschulalter. Ergebnisse einer Befragung zur Lebenssituation und Lebenslage von 900 armen und nicht-armen Vorschulkindern, Frankfurt a. M. (kurz: ISS-Studie 2000b).

Hock, Beate/Brülle, Heiner (2010): Bildung für alle – Strategien zur Sicherung der Bildungsteilhabe von sozial benachteiligten Kindern, in: Holz, Gerda/Richter-Kornweitz, Antje: Kinderarmut und ihre Folgen, a.a.O., S.159–169.

Holz, Gerda/Skoluda, Susanne (2003): „Armut im frühen Grundschulalter – Vertiefende Untersuchung zu Lebenssituation, Ressourcen und Bewältigungshandeln von Kindern." Ergebnisse der zweiten AWO-ISS-Studie als vertiefende Untersuchung von achtjährigen Kindern in belasteten Lebenslagen, Frankfurt a. M. (kurz: ISS-Studie 2003).

Holz, Gerda/Puhlmann, Andreas (2005): „Alles entschieden? Wege und Lebenssituationen armer und nicht-armer Kinder zwischen Kindergarten und weiterführender Schule." Zwischenergebnisse der 3. AWO-ISS-Studie mit aktuellen Analysen der Zehnjährigen, Frankfurt a. M. (kurz: ISS-Studie 2005).

Holz, Gerda/Richter-Kornweitz, Antje/Wüstendörfer, Werner/Giering, Dietrich (2006): „Zukunftschancen für Kinder!? – Wirkung von Armut am Ende der Grundschulzeit". Endbericht der 3. Studie zur Situation 10-Jähriger (Querschnitt) und der Entwicklung der Kinder 1999–2003/2004, Längsschnitt, Frankfurt a. M.(kurz: ISS-Studie 2006).

Holz, Gerda/Schlevogt, Vanessa/Kunz, Thomas/Klein, Evelin (2005): Armutsprävention vor Ort – „Mo.Ki – Monheim für Kinder", Frankfurt a. M.

Holz, Gerda/Richter-Kornweitz, Antje (Hrsg.) (2010): Kinderarmut und ihre Folgen. Wie kann Prävention gelingen? München.

Holz, Gerda (2010): Kindbezogene Armutsprävention als struktureller Präventionsansatz, in: Holz, Gerda/Richter-Kornweitz, Antje (Hrsg.): Kinderarmut und ihre Folgen, a.a.O., S. 109–127.

Honneth, Axel (1994): Kampf um Anerkennung: Zur moralischen Grammatik sozialer Konflikte, Frankfurt a. M.

Hübenthal, Maksim (2009): Kinderarmut in Deutschland. Empirische Befunde, kinderpolitische Akteure und gesellschaftspolitische Handlungsstrategien. Eine Expertise im Auftrag des Deutschen Jugendinstitutes, München.

Hurrelmann, Klaus (1983): Einführung in die Sozialisationstheorie – Das Modell des produktiv realitätsverarbeitenden Subjekts, in: Zeitschrift für Sozialisationsforschung und Erziehungswissenschaften, H. 3/1983, S. 91–103.

Hurrelmann, Klaus (1995): Einführung in die Sozialisationstheorie. Über den Zusammenhang von Sozialstruktur und Persönlichkeit, 2. Auflage, Weinheim.

Hurrelmann, Klaus/Bründel, Heidrun (2003): Einführung in die Kindheitsforschung, 2. überarbeitete Auflage, Weinheim, Basel und Berlin.

Hurrelmann, Klaus/Andresen, Sabine (2007): Kinder in Deutschland 2007, 1. World Vision Kinderstudie, Frankfurt a. M.

Hurrelmann, Klaus/Andresen, Sabine (2010): Kinder in Deutschland 2010, 2. World Vision Kinderstudie, Frankfurt a. M.

Imholz, Barbara/Wuttke, Gisela (2004): Strategien der Kinder zur Bewältigung von Armut im Stadt/Land-Vergleich, in: Butterwegge, Christoph/Holm, Karin/Zander, Margherita u. a.: Armut und Kindheit, 2. Auflage, a.a.O., S. 223–270.

Institut für soziale Arbeit e.V. (ISA) (Hrsg.) (1997): Familien in Krisen – Kinder in Not, Münster.

Institut für soziale Arbeit e.V. (ISA) (Hrsg.) (o.J.): Ausgrenzung von Familien vermeiden, Zukunft von Kindern sichern, Münster.

iSPO (Institut für Sozialforschung, Praxisberatung und Organisationsentwicklung) (Hrsg.) (2004): Zwischenbericht der beiden Modellprojekte zur Bekämpfung der Auswirkungen von Kinderarmut, Saarbrücken.

iSPO (Institut für Sozialforschung, Praxisberatung und Organisationsentwicklung) (Hrsg.) (2005): Zweiter Zwischenbericht der beiden Modellprojekte zur Bekämpfung der Auswirkungen von Kinderarmut, Saarbrücken.

iSPO (Institut für Sozialforschung, Praxisberatung und Organisationsentwicklung) (Hrsg.) (2006): Abschlussbericht der beiden Modellprojekte zur Bekämpfung der Auswirkungen von Kinderarmut, Saarbrücken.

Ittel, Angela/Scheithauer, Herbert (2007): Geschlecht als „Stärke" oder „Risiko"? Überlegungen zur geschlechterspezifischen Resilienz, in: Opp, Günther/Fingerle, Michael (Hrsg.): Was Kinder stärkt. Erziehung zwischen Risiko und Resilienz, a.a.O., S. 98–115.

Joos, Magdalena (1995): Armutsentwicklung in den alten und neuen Bundesländern, in: Otto, Ulrich (Hrsg.): Aufwachsen in Armut, Opladen, S. 47–78.

Kamensky, Jutta/Heusohn, Lothar/Klemm, Ulrich (Hrsg.) (2000): Kindheit und Armut in Deutschland. Beiträge zur Analyse, Prävention und Intervention, Ulm.

Kißler, Mechthilde/Keller-Ebert, Cornelia (1994): Zur Lebenssituation von Familien unter besonderer Berücksichtigung der Stadt Köln, Köln.

Klocke, Andreas/Hurrelmann, Klaus (1998): Kinder und Jugendliche in Armut. Umfang, Auswirkungen und Konsequenzen, Opladen.

Klundt, Michael (2013): Der Vierte Armuts- und Reichtumsbericht der Bundesregierung: Debatten über Ausmaße, Ursachen, Folgen und Alternativen, in: sozialmagazin, H. 3–4/2013, S. 90–97.

Knecht, Alban/Schubert, Franz-Christian (Hrsg.) (2012): Ressourcen im Sozialstaat und in der Sozialen Arbeit. Zuteilung – Förderung – Aktivierung, Stuttgart.

Kränzl-Nagl, Renate/Mierendorff, Johanna/Olk, Thomas (Hrsg.) (2003): Kindheit im Wohlfahrtsstaat. Gesellschaftliche und politische Herausforderungen, Frankfurt a. M.

Kränzl-Nagl, Renate/Wilk, Liselotte (2000): Möglichkeiten und Grenzen standardisierter Befragungen unter besonderer Berücksichtigung der Faktoren soziale und personale Wünschbarkeit, in: Heinzel, Friederike (Hrsg.): Methoden der Kindheitsforschung, a.a.O., S. 59–76.

Krüger, Heinz-Herrmann/Kötters, Catrin (1999): Vom Risiko, ein Mädchen zu sein, in: Opp, Günther/Fingerle, Michael/Freytag, Andreas (Hrsg.): Was Kinder stärkt, a.a.O., S. 287–295.

Kühl, Jürgen (2003): Kann das Konzept der „Resilienz" die Handlungsperspektiven der Frühförderung erweitern? In: Frühförderung interdisziplinär, H. 2/2003, S. 51–60.

Kühn, Dietrich (1996): Armut im Stadtteil und Gemeinwesen, in: Bauer, Brigitte/Engelhardt, Paulus/Rainer, Michael J. (Hrsg.): Armut und soziale Arbeit, a.a.O., Münster, S. 167–173.

Kürner, Peter/Nafroth, Ralf (Hrsg.) (1994): Die vergessenen Kinder. Vernachlässigung und Armut in Deutschland, Köln.

Kustor-Hüttl, Beatrice (2011): Weibliche Strategien der Resilienz. Bildungserfolg in der Migration, Frankfurt a. M.
Laubstein, Claudia/Dittmann, Jörg/Holz, Gerda (2011): Jugend und Armut II. Methodische Grundsteine, Operationalisierungen und erste empirische Befunde der AWO-ISS-Langzeitstudie, „Kinder- und Jugendarmut IV“. Ausführliche Beschreibung des Forschungsdesigns sowie erste Ergebnisse zum Thema Schule und Schulverlauf, Frankfurt a. M. (kurz: ISS-Langzeitstudie 2011).
Laubstein, Claudia/Holz, Gerda/Dittmann, Jörg/Sthamer, Evelin (2012): „Von alleine wächst sich nichts aus… Lebenslagen von (armen) Kindern und Jugendlichen und gesellschaftliches Handeln bis zum Ende der Sekundarstufe I“. Abschlussbericht der 4. Phase der Langzeitstudie im Auftrag des Bundesverbandes der AWO, Frankfurt a. M. (kurz: ISS-Langzeitstudie 2012).
Lazarus, Richard S./Launier, R. (1981): Stressbezogene Transaktionen zwischen Personen und Umwelt, in: Nitsch, Jürgen R. (Hrsg.): Stress. Theorien, Untersuchungen, Maßnahmen, Bern, Stuttgart und Wien.
LBS (2011): Kinderbarometer Deutschland 2011. Stimmungen, Meinungen und Trends von Kindern und Jugendlichen, durchgeführt von Prosoz, Institut für Sozialforschung, Herten.
Leisering, Lutz (1993): Armut hat viele Gesichter. Vom Nutzen dynamischer Armutsforschung, Arbeitspapier Nr. 21 des Sonderforschungsbereiches 186 der Universität Bremen (Statuspassagen und Risikolagen im Lebensverlauf), Bremen.
Lenze, Anne (2008): Die Verfassungsmäßigkeit eines einheitlichen und der Besteuerung unterworfenen Kindergeldes. Rechtsgutachten im Auftrag der Hans-Böckler-Stiftung in Kooperation mit dem Deutschen Paritätischen Wohlfahrtsverband. Arbeitspapier 151 der Hans-Böckler-Stiftung, Düsseldorf.
Lenze, Anne (2014): Alleinerziehende unter Druck – Rechtliche Rahmenbedingungen, finanzielle Lage und Reformbedarf, Studie im Auftrag der Bertelsmann-Stiftung, Hochschule Darmstadt.
Lipski, Jens (2000): Zur Verläßlichkeit der Angaben von Kindern bei standardisierten Befragungen, in: Heinzel, Friederike (Hrsg.): Methoden der Kindheitsforschung, a.a.O., S. 77–86.
Luthar, Suniya S. (1999): Poverty and Children’s Adjustment. Sage Publications: Thousand Oaks/London/New Delhi.
Luthar, Suniya S./Chicchetti, Dante/Becker, Bronwyn (2000): The Construct of Resilience: A Critical Evaluation and Guidelines for Future Work, in: Child Development, 71, 3, p. 543–562.
Lutz, Ronald (2011): Das Mandat der Sozialen Arbeit, Wiesbaden.
Lutz, Ronald (2014): Soziale Erschöpfung: Kulturelle Kontexte sozialer Ungleichheit, Weinheim und Basel.
Maier, Konrad (Hrsg.) (2008): Soziale Arbeit in der „Krise der Arbeitsgesellschaft“, Freiburg.
Maier, Konrad (Hrsg.) (2009): Armut als Thema der Sozialen Arbeit, Freiburg.
Mansel, Jürgen/Neubauer, Georg (Hrsg.) (1998): Armut und soziale Ungleichheit bei Kindern, Opladen.
Maywald, Jörg (2013): Kinderschutz in der Kita: Ein praktischer Leitfaden für Erzieherinnen und Erzieher, Freiburg, Basel und Wien.
Meier, Uta/Preuße, Heide/Sunnus, Eva Maria (2003): Steckbriefe von Armut. Haushalte in prekären Lebenslagen, Wiesbaden.

Meier-Gräwe, Uta (2007): Gedeihen trotz widriger Umstände?! – Förderung von Resilienz bei armen Kindern und Jugendlichen, in: Kindesmisshandlung und -vernachlässigung, H. 1/2007, S.70–89.

Meinhold, Marianne (1997): Qualitätssicherung und Qualitätsmanagement in der Sozialen Arbeit, 2. Auflage, Freiburg.

Ministerium für Arbeit, Gesundheit und Soziales des Landes Nordrhein-Westfalen (MAGS-NRW): Kinder und Jugendliche in Nordrhein-Westfalen, 6. Jugendbericht, Düsseldorf 1990–1994.

Mitscherlich, Alexander (1965): Die Unwirtlichkeit der Städte, Frankfurt a. M.

Müller, Carl Wolfgang (1988): Wie Helfen zum Beruf wurde. Eine Methodengeschichte der Sozialarbeit 1883–1945, 2 Bände, Weinheim und Basel.

Mutz, Gerd (2009): Neue Prozesse der Exklusion und Prekarisierung: Eine Herausforderung für die Soziale Arbeit, in: Maier, Konrad (Hrsg.): Armut als Thema der Sozialen Arbeit, a.a.O., S. 71–95.

Nahnsen, Ingeborg (1970): Theorie der Lebenslage und der sozialen Schwäche, Göttingen: unveröffentlichtes Vorlesungsmanuskript.

Nahnsen, Ingeborg (1972): Wichtige Interessen, äußere Lebensumstände und Lebenslage. Auseinandersetzung mit zentralen Elementen des Weisserschen Lebenslagenkonzeptes. Göttingen: unveröffentlichtes Vorlesungsmanuskript.

Nahnsen, Ingeborg (1975): Bemerkung zum Begriff und zur Geschichte des Arbeitsschutzes, in: Osterland, Martin (Hrsg.): Arbeitssituation, Lebenslage und Konfliktpotential, Frankfurt a. M., S. 145–166.

Nationale Armutskonferenz (nak) (2012): Die im Schatten sieht man nicht. Schattenbericht der Nationalen Armutskonferenz, Sonderausgabe des „straßenfeger", Oktober 2012, Hamburg.

National Coalition für die Umsetzung der UN-Kinderrechtskonvention in Deutschland (2002): Kinderrechte in Deutschland. Bericht der National Coalition anlässlich der Sonderversammlung der UN im Mai 2002 (kurz: National Coalition 2002).

National Coalition (2007): Diskussion zur Aufnahme von Kinderrechten in die Verfassung, Positionspapier 2007.

Neurath, Otto (1931): Empirische Soziologie. Der wissenschaftliche Gehalt der Geschichte und der Nationalökonomie, Wien.

Oelschlägel, Dieter (1993): Sich schämen ist nicht genug – Gemeinwesenarbeit im Armutsquartier, in: Mühlfeld, Claus (Hrsg.): Armut. Brennpunkte sozialer Arbeit, Neuwied, Kriftel und Berlin, S.60–97.

Olk, Thomas/Mierendorff, Johanna (1998): Existenzsicherung für Kinder – Zur sozialpolitischen Regulierung von Kindheit im bundesdeutschen Sozialstaat, in: Zeitschrift für Sozialisation und Erziehungswissenschaften, H. 1/1998, S. 38–52.

Opp, Günther/Fingerle, Michael/Freytag, Andreas (Hrsg.) (1999): Was Kinder stärkt. Erziehung zwischen Risiko und Resilienz, 1. Auflage, München und Basel.

Opp, Günther/Fingerle, Michael (Hrsg.) (2007): Was Kinder stärkt. Erziehung zwischen Risiko und Resilienz, 2. völlig neu bearbeitete Auflage, München und Basel.

Osterland, Martin (Hrsg.) (1975): Arbeitssituation, Lebenslage und Konfliktbereitschaft, Frankfurt a. M.

Otto, Ulrich (1997): Aufwachsen in Armut: Erfahrungswelten und soziale Lagen von Kindern armer Familien, Opladen.

Paritätischer Wohlfahrtsverband (1989): „... wessen wir uns schämen müssen in einem reichen Land“: Armutsbericht des Paritätischen Wohlfahrtsverbandes für die Bundesrepublik Deutschland, Verlag Wohlfahrtswerk für Baden-Württemberg, Stuttgart.
Palentien, Christian (2004): Kinder- und Jugendarmut in Deutschland, Wiesbaden.
Pass-Weingartz, Dorothee (1992) (in Zusammenarbeit mit dem Kid-Verlag Bonn): Das Übereinkommen über die Rechte der Kinder. Die UN-Kinderrechtskonvention im Wortlaut, Bonn.
Paritätischer Wohlfahrtsverband (2005): Expertise: Kinder und Hartz IV, Berlin.
Pearlin, Leonard I. (1989): The Sociological Study of Stress, in: Journal of Health and Social Behavior, Vol. 30, 3, p. 241–256.
Prengel, Annedore (Hrsg.) (2003): Im Interesse von Kindern? Forschungs- und Handlungsperspektiven in Pädagogik und Kinderpolitik, Weinheim und München.
Qvortrup, Jens (2003): Kindheit im marktwirtschaftlich organisierten Wohlfahrtsstaat, in: Kränzl-Nagl, Renate/Mierendorff, Johanna/Olk, Thomas (Hrsg.): Kindheit im Wohlfahrtsstaat, a.a.O., S. 95–120.
Rabe-Kleberg, Ursula (1999): Vom Risiko, ein Junge zu sein – oder: „Männer werden als Kind schon auf Mann geeicht“, in: Opp, Günther/Fingerle, Michael/Freytag, Andreas (Hrsg.): Was Kinder stärkt, a.a.O., S. 279–286.
Rabeneck, Jörn/Stickborn, Jörg (o.J.): Armut in Familien mit Kindern. Ein Appell zum Ausbau kommunaler Berichtserstattung, Landesjugendamt Westfalen-Lippe.
Rauschenbach, Thomas (1994): Inszenierte Solidarität: Soziale Arbeit in der Risikogesellschaft, in: Beck, Ulrich/Beck-Gernsheim, Elisabeth (Hrsg.): Riskante Freiheiten, Individualisierung in modernen Gesellschaften, Frankfurt a. M., S. 89–111.
Rehmann, Yvonne (2011): Armut von Kindern und ihren Familien als Bezugsgröße für die Arbeit in Familienzentren, in: Braches-Chyrek, Rita/Lenz, Gaby (Hrsg.): Armut verpflichtet, a.a.O., S.164–181.
Reichwein, Eva (2012): Kinderarmut in der Bundesrepublik Deutschland. Lebenslagen, gesellschaftliche Wahrnehmung und Sozialpolitik, Wiesbaden.
Richter, Antje (2000): Wie erleben und bewältigen Kinder Armut? Eine qualitative Studie über die Belastungen aus Unterversorgungslagen und ihre Bewältigung aus subjektiver Sicht von Grundschulkindern einer ländlichen Region, Aachen.
Richter-Kornweitz, Antje (2011): Gleichheit und Differenz – die Relation zwischen Resilienz, Geschlecht und Gesundheit, in: Zander, Margherita (Hrsg.): Handbuch Resilienzförderung, a.a.O., S. 240–274.
Rönnau-Böse, Maike/Fröhlich-Gildhoff, Klaus (2010): Resilienzförderung im Kita-Alltag. Was Kinder stark und widerstandsfähig macht, Freiburg.
Rönnau-Böse, Maike/Fröhlich-Gildhoff, Klaus (2011): Präventionsprogramme für Kindertageseinrichtungen – Förderung von seelischer Gesundheit und Resilienz, in: Zander, Margherita (Hrsg.): Handbuch Resilienzförderung, a.a.O., S. 360–382.
Roos, Stefanie/Grünke, Matthias (2011): Auf dem Weg zur „resilienten“ Schule – Resilienz in Förderschulen, in: Zander, Margherita (Hrsg.): Handbuch Resilienzförderung, a.a.O., S. 407 - 433.
Sauerwald, Gregor (1996): Soziale Arbeit als „Kampf um Anerkennung“, in: Bauer, Brigitte/Engelhardt, Paulus/Rainer, Michael J. (Hrsg.): Armut und soziale Arbeit, a.a.O., S. 9–19.
Schone, Reinhold/Tenhaken, Wolfgang (2012): Kinderschutz in Einrichtungen und Diensten der Jugendhilfe: Ein Lehr- und Praxisbuch, Weinheim und Basel.

Schoon, Ingrid (2006): Risk and Resilience. Adaptations in Changing Times, University Press: Cambridge.
Seifert, Anne (2011): Resilienzförderung an der Schule. Eine Studie zu Service-Learning mit Schülern aus Risikolagen, Wiesbaden.
Sen, Amartya (2007): Ökonomie für den Menschen. Wege zu Gerechtigkeit und Solidarität in der Marktwirtschaft, München.
Siggelkow, Bernd/Büscher, Wolfgang (2007): Deutschlands vergessene Kinder. Hoffnungsgeschichten aus der Arche, Asslar.
Simmel, Georg (1992 und 1908): Der Arme, in: Soziologie, Frankfurt a. M., S. 522–554.
Stadt Essen (2004): Kinderbericht 2004. Zur Lage von Kindern in Essen. Teil 1: Befunde, Handlungsansätze, Empfehlungen. Essen.
Stadt Münster (2002): Münsteraner Armutsberichterstattung: Lebenslagen und -perspektiven unterversorgter Kinder und Jugendlicher in Münster, Münster.
Stadtteilbüro Malstatt (Hrsg.) (1993): Von der Not im Wohlstand arm zu sein – eine Armutserkundung in Saarbrücken-Malstatt, Saarbrücken.
Staub-Bernasconi, Silvia (2010): Menschenwürde und das Tripelmandat in der Sozialen Arbeit des ASD, Einführungsvortrag auf dem Bundeskongress des ASD, Hochschule für Angewandte Wissenschaften Hamburg, 24.–26. November 2010.
Stolz-Willig, Brigitte/ Christoforidis, Janis (Hrsg.) (2011): Hauptsache billig? Prekarisierung in den sozialen Berufen, Münster.
Theiss-Scholz, Margit (2007): Das Konzept der Resilienz und der Salutogenese und seine Implikationen für den Unterricht, in: Zeitschrift für Heilpädagogik, H. 7/2007, S. 265–275.
Ungar, Michael (2011a): Kontextuelle und kulturelle Aspekte von Resilienz – Jugendhilfe mit menschlichem Antlitz. Ein konzeptioneller Beitrag mit Praxisbezug und Beispielen, in: Zander, Margherita (Hrsg.): Handbuch Resilienzförderung, a.a.O., S. 133–156.
Ungar, Michael (2011b): Theorie in die Tat umsetzen. Fünf Prinzipien der Intervention. Die Phönix-Programme (Halifax – Kanada), in: Zander, Margherita (Hrsg.): Handbuch Resilienzförderung, a.a.O., S. 157–178.
UNICEF (2000): Innocenti Report Card 1, A league table of child poverty in rich nations, Florence.
UNICEF (2001): Child Well-Being, Child Poverty and Child Policy in Modern Nations: What Do We Know? Koen Vleminckx/Timothy M. Smeeding, Policy Press: Bristol.
UNICEF (2005a): Innocenti Report Card 6, Child Poverty in Rich Countries, Florence.
UNICEF (2005b): Kinderarmut in reichen Ländern. Zusammenfassung der UNICEF-Studie, in: unicef Informationen März 2005.
UNICEF (2006a): Innocenti Working Papers, Bradshaw, Jonathan/Hoelscher, Petra/ Richardson, Dominic: Comparing Child Well-Being in OECD-Countries. Concept and Methods, IWP-2006-03, Florence.
UNICEF (2006b): Innocenti Working Papers, Bertram, Hans: Zur Lage der Kinder in Deutschland: Politik für Kinder als Zukunftsgestaltung, IWP-2006-2, Florence.
UNICEF Deutschland u. a. (2006): Gemeinsam gegen Kinderarmut. Eine schleswig-holsteinische Kampagne unter der Schirmherrschaft von Heide Simonis, UNICEF Deutschland, Flyer, AWO Landesverband Schleswig-Holstein.
UNICEF (2007): Innocenti Report Card 7, Richardson, Dominic/Hoelscher, Petra/Bradshaw, Jonathan: Child Poverty in Perspective: An Overview of Child Well-Being in Rich Countries, Florence.

UNICEF (2013): Child Well-Being in Rich Countries. A comparative overview, Innocenti Report Card 11, Florence.

Vahsen, Friedhelm (2006): Rezension vom 10.01.2006 zu: Anhorn, Roland/Bettinger, Frank (Hrsg.): Sozialer Ausschluss und Soziale Arbeit, Wiesbaden (socialnet).

Vahsen, Friedhelm/Mane, Gudrun (2010): Gesellschaftliche Umbrüche und Soziale Arbeit, Wiesbaden.

Wagenblass, Sabine (2006): Aufgaben, Funktionsweisen und Modelle eines sozialen Warnsystems, in: Forum Erziehungshilfen, H. 1/2006, S. 20–24.

Walper, Sabine (1988): Familiäre Konsequenzen ökonomischer Deprivation, München und Weinheim.

Walper, Sabine (1993): Können wir uns das leisten? Kinder und Armut, in: Deutsches Jugendinstitut (Hrsg.): Was für Kinder! Aufwachsen in Deutschland, München, S. 267–276.

Walper, Sabine (1995): Kinder und Jugendliche in Armut, in: Bieback, Karl-Jürgen/Milz, Helga (Hrsg.): Neue Armut, a.a.O., S. 181–220.

Walper, Sabine (1999): Psychosoziale Folgen von Armut auf die Entwicklung von Kindern, in: Lepenies, Annette (Hrsg.): Kindliche Entwicklungspotentiale. Normalität, Abweichung und ihre Ursachen. Materialien zum 10. Kinder- und Jugendbericht, Bd. 1, Opladen, S. 291–360.

Walper, Sabine (2001): Psychologische Folgen von Armut für die Entwicklung von Jugendlichen, in: Unsere Jugend, H. 9/2001, S. 380–389.

Weiß, Hans (2000): Frühförderung mit Kindern und Familien in Armutslagen, München und Basel.

Weiß, Hans (2005): ‚Frühe Hilfen' für entwicklungsgefährdete Kinder in Armutslagen, in: Zander, Margherita (Hrsg.): Kinderarmut. Einführendes Handbuch, a.a.O., S. 182–197.

Weiß, Hans (2011): So früh wie möglich – Resilienz in der interdisziplinären Frühförderung, in: Zander, Margherita (Hrsg.): Handbuch Resilienzförderung, a.a.O., S. 330–349.

Weisser, Gerhard (1956): Artikel „Wirtschaft", in: Ziegenfuss, Werner (Hrsg.): Handbuch der Soziologie, 2. Hälfte, Stuttgart, S. 970–1098.

Weisser, Gerhard (1972): Sozialpolitik, in: Bernsdorf, Wilhelm (Hrsg.): Wörterbuch der Soziologie, Band 3, Frankfurt a. M., S. 769–776.

Welter-Enderlin, Rosmarie/Hildenbrand, Bruno (Hrsg.) (2006): Resilienz – Gedeihen trotz widriger Umstände, Heidelberg.

Werner, Emmy/Smith, Ruth (1982 und 1989): Vulnerable but invincible. A Longitudinal Study of resilient children and youths, Adams-Bannister-Cox: New York.

Werner, Emmy (1999): Entwicklung zwischen Risiko und Resilienz, in: Opp, Günther/Fingerle, Michael/Freytag, Andreas (Hrsg.): Was Kinder stärkt, a.a.O., S. 25–36.

Werner, Emmy (2000): Protective Factors and Individual Resilience, in: Handbook of Early Childhood Interventions, 2nd ed., Jack P. Shonkoff/Samuel J. Meisels, University Press: Cambridge, S.115 – 132.

Wolf, Klaus (2006): Sozialpädagogische Familienhilfe aus der Sicht der Klientinnen und Klienten – Forschungsergebnisse und offene Fragen, in: Fröhlich-Gildhoff, Klaus/Engel, Eva Maria/Rönnau, Maike/Kraus, Gabriele (Hrsg.): Forschung und Praxis in den ambulanten Hilfen zur Erziehung, Freiburg, S. 83–100.

Wustmann, Corina (2004): Resilienz. Widerstandsfähigkeit von Kindern in Tageseinrichtungen fördern, Weinheim und Basel.

Wyrobnik, Irit (Hrsg.) (2012): Wie man ein Kind stärken kann. Ein Handbuch für Kita und Familie, Göttingen.
Zander, Margherita (1997): Kommunale Infrastruktur für Kinder und Familien, in: Hanesch, Walter (Hrsg.): Überlebt die soziale Stadt, Opladen, S. 215–235.
Zander, Margherita (2000a): (Kinder)Armut als Handlungsauftrag für die Soziale Arbeit, in: Butterwegge, Christoph (Hrsg.): Kinderarmut in Deutschland, a.a.O., S. 286–308.
Zander, Margherita (2000b): Kinderarmut und Existenzsicherung im Sozialstaat, in: Weiß, Hans (Hrsg.): Frühförderung mit Kindern und Familien in Armutslagen, a.a.O., S. 89–102.
Zander, Margherita (2002): Welche Spielräume haben Kinder? Kinderarmut – Ergebnisse einer Lebenslage-Studie, in: Sozial Extra, H. 4/2002, S. 33–37.
Zander, Margherita (2005a): Kindliche Bewältigungsstrategien von Armut im Grundschulalter. Ein Forschungsbericht, in: Zander, Margherita (Hrsg.): Kinderarmut. Einführendes Handbuch für Forschung und soziale Praxis, a.a.O., S. 110–141.
Zander, Margherita (2005b): Armut in Zeiten des aktivierenden Sozialstaates, in: Sozial Extra, H. 7-8/ 2005, S. 16 ff.
Zander, Margherita (Hrsg.)(2005c): Kinderarmut. Einführendes Handbuch für Forschung und soziale Praxis, 2. Auflage 2010, Wiesbaden.
Zander, Margherita (2008): Armes Kind – starkes Kind? Die Chance der Resilienz, 3. Auflage 2010, Wiesbaden.
Zander, Margherita (2011): Handbuch Resilienzförderung, mit herausgegeben von Martin Roemer, Wiesbaden.
Zander, Margherita (2012): Die Schwachen stärken statt die Starken bestärken, in: Jugendhilfe, H. 6/2012, S. 328–332.
Zeiher, Helga/Zeiher, Hartmut (1994): Orte und Zeiten der Kinder. Soziales Leben im Alltag von Großstadtkindern, Weinheim und Basel.
Zeiher, Helga (1996): Die Entdeckung der Kindheit in der Soziologie, in: Gesellschaften im Umbruch: Verhandlungen des 27. Kongresses der Deutschen Gesellschaft für Soziologie in Halle a. d. Saale 1995, Frankfurt a. M. und New York, S. 795–805.
Ziegenfuss, Werner (Hrsg.) (1956): Handbuch der Soziologie, 2 Bde., Stuttgart.

Kurzprofile

Margherita Zander. Politikwissenschaftlerin, geboren 1948 in Lana bei Meran, Südtirol. Nach dem Abitur Studium in Bonn mit abschließender Promotion in Kassel. Berufliche Stationen: Sozialpolitische Referentin der Bundestagsfraktion Die Grünen/Bündnis 90 (1984–1992). Grundsatzreferentin im Hessischen Ministerium für Jugend, Familie und Gesundheit (1992–1994). 1994–1997 Professorin für Politikwissenschaft und Sozialpolitik an der FH Jena, anschließend an der FH Münster (1997–2012).
Qualitative Befragung von armutsbedrohten Kindern in Jena und Umland (zusammen mit Prof. Karl August Chassé und Dr. Konstanze Rasch) sowie in Münster und im Westmünsterland (unter Mitarbeit von Barbara Imholz und Gisela Wuttke). Wissenschaftliche Begleitung von stadtteilbezogenen Modellprojekten zur Armutsprävention in Saarbrücken sowie von Projekten zur Resilienzförderung (Lichtpunkte der DKJS, bundesweit; Roma-Flüchtlingskinder, Amaro Kher/Köln). Diverse Publikationen zu beiden Themenschwerpunkten.
Weitere Informationen: *www.margherita-zander.de*
Kontakt: *margherita.zander@googlemail.com*

Martin Roemer. Freier Schriftsteller und Komponist für klassische Musik, geboren 1958 in Hamburg. Zahlreiche Lyrikbände: Sternenfinsternis (2007), Konstanz (Hartung Gorre); Arena (2009), Mensch Ärgernis (2010), Das Göttliche Spiel (2011), Vanitas (2012), Ariadnes Spiel (2013), alle Münster (ATE/LIT). Essays. Diverse redaktionelle Bearbeitungen von Sachbüchern.
Weitere Informationen: *www.martin-roemer.eu*
Kontakt: *roemerbrief@googlemail.com*

Carl Wolfgang Müller. Emeritierter Professor für Erziehungswissenschaften und Sozialpädagogik der TU Berlin, geboren 1928 in Dresden. Ehrendoktor der Universität Siegen. Verfasser wegweisender Publikationen zu Methoden der Sozialen Arbeit und Methoden der empirischen Sozialforschung sowie zur Geschichte der Sozialen Arbeit, darunter das Standardwerk „Wie Helfen zum Beruf wurde". Seit den 1980er Jahren auch Beiträge zur Sozial- und Biografieforschung. Auch nach der Emeritierung als Berater von Projekten und Instituten sowie mit Veröffentlichungen und Vorträgen öffentlich präsent.

Karl August Chassé. Professor für Theorie und Geschichte der Sozialen Arbeit, Kinder- und Jugendarbeit an der FH Jena, geboren 1948 in Schlüchtern/Hessen. Seine Arbeitsschwerpunkte sind: Theorie der Sozialen Arbeit, Soziale Probleme, Armut und Kinderarmut. Zahlreiche Publikationen zu Armut, Prekarisierung, Randgruppen und Fragen der Sozialen Arbeit sowie des Sozialstaats.
Forschungsprojekte zu benachteiligten Lebenslagen von Kindern.
Kontakt: *Karl-August.Chasse@fh-jena.de, chasse@em.uni-frankfurt.de*